한국천주교회사 5

한국천주교회사 5

펴낸 날 • 2014년 4월 21일 인쇄
2014년 4월 30일 1판 1쇄 발행

펴낸 이 • 염수정
펴낸 곳 • 한국교회사연구소
서울시 중구 삼일대로 330 평화빌딩
대표전화 02-756-1691
팩시밀리 02-2269-2692
http://www.history.re.kr

인쇄 • 분도출판사

등록번호 • 1981. 11. 16 제10-132호
정가 • 20,000원
ISBN • 978-89-85215-93-0 (04230)
978-89-85215-77-0 (세트)
교회인가 • 2014년 1월 27일

이 도서의 국립중앙도서관 출판시도서목록(CIP)은 e-CIP 홈페이지(http://www.nl.go.kr/ecip)에서 이용하실 수 있습니다.
(CIP제어번호 : CIP2014011859)

한국천주교회사 5

간행사

이 땅에 천주교회가 탄생한 지도 벌써 230년이 되었습니다. 극심한 탄압으로 점철되었던 박해 속에서도 신자들은 순교자들이 걸었던 거룩한 발자취를 남김으로써 그분들과 자신들의 신앙을 증거하려고 노력하였습니다. 이러한 기록들은 달레(Claude Charles Dallet, 1829~1878) 신부에 의해 1874년 *Histoire de L'Élise de Corée*라는 제목으로 간행되었으며, 이를 최석우(안드레아) 몬시뇰과 안응렬 선생 두 분이 1979 · 1980년에 《한국천주교회사》로 번역하여 저희 연구소에서 출간했습니다.

이후 이 책은 많은 사람이 한국 천주교회의 역사를 공부하는 데 입문서 역할을 하였습니다. 물론 이 책이 번역 · 간행되기 전에도 류홍렬 선생께서 집필한 《한국천주교회사》가 있었지만, 관련 사실들을 연대기적 입장에서 나열한데다 내용상의 오류가 적지 않았습니다. 그뿐만 아니라 1960년대 이후의 많은 연구 성과가 반영되어 있지 않았습니다. 그런 탓에 한국 천주교회의 역사를 자세히 알고자 하는 사람들은 달레 신부의 《한국천주교회사》와 각종 연구서 · 연구 논문들을 일일이 찾아 읽어야 했습니다. 그 밖에도 간단한 입문서가 몇 종류 나왔지만, 독자들의 기대에 미치지 못하기는 마찬가지였습니다.

통사로서의 《한국천주교회사》 편찬에 대한 필요성은 오랫동안 교회 안팎에서 제기되어 왔습니다. 특히 한국 천주교회 설립 200주년을 맞이하면서 신앙선조들의 발자취가 담긴 한국 천주교회의 역사를 깊이 알고자 하는 요구가 더욱 높아졌습니다. 이에 연구소에서는 1987년 '한국가톨릭문화사대계'의 편찬 계획을 수립하고, 그 첫 번째 작업으로 1989년에 《한국가톨릭교회사》의 편찬 · 간행을 추진했습니다. 그러나 이 작업은 안타깝게도 집필자들의 사정 때문에 추진 과정에서 중단되고 말았습니다.

이후 연구소에서는 《한국가톨릭대사전》(전 12권)의 편찬에 모든 역량을 집중하였습니다. 이 과정에서 한국 천주교회의 통사는 편찬하지 않으면서 대사전만 만들고 있다는 질책도 많이 받았습니다. 하지만 저희의 생각은 달랐습니다. 통사가 세부적인 내용까지 모두 담을 수는 없습니다. 오히려 통사를 충실히 서술하기 위해서라도 개별적인 사실들을 확인하고 정리하는 일이 선행되어야 했습니다. 그래서 연구소에는 통사 편찬을 위한 사전 준비작업으로 《한국가톨릭대사전》을 편찬했던 것입니다.

한편, 한국 천주교회의 외형적인 발전에 발맞추어 교구사 · 단체사 · 본당사의 편찬은 계속되었습니다. 이러한 추세에 부응하여 편찬의 기본적인 방향을 제시할 수 있는 통사의 필요성이 더욱 절실해졌습니다. 더욱이 21세기를 맞이하여 세계교회사와 한국사와의 관련 속에서 한국 천주교회가 지니는 역사적 보편성과 특수성을 더욱 분명하게 인식할 필요성도 대두되었습니다. 이에 연구소는 2001년부터 교회사 연구자 14명으로 집필진을 구성하여 다시 한 번 통사 편찬을 추진하였으나, 공동 작업의 어려움 때문에 소기의 목적을 달성하기 어려웠습니다.

그래서 그동안 쌓아온 연구 실적과 역량을 바탕으로 연구소의 연구원들만으로 집필진을 구성하여 2008년 초부터 통사 편찬 작업을 다시 착수하였습니다. 연구소 밖의 연구자들까지 포함하는 집필진을 구성할 수 없다는 아쉬움이 있었지만, 신속한 의견 교환과 작업의 일관성을 유지할 수 있다는 장점을 위안으로 삼으면서 통사 집필에 전념하였습니다. 하지만 이제까지 어느 누구도 실행에 옮기지 못한 통사 작업을 연구소의 연구원들로만 추진하다 보니 말 그대로 악전고투의 연속이었습니다. 일일이 관련 저서나 논문들을 읽고 소화해 내는 일만 해도 벅찬데, 이것들을 정리하고 재구성하는 집필은 연구서나 논문을 작성하는 것과는 비교가 되지 않을 정도로 힘겨운 작업이었습니다.

이러한 어려움을 극복하고 지난 2009년에 《한국천주교회사》 1권을 간행하였고, 이어서 2권(2010), 3권(2010), 4권(2011)을 간행하였습니다. 그리고 올해 5권을 출간하게 되었습니다. 비록 이 책이 지금까지의 연구 성과들을 모두 담아내지는 못했을지라도 한국 교회사의 커다란 흐름을 이해하는 데에는 부족함이 없으리라고 믿습니다. 그렇다고 하더라도 독자들이 보기에는 모자란 점들이 있을 것입니다. 앞으로 꾸준한 보완 작업을 통하여 부족한 부분들을 메워 나갈 것을 약속드립니다.

그리고 이 책의 편찬 작업이 온전히 연구소 연구원들의 몫만은 아니었음을 말씀드리고 싶습니다. 서울 대교구장이신 염수정(안드레아) 추기경님을 비롯한 많은 분의 도움과 절두산 순교성지의 지원이 없었더라면 감히 시작할 엄두도 내지 못했을 것입니다. 이 책을 간행하면서 애정 어린 관심을 보여 주시고 후원해 주신 모든 분께 고개 숙여 감사드립니다.

그러나 무엇보다도 선종하신 최석우 몬시뇰의 격려와 질책이 없었더라면 이 책의 출간은 상상조차 할 수 없었을 것입니다. 최 몬시뇰은 연로하신 몸으로 매일 연구소에 출근하셔서 후학들에게 직접 본보기를 보이시며 손을 잡아 이끌어 주셨습니다. 그렇지만 필자들이 이 책에서 저질렀을 내용상의 오류가 그분에게 티끌만큼이라도 누가 되어서는 아니 될 것입니다. 그것은 그분의 가르침을 미처 다 소화해 내지 못한 필자들의 몫이기 때문입니다. 이제 이 책을 세상에 선보이면서 다시금 최석우 몬시뇰의 영원한 안식을 기도합니다.

한국교회사연구소 소장

김성태 요셉 신부

차례

간행사 4

제5부 일제 강점기의 교회

제1장 일제의 식민지 지배와 한국 교회 .... 양인성

제1절 일제의 종교 정책과 교회의 대응 19

1. 일제의 한국병합과 교회의 인식 19
2. 일제의 종교 규제 법령 공포 21
   1) 〈사립학교 관련 규칙〉 공포 21
   2) 〈포교규칙〉 공포 25
3. 일제의 종교 정책 변화와 천주교 29
   1) 일제의 종교 정책 변화 29
   2) 천주교 유지재단 설립 31

제2절 천주교의 민족 운동 35

1. 안중근의 신앙과 민족 운동 35
   1) 안중근의 천주교 신앙 35
   2) 애국계몽운동과 독립 전쟁 39
   3) 하얼빈 의거 42
   4) 하얼빈 의거에 대한 천주교회의 반응 45
2. 안명근과 안악사건 48
3. 3·1 운동과 천주교 51

4. 대한민국 임시정부 참여와 지원 53
5. 항일 무장 투쟁 56

제2장 조선 대목구의 분할과 정비 ········ 조현범
제1절 조선 대목구의 분할 65
1. 분할 배경 65
1) 성직자 상황 65
2) 교세 변동 70
2. 분할 교섭 73
1) 발단 73
2) 뮈텔 주교의 계획 76
3) 분할의 기본 방향과 쟁점 80
4) 갈등 86
5) 타결 87
3. 대목구 신설을 위한 준비들 90
4. 교황청의 공식적인 선포 95
제2절 서울 대목구의 설정과 변화 98
1. 교세의 변동 98
2. 본당의 증설 101
3. 서울 대목구의 주교들 105
1) 드브레 주교의 임명과 선종 105

2) 라리보 주교의 임명과 활동 110
3) 뮈텔 대주교의 사망과 라리보 주교의 승계 113
4. 《서울 대목구 지도서》의 발간 116
1) 간행 경위 116
2) 기본 방침 119
3) 주요 내용 121
4) 의의 122
5. 신자 단체의 조직과 활동 123
제3절 대구 대목구의 설정과 변화 131
1. 드망즈 주교의 임명과 부임 131
2. 교세의 변동 133
3. 본당의 증설 137
4. 지도서의 제정 141
5. 복음화 활동 144
6. 신자 단체 149
7. 일제 말기 대구 대목구의 변화 155
1) 무세 신부의 대목구장 임명 155
2) 일제의 간섭과 일본인 대목구장 임명 156
3) 일제 말기의 시련 158
제4절 조선인 자치 교구 설립 준비 159
1. 황해도 감목대리구의 설정과 변화 159
1) 설정 과정 159
2) 황해도 감목대리구의 선포 161
3) 감목대리구의 폐지 165

2. 전주 감목대리구의 설정과 변화 167
1) 설정을 위한 준비 작업 167
2) 설정 경위 169
3) 지목구로의 도약 172
4) 전주 지목구의 활동 175
5) 일제 말기의 시련과 지목구장 교체 176

제3장 선교회 · 수도회의 정착과 활동 .... 방상근
제1절 베네딕도회와 원산 대목구 181
1. 베네딕도회의 한국 진출과 백동 수도원 181
1) 베네딕도회의 진출 배경 181
2) 백동 수도원의 설립 184
3) 숭공 · 숭신 학교의 설립 186
2. 원산 대목구의 설정과 덕원 수도원 190
1) 원산 대목구의 설정과 베네딕도회 190
2) 덕원 수도원의 설립 193
3) 본당의 증설 195
제2절 원산 대목구의 분할 196
1. 연길 지목구와 의란 포교지의 설립 196
2. 연길 지목구의 발전과 대목구 승격 197
1) 본당의 증설과 변화 197
2) 연길 지목구의 소년 운동과 전례 운동 199
3) 연길 성 십자가 수도원 204
4) 대목구 승격 204

3. 덕원 자치수도원구와 함흥 대목구의 분리 208
제3절 메리놀 외방선교회와 평양 대목구 210
1. 메리놀회의 한국 진출 210
2. 평양 지목구의 설정과 발전 211
1) 지목구의 설정 211
2) 지목구의 발전 213
3. 대목구 승격 220
4. 태평양 전쟁과 메리놀회의 추방 221
5. 한국인 교구장의 탄생과 대목구의 변화 222
제4절 성 골롬반 외방선교회와 광주 · 춘천 지목구 227
1. 성 골롬반회의 진출과 전라남도 감목대리구의 설정 227
2. 광주 지목구의 설정과 변화 230
1) 광주 지목구의 설정 230
2) 제2차 세계 대전과 골롬반회 선교사들의 구금 232
3) 와키다 신부의 지목구장 임명 234
3. 춘천 지목구의 설정과 변화 237
1) 춘천 지목구의 설정 237
2) 제2차 세계 대전과 춘천 지목구의 시련 239
제5절 외국 여자 수도회의 활동 244
1. 샬트르 성 바오로 수녀회 244
2. 메리놀 수녀회 248
1) 한국 진출 248
2) 활동 250

3. 포교 성 베네딕도 수녀회 251
1) 한국 진출 251
2) 활동 252
4. 올리베타노 성 베네딕도 수녀회 255
1) 한국 진출 255
2) 활동 256
5. 가르멜 여자 수도회 259
제6절 한국인 수녀회의 설립과 활동 262
1. 영원한 도움의 성모 수녀회 262
1) 설립 262
2) 활동 263
2. 예수 성심 시녀회 267
1) 예수 성심 배종회의 형성 267
2) 활동 268
3. 서울 성가 소비녀회 270

제4장 순교 복자의 탄생과 교회의 변화 .... 조현범
제1절 79위의 시복과 순교자 현양 운동 277
1. 기해 및 병오 박해 순교자 시복 277
1) 시복 심사의 완료 277
2) 시복식 284
3) 후속 조치 291
2. 병인박해 순교자 시복 추진 294
3. 조선 천주교 순교자 현양회의 설립 추진 298

제2절 지역 공의회의 개최 302
1. 개최 배경 302
2. 진행 과정 305
1) 준비 305
2) 개막 308
3) 회기 311
3. 공의회 교령의 공포와 공동 지도서의 간행 313
1) 교령의 공포 과정 314
2) 교령의 주요 내용 317
3) 공동 지도서의 간행 325

제5장 전시 체제와 한국 교회 .... 양인성
제1절 신사 참배의 강요와 교회의 대응 329
1. 일제의 신사 정책 329
2. 천주교회의 신사 참배 거부 332
3. 일제의 신사 정책 강화와 천주교회의 반응 336
4. 한국 교회의 신사 참배 수용 341
제2절 한국인 주교의 탄생 347
1. 한국인 주교의 탄생 배경 347
2. 노기남 신부의 서울 대목구장 서리 임명 349
3. 노기남 신부의 주교 임명과 서울 대목구장 착좌 352
제3절 일제 말기 교회의 시련 357
1. 전시 동원과 징발 357
2. 선교회의 수난 360

제6장 천주교의 교육 · 사회 · 문화 활동 .... 백병근
제1절 교육 활동 365
1. 일제의 교육 정책과 천주교 365
2. 교회 학교의 현황과 교육 내용 378
1) 교회 학교의 현황 378
2) 교육 내용 381
3. 유아 교육 386
4. 여성 교육 390
5. 중등 실업교육 395
6. 기숙사 설립 396
7. 신학교의 설립과 운영 397
1) 대구 성 유스티노 신학교 397
2) 덕원 성 빌리브로드 신학교 400
3) 용산 예수성심신학교의 변화 401
4) 소신학교의 단일화 404
5) 일제 말기 신학교의 수난과 경성천주공교신학교의 개교 405
제2절 사회복지 및 의료 활동 410
1. 사회복지 활동 410
1) 고아원 · 보육원 운영 410
2) 양로원의 설립 운영 414
3) 애긍회의 조직과 활동 415
2. 의료 활동 418
1) 진료소와 병원의 개원 418
2) 성모병원의 설립 422

제3절 출판 활동 427
1. 정기 간행물 427
1) 잡지 427
2) 신문 432
2. 서울의 성서활판소 433
3. 베네딕도회의 인쇄소 설립과 출판물 434
4. 기타 간행물 438
제4절 문학 · 예술 활동 440
1. 문학 440
1) 교회 정기 간행물 속의 문학 작품 440
2) 정지용의 신앙시 443
3) 윤의병 신부의 소설,《은화》 447
2. 미술 448
3. 건축 452
1) 한 · 양 절충식 성당 452
2) 서양식 성당 454
4. 음악 456
1) 새로운 한글 성가의 정착 456
2) 가톨릭 합창단의 조직과 활동 459

색인 469

제5부 일제 강점기의 교회

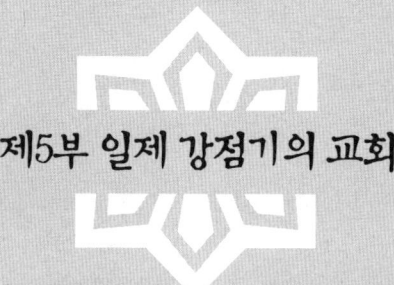

제1장 일제의 식민지 지배와 한국 교회

제1절 일제의 종교 정책과 교회의 대응

1. 일제의 한국병합과 교회의 인식

1910년 8월 29일 일제에 의해 강제로 체결된 '한일병합조약'이 공표되었다. 이로써 대한제국은 종말을 고하고 역사 속으로 사라지게 되었다. 일제는 새로운 통치 기구인 조선총독부(朝鮮總督府)를 설치하고 본격적인 식민 지배를 시작하였다. 식민 지배 체제는 정치 · 군사적 강압 지배와 경제적 수탈, 문화적 지배를 동반한 것이었다.

한일병합이 공표된 당일, 데라우치 마사타케[寺內正毅] 통감은 '유고'(諭告)를 발표하였다. 유고에는 종교와 관련된 내용이 있었다. 데라우치는 "신앙의 자유는 문명국이 다 인정하고 있지만, 종교를 빙자하여 정사를 논하거나 다른 기도를 하는 것은 풍속을 해치고 안녕을 방해하는 것으로 인정하여 처단하겠다"고 경고했다. 다만 유교 · 불교 · 그리스도교가 총독부의 '시정 목적'과 배치되지 않는다면, 평등하게 포교 · 전도에 보호 편의를 제공하겠다고 약속했다.

> **대종교(大宗敎)**
> 1909년 나철(羅喆)이 창건한 단군(檀君)을 교조로 하는 민족 종교.

당시 한국의 종교 지형은 유교 · 불교 · 그리스도교 · 천도교 · 대종교 등 다양했다. 그 가운데 일제는 그리스도교에 주의와 관심을 기울였다. 그리스도교가 한말 국권회복운동의 온상이었고, 그리스도교를 관할하고 있는 이들이 서양인 선교사였기 때문이다. 선교사들과 마찰이 일어날 경우, 자칫 선교사 본국과의 외교 분쟁으로 확대될 수 있었다. 따라서 식민 지배를 원활하게 하기 위해서는 그리스도교 선교사들과의 우호적인 관계 설정이 필요했다.

이러한 이유로 일제는 통감부 시기부터 그리스도교 선교사들의 호의와 협조를 얻어내기 위해 노력했다. 초대 통감 이토 히로부미[伊藤博文]는 '정교분리 원칙'을 표방하여 일제는 정치 분야를, 선교사들은 종교 분야를 계도하자는 이른바 '역할 분담론'을 제시하였다. 이는 교회가 정치에 관여하지 않는 한, 선교권을 보장한다는 것을 뜻했다. 그리고 일제는 선교사 명의로 된 교회 부지, 선교사 주택 등의 소유권을 1905년 을사늑약(乙巳勒約) 체결 이후에도 계속 인정해 주었으며, 면세 특권도 부여했다.

한국 교회의 선교사들은 일제의 식민지로 전락해 가는 한국의 현실을 받아들였다. 특히 1907년 프랑스 정부가 일제의 한국 및 만주에서의 특권을 인정했기 때문에 프랑스 국민인 선교사들도 모국의 외교 정책을 따를 수밖에 없었다. 일제의 한국병합 이후, 선교사들은 엄격한 정교분리 원칙과 정치 불간섭주의를 표방하였다. 그러나 엄밀히 말해서 정교분리 정책이나 정치 불간섭주의는 교회나 신자들의 정치 참여를 금하는 것이 아니라, 일제의 지배 체제에 대한 비판이나 저항을 금지하는 것이었다. 선교사들은 독립운동을 비판하였고, 그에 참여한 신자들과 일부 성직자들을 엄하게 단죄했다. 이것은 교회를 보호하고 선교 활동을 지속하기 위해 일제와의 마찰을 피하려는 선교사들의 의도였고, 이러한 입장은 식민지 시기 내내 큰 변화 없이 이어졌다.

2. 일제의 종교 규제 법령 공포

1) 사립학교 관련 규칙 공포

병합 직후부터 1919년 3 · 1 운동까지를 흔히 '무단통치'(武斷統治) 시기라 부른다. 군사 · 정치 · 문화 활동 일체를 금지하고 공포 분위기 속에서 전 분야에 걸쳐 식민 통치의 기반을 마련해가던 시기였다. 총독부는 종교에 대해서도 통제를 강화하였다. 천주교 기관지인 〈경향신문〉(京鄉新聞)을 1910년 12월 30일자를 끝으로 폐간시켰으며, 다음 해 6월에는 〈사찰령〉(寺刹令)을 공포하여 한국 불교를 총독의 관할하에 두었다. 같은 시기 〈경학원규정〉(經學院規程)도 공포하여 성균관을 폐지하고 경학원을 신설하여 사회교육적인 기능만을 유지시켰다.

그런 가운데 일제는 교육 법령을 이용하여 그리스도교를 압박하였다. 을사늑약 이후, 애국계몽운동으로 많은 사립학교가 세워졌는데, 그리스도교계 학교가 많았다. 이 사립학교들은 직 · 간접적으로 선교사의 관리하에 있었다. 선교사는 치외법권을 내세워 정부의 간섭을 거의 받지 않았기 때문에 비교적 자유롭게 학교를 운영할 수 있었다. 이는 공교육의 독점과 '충량(忠良)한 국민의 육성'을 목표로 한 식민지 교육 정책의 걸림돌이었다. 그래서 일제는 그리스도교 사립학교에 대한 적극적인 통제를 가해야 한다고 판단했다. 1911년 7월 1일, 데라우치 총독은 각 도 장관회의에서 그리스도교 학교를 감독하고 종교와 교육의 분리를 정령(政令)대로 행할 것을 지시했다. 또한 학무국장 세키야[關屋貞三郎]도 1911년 8월 보통학교 교감 강습회에서 그리스도교 학교는 선교사의 관리하에 있어 유지가 어려울 뿐만 아니라 교육 방법이 한국에 적합하지 않으므로, 이를 지도하여 총독부의 방침에 합치시켜야 한다고 역설했다.

일제는 이러한 방침을 관철시키기 위해 먼저 1911년 8월 23일 〈조선 교육령〉을 공포하였다. 이어 10월 20일에는 교육령을 사립학교에 적용시키기 위해 〈사립학교규칙〉을 공포하였다. 〈사립학교규칙〉은 학교의 설립 · 유지, 교원의 인사 등 학교 운영의 전반적인 사항을 총독의 인가를 받도록 하였다. 그리고 학교장은 교원 이름과 담당 교과목, 재적 학생 및 출석자 수, 교과용 도서 배당표 등을 총독에게 신고해야 했다. 만약 '법령을 위반하거나 안녕질서를 문란하게 하는 경우 또는 풍속을 어지럽게 하는 경우'에는 총독부가 학교를 폐쇄할 수 있게 하였다.

이처럼 일제는 〈사립학교규칙〉으로 그리스도교 사립학교를 규제할 수 있는 기반을 마련했다. 그러나 '종교와 교육의 분리'라는 교육 방침을 완전히 관철하지는 못하였다. 공교육에서 그리스도교 사립학교가 차지하는 비중이 높았기 때문이다. 하지만 〈사립학교규칙〉으로 점차 사립학교가 감소하고 관공립학교가 증가함에 따라 일제는 보다 강화된 교육 법령을 준비하였다. 그리하여 1915년 3월 24일 〈개정 사립학교규칙〉을 공포하였다.

개정된 규칙의 요점은 종교와 교육의 분리, 교원 자격의 강화였다. 보통교육 · 실업교육 · 전문교육을 시행하는 사립학교의 교과 과정을 반드시 보통학교 규칙 · 고등보통학교 규칙 · 여자고등보통학교 규칙 · 실업학교 규칙 · 전문학교 규칙에 준하여 정하도록 하고, 이 규정 이외의 교과 과정을 부가할 수 없도록 했다. 이는 사립학교에서 행해지는 종교 교육이나 종교 의식

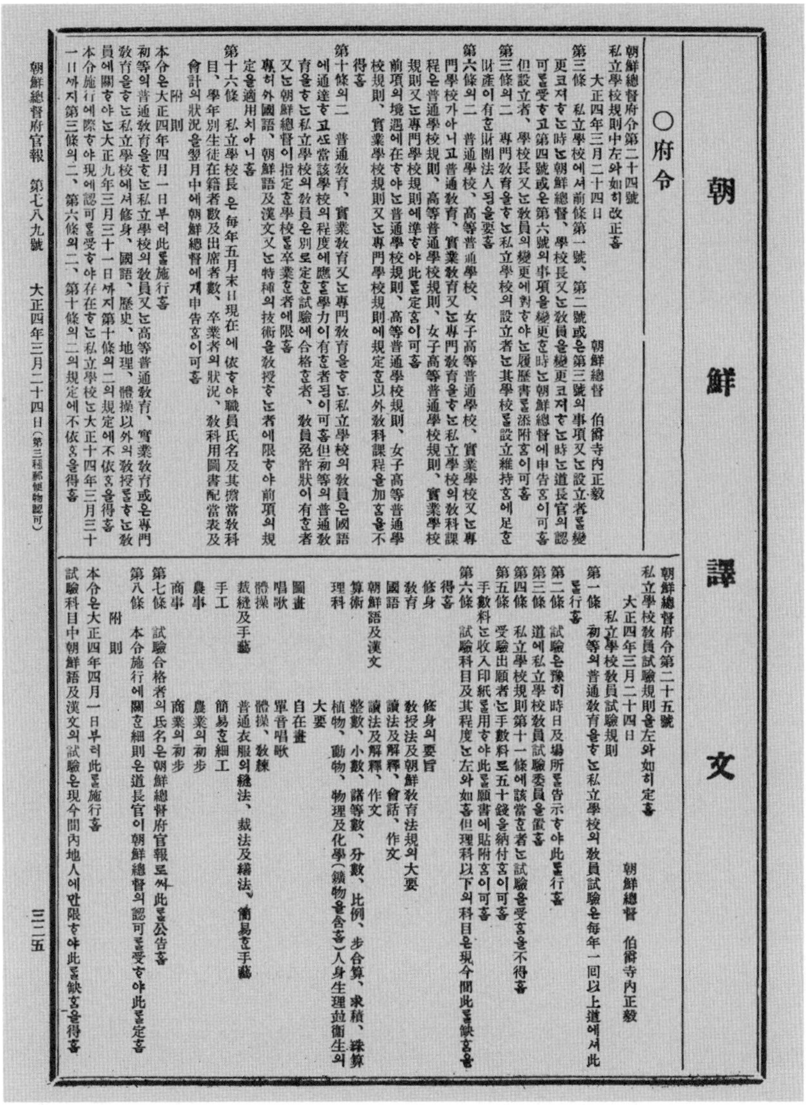

朝鮮譯文

○府令

朝鮮總督府令第二十四號
私立學校規則中左와如히改正ᄒᆞᆷ
大正四年三月二十四日 朝鮮總督 伯爵寺內正毅

第三條 私立學校에셔前條第一號、第二號或은第三號의事項又ᄂᆞᆫ設立者ᄅᆞᆯ變更코져ᄒᆞᄂᆞᆫ時ᄂᆞᆫ朝鮮總督、學校長又ᄂᆞᆫ敎員을變更코져ᄒᆞᄂᆞᆫ時ᄂᆞᆫ道長官의認可ᄅᆞᆯ受ᄒᆞ고第四號或은第六號의事項을變更ᄒᆞᆫ時ᄂᆞᆫ朝鮮總督에申告ᄒᆞᆷ이可ᄒᆞᆷ
但設立者、學校長又ᄂᆞᆫ敎員의變更에對ᄒᆞ야ᄂᆞᆫ履歷書ᄅᆞᆯ添附ᄒᆞᆷ이可ᄒᆞᆷ
第三條의二 專門敎育을ᄒᆞᄂᆞᆫ私立學校의設立者ᄂᆞᆫ其學校ᄅᆞᆯ設立維持ᄒᆞᆷ에足ᄒᆞᆫ財産이有ᄒᆞᆫ財團法人됨을要ᄒᆞᆷ
第六條의二 普通學校、高等普通學校、女子高等普通學校、實業學校又ᄂᆞᆫ專門學校가아니고普通敎育、實業敎育又ᄂᆞᆫ專門敎育을ᄒᆞᄂᆞᆫ私立學校의敎科課程은普通學校規則、高等普通學校規則、女子高等普通學校規則、實業學校規則又ᄂᆞᆫ專門學校規則에準ᄒᆞ야此ᄅᆞᆯ定ᄒᆞᆷ이可ᄒᆞᆷ
前項의境遇에在ᄒᆞ야ᄂᆞᆫ普通學校規則、高等普通學校規則、女子高等普通學校規則、實業學校規則又ᄂᆞᆫ專門學校規則에規定ᄒᆞᆫ以外敎科課程을加ᄒᆞᆷ을不得ᄒᆞᆷ
第十條의二 普通敎育、實業敎育又ᄂᆞᆫ專門敎育을ᄒᆞᄂᆞᆫ私立學校의敎員은國語에通達ᄒᆞ고또當該學校의程度에應ᄒᆞᆫ學力이有ᄒᆞᆫ者됨이可ᄒᆞᆷ但初等의普通敎育을ᄒᆞᄂᆞᆫ私立學校의敎員은別로定ᄒᆞᆫ試驗에合格ᄒᆞᆫ者、敎員免許狀이有ᄒᆞᆫ者又ᄂᆞᆫ朝鮮總督이指定ᄒᆞᆫ學校ᄅᆞᆯ卒業ᄒᆞᆫ者에限ᄒᆞᆷ
專혀外國語、朝鮮語及漢文又ᄂᆞᆫ特種의技術을敎授ᄒᆞᄂᆞᆫ者에限ᄒᆞ야前項의規定을適用치아니ᄒᆞᆷ
第十六條 私立學校長은每年五月末日現在에依ᄒᆞ야職員氏名及其擔當敎科目、學年別生徒在籍者數及出席者數、卒業者의狀況、敎科用圖書配當表及會計의狀況을翌月中에朝鮮總督에게申告ᄒᆞᆷ이可ᄒᆞᆷ

附 則

本令은大正四年四月一日부터此ᄅᆞᆯ施行ᄒᆞᆷ
初等의普通敎育을ᄒᆞᄂᆞᆫ私立學校의敎員又ᄂᆞᆫ高等普通敎育、實業敎育或은專門敎育을ᄒᆞᄂᆞᆫ私立學校에셔修身、國語、歷史、地理、體操以外의敎授ᄅᆞᆯᄒᆞᄂᆞᆫ敎員에關ᄒᆞ야ᄂᆞᆫ大正九年三月三十一日ᄭᆞ지第十條의二의規定에不依ᄒᆞᆷ을得ᄒᆞᆷ
本令施行에際ᄒᆞ야現에認可ᄅᆞᆯ受ᄒᆞ야存在ᄒᆞᄂᆞᆫ私立學校ᄂᆞᆫ大正十四年三月三十一日ᄭᆞ지第三條의二、第六條의二、第十條의二의規定에不依ᄒᆞᆷ을得ᄒᆞᆷ

朝鮮總督府令第二十五號
私立學校敎員試驗規則을左와如히定ᄒᆞᆷ
大正四年三月二十四日 朝鮮總督 伯爵寺內正毅

私立學校敎員試驗規則

第一條 初等의普通敎育을ᄒᆞᄂᆞᆫ私立學校의敎員試驗은每年一回以上道에셔此ᄅᆞᆯ行ᄒᆞᆷ
第二條 試驗은豫히時日及場所ᄅᆞᆯ告示ᄒᆞ야此ᄅᆞᆯ行ᄒᆞᆷ
第三條 道에私立學校敎員試驗委員을置ᄒᆞᆷ
第四條 私立學校規則第十一條에該當ᄒᆞᆫ者ᄂᆞᆫ試驗을受ᄒᆞᆷ을不得ᄒᆞᆷ
第五條 受驗出願者ᄂᆞᆫ手數料로五十錢을納付ᄒᆞᆷ이可ᄒᆞᆷ
手數料ᄂᆞᆫ收入印紙ᄅᆞᆯ用ᄒᆞ야此ᄅᆞᆯ願書에貼附ᄒᆞᆷ이可ᄒᆞᆷ
第六條 試驗科目及其程度ᄂᆞᆫ左와如ᄒᆞᆷ但理科以下의科目은現今間此ᄅᆞᆯ缺ᄒᆞᆷ을得ᄒᆞᆷ

修身	修身의要旨
敎育	敎授法及朝鮮敎育法規의大要
國語	讀法及解釋、會話、作文
朝鮮語及漢文	讀法及解釋、作文
算術	整數、小數、諸等數、分數、比例、步合算、求積、珠算
理科	植物、動物、物理及化學(鑛物을含ᄒᆞᆷ)人身生理並衛生의大要
圖畫	自在畫
唱歌	單音唱歌
體操	體操、敎練
裁縫及手藝	普通衣服의縫法、裁法及繕法、簡易ᄒᆞᆫ手藝
手工	簡易ᄒᆞᆫ細工
農事	農業의初步
商事	商業의初步

第七條 試驗合格者의氏名은朝鮮總督府官報로ᄡᅥ此ᄅᆞᆯ公告ᄒᆞᆷ
第八條 本令施行에關ᄒᆞᆫ細則은道長官이朝鮮總督의認可ᄅᆞᆯ受ᄒᆞ야此ᄅᆞᆯ定ᄒᆞᆷ

附 則

本令은大正四年四月一日부터此ᄅᆞᆯ施行ᄒᆞᆷ
試驗科目中朝鮮語及漢文의試驗은現今間內地人에만限ᄒᆞ야此ᄅᆞᆯ缺ᄒᆞᆷ을得ᄒᆞᆷ

朝鮮總督府官報 第七八九號 大正四年三月二十四日 (第三種郵便物認可) 三二五

1915년 3월 24일 조선총독부 관보에 실린 〈개정 사립학교규칙〉. 개정된 규칙의 요점은 종교와 교육의 분리 및 교원 자격의 강화였으나, 실상은 사립학교에서 행해지는 종교 교육이나 종교 의식을 금지하려는 의도였다.

을 금지하려는 의도였다. 그리고 교원은 일본어에 통달해야 하고, 해당 학교의 정도(程度)에 맞는 학력이 있는 자여야 한다고 규정하였다. 초등의 보통교육을 하는 사립학교 교원은 일정한 시험에 합격한 자, 교원 면허장을 소지한 자 혹은 총독이 지정한 학교를 졸업한 자로 자격 요건을 대폭 강화하였다. 단, 기존의 사립학교에는 10년의 유예 기간을 주었다.

〈개정 사립학교규칙〉이 공포되자, 그리스도교 사립학교들은 강하게 반발하였다. 서울 대목구장 뮈텔(G.-C.-M. Mutel, 閔德孝, 1854~1933) 주교는 이 규칙으로 인해 대부분의 학교가 조만간 폐교될 것이라고 비관적인 전망을 내놨다.

> 또다시 총독부에서 2개의 법령(인용 주 : 개정 사립학교규칙과 포교규칙)이 나왔는데, 이것들은 우리 사업을 돕기 위해 만들어진 것은 아닙니다. 그중 하나는 모든 종류의 학교에 해당되는 것으로서 절대적인 종교적 중립을 명하고 있습니다. 즉 교내에서는 수업 시간 중과 수업 시간 밖에서까지도 종교 교육을 금지시키고 있습니다. 기존의 학교에 대해서는 이 법령을 실시하기까지 10년의 유예가 주어지고 있으나, 지방 관청에서 즉시 이 법령에 응하도록 강요하고 있습니다. 이것은 가톨릭 학생들에게 학교를 다니는 기간 중에 종교 교육을 시키려는 목적에서 우리가 막대한 비용으로 운영하는 학교들 대부분이 조만간에 멸망하게 되는 것을 뜻합니다(〈1915년도 보고서〉, 《서울교구 연보》 II, 127~128쪽).

교회가 학교를 설립 · 운영하는 주된 이유는 선교 때문이었다. 학생 중에는 신자들보다 비신자 자녀들이 훨씬 많았다. 학생들은 일반 교과목과 함께 기도문, 교리 문답 등을 배웠다. 선교의 효과가 컸기 때문에 교회는 재정적인 부담에도 불구하고 학교를 운영하였다. 그런데 학교에서의 종교 교육과 종교 의식이 금지된다면, 교회가 막대한 재정 부담을 지면서까지 학교를 운영할 이유가 없었다. 그렇게 된다면, 뮈텔 주교의 보고처럼 천주교 학교 대부분이 조만간 폐교될 것이 분명했다.

교원 자격의 강화도 교회의 교육사업에 큰 부담이었다. 일본어를 사용하게 함으로써 일본어에 능숙하지 못한 선교사들과 교사들은 교사직에서 배제될 수밖에 없었다. 게다가 규칙의 기준을 충족하는 교원의 수도 절대적으로 적었다. 따라서 이를 충족시키는 교원을 초빙하기 위해서는 높은 급료를 지급해야 했기 때문에 교회의 재정 부담은 더욱 커질 수밖에 없었다.

이처럼 〈개정 사립학교규칙〉은 그리스도교 사립학교에 큰 부담을 주었지만, 어찌할 도리가 없었다. 일제가 종교와 교육의 분리를 절대로 양보하지 않을 것임을 명확히 밝혔기 때문이다. 천주교회는 일단 10년의 유예 기간 동안 기존과 같이 학교에서 종교 교육을 하고, 기한이 지난 후에 다른 방도를 찾기로 방침을 정하였다. 그리고 법령의 기준을 충족하는 학교는 총독부의 인가를 받도록 했다. 그러나 4년 후인 1919년에도 총 101개교 가운데 19개교만이 인가를 받았을 정도로 인가율이 낮았다.

2) 〈포교규칙〉 공포

일제는 〈개정 사립학교규칙〉을 통해 그리스도교 사립학교를 장악하고 관리할 수 있는 법적 근거를 만들었다. 일제는 더 나아가 교회의 근본 영역인 종교 활동에까지 간섭하고 통제하기 위해 1915년 8월 16일 〈포교규칙〉(布教規

則)을 공포하였다. 일제는 종교의 자유 보장, 포교 행위 공인, 종교에 대한 평등한 대우를 위해 이 법령을 제정했다고 선전했다. 그러나 실상은 민족 종교를 탄압하고, 그리스도교를 통제하기 위함이었다.

〈포교규칙〉은 부칙 4조를 포함하여 총 19개조로 구성되었다. 이 규칙에서 종교로 인정된 것은 신도(神道), 불교, 그리스도교였다. 세 종교 이외의 종교들은 '유사 종교' 혹은 '비종교'로 분류되어 종교라는 보호 구역에서 배제되었다. 이로 인해 대종교나 천도교 등은 〈보안법〉과 〈집회 취체에 관한 건〉의 적용을 받게 되었고, 경찰의 강력한 단속 대상이 되었다.

그리스도교는 공식적인 종교로 인정받았지만, 〈포교규칙〉에 의해 총독부의 각종 규제를 받아야 했다. 포교 활동에 참여하고 있는 모든 사람에 대한 자격 조건을 내세워 그들의 활동을 파악하고 감시 · 통제하였다. 특히 포교 방법까지도 신고하게 함으로써 사실상 종교 간섭의 틀을 마련해 놓았다. 포교에 종사하는 자의 교체, 거주지 이전 또는 포교의 폐지 등을 총독에게 신고해야 했다. 그리고 교회당, 설교소 또는 강의소를 설립할 때에는 설립 이유, 명칭과 소재지, 부지 면적과 건물의 평수, 설립비, 관리와 유지 방법 등을 구비하여 총독의 허가를 받아야 했다. 또한 매년 교회별 신자의 증감 수도 신고해야 했다.

이처럼 총독부는 그리스도교의 인적 구성은 물론, 물적 토대까지 완전히 파악할 수 있는 법적 기반을 마련하였다. 총독부가 강력한 통제 움직임을 보이자, 천주교회는 민감하게 반응했다. 특히 천주교회가 주목했던 문제는 종파 · 교파의 최고 관리자인 '포교 관리자'와 관련된 규정이었다. 〈포교규칙〉에 따르면, 포교 관리자는 매년 소속 포교자 명부, 교회별 신자의 증감 수를 총독에게 신고해야 할 책임이 있었다. 그런데 천주교회는 포교 관리자를 누구로 할 것인가의 문제와 총독의 포교 관리자 변경 문제에 민감한 반응을 보였다.

첫 번째 문제는 1915년 10월 11일 뮈텔 주교가 중추원 서기관장 고마츠[小松綠]와 〈포교규칙〉에 대해 논의하는 과정에서 불거졌다. 고마츠는 신고할 사항이 있으면 선교사 각자가 지방 관청에 하고, 지방 관청이 그것을 총독에게 넘겨야 한다고 했다. 그는 뮈텔 주교나 대구 대목구장 드망즈(F. Demange, 安世華, 1875~1938) 주교가 한국의 전(全) 천주교회의 책임자가 아니기 때문에 그 누구도 포교 관리자로 인정받을 수 없다고도 했다. 이는 총독부가 주교의 직책을 무시하고 선교사와 직접 일을 처리하겠다는 것을 의미했다. 이에 대목구장들은 총독부와 접촉하여 천주교회의 특성에 대해 설명했다. 그러자 총독부는 대목구장들의 의견을 받아들여 포교 관리자 신청을 공식적으로 제출하도록 했다. 그 결과, 총독부는 조선총독부 관보 1915년 11월 13일자에 뮈텔 주교와 드망즈 주교를 각각 서울 대목구와 대구 대목구의 관리자로 공포하였다. 그리고 주교가 모든 서류를 작성하여 지방 관청에 제출하고, 지방 관청이 이를 총독부에 전달하도록 하였다.

두 번째 문제는 포교 관리자의 변경과 관련된 총독의 권한 문제였다. 〈포교규칙〉 제4조에는 '조선 총독이 포교의 방법, 포교 관리자의 권한과 포교자 감독의 방법 또는 포교 관리자를 부적당하다고 인정할 때에는 그 변경을 명령할 수 있다'고 규정되었다. 총독이 포교 관리자, 즉 천주교회로 말하면 교구장을 교체할 수 있다는 것으로, 이는 천주교회에서 용납할 수 없는 일이었다. 이에 뮈텔 주교는 총독에게 의견서를 제출했다. 총독부는 제4조가 천주교와 전혀 관련이 없고, 다만 신도와 불교에 해당하는 것이라고 하면서 천주교회의 반발을 무마하였다.

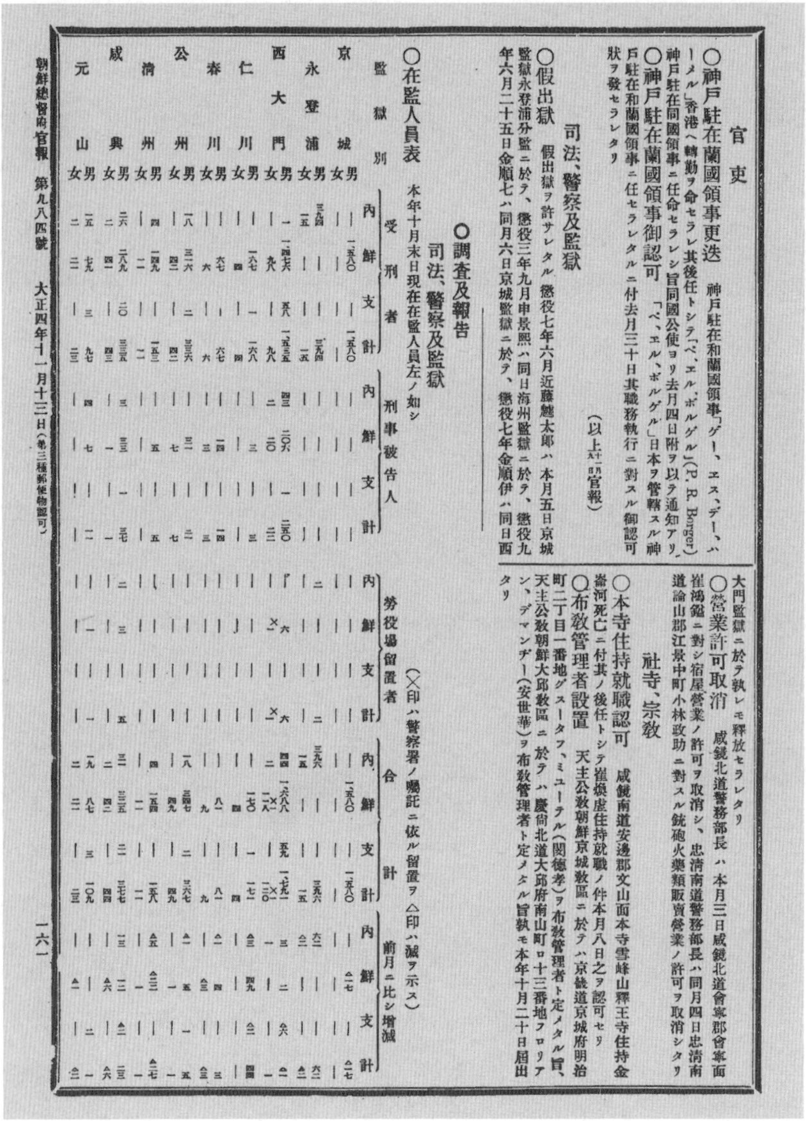

朝鮮総督府官報　第九八四號　大正四年十一月十三日（第三種郵便物認可）　一六一

官　吏

○神戸駐在蘭國領事更迭　神戸駐在和蘭國領事「ゲー、エス、デー、ハーメル」香港ヘ轉勤ヲ命セラレ其後任トシテ「ペ、エル、ボルゲル」(P. R. Borger)神戸駐在同國領事ニ任命セラレシ旨同國公使ヨリ去月四日附ヲ以テ通知アリ

○神戸駐在蘭國領事御認可　「ペ、エル、ボルゲル」日本ヲ管轄スル神戸駐在和蘭國領事ニ任セラレタルニ付去月三十日其職務執行ニ對スル御認可狀ヲ發セラレタリ

（以上十一月九日官報）

司法、警察及監獄

○假出獄　假出獄ヲ許サレタル懲役七年六月近藤魁太郎ハ本月五日京城監獄永登浦分監ニ於テ、懲役三年九月申景熙ハ同日海州監獄ニ於テ、懲役九年六月二十五日金順七ハ同月六日京城監獄ニ於テ、懲役七年金順伊ハ同日西大門監獄ニ於テ執レモ釈放セラレタリ

○營業許可取消　咸鏡北道警務部長ハ本月三日咸鏡北道會寧郡會寧面崔鴻鎰ニ對シ宿屋營業ノ許可ヲ取消シ、忠淸南道警務部長ハ同月四日忠淸南道論山郡江景中町小林政助ニ對スル銃砲火藥類販賣營業ノ許可ヲ取消シタリ

社寺、宗教

○本寺住持就職認可　咸鏡南道安邊郡文山面本寺雪峰山釋王寺住持金崙河死亡ニ付其ノ後任トシテ崔煥虛住持就職ノ件本月八日之ヲ認可セリ

○布教管理者設置　天主公教朝鮮京城教區ニ於テハ京畿道京城府明治町二丁目一番地グスータフ、ミユーテル(閔德孝)ヲ布教管理者ト定メタル旨、天主公教朝鮮大邱教區ニ於テハ慶尙北道大邱府南山町ロ十三番地フロリアン、デマンヂー(安世華)ヲ布教管理者ト定メタル旨孰モ本年十月二十日屆出タリ

○調査及報告

司法、警察及監獄

○在監人員表　本年十月末日現在在監人員左ノ如シ

（×印ハ警察署ノ囑託ニ依ル留置ヲ△印ハ減ヲ示ス）

監獄別		受刑者				刑事被告人				勞役場留置者				合計				前月ニ比シ增減			
		內	鮮	支	計	內	鮮	支	計	內	鮮	支	計	內	鮮	支	計	內	鮮	支	計
京城	男	—	一,五八〇	—	一,五八〇	—	—	—	—	—	—	—	—	—	一,五八〇	—	一,五八〇	—	△一七	—	△一七
	女	—	—	—	—	—	—	—	—	—	—	—	—	—	—	—	—	—	—	—	—
永登浦	男	三九四	—	—	三九四	—	—	—	—	二	—	—	二	三九六	—	—	三九六	六二	—	—	六二
	女	一五	—	—	一五	—	—	—	—	—	—	—	—	一五	—	—	一五	△二	—	—	△二
西大門	男	一	一,四七六	五八	一,五三五	四三	二〇六	一	二五〇	—	六	—	六	四四	一,六八八	五九	一,七九一	三	二	△六	△一
	女	—	九八	—	九八	二	二〇	—	二二	—	×一	—	×一	二	一一八 ×一	—	一二〇 ×一	一	—	—	一
仁川	男	—	一六七	一	一六八	—	三	—	三	—	—	—	—	—	一七〇	一	一七一	△三	四九	△三	四三
	女	—	四	—	四	—	—	—	—	—	—	—	—	—	四	—	四	—	—	—	—
春川	男	—	六七	—	六七	—	一四	—	一四	—	—	—	—	—	八一	—	八一	△二	四	—	三
	女	—	六	—	六	—	三	—	三	—	—	—	—	—	九	—	九	—	△三	—	△三
公州	男	一八	三一六	二	三三六	—	三一	—	三一	—	—	—	—	一八	三四七	二	三六七	△二	五	一	五
	女	—	四二	—	四二	—	七	—	七	—	—	—	—	—	四九	—	四九	—	一	—	一
淸州	男	四	一四九	—	一五三	—	五	—	五	—	—	—	—	四	一五四	—	一五八	△五	△三	—	△七
	女	—	一一	—	一一	—	—	—	—	—	—	—	—	—	一一	—	一一	—	一	—	一
咸興	男	二六	二八九	一〇	三二五	三	三三	一	三七	二	三	—	五	三一	三三五	一一	三七七	一三	三	△三	一三
	女	二	四一	—	四三	—	一	—	一	—	—	—	—	二	四二	—	四四	—	△六	—	△六
元山	男	一五	七九	三	九七	四	七	—	一一	—	一	—	一	一九	八七	三	一〇九	—	—	二	一
	女	二	二一	—	二三	—	—	—	—	—	—	—	—	二	二一	—	二三	—	△二	—	△二

조선총독부는 천주교회의 포교 관리자를 서울 대목구는 閔德孝(민덕효, 뮈텔 주교), 대구 대목구는 安世華(안세화, 드망즈 주교)로 한다는 내용을 조선총독부 관보를 통해 공포하였다.

3. 일제의 종교 정책 변화와 천주교

1) 일제의 종교 정책 변화

1919년, 일제의 식민지 지배 체제에 저항하는 3 · 1 운동이 일어났다. 전 민족적인 저항에 충격을 받은 일제는 강력한 군사력을 동원하여 독립운동을 탄압하였다. 3 · 1 운동이 점차 진정될 기미를 보이자, 일제는 무단통치 방법만으로는 한국인을 지배할 수 없다고 판단하고 기존의 통치 정책을 재검토하였다. 일제가 표방한 것은 이른바 '문화정치'였다. 총독 무관제(武官制) 철폐, 헌병경찰제의 폐지와 보통경찰제의 시행, 일본인과 한국인 간의 차별 대우 철폐 등을 내세웠다. 그러나 이러한 정책 변화는 한국인의 불만을 일시적으로 무마하기 위한 기만적인 회유책에 불과했다. 보통경찰을 대폭 증가시켜 식민 통치 체제를 더욱 강화하였고, 〈치안유지법〉을 제정하여 사상 통제와 사회 운동에 대한 탄압을 가한 점 등이 그러한 사실을 잘 말해준다.

'문화정치' 하에서 일제는 그리스도교에 대해 유화적인 제스처를 보였다. 당시 선교사들은 일제의 종교 정책에 불만을 가지고 있었다. 게다가 독립운동을 진압하는 과정에서 일부 프로테스탄트 선교사들이 일본군에게 폭행을 당하거나 체포되는 사건이 발생하였다. 선교사들은 정치적 행동을 적극적으로 하지 않았지만, 일제의 잔혹함을 방관하지 않았다. 그들은 일제의 가혹한 탄압을 본국에 알렸고, 미국 등이 일본을 비난했다. 악화된 국제 여론을 의식한 일제는 선교사들과의 관계를 개선하고자 그리스도교에 대해 유화적인 태도를 보이게 된 것이다.

일제는 그리스도교에 대한 새로운 시책을 마련하였다. 먼저 1919년 8월

19일 조선총독부 및 소속 관제를 개정하면서 학무국에 종교과를 신설하였다. 일제는 종교 행정을 중요시하고 종교 단체가 사회교화 임무를 수행하는 것을 원조하기 위해 종교과를 신설했다고 밝혔다. 그리고 1920년 3월 〈개정 사립학교규칙〉을 개정하여 사립학교에서의 종교 교육과 종교 의식을 허용하였다. 이어 4월 7일에는 〈포교규칙〉도 개정하여 교회의 설립을 허가주의에서 신고주의로 바꾸었다. 또한 복잡한 제반 수속을 생략하거나 삭제하였으며, 법령을 위반하였을 때 부과되는 벌금형도 폐지하였다. 그러나 교회나 단체가 '대중의 안녕과 질서를 해하는 음모를 계획하는 장소'로 사용될 때 이를 폐쇄할 수 있는 권한은 여전히 총독부에 남아 있었다.

일제는 천주교회와 친밀한 관계를 유지하고자 하였다. 1921년 5월 1일, 사이토 마코토[齋藤實] 총독을 비롯한 총독부 관료들이 원산 대목구장 사우어(B. Sauer, 辛上院, 1877~1950) 아빠스와 서울 대목구 부주교 드브레(E.A.J. Devred, 兪世竣, 1877~1926) 신부의 주교 서품식 만찬에 참석했다. 이 자리에서 사이토는 천주교회와 총독부 사이의 긴밀한 협력을 당부하였다. 그리고 1923년 총독부는 한국인들의 교육에 기여한 공로에 감사한다며 인천 본당의 드뇌(E. Deneux, 全學俊, 1873~1947) 신부에게 감사장과 은제 화병을 수여하였다. 천주교회도 총독부의 우호적인 제스처에 대한 답례로 교황에게 훈장 수여를 추천하였다. 그리하여 1922년 4월, 사이토와 정무총감 미즈노 렌타로[水野鍊太郎] 등에게 성 실베스텔(St. Sylvester) 훈장이 수여되었다.

이처럼 일제는 국제 여론을 의식하여 선교사들과 친밀한 관계를 유지하고자 했다. 그리고 그들의 환심을 사기 위한 정책들을 내놓았다. 그러나 실상 그러한 제도들은 교묘한 종교 통제 장치에 불과했다. 종교 단체를 후원할 목적으로 설치했다는 종교과를 황민화를 위한 식민 통치의 핵심 기구인 학무국에 두었다는 점은 그러한 사실을 잘 말해준다.

2) 천주교 유지재단 설립

일제의 종교 정책이 변화하는 가운데, 교회 및 선교회의 법인(法人)이 승인되었다. 법인화는 교회나 선교회가 재산권 행사의 주체라는 지위를 법적으로 보장받는 것이다. 또한 종교 법인은 공익을 목적으로 하므로 당국의 보호를 받음과 동시에 소득세, 자산이자세, 법인등록세가 면제되었고, 무상 또는 기부에 의해 취득한 부동산의 등록세가 저율로 처리된다는 장점도 있었다. 그러나 법인화는 통치 당국의 관리와 통제하에 들어간다는 것을 의미한다. 하지만 법인화가 교회나 선교회의 재산권을 보호해 줄 확실한 방법이었기 때문에 교회나 선교회는 법인화를 원했다.

법인의 설립과 관련된 법령이 공포된 것은 1912년의 일이었다. 3월 18일에 〈조선민사령〉이, 3월 30일에 〈법인의 설립 및 감독에 관한 규정〉이 공포되면서 법인화의 길이 열린 것이다. 이렇게 되자, 뮈텔 주교는 서울 대목구의 재단법인 설립을 추진하였다. 그러나 이 작업은 총독부가 법인 설립을 허가하지 않았기 때문에 실패하였다.

당시 천주교와 프로테스탄트의 법인화 사무를 담당한 일본인 변호사 구도 타다스케[工藤忠輔]에 의하면, 총독부는 고아원이나 병원 등과는 달리 그리스도교 단체의 법인화를 몹시 어렵게 생각하고 있었다. 그리하여 각 단체가 법인을 신청했지만, 법인으로 허가받은 것은 장곡천정(長谷川町 : 지금의 소공동)의 일본인 프로테스탄트교회뿐이었다. 이 교회는 일본 프로테스탄트교회 소속의 경성 교회로, 당시 조선 고등법원장이었던 와타나베 토오루[渡邊暢]를 보호자로 하고 있었기 때문에 법인 설립이 가능했다고 한다.

총독부가 그리스도교 단체의 법인 설립을 허가하지 않은 이유는, 그리스도교 단체들이 법률상의 지위와 권리를 갖는 법인이 아니라, 통제의 대상으로만 존재하기를 바랐기 때문이었다. 그러나 1920년대 소위 '문화정치'가 시행되면서 이러한 방침은 변화를 맞게 되었다. 즉 3 · 1 운동 이후 총독부는 일제의 정책에 불만을 갖고 있던 선교사들과의 관계 개선이 필요했고, 그러한 과정에서 교회 및 선교회의 요구 사항인 법인화에 전향적인 태도를 보였던 것이다.

뮈텔 주교는 서울 대목구의 법인 등록에 주력했다. 그 결과 1920년 5월 8일 '재단법인 경성구 천주교회 유지재단'(京城區 天主敎會 維持財團)이 설립되었고, 5월 19일에 등기되었다. 설립 목적은 서울 대목구의 종교 교육 및 자선사업을 위해 필요한 동산 · 부동산을 소유 · 유지 · 공급하는 것이었다. 재단법인 이사에는 뮈텔 주교와 프와넬(V.L. Poisnel, 朴道行, 1855~1925) 신부 · 라리보(A.J. Larribeau, 元亨根, 1883~1974) 신부 · 한기근(韓基根, 바오로, 1867/1868~1939) 신부 · 김성학(金聖學, 알렉시오, 1870~1938) 신부가 선임되었다.

그런데 재단법인은 설립되었지만, 총독부는 명동 성당, 약현 성당, 예수성심신학교만을 교회 재산으로 인정하였다. 게다가 이전과 등기권에 대한 세금 부과액도 명확하게 정하지 않았다. 이에 천주교 측의 불만이 있었고, 여타 교파에서도 법인과 관련된 불만들을 제기하였다. 그러자 총독부는 1923년 봄에 천주교를 비롯한 여러 교파의 장(長)들을 소집하였다. 그리고 교구의 재산과 그때까지 개인 명의로 등록되었던 교구의 모든 재산을 등록할 수 있는 법인 자격을 허용할 것임을 밝혔다. 또한 세금액도 결정하여 성당과 그 대지는 등록비가 들지 않도록 했다.

이에 따라 서울 대목구는 1924년 4월 8일, 기존의 법인 인가를 취소하고 새

◉三교구재단법인설립

작년브터경셩、원산、평양三교구에각각재
단법인을설립ᄒᆞ기위ᄒᆞ야슈쇽을진힝ᄒᆞ여오
던바평양은거[illegible]월廿四일에、원산은十월廿
五일에、경셩은[illegible]월[illegible]十[illegible]일각각조션총독
의인가되엿고재판소에법인등긔신쳥셔는十
월二十三일에、원산교구는十월二十八일에、
경셩교구는十一월十일에모다뎨츌ᄒᆞ엿는ᄃᆡ
그법인의명칭은「재단법인경셩구텬쥬교회
유지재단」、「재단법언원산구텬쥬교회유지
재단」、「재단법인평양구텬쥬교회유지재단」
이라ᄒᆞ엿더라

경성, 평양, 원산 등 3교구 재단법인 설립을 알리는 《경향잡지》 기사(1924년 11월호 통권 553호). 천주교회 유지재단의 설립 목적은 교구가 추진하는 종교 교육 및 자선사업을 위해 필요한 동산 · 부동산을 소유 · 유지 · 공급하기 위해서였다.

로운 재단법인의 설립을 신청했다. 그 결과 1924년 10월 27일 새 재단법인이 설립되었고, 11월 10일에 등기되었다. 한편 서울 대목구의 뒤를 이어 각 교구에서도 재단법인이 설립되었다. 1924년 10월 14일 '재단법인 평양구 천주교회 유지재단'이 설립되었고, 10월 23일에 등기되었다. 10월 15일에는 '재단법인 원산구 천주교회 유지재단'이 설립되었고, 10월 28일에 등기되었다. '재단법인 대구구 천주교회 유지재단'은 이보다 한참 뒤인 1937년 12월 10일에 설립 허가를 신청하여 이듬해 6월 18일에 설립 허가를 받았다. 그리고 1938년 5월 4일에는 '재단법인 광주구 천주교회 유지재단', 같은 해 6월 22일에는 '재단법인 전주구 천주교회 유지재단'이 각각 설립되었다.

제2절 천주교의 민족 운동

1. 안중근의 신앙과 민족 운동

1) 안중근의 천주교 신앙

안중근(安重根, 토마스, 1879~1910)은 1879년 9월 2일(음 7월 16일) 황해도 해주부 수양산(黃海道 海州府 首陽山) 아래에서 안태훈(安泰勳, 베드로)과 조(趙) 마리아의 3남 1녀 중 장남으로 태어났다. 본관은 순흥(順興), 아명(兒名) 겸 자(字)는 응칠(應七)이다. 부친 안태훈은 해서(海西) 지방에서 학문으로 널리 알려진 인물이었다. 그는 개화파와 관련이 있었는데, 1884년 갑신정변(甲申政變)이 실패하자, 가족을 이끌고 해주를 떠나 신천군 두라방 청계동(信川郡 斗羅坊 淸溪洞)으로 이주하였다. 안중근은 어려서는 동양 고전을 익혔고, 성장한 뒤에는 〈대한매일신문〉(大韓每日新聞) · 〈황성신문〉(皇城新聞)과 《만국사》(萬國史) · 《조선사》(朝鮮史) · 《만국공법》(萬國公法) 등을 읽고 국제 정세와 조선이 처한 상황을 이해하였다. 그리고 무예와 병법을 익히면서 무강(武强)의 정신도 함양해 나갔다.

안중근은 부친 안태훈의 영향으로 천주교 신앙을 받아들였다. 안태훈은 1894년 황해도에서 동학 농민군이 봉기하자, 사병과 촌민들을 모아 동학군에 맞섰다. 그런데 동학군이 진압된 후, 안태훈은 동학군으로부터 노획한 군량미를 사용한 문제로 곤경에 처하게 되었다. 정부 관료로부터 추궁을 당하게 되자, 안태훈은 서울로 가서 문제를 해결하려 하였으나 여의치 않았다. 안태훈은 천주교회로 피신하였고, 프랑스 선교사의 도움을 받았다. 그는 성당

1898년 4월에 설립된 청계동 성당 전경. 본당 설립 전에 안중근의 아버지 안태훈이 교회 서적을 들여와 선교하였다.

에 머물면서 강론을 듣고 성서도 읽은 뒤 천주교에 입교할 결심을 했다. 이후 문제가 잘 마무리되자, 안태훈은 교리에 박식한 이종래(바오로)와 함께 《십이단》(十二端), 《문답》(問答) 등의 교회 서적을 가지고 청계동으로 돌아왔다. 그는 친지들과 청계동 주민들에게 교회 서적을 나누어주면서 선교하였다. 그리고 1897년 1월 11일 마렴 본당의 빌렘(N.J.M. Wilhelm, 洪錫九, 1860~1938) 신부로부터 세례를 받았다. 이때 안중근도 가족 및 청계동 주민들과 함께 '토마스'(Thomas, 多默)라는 세례명으로 세례를 받았다.

> 그 무렵 아버지는 널리 복음을 전파하고 원근에 권면하여 입교하는 사람들이 날마다 늘어갔다. 우리 가족들도 모두 천주교를 믿게 되었고, 나도 역시 입교하여 프랑스인 선교사 홍 신부(빌렘) 요셉에게서 영세하고 성명(聖名, 세례명)을 도마(多默, 토마스)라 하였다. 경문(기도문)을 강습도 받고 도리를 토론도 하기 여러 달을 지나 신덕(信德)이 차츰 굳어지고 독실히 믿어 의심치 않았다. 천주 예수 그리스도를 숭배하며, 날이 가고 달이 가서 몇 해를 지났다. 그때 교회의 사무를 확장하고자 나는 홍 교사(洪教師)와 함께 여러 고을을 다니며 사람들을 권면하고 전도하면서 군중들에게 연설했었다(윤병석 편역, 〈안응칠 역사〉, 《안중근 전기 전집》, 국가보훈처, 1999, 137쪽).

교리 연구를 통해 안중근의 마음에 '독실한' 천주 신앙이 자리 잡게 되었다. 안중근은 영혼의 신령(神靈) · 사후심판(死後審判) · 상선벌악(賞善罰惡) · 천당지옥(天堂地獄) 등 천주교의 주요 교리들을 이해했다. 그리고 이러한 교리를 통해 인간의 존엄성과 평등사상을 깨달았다. 그래서 그는 관리들의 학정에 비판적인 태도를 보였고, 민권 운동에도 적극적으로 참여하였다. 그런 가운데 안중근의 신앙과 사상은 조국의 현실에 대한 인식과 부합하면서 도덕 사회의 실현과 민족 구원 사상으로 나타나게 되었고, 문명개화의 독립국을 이상으로 삼는 진보적인 사상으로 발전되어 나갔다.

입교한 후, 안중근은 전교 회장인 숙부 안태건(安泰健, 가밀로)과 함께 교회 활동에 매진했다. 안중근은 빌렘 신부의 복사로 활동하였고, 해주 · 옹진 등 황해도의 여러 지방을 다니면서 빌렘 신부의 선교 활동도 도왔다. 그는 빌렘 신부에게 순명했지만, 때로 불합리한 점이 있다면 거침없이 이를 지적했다. 빌렘 신부가 신자들에게 고압적인 태도를 보이자, 안중근은 신자들과 함께 뮈텔 주교에게 문제의 해결을 청원하고자 한 점이 그 한 예였다.

그러나 안중근의 교회 활동이 그리 순탄했던 것만은 아니었다. 1900년을 전후한 시기에 해서 교안(海西教案)이 발생하여 해주 관찰부에서 안태훈 형제를 잡아 투옥하는 일이 있었다. 이 교안으로 황해도 천주교회는 막대한 타격을 입었다. 그리고 1903년 4월 7일 뮈텔 주교가 교안의 책임을 물어 빌렘 신부를 서울로 소환하였다. 그해 11월 24일 빌렘 신부가 다시 청계동으로 돌아왔지만, 교안으로 타격을 입은 황해도 천주교회는 회복되지 못하였다. 이러한 상황에서 안중근의 교회 활동도 이전에 비해 활발하지는 못하였을 것이다.

신앙인으로서 안중근의 모습은 독립 전쟁 중에도 나타났다. 그는 독립 전쟁 중에 일본군에게 쫓기는 위급한 상황에서도 동료들에게 "전일의 허물을 회개하고 천주님을 믿어 영생하는 구원을 받기"를 권면하였다. 안중근은 동료들에게 가톨릭의 주요 교리들을 설명한 다음, 그들의 동의를 얻어 교회의 규칙대로 대세(代洗)를 베풀었다. 그는 이토 히로부미의 포살(砲殺)이 신앙적으로도 정당했다고 주장했다. 비록 성서에서 사람을 죽이지 말라고 했지만, 남의 나라를 탈취하고 사람의 생명을 빼앗고자 하는 자가 있는데도 수수방관하는 것은 죄악이므로 그 죄악을 제거한 것이기 때문에 신앙적으로도 정당한 행위였다고 강변했다. 또한 이토 포살 당시 정거장으로 가기 전에 하느님에게 예배를 드렸느냐는 질문을 받고, "나는 그날 아침에 한해 특별히 예배를 드린 것이 아니고 매일 아침 하느님을 예배하고 기도드렸다"고 대답했다. 그는 옥중에서 뮈텔 주교에게 남긴 유언장에서 교구장에게 불손하게 대했던 것을 사과한 뒤, 나라의 복음화를 기원한다고 했다. 아우와 빌렘 신부에게는 "나는 천국에 가서도 마땅히 대한국의 회복을 위해 힘쓸 것이다"라는 유언을 남겼다.

안중근은 교리 연구와 철저한 기도생활 등을 통해 굳건한 믿음을 지니고 있었다. 입교 초기의 선교 활동은 전쟁 중의 교리 전파, 옥중에서의 복음 전파로 이어졌으며, 그의 신심은 독립 전쟁과 하얼빈 의거, 체포 후의 순국 과정에서 언제나 신앙인의 용기로 표출되었다. 이러한 점에서 안중근은 독실한 신앙과 조국애를 조화시킨 행동하는 신앙인이었다.

2) 애국계몽운동과 독립 전쟁

1905년, 러일전쟁의 승리를 눈앞에 둔 일제는 한국에 대해 노골적인 침략 야욕을 드러냈다. 이에 안중근 부자는 중국 상해로 이주하여 반일 운동을 전개할 것을 계획했다. 1905년 6월경, 안중근은 먼저 출국하여 중국의 산동 등을 두루 다녀본 후, 상해로 갔다. 그는 기도를 위해 성당에 갔다가 우연히 황해도 재령 본당의 르 각(C.J.A. Le Gac, 郭元良, 1876~1914) 신부를 만났다. 안중근은 외국으로 나가 동포들과 연락하고 기회가 되면 의거를 일으키겠다는 계획을 르 각 신부에게 말했다. 그러자 르 각 신부는 안중근 일가의 외국 이주에 반대하면서 대신에 교육 발달, 사회단체 확장, 민심 단합, 실력 양성에 힘쓰라고 권유하였다. 안중근은 그 말에 적극적으로 동의하고, 당초의 계획을 바꾸어 1905년 12월, 진남포로 돌아왔다. 부친의 사망 소식을 들은 안중근은 청계동으로 가서 상례(喪禮)를 치른 후, 이듬해 3월, 가족을 데리고 진남포로 이사하였다. 그는 이때부터 실력양성론의 입장에 서서 애국계몽운동에 투신하였고, 가산을 털어 교육사업에 매진하였다.

교육에 대한 안중근의 관심은 교회 활동에 전념하던 시기부터 나타났다. 그는 한국의 신자들이 학문에 무지한 탓에 교리를 전파하는 데 어려움이 적지 않다고 판단했다. 그렇기 때문에 서양의 수사회(修士會) 가운데서 박학한 몇 사람을 한국으로 오게 하여 대학을 설립한 뒤 재주가 뛰어난 자제들을 교육시킨다면 반드시 큰 효과가 있을 것이라고 생각했다. 그래서 1900년 전후 안중근은 빌렘 신부와 함께 뮈텔 주교를 만나 대학 설립을 건의하였다. 그러나 뮈텔 주교가 이를 거절함에 따라 안중근은 그 뜻을 이루지 못하였다. 이처럼 교육에 관심을 갖고 있었던 안중근은 1906년 봄쯤에 삼흥학교(三興學校)를 설립하였고, 진남포 본당에서 운영해오던 돈의학교(敦義學校)의 재정을 부담하였다. 그리고 돈의학교의 제2대 교장(1906~1907. 7)을 지내기도 했다.

1907년 1월 31일 대구에서 국채보상운동이 일어나 전국으로 확산되자, 안중근은 이 운동의 관서 지부에서 활동하였다. 그리고 같은 해 봄에는 서북 지역 인사들의 계몽 단체인 서우학회(西友學會)에 가입하여 활동하였다. 그는 안창호(安昌浩) · 박은식(朴殷植) 등 서우학회

국채보상운동(國債報償運動)
1907년 2월 대구에서 서상돈(徐相燉, 아우구스티노, 1849~1913) 등의 제안으로 시작된 국권 수호 운동을 말한다. 이 운동의 취지는 한국이 일본으로부터 도입한 막대한 차관을 상환하여 국권을 회복하자는 것이었다. 대구에서 시작된 이 운동은 곧 서울을 비롯하여 전국으로 확대되어 의연금이 모금되었다. 그러나 통감부는 이 운동을 배일 운동(排日運動)이라 하여 강하게 탄압하였고, 그 결과 별다른 진전을 보지 못한 채 좌절되었다.

회원들과 직간접적으로 교류하면서 국내외 정세에 대한 정보를 수집하고 국권 회복 의지를 다져나갔다.

안중근이 애국계몽운동을 전개하는 동안, 일본의 한국 침탈은 가속화되고 있었다. 1907년 7월, 헤이그 밀사 사건으로 고종이 강제 퇴위하게 되었고, 정미7조약이 체결되어 군대가 해산되었다. 이러한 상황이 되자, 안중근은 국내에서의 애국계몽운동에 한계를 느끼고 국외에서의 활동을 통해 새로운 진로를 모색하고자 했다. 그리하여 1907년 9월, 그는 홀로 간도로 건너갔다. 그는 '민지(民智) 개발'을 통한 계몽 운동을 위해 간도 지역 한인들을 시찰하였다. 그러나 한인들도 일제의 압박하에 신음하고 있음을 목격하고 의병 운동에 투신할 것을 결심하였다. 간도의 상황이 여의치 않음을 알게 된 안중근은 1907년 10월경, 러시아령 연해주 지방의 블라디보스토크로 갔다.

안중근은 청년회에 가담하여 임시 사찰(査察)로 활동하였다. 그리고 연해주 일대를 돌아다니며 의병 봉기를 독려하였고, 교육 발전과 산업 진흥을 역설하였다. 1908년 3월에는 연해주 한인 사회의 인심 통합을 강조하는 논설을 신문에 기고하기도 했다. 그는 국권 회복의 선결 과제로서 인심 단합이 무엇보다 필요하다는 점을 역설함으로써 한민족의 독립운동에 필요한 정신적 통합을 이루려고 하였다. 이어 5월에는 최재형(崔在亨) · 이위종(李瑋鍾) 등과 함께 동의회(同義會)의 발기인으로 참여하였다. 동의회는 한인들의 조국 정신 배양, 결속 도모, 환난구제를 목적으로 한 단체였다.

1908년 러시아의 한인 의병들은 국내 의병들과의 합동 작전을 계획하고 있었다. 안중근도 그해 6월 함경북도에서 활동하고 있던 홍범도(洪範圖)를 만나 연합을 모색하였다. 그는 여러 지역을 돌며 의병을 모집하였고, 군자금도 모금하였다. 의병 전쟁을 위한 기반이 마련되자, 의병 부대는 해로와 육로를 통해 국내 진공 작전을 수행하였다. 안중근을 비롯한 동의회 의병은 7월 3일경에 두만강을 건너 국내에 진입하여 7~8일경 일본군 척후병 4명을 사살하였다. 이때 안중근은 일본 군인과 상인 등을 포로로 생포하였으나 사로잡은 적병을 죽이지 않는다는 만국공법에 따라 그들을 석방하였다. 하지만 이로 인해 의병들 사이에서 갈등이 빚어졌고, 그런 가운데 동의회 의병은 7월 20일경 일본군의 습격을 받아 대패하고 말았다.

전투에서 패한 안중근은 다시 블라디보스토크로 되돌아갔다. 그는 의병 재기를 위해 연해주 각지를 시찰하며 군자금을 마련하고 한인들에게 의병에 참여하도록 권하였다. 하지만 그 무렵 반일 분위기가 퇴조하고 있었기 때문에 별다른 성과를 거두지는 못하였다. 안중근은 공립협회(共立協會) 블라디보스토크 지회에 가입하였다. 그리고 1909년 2월경에는 연추한인일심회(煙秋韓人一心會)를 조직하여 평의원으로도 활동하였다. 이 단체는 한인들의 아편 금지와 상호부조를 위해 설립된 계몽 단체를 표방하였으나, 실제로는 의병 운동을 위한 항일 단체였다. 또한 그는 목숨을 바칠 각오로 일심단결하여 국가의 독립을 이룬다는 뜻으로 비밀 결사인 단지동맹(斷指同盟)을 조직하였다. 단지동맹 결성 후, 안중근은 계속 거사를 준비하는 한편, 한인들의 교육 진흥, 일진회(一進會) 색출 등에도 진력하였다.

3) 하얼빈 의거

1909년 10월, 안중근은 한국 침략의 원흉인 이토 히로부미가 러시아의 대장대신과 회담하기 위해 만주를 방문한다는 소식을 들었다. 그는 이 소식을 듣자마자 이토의 포살을 계획하였다. 안중근은 이토가 한국에 와서 고종을 협

러시아 연해주 크라스키노에 세워져 있는 안중근 단지동맹 기념비. 안중근, 김기용, 백규삼, 강순기, 조응순, 정원주, 박봉석, 유치홍, 김백춘, 황병길, 김천화, 강창두 등 12인이 모여 단지동맹을 결성하였다.

박하여 을사늑약을 체결하고 한국인을 기만하고 있다고 보았다. 때문에 이토를 제거하는 것만이 비탄에 빠진 한국을 구하는 길이고, 이것만이 한국을 보존할 수 있는 방법이라고 생각했다.

안중근은 우덕순(禹德淳), 유동하(劉東夏), 조도선(曺道先)과 함께 이토의 제거를 모의하고, 10월 24일 하얼빈 역으로 갔다. 그들은 이토의 도착 지역인 하얼빈과 채가구(蔡家溝)에 저격 지점을 설정하였다. 이토가 채가구 역에서 기차를 갈아탈 경우에는 우덕순과 조도선이 이토를 저격하기로 하였다. 만약 그것이 실패하면 종착지인 하얼빈에서 안중근이 이토를 저격하기로 하였다. 10월 26일 오전 7시경, 안중근이 하얼빈 역에 도착하였다. 9시 15분, 이토가 탄 열차가 도착하였고, 이토와 러시아 대장대신이 열차 안에서 회담을 가졌다. 이토가 회담을 마치고 하차하여 러시아군을 사열한 뒤 환영객들과 인사를 나누려는 순간, 안중근은 그를 향해 권총을 쏘아 명중시켰다. 이토는 사망했고, 안중근은 러시아 헌병들에게 체포되었다.

안중근은 러시아 당국의 조사를 받고 나서 그날 오후 하얼빈 일본 총영사관에 인계되었다. 당시 하얼빈은 러시아령이었으나 러시아 당국은 안중근을 일본 측에 넘겼다. 안중근은 일본 검찰관에게 이토의 포살 이유를 15가지로 지적하였다. 즉 명성황후의 시해, 고종의 폐위, 을사늑약과 정미7조약의 강제 체결, 한국 침탈 등을 이토의 죄라고 하였다. 11월 3일 안중근은 우덕순, 조도선, 유동하 등과 같이 여순 형무소로 이송된 후 수차례 신문(訊問)을 받았다. 1910년 2월 7일 첫 공판이 시작되었는데, 일제는 정당한 권리인 변호권마저 박탈하여 국내외 변호사들을 불허하고, 일본인 관선 변호인만을 허용하였다. 재판 과정에서 안중근은 이토의 포살은 한국 독립 전쟁의 일부라고 했다. 자신은 대한의군(大韓義軍) 참모중장의 자격으로 포로가 되었다고 밝히면서 만국공법에 의하여 처리해 줄 것을 요구하였다. 하지만 이러한 주장은 받아들여지지 않았고 결국 2월 14일에 열린 제6차 공판에서 안중근에게 사형, 우덕순에게 징역 3년, 조도선과 유동하에게는 각각 징역 1년 6개월이 선고되었다.

안중근이 수감생활을 하는 동안, 동생인 안정근(安定根, 치릴로, 1885~1949)과 안공근(安恭根, 요한, 1889~?)이 옥바라지를 했다. 그리고 빌렘 신부가 3월 8일부터 11일까지 안중근을 면회하고 그에게 성사를 주었다. 안중근은 자신의 생애를 기록한 자서전인 《안응칠 역사》를 집필했다. 그리고 《동양평화론》의 저술에도 착수하였지만 끝맺지는 못했다. 그는 예수 수난일(성금요일)인 3월 25일에 자신의 사형이 집행되기를 원했다. 그러나 일제는 이를 받아들이지 않았고, 결국 안중근은 3월 26일에 순국하였다. 일제는 유해를 가족들에게 넘겨주지 않고 여순 감옥의 죄수 묘지에 매장하였는데, 묘소의 정확한 위치는 아직까지 확인되지 않고 있다.

4) 하얼빈 의거에 대한 천주교회의 반응

이토 포살은 그 당일 한국 천주교회에도 알려졌다. 하지만 이토를 저격한 이가 안중근이라는 사실은 곧바로 알려지지 않았다. 10월 28일 뮈텔 주교는 동경대교구의 뮈가뷔르(P.X. Mugabure, 1850~1910) 주교로부터 "일본의 유력 신문이 이토의 암살자가 천주교 신자라고 하고 있으므로 그 가부를 즉시 회답해 달라"는 요청을 받았다. 이에 뮈텔 주교는 "절대로 그렇지 않다"고 답전을 보냈다. 10월 29일 국내에서도 같은 내용이 보도되자, 뮈텔 주교는 항의하기도 하였다. 10월 30일 뮈텔 주교는 이토를 저격한 이가 안응칠이라는 소식을 접했지만, 그가 안중근이라는 것을 몰랐다. 그러나 11월 2일 뮈텔 주교는 안

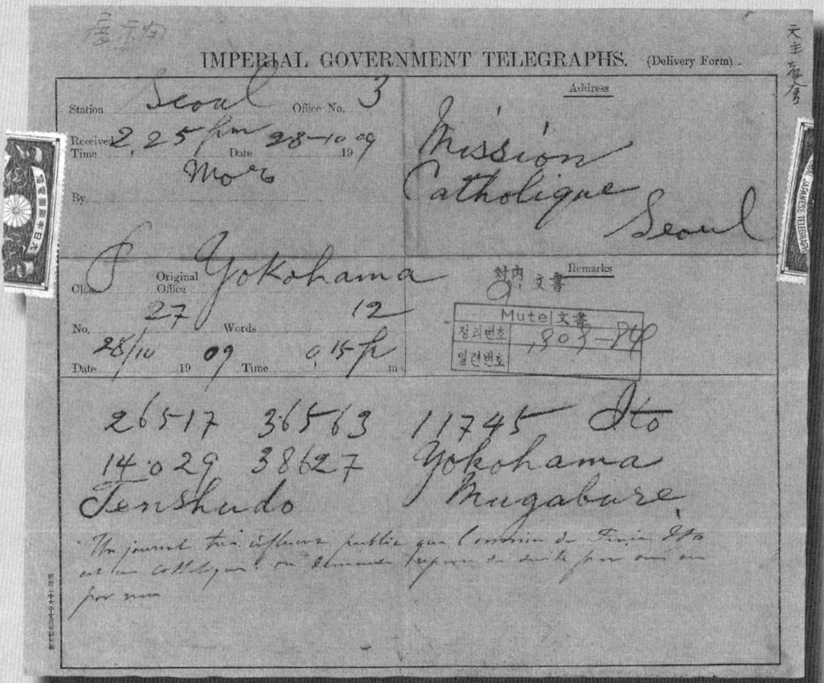
IMPERIAL GOVERNMENT TELEGRAPHS. (Delivery Form)

Station Seoul Office No. 3

Received Time 2.25 pm Date 28-10 09

By

Address: Mission Catholique Seoul

Class Original Office Yokohama

No. 27 Words 12

Date 28/10 09 Time 0.15 p m

Remarks

Mutel 文書

정리번호 1803-84

일련번호

26517 36563 11745 Ito

14029 38627 Yokohama

Tenshudo Mugabure

1909년 10월 28일에 동경대교구의 뮈가뷔르 주교가 뮈텔 주교에게 보낸 전보. 뮈텔 주교는 같은 날 자신의 일기에 "일본의 유력 신문이 이토의 암살자가 천주교 신자라고 함. 사실 여부 속답 바람. 요코하마 천주교 뮈가뷔르"라고 전보의 내용을 밝히고 있다. 뮈텔 주교는 그날로 "절대로 그렇지 않다"라는 내용의 답전을 데예 신부를 통해 보냈다.

응칠이 안중근임을 확인하게 되었다. 뮈텔 주교는 이토의 죽음에 애도를 표했고, 11월 4일 일본 헌병대 병사(兵舍)에서 열린 장례식에 참석했다.

〈경향신문〉은 안중근 의거에 대해 자세히 보도하는 대신, 이토의 죽음을 추모하는 기사를 실었다. 특히 11월 12일자 '이등공의 조난에 대하여 경고하노라'는 기사에서 "공을 암살한 사람은 나라를 사랑함으로 하였다 하며, 그 일을 하기 위하여 제 생명을 일정 바치기로 예비하였으니 그 마음이 영특하고 용맹하다 하나 사람을 죽이는 일이 악한 일인즉 악한 일이라 하노라"고 하며 안중근 의거를 '악한 일'로 규정하였다. 〈경향신문〉이 천주교회의 기관지였기 때문에 안중근 의거가 살인 행위라는 인식은 천주교회의 공식적인 입장이었다.

빌렘 신부는 뮈텔 주교의 허락이 없었음에도 3월 8일부터 11일까지 안중근을 면회하고 그에게 성사를 주었다. 이로 인해 3월 15일 그는 뮈텔 주교로부터 2개월 동안의 성무 집행 정지 처분을 받았다. 그런데 빌렘 신부가 교구장의 불허에도 불구하고 여순에 간 것은 안중근 의거를 공감해서가 아니었다. 그는 하느님의 자녀인 안중근을 끝까지 인도하고, 이토 처단을 '교회회오'하도록 하며, 선량한 신자로 복귀시키기 위함이었다. 즉 종교적 신념에 의한 것이었다.

이처럼 선교사들은 안중근 의거에 대해 비판적이었다. 그리하여 안중근 의거는 천주교회 내에서 부정적으로 평가될 수밖에 없었고, 그 결과 오랫동안 애국자로서의 안중근은 기억된 반면, 신앙인으로서의 안중근은 잊히게 되었다.

천주교회 내에서 안중근을 재평가하려는 움직임이 나타난 것은 1970년대 이후의 일이다. 1979년 9월 2일, 안중근 의사 탄생 100주년 기념 추모 미사가 노기남 대주교의 주례로 명동

교회회오(教誨悔悟)
나쁜 짓을 한 사람을 잘 가르치고 타일러 지난날의 잘못을 깨우치고 뉘우치게 하다.

성당에서 거행된 것이다. 이 미사는 천주교회가 신앙인 안중근에 대한 그동안의 부정적인 인식을 개선하고, 그를 새롭게 조명하기 시작하였다는 점에서 의미가 있었다. 이후 명동 본당은 안중근에 대한 관심과 이해를 높이기 위해 1986년 3월 26일 한국교회사연구소 발의로 '안중근 의사 순국 76주기 추모 미사'를 봉헌하였다. 이 미사를 계기로 1987년 9월에 천주교 정의구현 전국사제단(이하 '정의구현사제단')이 새남터에서 추도 미사를 봉헌하는 등 천주교회에서 안중근을 기리는 활동이 꾸준히 이루어지게 되었다.

1990년대에는 학문적으로 신앙인 안중근을 재조명하려는 움직임이 나타났다. 1990년 3월 25일에는 정의구현사제단이 '안중근 서거 80주년'을 기념하여《안중근 의사 추모 자료집》을 간행하였고, 1993년 8월 21일에는 한국교회사연구소 외곽 단체인 한국가톨릭문화사연구회 주최로 '안중근의 신앙과 민족 운동'을 주제로 한 심포지엄이 개최되었다. 특히 심포지엄과 함께 거행된 추모 미사에서 서울 대교구장 김수환(金壽煥, 스테파노, 1922~2009) 추기경은 당시 한국 교회의 지도자들이 안중근 의사의 의거를 잘못 판단한 데 대한 과오를 반성하며, 안중근이 이토를 포살한 행위의 정당성을 천명함으로써 신앙인 안중근에 대한 재평가의 전기를 마련하였다.

2. 안명근과 안악사건

안명근(安明根, 야고보)은 1879년 9월 17일 황해도 해주에서 안태현(安泰鉉)의 장남으로 태어났다. 안태현은 안중근의 부친, 안태훈의 둘째 형이므로 안명근은 안중근과 사촌 관계였다. 안태현은 형제들 가운데 가장 늦은 1897년 11월 28일에 뮈텔 주교로부터 세례를 받았다. 이때 안명근도 부친과 함께 세례를 받은 것으로 보이는데, 그의 세례명은 '야고보' 였다.

안명근은 안악면학회(安岳勉學會)와 해서교육총회(海西教育總會) 회원으로 활동하였다. 안악면학회는 1906년 12월 1일 안악 지역을 중심으로 창립된 교육 계몽 단체였다. 창립 목적은 신교육과 민지(民智) 계발로 청소년을 계몽하여 독립사상을 고취하고 많은 학교를 세워 교사들을 양성하며, 농사 기술을 개량하고 공업을 장려하여 산업 진흥을 도모하는 것이었다. 해서교육총회는 1908년 11월에 안악면학회를 황해도 전 지역으로 확대 · 발전시켜 조직한 단체였다.

안명근은 1910년 8월 한국이 일본에 병합되자, 간도로 이주하였다. 그는 독립 전쟁을 위해 무관학교를 설립하고자 했고, 군자금 모금을 위해 다시 국내로 들어왔다. 그는 동지들과 함께 황해도 신천 등지의 부호들로부터 군자금을 모금하였다. 그러던 중 안명근은 천주교 신자인 한순직(韓淳稷) · 원행섭(元行燮) 등과 함께 일본 경찰에 체포되었다. 이 사건을 '안악사건' 또는 '안명근 사건' 이라 한다.

일제는 이 사건을 해서 및 서북 지역의 민족지사들을 탄압하기 위한 빌미로 삼았다. 일제는 1911년 1월, 김구(金九) · 김홍량(金鴻亮) 등 황해도의 민족지사 160여 명을 검거하였다. 더 나아가 신민회의 중앙 간부 양기탁(梁起鐸) · 임치정(林蚩正) · 이동휘(李東輝) · 이승훈(李昇薰) 등을 이른바 '양기탁 등 보안법 위반 사건' 으로 검거 · 기소하였다. 1911년 9월에는 신민회가 데라우치 총독의 암살을 기도했다고 날조하여 신민회 회원들을 체포하였다. 그들 중에서 윤치호(尹致昊) · 안태국(安泰國) · 옥관빈(玉觀彬) · 양기탁 · 이승훈 ·

신민회(新民會)
1907년에 안창호 등을 중심으로 결성된 항일 비밀결사. 신민회는 교육 운동, 계몽 강연 및 서적 · 잡지 출판 운동, 민족산업진흥 운동, 독립군 양성 운동 등을 전개하였다.

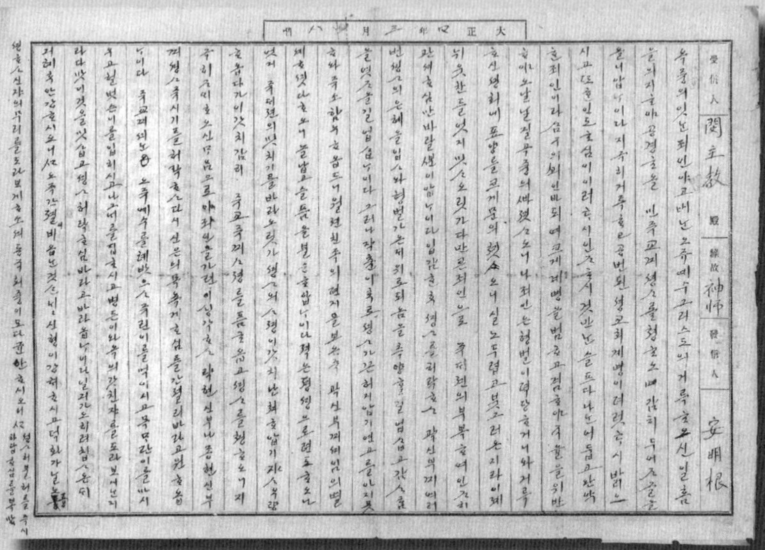

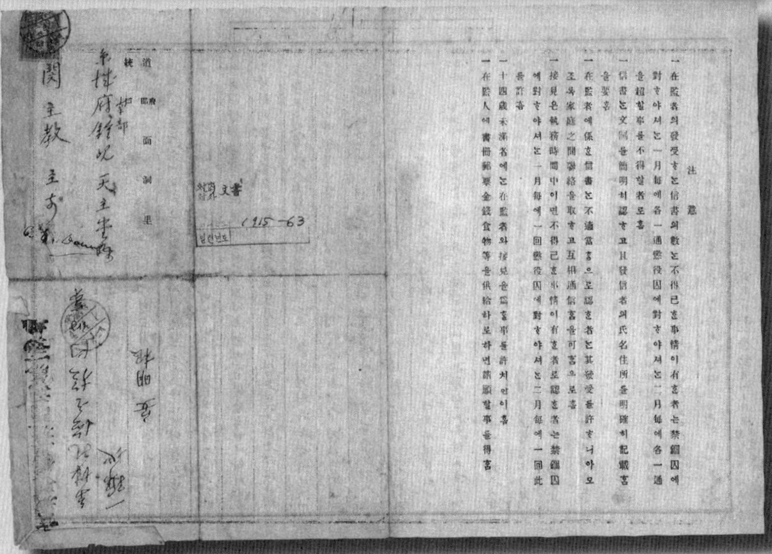

안명근의 친필 편지. '안악사건'으로 투옥된 안명근은 "옥중에서 지금까지 성사를 받아왔는데 르 각 신부의 별세로 성사가 끊겼으니 배려를 바란다"라는 내용의 편지를 1915년 3월 18일에 뮈텔 주교에게 보냈다. 뮈텔 주교는 두세 신부를 보내기로 하고, 감옥에 혹시 다른 교우가 있다면 그들에게도 알리라는 편지를 안명근에게 보냈다.

임치정 등 105명이 유죄 판결을 받았는데, 이것이 '105인 사건'이었다.

안명근은 1911년 7월 22일에 열린 재판에서 종신형을 선고받았다. 이후 경성형무소에서 복역하다가 1924년 4월 9일에 가출옥하였다. 그는 청계동으로 돌아갔다가 다시 중국으로 망명하였다. 이후에도 독립운동을 계속하였으며 1927년 7월 7일 의란현 팔호리에서 사망하였다. 1962년 안명근에게 건국훈장 독립장이 추서되었다.

한편 105인 사건에는 천주교 신자인 이기당(李基唐)과 안성제(安聖濟)가 연루되어 고초를 겪었다. 이기당의 옛 이름은 이석대(李石大)이고, 세례명은 안토니오였다. 그는 유죄 판결을 받아 옥고를 치르다가 1913년에 석방되었다. 이기당은 석방 직후 서간도 무송현으로 망명하여 그곳에서 광제회(廣濟會)를 조직하고 회장으로 활약하였다. 그리고 통화현에 자치회를 조직하고 병학교(兵學校)를 설립하는 등 무장 투쟁을 시도하였다.

3. 3·1 운동과 천주교

1919년 3·1 운동이 일어나자, 신학생들과 천주교 신자들도 이에 동참하였다. 3월 5일 저녁, 대구 대목구의 성 유스티노 신학교 신학생들은 신학교 운동장에서 독립을 위한 노래를 불렀다. 그들은 민족자결주의를 주창한 미국의 윌슨(W. Wilson) 대통령에게 편지를 보내고 3월 9일 시내에서 행진을 하기로 결정하였다. 그러나 이러한 사실을 알게 된 드망즈 주교는 3월 9일에 신학교를 방문하여 신학생들에게 만세 운동에 참여하지 말 것과 참여할 경우 신학교를 폐쇄할 수 있다고 경고하였다. 신학생들은 주교에게 복종하겠다고 약속했고, 만세 운동 참가는 무산되었다.

그러나 만세 운동이 확산됨에 따라 신학생들은 다시 동요하였다. 4월 3일 신학생들은 만세 운동 참가를 계획하였으나 실행에 옮기지 못하고 곧 진정되었다. 상황이 이렇게 되자, 드망즈 주교는 신학생들을 진정시키기 위해 샤르즈뵈프(J.M.E. Chargeboeuf, 宋德望, 1867~1920) 교장 신부의 요청을 받아들여 5월 1일부터 조기 방학을 실시하기로 결정했다.

서울 대목구의 예수성심신학교 신학생들도 만세 운동에 동참하였다. 3월 23일 밤, 신학생들은 독립 만세를 외치고 시위를 하였다. 그들은 3월 24일 신학교를 방문한 뮈텔 주교에게 조국이 학대를 받는 것을 보고 가만히 있을 수 없다고 호소하였다. 하지만 뮈텔 주교는 신학생들에게 질서를 지킬 것을 강조하였고, 이에 동의하지 않으면 신학교를 떠나라고 요구하였다. 결국 몇몇 신학생은 신학교를 떠났고, 뮈텔 주교는 징계 처분으로 그해 서품식을 거행하지 않았다.

한편 본당 및 공소 신자들도 만세 운동에 가담하거나 혹은 시위를 주도하였다. 3월 10일 황해도 해주에서 신자들은 프로테스탄트 · 천도교 · 불교 등 타 종교 신자들과 협력하여 만세 운동을 전개하였다. 그리고 3월 8일에는 대구, 3월 18일에는 강화 · 인천, 3월 27일에는 광주(경기) · 용인, 4월 3일에는 수원, 4월 7일에는 황해도 신천 등지에서도 신자들이 만세 운동에 참여하였다. 신자들 가운데 광주의 김교영(金教永), 수원의 이순모(李淳模 혹은 順模), 용인의 한영규(韓榮圭)와 김운식(金云植), 신천의 김경두(金慶斗), 대구의 이남숙(李南淑)과 이덕주(李德周) 등은 체포되어 실형을 선고받았다.

국내뿐만 아니라 국외인 간도에서도 천주교 신자들은 만세 운동에 참여하였다. 장날인 1919년 3월 13일 용정 성당의 정오 종소리를 신호로 만세 운동이 시작되었다. 이 만세 운동은 천주교 · 프로테스탄트 · 천도교 · 대종교 등 북간도 지역의 독립운동 지도자들이 참여한 조선독립의사회가 주관하였다. 천주교 회장이자 대회장인 김영학(金永學)의 〈독립선언문〉 낭독에 이어, 집결한 군중들이 '대한 독립 만세'를 외쳤다. 군중들은 '대한 독립'이라고 쓴 오장기(五丈旗)를 앞세우고 시가행진을 시작했는데, 도중에 중국군의 발포로 17명이 사망하였다. 현지 신부들의 보고에 따르면 당시 시위자들 가운데 천주교 신자들이 많았다고 한다.

이처럼 신학생들과 신자들이 3·1 운동에 동참하였지만, 천주교 신자들의 참여도는 천도교나 프로테스탄트 등에 비해서 낮았다. 그 이유는 교구장들이 신자들의 3·1 운동 참여를 강하게 반대하였기 때문이다. 교구장들은 일제의 무단정치가 확고하고, 일본이 승전국이므로 민족자결주의가 한국에 적용될 수 없다고 판단했다. 따라서 독립을 되찾으려는 한국인의 열망도 실현될 수 없다고 보았고, 이에 만세 운동 참여를 반대했던 것이다.

4. 대한민국 임시정부 참여와 지원

1919년 4월 중국 상해에 국내외의 민족 운동을 조직적·총괄적으로 지휘할 대한민국 임시정부가 수립되었다. 천주교 신자 중에도 임시정부에 참여하여 독립운동을 전개한 인물들이 있는데, 안중근의 동생인 안정근과 안공근이 대표적이다.

안정근은 안중근 의거 이후 일제의 혹독한 탄압을 받게 되자, 1910년 러시아로 망명하였다. 그리고 1919년에 상해로 이주하여 임시정부 지도자인 안창호(安昌浩)의 지도를 받으며 활동하였다. 안정근은 1919년 11월 15일에 임시정부의 외곽 단체인 대한적십자회(大韓赤十字會) 부회장에 선출되었다. 당시 회장인 이희경(李喜儆)이 출장차 미주에 장기간 체류하고 있었기 때문에 안정근은 적십자회의 실질적인 운영을 맡아 상해 인근의 교민 구제와 의료 활동을 위해 노력하였다. 그리고 1919년 11월부터 1920년 1월까지 임시정부 내무차장을 맡았다. 이어 1920년 5월에는 임시정부의 특파원으로 북간도에 가서 독립운동 단체들의 통합에 진력하였고, 1921년에는 상해로 돌아와 임시의정원(臨時議政院) · 시사책진회(時事策進會) 등의 단체에서 활동하였다.

안공근은 안정근과 함께 러시아로 망명하였다가 1920년에 상해로 갔다. 그는 1921년 4월 29일 임시정부 내각이 새롭게 구성되었을 때 외무차장에 임명되었고, 그해에 이희경과 함께 러시아에 특사로 파견되었다. 이후 안공근은 한국유일당 상해촉성회(韓國唯一黨 上海促成會) 등에서 활동하면서 독립운동 단체들의 통합에 진력하였다. 안공근은 1931년 11월경, 임시정부가 일제 요인 암살과 파괴 활동을 위해 조직한 한인애국단(韓人愛國團)에서 큰 역할을 담당하였다. 그리고 1934년 2월 김구가 중국 정부의 지원을 받아 낙양군관학교(洛陽軍官學校)에 설립한 한인특별반(韓人特別班)의 실질적인 업무를 맡았다. 이후 안공근은 임시의정원 의원, 임시정부 군사위원회 위원 등으로도 활동하였다.

이 밖에 평양 출신의 곽연성(郭然盛, 일명 郭宇明, 요셉)은 1923년 1월 임시정부의 진로와 독립운동의 방안을 논의하기 위해 소집된 국민대표회의에 천주교 청년단 대표로 참석하였다.

한편 성직자나 국내의 신자 중에는 임시정부의 활동을 지원하는 이들도 있었다. 황해도 은율 본당의 윤예원(尹禮源, 토마스, 1886~1969) 신부는 1919년 9월에 평양에서 온 신자 2명으로부터 임시정부의 활동에 참여하라는 권고를 받았다. 그러나 그는 자신이 성직자 신분이고, 교회와 정부 사이에 아무런 관계도 없다고 하면서 이를 거절하였다. 그로부터 1개월 후인 10월 25일경 그는 임 필립보라는 청년으로부터 임시정부의 활동에 참여할 것을 다시 권유받았다. 윤 신부는 임 필립보를 책망하고, 그가 준 '권고서'를 불태워버렸다. 그러나 임 필립보가 적십자회에 가입할 유능한 사람들을 모아줄 수 있는지를 묻자 윤 신부는 그렇게 하겠다고 했다. 적십자회는 임시정부의 외곽 단체였지만, 윤 신부는 그 사업이 자선과 관련된 일이라고 여겨 받아들인 것이었다. 윤 신부는 신자들에게 장차 한국과 일본 사이에 전쟁이 일어난다면 죽은 군인들을 구원할 대비를 하도록 권고하겠다고 약속했다.

윤예원 신부는 약속한 대로 한국인 신부들과 신자들에게 적십자회를 설명하는 편지를 보냈다. 그러나 이러한 활동은 곧 뮈텔 주교에게 알려지게 되었고, 윤 신부는 뮈텔 주교로부터 질책을 받았다. 하지만 윤 신부는 공소 순방 중에 모금 활동을 전개하는 등 적십자회에 대한 지원을 멈추지 않았다. 그러자 뮈텔 주교는 1920년 5월 23일, 문책성 인사로 윤 신부를 경기도 하우현 본당으로 전임시켰다. 윤예원 신부가 이후에도 임시정부의 활동에 가담하였는지는 알 수 없지만, 윤 신부는 '요주의 인물'로 낙인찍혀 일본 경찰에 의해 편지를 압수당하고, 끌려가 심문을 받는 등 어려움을 겪어야 했다.

신자로는 황해도 장연 본당의 장규섭(張奎燮)이 1919년 11월 25일 장연에서 조직된 독립운동 단체인 해서국민회(海西國民會)의 서무로서 적십자회비 모집에 주력했다. 그리고 1920년 7월에는 임시정부를 지원할 목적으로 의용단(義勇團)을 조직하여 〈독립신문〉 배포, 독립공채 모집 등을 전개하다가 1921년 5월에 체포되었다. 장규섭은 해주형무소에서 복역하다가 3년 3개월 만에 가출옥했다.

황해도 사리원 본당 송림 공소의 한도영(韓道英)도 임시정부의 군자금을 모집하다가 1920년 10월 16일에 체포되었다. 그는 군자금만 모금한 것이 아니라, 임시정부 독립단 황해도 제3연단 제5소단 제1분단장을 맡아 무장 투쟁에도 참여하였다. 안악사건 당시 체포되었던 최익형(崔益馨, 로베르토)도 안정근으로부터 임시정부의 군자금 모금을 의뢰받고 안악 신자 나태섭(羅泰燮) 등과 함께 군자금을 모금하던 중 1921년 8월에 체포되었다.

5. 항일 무장 투쟁

1919년 3 · 1 운동이 만주와 연해주 · 미주 등지로 확대되면서 해외 한인들의 독립운동이 고조되었다. 만주와 연해주에서는 독립군 단체들이 조직되어 항일 무장 투쟁의 기치를 내걸었는데, 만주에서 전개된 무장 투쟁의 주류는 종교 계열의 무장 단체였다. 1920년 10월, 일본군의 '만주 한인 항일독립운동 기지 초토 작전' 전까지 만주에는 124개의 독립운동 단체가 조직되어 있었다. 단원 수는 3,700명이었는데, 그중 67.5%인 2,500여 명이 종교 계열의 무장 단체에 속해 있었다. 이처럼 만주에서의 무장 투쟁이 활발해지는 과정에서 천주교 신자들도 무장 투쟁 단체에 가담하여 활동하였다.

천주교 신자들이 무장 투쟁을 전개한 대표적인 예가 의민단(義民團)이었다. 의민단은 천주교 신자들로 조직된 독립운동 단체로, 자료에 따라 의민회(義民會) · 대한의민회(大韓義民會) · 대한의민단(大韓義民團) 등으로 기록되어 있다. 결성 시기는 명확하지 않고 1920년 7월 이후에 이르러 임시정부의 보고서나 일제 정보기관의 첩보 기록에 나타나기 시작한다. 1920년 7월 3일 임시정부의 북간도 특파원 왕삼덕(王三德)은 의민단의 군인이 200명이고, 군총(軍銃) 200정을 가지고 있으며 설립된 지가 얼마 되지 않아 국민회와 연합하고 있다고 보고하였다. 일제의 자료에는 이 단체의 군인이 약 300명이고, '구폭도파'(舊暴徒派)에 속하며 러시아의 한국 독립운동가들과 긴밀한 유대를 가지고 있다고 되어 있다.

의민단은 왕청현 춘화향 알하하(汪淸縣 春華鄕 嘎呀河)에 본부가 있었으며, 동서남북 및 중부에 지부가 있었다. 단장은 방우룡(方雨龍 또는 方渭龍)이었다. 그 외에 참모장 김종헌(金鍾[宗]憲), 영장 허근(許垠), 재정부장 홍림(洪林) · 석해일(石海一), 부단장 김연군(金演君), 선전부장 정준수(鄭駿秀) · 정임현(鄭任賢), 외교부장 허영진(許英振), 통신부장 한일준(韓一俊), 경위부장 차일선(車一善), 교육부장 겸 서부 지부장 현철(玄哲) 등이 있었다.

의민단은 1920년 7월 26일 북간도 독립군 부대들이 재연합하여 동도독군부(東道督軍府)를 창설할 때, 대한독립군과 함께 제2대대로 편성되었다. 이 부대의 주둔지는 연길현 숭례향 명월구(延吉縣 崇禮鄕 明月溝)였고, 대대장은 방우룡이었다. 의민단은 병력을 확보하기 위해 7월경 대한국민회 · 대한독립군과 연합하여 명월구 이청배(二靑背)에 사관 양성소를 설립하였다. 그러나 그 해 9월 1일 일제의 압력을 받은 중국 기병 100여 명이 이곳을 방화함으로써 사관 양성소는 폐교되었다.

1920년 9월 29일 의민단은 대한신민단 · 대한광복단 · 대한국민회 등과 연합하여 북로사령부(北路司令部)를 구성하였다. 10월 21일 이후에는 홍범도(洪範圖) · 김좌진(金佐鎭)이 이끄는 연합군의 일원으로 청산리 전투에 참여하였다. 의민단원들은 전투 참여 외에도 일본군 정찰, 일본 군수품 파괴, 군자금 모금 등을 전개하였다. 그리고 1920년 10월 29일에는 대한신민단 · 대한광복단 · 대한국민회 등과 연합하여 임시정부의 지휘 감독을 받는 총판부(總辦府)를 설치했고, 방우룡은 연길 · 화룡(和龍) · 돈화(敦化) · 액목(額穆) 등을 관장하는 '간북남부총판부'(墾北南部總辦部)의 부총판으로, 김연군은 참사로 활동하였다.

청산리 전투 이후 독립군들이 일제의 추격을 피해 러시아령 자유시로 집결했을 때, 의민단의 일부도 그곳으로 이동한 듯하며, 1921년 6월 '자유시 참변'이 발생하여 9월에 독립운동 단체들이 이를 강력히 항의했을 때에는 방우룡과 김연군이 의민단 대표로 참여하였다. 이후 의민단에 대해서는 알려진 것이 없는데, 의민단이 대한국민회와 연합하였다는 기록으로 보아, 1921년 9월 이후 어느 시점부터 독자적인 활동을 중지했던 것으로 추정된다.

의민단 외에도 천주교 신자들이 참여한 무장 단체로 대한국민회가 있었다. 1919년 3월 13일 용정에서 열린 만세 운동은 북간도 지역의 독립운동 지도자들이 참여한 조선독립의사회가 주관한 것이었다. 만세 운동이 있던 그날, 조선독립의사회는 독립운동을 보다 적극적으로 전개하기 위해 조선독립기성회로 개편하였다. 그리고 1919년 4월 상해에 임시정부가 설립되자, 조선독립기성회는 명칭을 '대한국민회'(이하 '국민회')로 다시 변경했다.

국민회는 북간도 한인들의 통일 기관임을 자임하면서 상해 임시정부를 지지하였다. 국민회는 각 지역에 지방회와 지회를 두어 독립군 편성, 군자금 모금, 무관학교 설치 추진 등

자유시 참변

1921년 러시아령 자유시(스바보드니 시)에서 고려혁명군정의회가 러시아 적군의 지원을 받아 사할린 의용대를 공격한 사건을 말한다. 1920년 청산리 전투 등에서 독립군에게 참패를 당한 일본군은 독립군 토벌 작전을 대대적으로 전개하였다. 이에 독립군은 일본군과의 정면충돌을 피해 러시아령으로 이동하였고, 1921년 자유시에 집결했다. 그런데 독립군 사이에서 한인 무력 군통수권을 둘러싼 갈등이 발생하였고, 코민테른 동양비서부의 지지를 받는 고려혁명군정의회와 이에 반대하는 사할린 의용대로 나뉘어 서로 대립하였다. 이러한 상태에서 1921년 6월 28일 고려혁명군정의회는 러시아 적군의 지원을 받아 사할린 의용대를 공격하였다. 이 과정에서 많은 독립군이 죽거나 체포되었다.

간도 천주교회의 신자들은 민족주의 계열의 독립운동가들과 긴밀히 연합하면서 항일 무장 투쟁에 적극적으로 참여하였다. 돈화 본당 신자들.

에 이르기까지 항일독립운동을 일원화하여 추진하였다. 국민회에는 천주교 신자들도 가담하여 활동하였다. 예컨대 국민회 회장 구춘선(具春先)의 1919년 8월 9일자 보고를 보면 방우룡이 의사원으로 참여하였음이 확인된다. 회원 대부분은 그리스도교 신자들이었으나 대한국민군이 편성되고 항일전이 시작된 후부터는 불교 · 천도교 · 공교계 인물도 가담하였다.

간도의 천주교 신자들은 신민단(新民團 또는 신민회)에도 가입하여 활동하였다. 신민단은 3 · 1 운동 직후에 창립된 독립운동 단체였다. 창립 이후 신민단은 항일 무장 투쟁을 위한 군인과 군자금 모집에 주력하여 훈춘(琿春) · 북간도 · 연해주 지역에 독자적인 유격 부대들을 조직하였다. 이 신민단에 경신향(敬信鄕) 금당촌(金塘村)의 천주교 신자들 일부가 가담하여 활동하였다.

이처럼 간도 천주교회의 신자들은 타 종교 내지는 민족주의 계열의 독립운동가들과 긴밀히 연합하면서 항일 무장 투쟁에 적극적으로 참여하였다. 그러나 신자들은 일제의 '가혹한 탄압' 이라는 혹독한 대가를 치러야 했다. 청산리 전투 이후 일제는 이른바 '경신참변' 을 자행했는데, 그러한 과정에서 경신향 금당촌, 대하전(大荷田) 등지의 신자들이 큰 피해를 입었다. 또한 연길 지역 교우촌인 대교동(大敎洞)의 신자들도 학살당하였다.

경신참변(庚申慘變)
1920년 일본군이 독립군을 토벌한다는 명목으로 간도에 살고 있던 한국인들을 학살한 사건을 말한다. 3 · 1 운동 이후, 만주에서는 독립군이 결성되어 항일 무장 투쟁을 활발하게 전개하였다. 이로 인해 적지 않은 타격을 입은 일제는 만주의 중국 군벌을 끌어들여 독립군을 토벌하고자 했지만, 별다른 성과를 거두지 못하였다. 그러자 일제는 일본군의 만주 침략을 정당화할 사건을 조작하였고, 이를 빌미로 일본군을 대거 만주로 출병시켰다. 일본군은 독립군을 소탕한다는 명목 아래 한국인들을 대규모로 학살하는 작전을 전개했다. 10월 9일에서 11월 5일까지 27일간 간도 일대에서 학살된 사람들은 확인된 수만 해도 3,469명에 이르렀다. 그 외에 확인되지 않은 숫자와 3~4개월에 걸쳐 학살된 수를 합하면 피해자는 적어도 수만 명에 이르렀을 것으로 추정된다.

1930년대와 1940년대 전반기에도 천주교 신자들의 일부가 무장 투쟁에 참여하였다. 그러나 무장 투쟁은 1920년대 초에 비해서 그리 활발하지는 못하였다. 일제의 탄압, 중국 군벌의 방해, 마적들의 침입, 공산주의 운동의 확산과 반종교 운동의 전개 등 악화된 간도의 상황은 신자들의 독립운동에 타격을 주었다.

참고 문헌

제1절

1. 연구서

《교구 연보》, 천주교 부산교구, 1984.

《서울교구 연보》 II, 명동천주교회, 1987.

《드망즈 주교 일기》, 가톨릭신문사, 1987.

김승태 편역, 《일제강점기 종교정책사 자료집》(기독교 편, 1910~1945), 한국기독교역사연구소, 1996.

윤선자, 《일제의 종교정책과 천주교회》, 경인문화사, 2001.

《대구대교구 설정 100주년 기념 기초 자료집③ 안세화 주교 공문집》, 천주교 대구대교구, 2003.

이성전 지음, 서정민 · 가미야마 미나코 옮김, 《미국 선교사와 한국 근대교육》, 한국기독교역사연구소, 2007.

《뮈텔 주교 일기》 4~8, 한국교회사연구소, 2008.

서민교, 《1910년대 일제의 무단통치》, 독립기념관 한국독립운동사연구소, 2009.

요한네스 마르 지음 · 왜관수도원 옮겨 엮음, 《분도통사》, 분도출판사, 2009.

2. 논문

김진소, 〈일제하 한국 천주교회의 선교 방침과 민족의식〉, 《교회사연구》 11, 한국교회사연구소, 1996.

장동하, 〈일제 강점기 주교들의 결정 사항과 선교 정책〉, 《가톨릭 신학과 사상》 48, 2004.

노길명, 〈개항기 제국주의 열강의 조선 공략에 대한 프랑스 선교사들의 태도〉, 《민족사와 천주교회》, 한국교회사연구소, 2005.
안유림, 〈일제의 기독교 통제정책과 '포교규칙'〉, 《한국 기독교와 역사》 29, 한국기독교역사연구소, 2008.
——, 〈조선총독부의 기독교 단체 법인화 정책 : 1920년대 선교회—교회 재단법인 설립을 중심으로〉, 《한국 기독교와 역사》 31, 한국기독교역사연구소, 2009.

제2절

1. 연구서

《서울교구 연보》 I · II, 명동천주교회, 1984 · 1987.
《교회사연구》 9(안중근 의사 특집호), 한국교회사연구소, 1994.
《교회사연구》 11(일제하 한국 천주교회의 민족운동), 한국교회사연구소, 1996.
《해외의 한국 독립운동 사료》 20(중국편 5), 국가보훈처, 1997.
윤병석 편역, 《안중근 전기 전집》, 국가보훈처, 1999.
《교회사연구》 16(2000년 대희년과 안중근 토마스), 한국교회사연구소, 2001.
반병률, 《1920년대 전반 만주 · 러시아지역 항일 무장 투쟁》, 한국독립운동사 편찬위원회 독립기념관 한국독립운동사연구소, 2009.
안중근 의사 기념사업회 편, 《안중근 연구의 성과와 과제》, 채륜, 2010.

2. 논문

한시준, 〈안공근의 생애와 독립운동〉, 《교회사연구》 15, 한국교회사연구소, 2000.

신운룡, 〈안중근의 민족운동 연구〉, 한국외국어대학교 사학과 박사학위논문, 2007.
오영섭, 〈일제시기 안정근의 항일독립운동〉, 《남북문화예술연구》 2, 남북문화예술학회, 2008.
윤선자, 〈천주교의 민족운동〉, 《종교계의 민족운동》, 한국독립운동사편찬위원회 독립기념관 한국독립운동사연구소, 2008.
조광, 〈안중근 의거 이후 그 가문의 동향〉, 《한국 근현대 천주교사 연구》, 경인문화사, 2010.
오영섭, 〈안중근 가문의 독립운동 기반과 성격〉, 《교회사연구》 35, 한국교회사연구소, 2010.
백병근, 〈최익형의 생애와 활동〉, 《한국 천주교회의 역사와 문화》, 한국교회사연구소, 2011.

제2장 조선 대목구의 분할과 정비

제1절 조선 대목구의 분할

1. 분할 배경

1) 성직자 상황

조선 대목구의 분할에 관한 논의가 개시되던 1910년 무렵 조선 천주교회의 상황을 확인할 수 있는 자료로, 조선 대목구장으로서 뮈텔 주교가 작성한 교세통계표가 있다. 이에 따르면 1910년 당시 조선의 천주교 신자 수는 7만 3,517명이었고, 본당은 54개였으며, 공소의 숫자는 1,024개였다. 그리고 조선 대목구에 소속된 성직자로는 주교 1명과 선교사 46명, 조선인 사제 15명을 합하여 총 62명으로 되어 있다.

병인박해 직후인 1867년에 마르티노(A.J. Martineau, 南, 1841~1875), 리샤르(P.E. Richard, 蔡, 1842~1880), 블랑(M.J. Banc, 白圭三, 1844~1890) 등 3인의 선교사가 조선 대목구에 배속된 이후로 1910년 말까지 파리 외방전교회에서 조선으로 파견한 선교사의 총수는 79명이었다. 그리고 조선 내에서 생활하

뮈텔 주교가 작성한 교세 통계표

1910년 조선 대목구장의 교세 통계표 작성에 기초 자료가 된 것은 각 지역 본당에서 사목 활동을 하고 있던 선교사와 조선인 사제들이 보낸 연말 보고서이다. 이때 연말이라 함은 5월 말을 말하며, 사목 연도의 시작은 6월 1일이었다. 사목 활동이 끝나는 5월 말 직후에 한 해 동안의 활동 보고서를 작성하여 대목구장에게 보고한다. 이는 1887년에 만들어진 《조선 선교지 관례집》에 명시되어 있었다(Coutumier de la Mission de Corée, pp. 24~25). 그러면 대목구장은 이를 취합하여 정리한 다음에 완성된 대목구 보고서를 파리 본부로 보냈다. 종합 교세 통계표에 적혀 있는 대목구장의 서명 날짜를 보면 대목구장이 대목구 보고서를 완성하는 시점은 대략 9월과 10월경이었다. 이 보고서는 연말에 파리 본부에 도착하여 다음 해 연초에 발간되는 《파리 외방전교회 연례 보고서》(Compte Rendu)에 게재되었다. 그러므로 교세 통계표에 실린 연도와 실질적인 내용을 고려할 때, 1910년이면 이는 1909년 6월 1일부터 1910년 5월 31일까지의 통계 수치를 의미한다. 그런데 뮈텔 주교는 1910년 보고서를 작성하면서 1910년 9월 24일에 사제로 서품된 서병익 신부와 최민식 신부를 포함시켰다.

고 있던 일본인 천주교 신자들의 사목을 위해서 1910년 11월 29일 일본에서 조선으로 건너온 클랭프테르(J. Kleinpeter, 葛, 1867~1933) 신부까지 합친다면 80명이 될 것이다. 그중 카넬(M.J. Canelle, 簡弘模, 1884~1918)과 페랭(P.F.L. Perrin, 白文弼, 1885~1950) 신부는 1910년 11월 30일에 파리에서 출발하였기 때문에 뮈텔 주교가 교세 통계표를 작성하던 시점에는 아직 입국하지 않은 상태였다. 그러므로 병인박해 이후 1910년까지의 조선 대목구 소속 선교사들은 77명이라고 볼 수 있다.

그 가운데에서 사망자는 마르티노, 리샤르, 블랑, 코스트(E.J.G. Coste, 高宜善, 1842~1896), 드게트(V.M. Deguette, 崔鎭勝, 1848~1889), 리우빌(N.L. Liouville, 柳達榮, 1855~1893), 조스(J.-B. Josse, 趙, 1850~1886), 브레(L.E.A. Bret, 白類斯, 1858~1908), 쿠데르(V. Couderc, 具瑪瑟, 1859~1892), 라푸르카드(A. Lafourcade, 羅亨默, 1860~1888), 로(J.L. Rault, 盧若望, 1860~1902), 앙드레(J.E. André, 安學古, 1861~1890), 조조(J.M. Jozeau, 趙得夏, 1866~1894, 청일전쟁 당시인 1894년 7월 29일 청국 군인에게 피살됨), 르비엘(E.C. Leviel, 申三德, 1863~1893), 마라발

(J.-B. Maraval, 徐若翰, 1866~1890), 뒤테르트르(L.P. Dutertre, 姜良, 1866~1904), 파이야스(C.C.P. Paillasse, 河敬朝, 1868~1903), 데예(A.V. Deshayes, 曺有道, 1871~1910), 리굴로(A.P. Rigoulot, 睦益瑀, 1873~1900), 그리자르(A. Grisard, 池安德, 1873~1903), 포리(J.-B. Faurie, 方曉東, 1875~1910), 조아요(L.A. Joyau, 玉裕雅, 1877~1907), 투르니에(F.J. Tournier, 杜啓昌, 1876~1910) 등 23명이었다. 그리고 조선 대목구에서 활동하다가 개인적인 사정으로 파리 외방전교회를 탈퇴하거나 조선을 떠난 선교사들은 마라발(J. Maraval, 徐若瑟, 1860~1916), 파스키에(P.J. Pasquier, 朱若瑟, 1866~?), 불라두(T. Bouladoux, 羅亨默, 1868~?), 샤플랭(O.J. Chapelain, 蔡時傑, 1869~1943), 수리(E.M. Souris, 薛仁厚, 1886~?) 등 5명이었고, 파리 신학교나 귀주성 전교지 등 다른 사목 지역으로 전근된 사람은 샤르즈뵈프, 마르탱(L.F. Martin, 沈良, 1866~1919) 등 2명이었다. 결국 1910년 당시 조선에서 활동하고 있던 파리 외방전교회 선교사의 수는 뮈텔 주교를 합해서 도합 47명이었다.

또한 15명의 조선인 사제들은 강도영(姜道永, 마르코, 1863~1929), 정규하(鄭圭夏, 아우구스티노, 1863~1943), 한기근, 김성학, 김원영(金元永, 아우구스티노, 1869~1936), 홍병철(洪秉喆, 루카, 1874~1913), 김문옥(金紋玉, 요셉, 1873~1941), 김승연(金承淵, 아우구스티노, 1874~1945), 김양홍(金洋洪, 스테파노, 1874~1945), 손성재(孫聖載, 야고보, 1877~1927), 김명제(金命濟, 베드로, 1874~1961), 이상화(李尙華, 바르톨로메오, 1876~1957), 김윤근(金允根, 요셉, 1878~1943), 최문식(崔文植, 베드로, 1881~1952), 서병익(徐丙翼, 바오로, 1881~1948) 신부 등이었다. 이 가운데에서 강도영 신부부터 이상화 신부까지는 모두 본당 사목 활동에 종사하고 있었다. 그리고 김윤근 신부는 서울 주교관에서 신임 선교사인 보댕(J. Bodin, 邊若瑟, 1886~1945) 신부와 기요(J.J. Guillot, 吉안세, 1887~1916) 신부

〈표 1〉 1910년 조선 대목구 소속 성직자 명단

지역	배속 지역	프랑스인 성직자(담당 업무)	조선인 성직자
간도	간도	퀴를리에	
		라리보	
함경도	안변	뤼카(육가은)	
평안도	진남포	르레드	
	평양	르 메르	
	영유	멩	
황해도	신천	빌렘	
	장연		김문옥
	안악	우도	
	재령	멜리장	
	봉산		손성재
	황주		한기근
강원도	이천	루케트	
		부이수	
	원주	조제	
	원주		정규하
	용소막	프와요	
경기도	안성	A. 공베르	
	수원	알릭스	
	미리내		강도영
	하우고개	르 각	
	양평		이상화
	송도	르 장드르	
	행주		김원영
	제물포	드뇌	
서울	주교	뮈텔	
	문밖(약현)	두세	
	문안(종현)	프와넬	
	대목구	비에모(재정 담당)	

지역	배속 지역	프랑스인 성직자(담당 업무)	조선인 성직자
서울	경향신문사	드망즈	
	조선어교사		김윤근
	대신학교	기낭(교장)	
		드브레(교수)	
		시잘레(교수)	
충청도	옥천		홍병철
	장호원	부이용	
	공주	루블레	
	홍산	J. 공베르	
	결성	폴리	
	합덕	크렘프	
	아산	드비즈	
전라도	목포	투르뇌	
	나주	카다스	
	신성리	미알롱	
	수류	페네	
	전주	보두네	
	진안		김양홍
	되재	베르몽	
	나바위	베르모렐	
경상도	김천		김성학
	칠곡	소세	
	대구	로베르	
	영천		김승연
	부산	줄리앙	
	마산	무세	
	진주		김명제
제주도	제주	라크루	
	제주(홍로)	타케	
신임 사제		보댕, 기요	서병익, 최문식

에게 조선어를 가르치고 있었고, 서병익, 최문식 신부는 1910년 9월 24일에 새로 서품되었다.

2) 교세 변동

1910년 당시 조선 천주교의 교세 변동을 보면, 1901년부터 1910년까지 10년 동안 3만 1,076명이 증가하여, 약 60%의 증가율을 보였다. 1898년에 비하면 2배가 증가한 셈이며, 뮈텔 주교가 조선 대목구장으로 취임하여 첫 보고서를 보낸 1891년의 1만 9,015명에 비교한다면 20년 만에 거의 4배에 가까운 성장세를 기록하였다. 1906년에 일시적으로 신자가 감소하였는데, 이에 관하여 뮈텔 주교는 하와이로 이민 가는 신자들 때문에 전체 신자 수가 감소하였다고 하였다. 하지만 그것이 직접적인 원인이었을지는 몰라도 당시 프로테스탄트의 공격적인 선교 활동이 강화된 점, 특히 1905년부터 불기 시작하여 1907년에 절정에 도달한 프로테스탄트의 대부흥 운동이 가져다준 영향력도 함께 고려해야 한다.

한편 전체 신자 수의 증가와 더불어 신학생의 숫자도 해마다 증가하고 있었다. 매년 증감의 폭에는 변동이 있지만, 1908년의 교세 통계표에는 61명의 신학생이, 그리고 1910년의 교세 통계에는 41명의 신학생이 교육을 받고 있었던 것으로 나온다. 그리고 이어서 대목구가 분할되기 직전인 1911년의 교세 통계에서는 96명으로까지 증가하였다.

이처럼 개항기와 대한제국기의 높은 신자 증가율을 지켜보면서 조선 천주교회의 지도부는 교회의 지속적인 발전을 낙관적으로 전망하였다. 이러한 상황 판단이 1910년에 가서 조선 대목구의 분할을 시도하는 동인이 되었을 것

〈표 2〉 조선 대목구 분할 이전 교세 변동 추이(1891~1910)

연도	신자	신자 증가율(%)	본당	선교사	조선인 사제
1891	19,015	8.2	10	24	0
1898	35,546	10.3	35	34	6
1900	42,441	11.0	40	39	12
1901	46,860	10.4	42	39	11
1902	52,539	12.1	44	41	11
1903	60,554	15.2	44	42	11
1904	60,554	0	45	41	10
1905	64,070	5.8	45	43	11
1906	61,290	-4.3	46	45	10
1907	63,340	3.3	47	42	10
1908	68,016	7.4	50	40	10
1909	71,252	4.8	52	48	13
1910	73,517	3.2	54	47	15

※ 한국가톨릭대사전편찬위원회, 《한국가톨릭대사전(부록)》, 한국교회사연구소, 1991, 322~325쪽에 실린 〈한국천주교회 교세 통계〉(1789~1983)에서 관련된 통계 수치들을 추려서 재정리하고 증가율을 계산하였다.

이다. 말하자면 단 한 명의 대목구장 주교가 모든 조선 대목구의 사무를 총괄하기 어려우므로 좀 더 정교한 사목 행정을 위해서는 대목구를 분할하여 두 명 이상의 대목구장 주교가 각자의 대목구를 관할하도록 하자는 것이다. 그런데 당시 조선 대목구의 상황을 판단하기 위해서는 몇 가지 사항들을 더 점검해보아야 한다.

대외적인 사항들 가운데에는 조선 대목구를 분할하는 데 자극제가 되었을 것으로 판단되는 한 사건이 있었다. 즉 대목구 분할의 선례가 있었던 것이다. 1909년 11월 중국의 중경(重慶)에서는 중국 전교 지역의 주교 시노드가 열렸다. 여기에서 주교들은 남부 사천 대목구에서 영원부(寧遠府) 지목구를 분리시켜서 새로운 대목구를 설치해 달라고 포교성성에 청원하였다. 이것이 받아들여진 것은 1910년 8월 12일이었다. 비오 10세(1903~1914 재위) 교황은 이 지역의 중심지 이름을 따서 건창(建昌) 대목구를 설치하고 그 대목구장에 파리 외방전교회의 드 게브리앙(De Guébriant, 1860~1935) 주교를 임명하였다. 남부 사천 대목구에서 건창 대목구의 분할이 논의된 것은 아마도 뮈텔 주교와 파리 본부의 교섭이 있기 전부터였겠지만 포교성성에서 함께 논의하였을 가능성도 있다. 그리고 뮈텔 주교는 파리 본부에서 1909년 말에 각 전교지의 주교들과 선교사들에게 보낸 회람 서신을 통해서 이 사실을 알고 있었다.

조선 대목구 분할의 배경이 되는 대내적인 사항으로는 향후 조선 대목구의 장래에 대한 뮈텔 주교와 참사회의 판단도 중요하다. 조선이 일본에 강제로 병합되는 상황 속에서 주교와 주요 선교사들은 조선에서 천주교 선교의 장래를 어떻게 판단하였을까? 만약 통감부 그리고 총독부 당국이 신앙의 자유 내지 종교의 자유를 보장하겠다는 공언을 하였고 또 선교사들이 이를 굳게 믿었다면, 아마도 조선 대목구의 미래를 훨씬 낙관적으로 전망하였을 것이다.

구체적인 사례로는 1906년 3월 28일에 초대 조선 통감이 된 이토 히로부미의 언행을 들 수 있다. 이토는 조선 내 천주교와 프로테스탄트 선교사들을 접견한 자리에서 정교분리의 원칙에 따라 조선의 정치적 사건에 관여하지 않으면, 선교사들이 조선에서 행하고 있는 선교 활동을 정신적인 방면의 계몽 교화로 보고 관여하지 않을 것이라고 약속하였다. 그리고 이에 대해서 뮈텔 주교와 선교사들은 대체로 수긍하였다고 한다. 이렇게 뮈텔 주교와 선교사들은 자주적인 독립 국가이건 식민 통치 체제이건 관계없이 분명히 질서의 편이었다. 그래서 일본에 의한 강제 병합이 알려졌을 때 뮈텔 주교는 과거의 의병 운동과 같은 저항 운동이 또다시 일어나지 않을까 두려워하였는데, 다행히 그 같은 일은 일어나지 않았고 놀랍도록 평온한 가운데 변화가 이루어지고 있다고 하였다. 심지어 뮈텔 주교는 강제 병합에도 불구하고 조선인들이 저항 운동을 대대적으로 펼치지 않은 것에 대해서 불가항력의 상황 앞에서 지혜롭게 굴복한 것이라고 평가할 정도였다.

2. 분할 교섭

1) 발단

뮈텔 주교가 조선 대목구를 분할하는 것이 필요하다는 생각을 언제부터 가졌었는지는 불명확하다. 하지만 사료로 보자면 대목구 분할 문제가 분명하게 거론되기 시작한 것은 1910년 3월 5일이다. 당시 파리 본부의 장상은 플뢰리(Fleury) 신부였다. 플뢰리 신부가 보낸 서한에 답장을 하는 형식으로 된, 뮈텔 주교의 3월 5일자 서한에서는 먼저 파리 외방전교회 회칙 개정안에 관한 회람 서한 제31호에 대한 답변을 기재하였고, 그다음에 조선 대목구 분할에 관한 의견, 그리고 마지막으로 빌렘 신부가 안중근 의사에게 종부성사를 주기 위하여 자신의 명령을 어기고 여순(旅順)으로 떠난 일 등을 기록하였다. 그 서한에 나와 있는 조선 대목구 분할 관련 언급은 다음과 같은 소략한 내용밖에 들어 있지 않다.

> 우리가 조선 전교지를 셋으로 나누는 것을 필요로 한다는 말을 샤르즈뵈프 신부가 당신에게 하였을 것입니다. 단번에 그렇게 분할하는 것은 불가능한 것 같다고 한 그의 회답 때문에, 그리고 저도 성소가 감소하고 있으며 또 계속 감소할 것이라고 보기 때문에, 공식적인 요청을 망설였습니다. 둘로만 분할하는 것은 큰일이 아닐 것이며, 검토 대상이 되는 북쪽 지역은 현재와 같이 미결 상태로 남아 있을 것입니다(《파리 외방전교회 고문서고 소장 한국 관계 문서철 제582A권》, ff. 33^{-2}~33^{-3}).

여기서 등장하는 샤르즈뵈프 신부는 1890년 11월 26일 조선 대목구에 배속되어 프랑스에서 출발하였고, 1900년까지 조선 대목구에서 활동하였다. 특히 1895년부터는 용산 신학교 교수로 철학을 가르쳤으며, 1896년에는 조선 대목구장 제2 직무대행으로 임명되었다. 1897년에는 로 신부의 뒤를 이어 용산 신학교 교장으로 재직하였다. 1900년에 그는 파리 외방전교회 신학교 지도 신부로 임명되어 조선을 떠났다가, 1912년에 대구 대목구로 귀환하였다. 그 뒤 목포 본당에서 근무하였고, 1920년 4월 22일에 대구에서 사망하였다. 그러므로 뮈텔 주교가 이 서한을 보냈을 당시 샤르즈뵈프 신부는 파리 신학교의 교수이자 영성 지도 신부로 있었다.

그런데 조선 대목구에서는 샤르즈뵈프 신부를 파리 본부의 조선 담당 경리 신부로 간주하였던 것 같다. 그래서 아마도 뮈텔 주교는 다른 기회에 샤르즈뵈프 신부에게 조선 대목구 분할의 필요성을 언급하고 이를 상의하려고 하였던 것으로 보인다. 특히 뮈텔 주교는 조선 선교지에서 교육사업을 맡아줄 선교회를 물색하러 1908년 3월부터 10월 사이에 유럽을 방문한 적이 있었다. 뮈텔 주교의 일기를 보면 당시 뮈텔 주교가 파리에 도착할 때 영접한 것도 샤르즈뵈프 신부였으며, 뮈텔 주교가 파리에 체류하는 동안 두 사람은 자주 만났던 것으로 나와 있다. 그러므로 1908년과 1909년 그 어느 시점에 뮈텔 주교는 직접적으로든 서한을 통해서든 샤르즈뵈프 신부에게 대목구 분할에 관한 자신의 복안을 내비쳤을 것으로 추측된다. 그리고 위의 서한에 나온 내용으로 보아, 샤르즈뵈프 신부는 뮈텔 주교가 말한 바 있는 조선 대목구 분할 문제에 관해서 플뢰리 장상 신부에게 의향을 물어보았던 것으로 판단된다. 하지만 처음에는 분할 의향을 묻는 것에 대해서 다소 부정적인 답변이 주어졌던 모양이다. 그리고 샤르즈뵈프 신부는 이런 답변을 뮈텔 주교에게 전달하였을 것이다. 이런 전후 맥락이 있었기 때문에 뮈텔 주교가 위의 서한에서 그와 같이 말하였던 것이 아닐까 한다.

직무대행(provicarius)
현 교회법상의 용어로는 '대목구장 직무대행'이라고 해야 하지만(교회법 420조), 통상 조선 교회에서는 이를 '부주교'라고 불렀다. 1962년 정식 교계 제도가 설정된 뒤에 1983년 교회법전에 따라 이 직책을 현재는 '총대리'라고 부른다. 그런데 과거에는 대목구장 계승권을 지닌 주교(coadjutor) 역시 '부주교'라고 불렀다. 그러므로 혼동의 우려가 있어서 여기서는 현재의 용어법대로 '대목구장 직무대행'이라고 하였다. 당시 제1 직무대행은 두세 신부였다.

2) 뮈텔 주교의 계획

1910년 4월 7일에 뮈텔 주교는 파리 본부로 보내는 두 통의 서한을 작성하였다. 하나는 플뢰리 장상에게, 다른 하나는 파리 외방전교회 신학교의 지도 신부들에게 보내는 것이었다. 먼저 플뢰리 장상에게 보낸 서한에서는 3월 10일자 서한을 잘 받았다고 말하면서 분할에 관한 교섭이 잘 될 것이라는 희망적인 내용만 간단히 언급하였다. 이로 보아 플뢰리 장상이 3월 10일자 서한에서 무언가를 말한 것으로 보이지만, 그 서한을 발견하지 못한 현재로서는 단언할 수가 없다. 단지 뮈텔 주교가 파리 본부의 장상 신부에게 보낸 4월 7일 서한에 실린 내용을 볼 때, 플뢰리 장상으로부터 대목구 분할에 관한 논의를 계속하자는 언질을 받았던 것으로 보인다.

하지만 같은 날인 4월 7일에 신학교 지도 신부들에게 보낸 서한에서는 상당히 세부적으로 조선 대목구를 분할하는 문제에 관한 자신의 견해를 피력하였다.

> 몇 해 전에 이미 우리는 우리 조선 전교지의 분할이 바람직할 것 같다고 보았습니다. 교우들의 숫자, 지역의 넓이, 또한 무엇보다도 위안이 되는 복음화가 조선에서 늘 이루고 있는 성과들, 그리고 활동 중심지들의 증대가 보다 더 풍부하게 하였음에 분명한 성과들, 이런 것들은 우리로 하여금 생각을 불러일으키는 동기가 되었습니다.
>
> 최근까지 단 하나의 심각한 어려움이 이 분할을 가로막았습니다. 모든 행정 사무들이 전적으로 수도에 집중되어 있었기 때문에, 서울에서 떨어진 전교 지역에서는 불가피하게도 수도에 와서 지속적으로 소송을 제기하지 않고는 업무

를 처리하는 것이 불가능할 정도였다는 점입니다.

보호령이 설치된 이래 완전히 다르게 일이 처리되고 있습니다. 그러므로 이런 어려움이 사라지고 있기 때문에 분할의 필요성은 그 어느 때보다 더 필요불가결합니다. 위에서 열거하였던 이유들에 덧붙여서 오늘날에 와서 정말 프로테스탄트교도들의 미친 듯한 선전이 벌어지고 있습니다. 그들은 예전에는 한 번도 이렇게까지 바짝 우리에게 근접한 적이 없었습니다. 우리는 활동할 수단이 없어서 수많은 영혼들이 기꺼이 이단의 그물망 속에 떨어지는 것을 고통스럽게 지켜보고 있습니다.

사정이 이와 같다면 일을 착수하는 데에는 전교지를 둘로 분할하는 것으로 충분한 것처럼 보입니다. 그런데 무엇 때문에 지체 없이 세 전교지로 나누어 달라고 요구할까요? 이유는 지형적인 필요성에서 기인합니다. 서울은 이 나라의 중심부에 있습니다. 그래서 거의 동등하게 두 부분으로 분할할 수 있는 방법이 없습니다. 이에 비해서 세 부분으로 나누는 것이 매우 자연스럽습니다. 또한 이런 이유 때문에 약 1년 전부터 제가 신부님께 이런 필요성에 대하여 우리 선교지의 당가(當家, procureur) 신부(필자 주 : 샤르즈뵈프 신부를 가리키는 것으로 보임)를 통해서 공식적으로 말씀드리고자 하였던 것입니다. 사실 신부님에게 제기된 것과 같은 그런 문제에 제가 직면하면서, 저는 신부님의 편지를 받고 나서야 현재 상황 속에서 새로 두 개의 전교지를 설치하는 데 따르는 어려움이 매우 크다는 것을 이해하게 되었습니다. 그런 이유로 저는 확정적인 제안을 신부님께 드리는 것을 망설였던 것입니다. 다른 한편으로 상황적인 필요성도 그러하고, 영혼들과 하느님의 영광에 관한 이해관계도 너무나 급박하여 저는 우리가 그 문제를 포교성성에 회부하여야 한다고 믿었습니다. 적어도 신부님께서 아시는 모호한 개념 속에 있을 때에는 그랬습니다.

이제 그 문제는 분명하게 제기된 이상 잘 풀어나가야 합니다. 우선 그것이 무엇이든지 조선 전교지의 일부를 다른 전교회에 할양하게 될 차후의 가능성을 배제하도록 해 주십시오. 이런 해결책은 우리 모두에 반하는 것으로서 제기되면 안 될 것입니다. 조선 전역에, 물론 다 똑같지는 않습니다만, 복음이 전파되었습니다. 우리는 모든 지방을 담당하고 있습니다. 그리고 언제나 동일한 정성으로 온 나라의 복음화를 위해 필요한 것을 마련하고 있습니다. 어떤 지역도, 심지어 가장 덜 진출한 북쪽 지역도 아무런 심각한 어려움이나 진정한 아픔 없이 양도될 수 없습니다. 게다가 당장 중요한 것은, 일꾼들을 증대시킴으로써 복음화를 강화하는 것보다는, 복음화를 분담하게 함으로써 단 한 명뿐인 주교의 보살핌을 줄여주는 것입니다. 전교지의 분할된 각 부분들은 부득이한 경우에는 단번에 여러 개의 새로운 본당들을 만들 필요 없이 존속하고 번창할 수 있습니다. 그러므로 이 분할이 신부님께 강요할 노력, 그리고 신부님에 의해서 우리 전교회에 강요할 노력이 처음에 보였던 것보다 덜 막대할 것입니다. 그럼에도 불구하고 저희가 신부님에게 요구할 이런 노력을 다시 한 번 줄이기 위해서 저는 참사회와 함께 가능한 모든 방법들을 연구하였습니다. 그리하여 저희가 도달한 것이 바로 위의 방안이었습니다.

제가 위에서 제안하였던 그런 삼분 분할에 관해서 적어도 가까운 장래에 희망을 걸고서 저희는 오늘 신부님께 시작 단계로서 단 한 가지 분할만을 실행하자고 요구하기로 하였습니다. 다시 말해서 조선의 남부 두 개 도, 즉 경상도와 전라도를 별도의 전교지로 설정하자는 것입니다. 7만 1,252명이라는 전체 교우 숫자 가운데에서 이 새 전교지는 2만 4,127명을 헤아리며, 그들은 현재 13명의 선교사와 3명의 조선인 성직자들에 의해서 사목되고 있습니다. 새 전교지의 중심지는 대구가 될 것입니다. 이 도시에는 큰 규모의 교우 공동체가 있으며, 이미 성당이 건립되어 있고, 철도 노선 위에 있기 때문에 쉽게 이 지역 전체에 미칠 수 있습니다. 철로가 아직 전라도에까지 닿아 있지 않은 것은 사실입니다. 하지만 올해에 부산-서울 간 간선에 목포를 연결시킬 노선의 건설을 시작한 반면에, 전라도와 제주도로 가는 길은 부산항이나 마산포 항구에서 바다로 쉽게 연결됩니다.

정말 사실상 이 지역은 조금도 문제가 아닙니다. 하지만 오히려 북쪽 지역은 특별한 보살핌과 활동의 증대를 요청하고 있습니다. 그런 연고로 아마 북쪽 지역이야말로 특별한 전교지로 설정되어야 할 첫 번째 곳인 듯합니다. 이미 말씀드렸듯이 이 문제에 도달하기 위해서도 남부 지역을 나누는 첫 번째 분할이 요청됩니다. 그것은 완전히 준비되어 있으며, 쉽게 실행할 수 있어서, 극히 적은 노력만을 요구합니다. 반대로 북쪽 지역에 관해서는 그 교우들이 그다지 많지 않습니다. 황해도에는 6,393명의 신자가, 그리고 평안도에는 3,340명의 신자가 있습니다. 함경도에는 간도를 포함하여 신자 수가 3,074명입니다. 본당은 더욱 드물고, 인적 자원도 더 보잘것없습니다. 이 지역은 앞으로 몇 년 더 서울의 전교지에 편입되어 있음으로써 우리에게 배당된 자원들을 이용하면 할수록 보다 더 용이하게 발전될 수 있을 것입니다. 무엇보다도 조선인 사제에 관해서 말하자면 남쪽 지역의 부담에서 벗어나기 때문에 중부 지역의 전교지는 북쪽 지역에 대한 활동을 보다 더 잘 감당할 것입니다. 나중에 별도의 전교지를 형성하는 데에 더 전념하는 방향으로 말입니다. 한 가지 덧붙일 것은 오늘날 함경도와 서울 사이의 연락이 함경도와 필시 미래의 전교지에서 중심지가 될 평양 사이의 연락보다 더 수월하다는 것입니다. 상황은 지금부터 몇 년 내에 변할 수 있습니다.

아마도 두 번째 논거이겠지만 그렇지만 마찬가지로 중요한 논거 한 가지가 우리로 하여금 지체 없이 전교지의 분할을 요구하게 만듭니다. 그것은 연례 피정을 위해 선교사들을 숙박시키는 것이 앞으로는 물리적으로 불가능하다는 것입니다. 건물을 세우는 것이 절대적으로 필요합니다. 이것은 적어도 1만 프랑의 비용이 들 것입니다. 저희는 그 정도의 금액이 새 전교지의 건물에 할애된다면 보다 더 잘 쓰이게 될 것이라고 생각하였습니다. 그래서 저희는 건물을 짓는 계획을 중단하였습니다.

친애하는 동료 신부님, 이상의 것들이 저희가 신부님께 설명해야만 하는 논거들입니다. 이것들이 신부님의 편지에 들어 있는 질문들에 대한 대답이 되기를 바랍니다. 또한 이 논거들이 제시하는 방책은 파리 신학교와 전교회에 가능한 가장 적은 수고를 요구하는 그런 것입니다(《파리 외방전교회 고문서고 소장 한국 관계 문서철 제582A권》, ff. 35-1~35-7).

3) 분할의 기본 방향과 쟁점

뮈텔 주교가 4월 7일자 두 서한을 보냄에 따라서 파리 본부 측에서도 본격적으로 조선 대목구 분할 문제를 검토하기 시작하였던 것 같다. 파리 본부는 4월 22일자로 뮈텔 주교에게 서한을 보냈는데, 이 서한에서는 수리 신부의 프랑스 귀환 문제와 빌렘 신부 사건만 거론하였을 뿐, 조선 대목구 분할에 관한 교섭 내용은 거론되지 않았다. 하지만 뮈텔 주교는 플뢰리 장상에게 보낸 1910년 5월 18일자 서한을 통해서, 1910년 조선 대목구 성직자 전체 피정 기간에 조선 대목구 분할에 관한 교섭이 시작되었음을 선교사들에게 알렸다고 밝혔다. 그리고 이에 대해서 모든 선교사가 매우 만족하였으며, 이 일이 실현되기를 바란다고 하였다.

1910년 전체 사제 피정은 4월과 5월에 열렸다. 선교사 피정은 4월 25일~5월 1일(위), 조선인 사제 피정은 5월 9일에 시작되어 14일에 끝났다(아래). 이 기간에 뮈텔 주교는 선교사들과 조선인 사제들에게 대목구 분할 논의가 진행되고 있다는 사실을 알렸다.

뮈텔 주교의 일기에 따르면 1910년 전체 사제 피정은 선교사 피정과 조선인 사제 피정으로 나누어 진행되었다. 선교사 피정은 1910년 4월 25일에 시작되었으며, 5월 1일에 주교 대례 미사를 끝으로 마무리되었다. 그리고 조선인 사제 피정은 5월 9일에 시작되어 5월 14일에 끝났다. 이 기간에 뮈텔 주교는 선교사들과 조선인 사제들에게 대목구 분할에 관한 논의가 진행되고 있음을 통지하였던 것으로 보인다.

당시 뮈텔 주교의 계획은 크게 보아서 대략 두 가지라고 할 수 있다. 첫째, 조선 대목구를 분할하더라도 다른 선교회에 양도하는 것은 있을 수 없다. 분할되는 모든 대목구를 파리 외방전교회가 관할해야 한다. 둘째, 조선 대목구를 3개의 대목구로 분할하는 것이 가장 적절하다. 만약 사정상 3개로 분할하는 것이 어렵다면 일단 남부 지역을 분할하여 두 개의 대목구로 만들고, 사정을 보아가면서 북쪽 지역도 차후에 분할한다는 것이었다. 결국 2개 대목구 분할 방향으로 거의 가닥이 잡혔다.

그런데 문제가 불거진 것은 남부 지역을 새로운 대목구로 분할할 때 그 경계선을 어떻게 획정하는가의 문제였다. 우선 뮈텔 주교는 충청도 지역은 남부 지역에 새로 설치된 대목구에 양보할 수 없다는 입장을 가지고 있었다. 이 점은 4월 7일자 서한을 보낼 때에도 가지고 있었던 견해였다. 즉 새로 남부 지역의 대목구를 창설한다면 전라도와 경상도를 관할 구역으로 해야 한다는 것이 뮈텔 주교의 생각이었다. 그런데 본부에서는 5월 24일자 서한에서 뮈텔 주교에게 충청도를 새로 설치될 대목구에 양보하라고 권고하였던 모양이다. 하지만 이에 대한 6월 19일자 답신에서 뮈텔 주교는 충청도는 절대로 양보할 수 없다는 강경한 태도를 보였다.

4월 7일자 저의 서한에 담긴 제안을 신부님께 말씀드리기에 앞서서 저희는 이미 조선 대목구 참사회에서 새로운 전교지를 설정하기 위해 남부의 두 개 도에 충청도를 부가하는 문제를 검토하였습니다. 이런 조합은 저희가 보기에 수락하기 어려운 것으로 보입니다. 그리고 5월 24일자 신부님의 편지 이후에도 관점은 조금도 변하지 않았습니다. 그 이유는 이렇습니다.

충청도의 관리는 다른 곳보다는 서울에 거주하는 주교 편에 더 귀속됩니다. 시민적인 관점에서 보더라도 행정 사무들은 서울이나 제물포에 있는 이사관(Résident, 필자 주 : 엄밀하게 말하면 통감부 경성이사청 및 인천이사청의 이사관)의 관할에 속합니다. 따라서 만약 이 지역이 남부[대목구]에 편입된다면, 서울에 와서 자주 소송을 제기하는 일이 필요하게 될 것입니다. 결국 분할 제안을 하면서 저희는 동등한 교우 수를 가진 두 개의 전교지를 구성하는 것이 아니라, 독자적으로 생존할 수 있는 한 개의 전교지를 설립하고, 그만큼 현 대목구의 부담을 줄임으로써 관리하도록 남겨진 지역에 대해서 충분한 방법들을 제공하는 것을 모색하였습니다. 그런데 이런 방법은 무엇보다도 조선인 사제들이 우리에게 줄 수 있는 것입니다. 충청도는 저희에게 상대적으로 훨씬 더 풍부한 성소를 가져다주기 때문에, 만약 이런 지원이 저희에게 없다면 저희는 매우 당황할 것입니다. 한 가지 덧붙일 것은 북쪽 선교지의 설립이 요원한 것처럼 느껴질수록 이 일이 저희에게는 더욱더 필요하다는 것입니다.

저는 신부님께 이 의견이 저의 것이면서 동시에 아주 분명하게 저희 참사회 구성원 각자의 것이기도 하다는 것을 말씀드리고자 합니다.

지난번 저희들 피정을 계기로 하여 모든 신부들은 전교지를 분할하는 것이 논의되고 있음을 알게 되었습니다. 그래서 저는 선교사들과 조선인 사제들에게 제가 신부님께 4월 7일자 서한에서 말씀드린 것과 같은 그런 분할 청원을 설명할 수 있었습니다. 모두가 그것에 만족하였습니다.

모두의 이름으로 저는 저희의 청원이 신부님에 의해서 친절하게 받아들여질 것을 감사드립니다. 틀림없이 포교성성도 그 제안을 받아들일 것입니다(《파리 외방전교회 고문서고 소장 한국 관계 문서철 제582A권》, ff. 38-1~38-3).

뮈텔 주교는 충청도를 남부 지역에 신설되는 대목구에 포함시키지 말고 현 대목구에 그대로 두어야 한다고 주장하면서 두 가지 근거를 들었다. 첫째는 미구(未久)에 북부 지역에 또 다른 대목구를 설치하기 위해서는 현 대목구가 충청도 지역을 가지고 있어야만 충분한 인적, 물적 자원을 준비할 수 있다는 것이다. 그리고 둘째는 충청도 지역이 행정적으로는 통감부 서울이사청과 인천이사청 관할이라는 것이다.

하지만 뮈텔 주교가 충청도 지역의 관할이 서울이사청과 인천이사청에 속한다고 주장한 것은 사실과 약간 다르다. 왜냐하면 당시 충청도 지역의 관할은 매우 복잡하여, 충청도 동북부(현재의 충청북도) 지역은 서울이사청, 서북부(현재의 충청남도 북부 일부) 지역은 인천이사청 관할이었지만, (현재의 행정 구역상으로 충청남도 대부분에 해당하는) 충청도 동남부와 서남부 지역은 각각 대구이사청과 군산이사청 관할이었기 때문이다. 따라서 충청도 지역의 행정적인 관할 권역이 서울이나 인천에 속하기 때문에 현 대목구에 계속 남겨두어야 한다는 뮈텔 주교의 주장은 아전인수격의 해석이었다고도 볼 수 있다. 그러나 조선 국내의 사정을 제대로 파악할 수 있는 입장에 서 있지 않았던 파리 본부로서는 뮈텔 주교의 말을 액면 그대로 받아들여 포교성성에 보고할 수밖에 없었을 것이다.

뮈텔 주교의 서한에 대해서 플뢰리 장상은 1910년 7월 23일자 서한을 통해

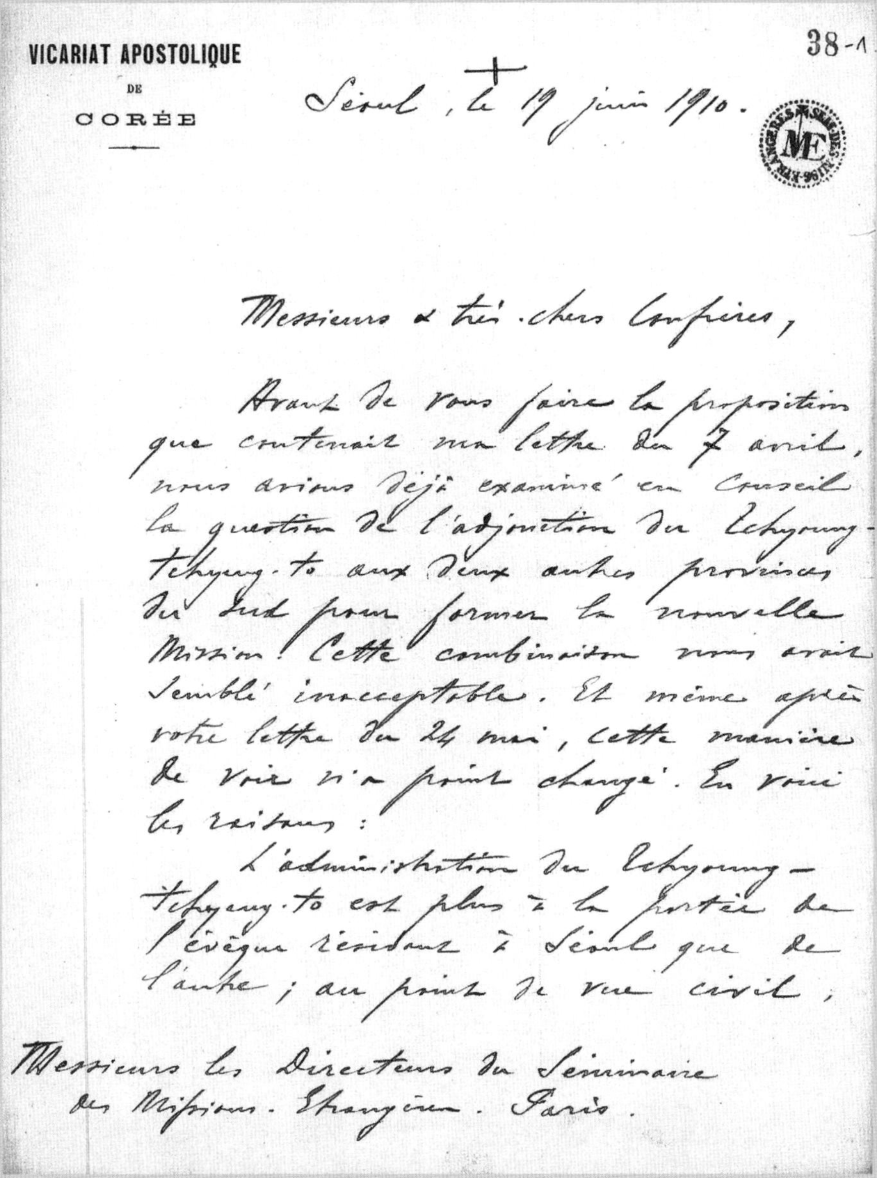

VICARIAT APOSTOLIQUE
DE
CORÉE

38-1

Séoul, le 19 juin 1910.

Messieurs et très chers Confrères,

Avant de vous faire la proposition que contenait ma lettre du 7 avril, nous avions déjà examiné en Conseil la question de l'adjonction du Tchyoung-tchyeng-to aux deux autres provinces du Sud pour former la nouvelle Mission. Cette combinaison nous avait semblé inacceptable. Et même après votre lettre du 24 mai, cette manière de voir n'a point changé. En voici les raisons:

L'administration du Tchyoung-tchyeng-to est plus à la portée de l'évêque résidant à Séoul que de l'autre; au point de vue civil;

Messieurs les Directeurs du Séminaire
des Missions-Etrangères. Paris.

뮈텔 주교가 파리 본부에 보낸 1910년 6월 19일자 편지. 뮈텔 주교는 이 편지에서 충청도를 양보할 수 없는 이유를 설명하며 강경한 태도를 보였다.

서 답신을 보냈다. 이에 따르면 플뢰리 장상은 뮈텔 주교의 답변을 잘 받았으며 이를 포교성성에 보고하겠다고 하였다. 파리 본부에서는 조선 대목구를 분할할 경우에 현재 상황을 그대로 반영하여 동등하게 양분하는 것이 제일 적당하다는 생각을 가지고 있었다.

4) 갈등

뮈텔 주교가 충청도를 새로운 남부 지역 대목구에 양보하지 않으려고 한다는 소식이 다른 경로를 통하여 조선 대목구 내의 다른 선교사들에게도 알려졌다. 그러자 특히 대구를 비롯하여 남부 지역에서 활동하던 선교사들은 뮈텔 주교의 독선적인 태도에 반감을 느꼈던 것 같다. 이러한 사실은 로베르(A.P. Robert, 金保祿, 1853~1922) 신부의 서한에서 확인할 수 있다. 로베르 신부는 조선에서 활동한 햇수로 볼 때 가장 연장자 그룹에 속하는 인물이었다. 그는 1910년 8월 20일자 서한을 뮈텔 주교에게 보내어 이 문제에 관한 불만을 털어놓았다.

> 지난번 피정에서 주교님께서는 조선을 3개 대목구로 분할해 주십사고 요청하셨는데, 파리 본부에서 남과 북 2개 대목구로 분할하는 것만 허용한다고 말씀하셨습니다. 3개 대목구 분할안은 거부당했나 봅니다. 두 개 대목구로 나누어야 한다면 신자들의 수나 선교사들의 수를 고려할 때 경상도, 전라도, 충청도를 남부로 정하는 것이 당연합니다. 3개 대목구로 나누는 안을 포기해야 할 입장이라면 주교님께서 이 일을 방해하시는 이유가 무엇인지 알 수 없습니다. 사실 파리에서 제게 편지를 보내기를 이 일의 조정이 늦어지는 단 하나의 이유는

> 주교님께서 충청도를 양보하시기를 원치 않기 때문이라고 하였습니다. 그렇다면 솔직히 말씀드려서 주교님께서 이불을 너무 주교님 쪽으로 끌어당기시는 것 같습니다(〈뮈텔 문서〉, 정리번호 1910-121).

아울러 로베르 신부는 같은 서한에서 북쪽의 의주 지역에 새로운 본당을 설치하면서 굳이 2명의 선교사를 배당할 필요가 있느냐고 따진다. 왜냐하면 경상도 북부 지역에는 선교사들이 필요한데도 그냥 제쳐 두고 일부러 북쪽 지역에만 신경을 쓰는 것이 아니냐는 것이었다. 그래서 로베르 신부는 그런 식의 분할은 온당하지 못하며, 선교사들의 뜻에도 부합하지 않는다, 주교님이 공공연하게 유리한 몫을 차지하려 한다고들 생각한다고 말하는 등 매우 노골적인 불평을 털어놓았다.

아마도 뮈텔 주교는 남부 지역에 새로운 대목구가 설치되더라도 중부 지역과 북부 지역을 유지하기 위하여 선교사 배치 문제나 대목구 경계 설정 문제를 자신에게 유리한 방향으로 이끌어 가려고 했고, 남부 지역의 선교사들도 장차 새로운 대목구가 신설되면 그 운영을 위해서 최대한 물적, 인적 자원을 확보할 수 있기 위하여 애를 썼던 것 같다.

5) 타결

뮈텔 주교가 충청도를 새로 설정되는 대목구에 할양하지 않으려고 한 것은 장래 조선 교회에 또 한 번의 대목구 분할이 있으리라 예상했기 때문이었다. 그리고 새로 분할되는 대목구에는 황해도, 평안도, 함경도 지역이 여기에 속할 것이다. 그렇게 되면 서울을 중심으로 한 중부 지역의 대목구에는 서울, 경

〈표 3〉 1910년 조선 대목구 지역별 교세 통계표

지역	본당	주임 신부	본당 신자	도별 신자
간도	간도	퀴를리에	1,444	2,723
		라리보	1,279	
함경도	원산	프와요	355	1,487
	안변	뤼카(육가은)	1,132	
평안도	진남포	르레드	1,096	3,463
	평양	르 메르	1,394	
	영유	멩	973	
황해도	신천	빌렘	788	5,141
	장연	김문옥	944	
	안악	우도	1,194	
	재령	멜리장	648	
	봉산	손성재	1,105	
	황주	한기근	462	
강원도	이천	루케트	2,068	8,349
		부이수	1,750	
	원주	조제	1,431	
		정규하	1,862	
	용소막	프와요	1,238	
경기도	안성	A. 공베르	1,298	12,131
	수원	알릭스	1,301	
	미리내	강도영	2,378	
	하우고개	르 각	2,396	
	양평	이상화	1,173	
	송도	르 장드르	1,579	
	행주	김원영	682	
	제물포	드뇌	1,324	

지역	본당	주임 신부	본당 신자	도별 신자
서울	문밖	두세	2,376	4,510
	문안	프와넬	1,833	
		비에모	258	
		기낭	43	
충청도	옥천	홍병철	781	10,226
	장호원	부이용	1,897	
	공주	루블레	1,973	
	홍산	J. 공베르	1,510	
	결성	폴리	1,405	
	합덕	크렘프	1,930	
	아산	드비즈	730	
전라도	목포	투르뇌	916	14,794
	나주	카다스	291	
	신성리	미알롱	1,084	
	수류	페네	2,755	
	전주	보두네	2,643	
	진안	김양홍	2,070	
	되재	베르몽	2,015	
	나바위	베르모렐	3,020	
경상도	김천	김성학	1,775	10,291
	칠곡	소세	1,611	
	대구	로베르	1,858	
	영천	김승연	840	
	부산	줄리앙	1,427	
	마산	무세	1,444	
	진주	김명제	1,336	
제주도	제주	라크루	207	402
	제주(홍로)	타케	195	
합계				73,517명

기도, 강원도, 충청도만 남게 된다. 이렇게 예상을 하고 있던 뮈텔 주교로서는 북부 지역의 미래 대목구 건설을 위해 인적 · 물적 자원을 축적하려면 충청도를 새 대목구에 할양할 수 없는 입장이었을 것이다.

위의 통계표에서 전라도와 경상도, 제주도의 신자 수를 합치면 25,487명이다. 그리고 강원도, 경기도, 서울 등 중부 지역의 신자 수는 24,990명으로 남부 지역과 비슷하다. 그리고 간도와 함경도, 평안도, 황해도 등 북부 지역의 신자 수는 그 절반 수준인 12,814명이다. 그리고 문제 지역인 충청도의 신자 수는 10,226명이다.

남부 지역과 충청도를 합칠 경우 35,713명이 되고, 중부 지역과 북부 지역을 합치면 37,804명이 된다. 따라서 충청도를 남부 지역에 배당해야 적절한 비율로 조선 대목구를 양분하는 것이 된다. 로베르 신부도 이런 통계상의 비율을 염두에 두고 주장하였던 것 같다. 이에 비해서 뮈텔 주교의 계획은 남부 지역의 25,487명으로 새로운 대목구를 분할하고, 남은 충청도와 중부 지역과 북부 지역을 합친 48,030명으로 기존 대목구를 유지한다는 것이었다. 그래야만 향후 북부 지역을 새로운 대목구로 독립시킬 수 있다는 판단이었다.

이러한 갈등은 로베르 신부가 8월 20일자 서한에서 뮈텔 주교에게 사과하고 자신의 주장을 철회함으로써 해결되었다. 즉 로베르 신부가 조선 대목구의 장상인 뮈텔 주교에게 항의했던 무례를 사과하고 순명할 것을 다짐함으로써 충청도 관할 문제는 대체로 해결되었다.

3. 대목구 신설을 위한 준비들

뮈텔 주교는 1911년 1월 11일 파리 외방전교회로부터 한 통의 서한을 받고,

이튿날 전라도와 경상도 지역에서 활동하고 있는 선교사들에게 회람 서신을 발송하였다. 이 서한에서 뮈텔 주교는 조선 대목구 분할 교섭의 결과를 선교사들에게 공식적으로 공포하였다.

전라도와 경상도 지역의 선교사들에게

서울 1911년 1월 12일

친애하는 동료 여러분

파리 외방전교회 신학교에서 12월 24일자 서한으로 저에게 다음과 같은 사실을 알려왔습니다. 포교성성은 원칙적으로 전라도와 경상도 지역의 독립된 전교지를 세우는 것을 받아들였습니다.

동시에 저는 관계된 선교사들에게 투표를 요구하도록 권유받았습니다. 그 투표는 포교성성의 공경하올 추기경 각하께서 신학교 장상 신부님께 다음과 같이 서한을 보내면서 말씀하신 요망 사항에 대해서 파리의 참사회가 응답하도록 해줄 것입니다. [저는 당신께 세 후보들의 이름과 인적 사항을 성성 위원회에 제출해 주기를 요청합니다. 추기경님들께서는 알맞은 인물을 뽑아 세우고 대목구를 설립할 수 있도록 그들 가운데에서 새 선교지의 대목구장을 선택할 수 있을 것입니다.] 따라서 여러분께서는 일반 회칙 제96항의 내용에 따라서 여러분 본인의 투표 내용을 봉인한 봉투에 넣어서 가능한 대로 즉시 보내주시기 바랍니다.

말할 것도 없이 저에게 전달하도록 보내진 투표용지들을 지체하지 않고 등기우편으로 발송하는 의무를 이행할 것입니다.

또한 지체, 분실, 오해 등의 모든 사태를 피하기 위하여, 투표 내용을 파리로 직접 부치고자 하시는 동료들께서는 발송 날짜를 저에게 통지해 주십시오.

+구스타프 뮈텔

로베르, 보두네, 베르모렐, 라크루, 미알롱, 페네, 타케, 무세, 투르뇌, 줄리앙, 베르몽, 소세, 카다스(미입회자)

《파리 외방전교회 고문서고 소장 한국 관계 문서철 제582A권》, ff. 55-1~55-2.

뮈텔 주교는 전라도와 경상도의 해당 선교사들에게 회람 서한을 보낸 것과 같은 날에 조선인 성직자들에게도 라틴어로 된 통지문을 보내어 조선 대목구의 분할이 결정되었으며, 이와 관련한 절차들을 진행하고 있다는 사실을 알려 주었다. 물론 조선인 성직자들은 파리 외방전교회 회원이 아니기 때문에 대목구장을 추천하는 선거에 투표권을 행사할 수 있는 자격을 갖고 있지 못했다. 하지만 대목구 전체의 중대한 변동 사항이었기 때문에 전체 성직자들에게 관련 내용을 통지하였던 것이다.

뮈텔 주교의 회람 서한을 받은 전라도와 경상도 지역의 선교사들은 즉시 투표에 참여하였다. 그들은 1월 14일부터 28일 사이에 투표 용지를 작성하여 뮈텔 주교에게 혹은 파리 본부로 직접 보냈다. 당시 새로운 대목구의 수장이 될 인물에 대한 투표에 참여할 자격을 가진

미입회자
파리 외방전교회의 회칙에 따르면 선교사가 정식 회원으로 등록되어 입회 번호를 부여받기 위해서는 배속지에 입국한 뒤로 3년 동안 활동해야만 되었다. 그러므로 1909년 1월 31일에 서울에 도착한 카다스 신부는 1911년 1월 12일 당시에는 아직 3년 기한을 채우지 못한 상태였기 때문에 정식 회원이 아니었고, 따라서 투표권도 없었다.

사람은 경상도와 전라도 지역에서 사목 활동을 하고 있던 선교사들 가운데 1909년에 입국하여 아직 3년의 수습 기간을 마치지 못한 카다스(J.F. Cadars, 姜達淳, 1878~1950) 신부를 제외하고, 로베르, 보두네(C. Baudounet, 尹沙勿, 1859~1915), 베르모렐(J.A. Vermorel, 張若瑟, 1860~1937), 라크루(M. Lacrouts, 具瑪瑟, 1871~1929), 미알롱(J.L. Mialon, 孟錫浩, 1871~1937), 페네(J.C. Peynet, 裵嘉祿, 1873~1948), 타케(E.J. Taquet, 嚴宅基, 1873~1952), 무세(J.G. Mousset, 文濟萬, 1876~1957), 투르뇌(V.L. Tourneux, 呂東宣, 1879~1944), 줄리앙(M.C. Julien, 權裕良, 1882~1944), 베르몽(J.M. Bermond, 睦世榮, 1881~1967), 소세(H.J. Saucet, 蘇世德, 1877~1921) 등 모두 12명이었다.

원래 이 투표의 원칙은 적임자라고 생각하는 인물을 적되, 제일 첫 번째 줄에는 본인이 생각할 때 최선의 인물이라고 생각하는 사람을 기입하는 것이었다. 그러므로 첫 번째 줄에 적힌 인물의 투표수가 많을 때에는 유력한 후보자로 고려되는 것이다. 이런 원칙에 따르자면 첫 번째 줄에 이름이 오는 사람은 1표를 얻은 샤르즈뵈프와 두세, 3표를 얻은 프와넬(V. Poisnel, 朴道行, 1855~1925), 그리고 7표를 얻은 드망즈 등 4명이었다. 그 가운데에서도 7표를 얻은 드망즈 신부가 가장 유력한 후보였다고 할 수 있다. 드망즈 신부는 당시 조선 대목구의 선교사들, 특히 소장파 선교사들 사이에 상당히 신망을 얻고 있었다. 파리 출신, 대학 교육을 이수한 엘리트 지식인의 면모, 경상도 지역인 부산 본당에서 활동하였다는 이력, 〈경향신문〉의 창간과 발행에서 보여준 탁월한 업무 능력, 동료 선교사들과의 원만한 인간관계, 이런 요인들이 복합적으로 작용하면서 드망즈 신부는 신설 대목구의 장상 후보로서 동료 선교사들의 압도적인 지지를 받았다고 할 수 있겠다.

뮈텔 주교는 자신에게 발송된 해당 선교사들의 봉인된 투표지를 모두 모아

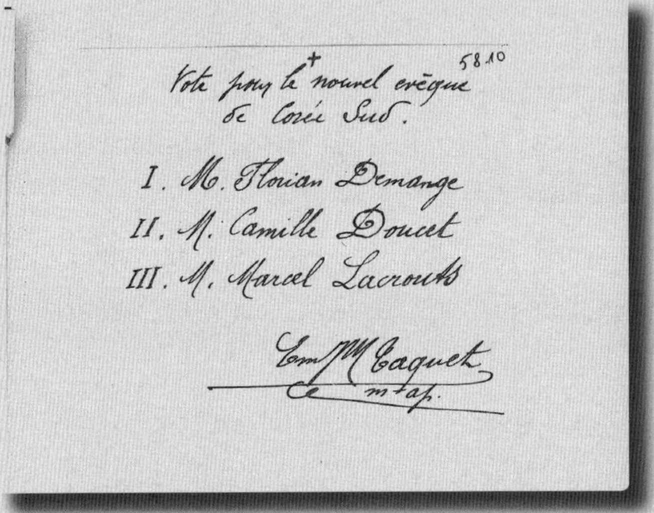

5810

Vote pour le nouvel évêque de Corée Sud.

I. M. Florian Demange

II. M. Camille Doucet

III. M. Marcel Lacrouts

Em. M. Taquet m. ap.

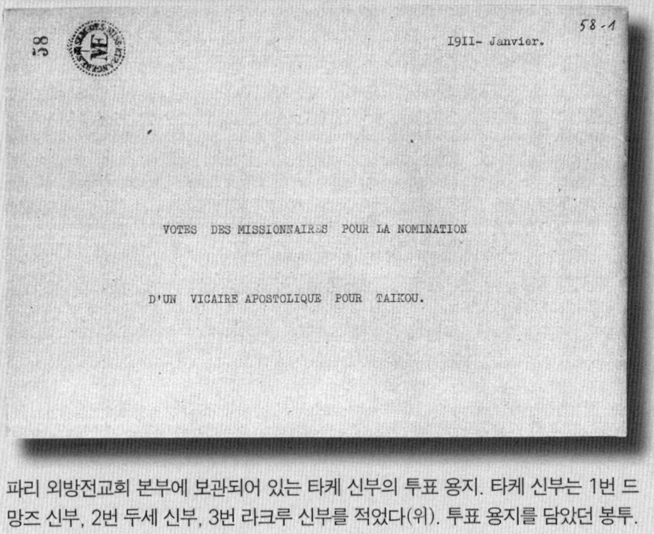

58

58-1

1911- Janvier.

VOTES DES MISSIONNAIRES POUR LA NOMINATION

D'UN VICAIRE APOSTOLIQUE POUR TAIKOU.

파리 외방전교회 본부에 보관되어 있는 타케 신부의 투표 용지. 타케 신부는 1번 드망즈 신부, 2번 두세 신부, 3번 라크루 신부를 적었다(위). 투표 용지를 담았던 봉투.

서 파리 본부로 보냈다. 이 우편물은 파리를 거쳐서 로마의 포교성성으로 보내졌으며, 대목구 분할 문제에 대한 최종적인 결정은 로마에서 선포될 것이었다. 이제 포교성성에서 정식으로 결정 사항을 통보할 때까지 기다리는 일만 남아 있었다.

4. 교황청의 공식적인 선포

비오 10세 교황은 1911년 4월 8일에 칙서(Bulla)를 반포하여 조선 대목구에서 분리하여 대구 대목구를 신설하는 한편, 기존 대목구의 명칭을 서울로 변경하도록 하였다. 이 칙서의 내용을 소개하면 다음과 같다.

> 주님 안에서 보다 풍부한 열매를 맺기 위해 현재의 관할 구역이 넓고 신자 수도 많이 증가되어 미래 발전을 생각할 때 새로운 대목구를 신설해 주도록 요청받았습니다. 한 사람의 대목구장이 일본인의 통치하에 많은 권한의 제약을 받으면서 한국 전체를 사목하고 있기에 교구장이신 Milens 명의 주교 Gustav Mutel 주교는 많은 연구와 현명한 판단으로 자신의 대목구에 속하는 남반부(남쪽 지역)에 새로운 대목구를 설정하는 것이 적절하다고 생각하고 나에게 그 설정을 청했습니다.
>
> 나는 신자들의 영적 유익과 하느님의 영광을 위한 그 건의를 포교성성 추기경님들의 투표 찬성을 얻어 긍정적으로 생각했습니다. 그리하여 자발적으로 모든 것을 확인하고 심사숙고한 다음 사도좌의 권한에 의해서 한국의 행정적 명칭인 경상도(남북도)와 전라도(남북도)를 하나로 하여 별도의 대목구를 신설하고 그 명칭을 대구의 명칭에 의하여 대구 대목구로 하였습니다. 모든 권한과

특전과 영예를 부여하여 대구 대목구를 설립 설정하며, 이전 교구(조선 대목구) 명칭은 서울 대목구로 합니다.

1831년부터 파리 외방전교회 출신 사제들이 피와 땀을 흘려 한국의 전교를 가꾸어 오다가 이제 다시 한국의 남쪽 지역에 새 대목구를 설정하게 되었으니 같은 파리 외방전교회 신학교 출신 사제들에게 이 지역 사목을 위탁합니다. 이 칙서의 효력이 언제나 확고하고 유효하게 준수되기를 바라며 충만한 열매를 맺기 바랍니다. 또한 이와 관련되거나 연관될 사람들에게도 성공을 기대합니다. 즉 모든 일에 있어 정상적 또는 위임을 받은 판결권자에 의해 결정되어야 합니다. 만일 그렇지 않고 어떤 권위에 있는 사람이 의식 무의식과 관련 없이 반대하는 경우 그것은 금지되고 무효화됩니다. 이러한 경우 나와 상서원의 불허 규정과 반대 행위자들에게 해당하는 법 규정이 적용됩니다.

로마 성 베드로 좌에서

1911년 4월 8일

교황 재위 8년

Merry del Val 추기경

국무원 장관

대구가톨릭대학교 부설 영남교회사연구소 편, 《대구대교구 설정 100주년 기념 기초 자료집④ 교구장 공문 및 문서》, 천주교 대구대교구, 2006, 3~4쪽.

아울러 비오 10세 교황은 대구 대목구장에 드망즈 주교를 임명하였다. 이리하여 조선 대목구는 정식으로 분할되어 뮈텔 주교가 관할하는 서울 대목구와 드망즈 주교가 관할하는 대구 대목구로 나뉘게 되었다.

대구 대목구가 설정될 당시 조선의 전체 선교사는 모두 49명이었다. 그중 서울 대목구에는 주교 1명과 33명의 선교사가 소속되었고, 대구 대목구에는 투표 인원 12명과 이제 막 입회가 결정된 카다스, 대목구장 드망즈, 신입 선교사 카넬 등 15명이 소속되었다. 그리고 15명의 조선인 사제 중에는 10명이 서울 대목구 소속으로 남았고, 전라도 진안 본당의 김양홍, 전라도 용안 본당의 서병익, 경상도 김천 본당의 김성학, 경상도 영천 본당의 김승연, 경상도 진주 본당의 김명제 등 5명이 대구 대목구 소속으로 결정되었다.

제2절 서울 대목구의 설정과 변화

1. 교세의 변동

대구 대목구가 분리되면서 서울 대목구의 신자 수는 76,843명에서 52,109명으로 줄어들었다. 물론 1920년이 되면 59,331명으로 늘어나지만, 내용적으로 보면 그렇게 낙관적인 형편이 아니었다. 왜냐하면 1912년부터 조선의 인구 통계가 집계되기 시작했는데, 이에 따르면 서울 대목구가 관할하는 지역의 총인구 대비 신자율은 오히려 정체 혹은 감소 현상을 보이고 있었기 때문이다. 전반적으로 교세 통계에 누락되는 신자들이 많아지고 새로운 입교자가 감소하는 등 교세 증가의 부진을 면치 못하는 상황이 이어졌고, 특히 1920년대 후반까지 성인 영세자가 지속적으로 감소하는 추세를 보였다.

1914년 유럽에서 발발한 제1차 세계 대전은 프랑스 선교사들이 주축을 이루고 있던 서울 대목구에 상당한 영향을 미쳤다. 전쟁 발발 당시 조선에서 활동하고 있던 선교사 33명 가운데 11명이 징집 대상자였고, 그중 9명이 조선을 떠나 전쟁터로 나가야 했다. 이들이 1919년까지 참전한 동안에 조선 교회는 현상을 유지하는 데에도 급급한 상태였다. 여기에 프로테스탄트의 영향력이 확대되고, 조선 불교가 오랜 잠에서 깨어나 활발한 활동을 벌이기 시작하였으며, 일제 당국의 암묵적인 보호 아래에 일본 종교 신도(神道)가 조선으로 들어오기 시작하였다. 이에 따라 천주교의 입지는 갈수록 약화되었다. 게다가 1915년 8월 일제가 공포한 〈포교규칙〉과 그에 따른 각종 조사와 감사 등도 천주교의 교세를 위축시키는 원인으로 작용하였다.

1920년에 원산 대목구가 설정되어 함경도와 간도 지역이 분할되자 서울 대

〈표 4〉 서울 대목구의 교세 변동(1911~1945)

연도	신자	성인 영세자	본당	외국인 선교사	조선인 신부
1911	76,843	3,967	59	50	15
1912	52,109	2,607	41	36	10
1913	53,618	2,387	42	35	12
1914	55,602	2,339	41	33	13
1915	57,026	1,685	38	31	13
1916	57,442	1,434	40	30	14
1917	57,914	1,448	38	29	18
1918	58,838	1,488	39	28	19
1919	58,945	1,293	39	27	18
1920	59,331	1,207	40	26	23
1921	59,761	1,600	42	26	26
1922	53,574	1,291	42	27	26
1923	54,079	1,219	43	29	30
1924	55,115	1,267	44	30	32
1925	55,386	1,349	46	32	36
1926	55,154	1,511	49	40	39
1927	56,302	1,580	47	42	39
1928	49,147	1,105	43	26	37
1929	49,540	1,289	43	24	36
1930	51,036	1,385	42	26	36
1931	52,949	1,375	43	25	43
1932	54,303	1,719	43	25	42
1933	57,295	2,057	43	25	47
1934	-	-	-	-	-
1935	61,385	2,903	48	24	47
1936	64,487	3,053	48	24	55
1937	66,217	3,482	-	26	56
1938	69,911	3,068	52	24	56
1939	72,360	3,586	54	26	62
1940	63,763	3,674	53	27	57
1941	64,655	4,585	-	28	64
1942	64,891	2,818	-	-	-
1943	-	-	-	-	-
1944	65,795	2,099	53	24	52
1945	-	-	-	-	-

※ 위의 도표는《서울 대목구 교세 통계표(1911~1924)》를 기본으로 작성하였다. 1925년은 파리 외방전교회 연례 보고에 실린 도표를 참조하였고, 1926년부터는《경향잡지》의 조선 천주교회 교세 통계를 활용하였다.

목구의 관할 구역은 다시 한 번 축소되었다. 이 조치에 따라서 서울 대목구의 신자는 1921년의 59,761명에서 1922년에는 53,574명으로 6천 명가량 줄어들었다. 원산 대목구의 분리 이전에 서울 대목구에서 가장 활발하게 선교 활동이 이루어지던 곳이 바로 간도 지역이었다. 일제의 직접적인 영향을 받고 있던 한반도 지역에 비해서 간도 지역의 신자들은 더 큰 활력을 지니고 있었으며, 성인 영세자들의 수도 상대적으로 많았다. 이런 점에서 간도 지역을 할양한 서울 대목구로서는 활력을 불어넣어 줄 만한 지역을 상실한 셈이었다.

한편 서울 대목구에 속해 있던 평안도는 개항 이후부터 프로테스탄트의 교세가 강했던 곳이어서 프랑스 선교사들과 조선인 성직자들의 힘만으로는 감당하기 어려운 형편이었다. 이에 따라 1923년부터 미국의 메리놀 외방선교회 신부들이 입국하여 이 지역에서 활동을 벌이기 시작하였다. 1926년과 1927년의 교세 통계에서 외국인 선교사의 수가 갑자기 증가한 것은 미국인 신부들의 조선 입국에 따른 영향이었다. 그러나 1927년 평양 지목구가 설정되어 평안도 지역이 메리놀회에 이양되면서 서울 대목구의 신자 수는 7천 명가량 감소하였다.

서울 대목구는 평양 지목구의 분할 이후, 서울과 경기도, 충청도, 강원도, 황해도의 사목을 담당하였다. 교세는 1936년을 기준으로 64,487명이었는데, 이는 한국 교회 전체 신자 수(149,732명)의 약 43%에 해당하였다. 그리고 성직자는 1936년 당시 주교 1명과 서양 선교사 23명, 한국인 신부 55명을 합쳐 총 79명이었다. 식민지 시대 서울 대목구의 교세 변화에서 가장 괄목할 만한 부분은 조선인 성직자의 증가라고 볼 수 있다. 1912년에 10명의 인원으로 출발한 서울 대목구의 조선인 성직자는 1939년에 가서 60명을 돌파하였다. 30년이 못 되는 시점에 6배로 늘어난 것이었다.

2. 본당의 증설

1912년에 41개의 본당으로 출발한 서울 대목구는 1939년에 가서 54개 본당을 거느리게 되었다. 약 2만 명의 신자가 늘어나는 동안에 13개 본당 정도를 증설한 셈이다. 1912년에 1개 본당에 평균 1,271명의 신자가 속해 있었다면, 1939년에는 1,340명으로 본당 관할 신자 수는 약간 상승한 것으로 나타난다.

〈표 5〉에 따르면 일제 강점기 서울 지역에는 두 개의 본당이 신설되었다. 베네딕도회가 함경남도 덕원(德源)에 새 수도원 부지를 마련하고 수도원의 이전을 추진하자 1926년에 뮈텔 주교는 베네딕도회로부터 백동(柏洞)의 땅과 수도원 건물을 매입하였다. 그리고 1927년 4월 29일 시잘레(P.J. Chizallet, 池士元, 1882~1970) 신부를 신설될 본당의 초대 주임으로 임명하였다. 이로써 서울 지역의 세 번째 본당인 백동 본당이 설립되었다.

한편 영등포 부근은 근대적인 공업 지역으로 변모하면서 인구가 크게 증가하였다. 이에 해당 지역에 거주하던 신자들을 중심으로 영등포 지역의 성장 가능성을 예상하고 본당 승격 운동을 전개하였다. 그 결과 1936년 5월 10일 영등포 본당이 약현 본당으로부터 분리 · 설립되었다. 초대 본당 주임으로는 서기창(徐起昌, 프란치스코, 1900~1950) 신부가 부임하였다. 이후 1941년에 가서 현재의 도림동에 소재한 대지에 성당 건물을 신축, 낙성하였고, 라리보 주교가 축성식을 거행하였다.

그 외에도 서울 대목구가 관할하던 지역의 본당 설립 상황을 행정 구역별로 살펴보면 경기도, 충청도, 강원도, 황해도 전역에 본당이 비교적 골고루 분포하고 있었음을 알 수 있다. 특히 1910년 이전에는 본당이 없었던 강원도의 영동 지역에도 1921년에 강릉과 양양에 처음으로 본당이 설립되었다. 이에 비

〈표 5〉 서울 대목구에서 설립한 본당들(1911~1941)

설립 연도	본당	지역	비고
1911	의주	평북 의주	
1913	압고지	경기 용인	1930년 폐지
1914	비룡	충북 청원	1919년 대전으로 이전
1916	사리원	황해 사리원	
1917	서산	충남 서산	현 서산 동문동 본당
1919	대전	충남 대전	현 대흥동 본당
1920	고마리	충북 괴산	1936년 증평으로 이전하여 증평 본당 설립
	곰실(고은리)	강원 춘천	현 죽림동 주교좌 본당
1921	금광리	강원 강릉	현 임당동 본당
	논산(놀미)	충남 논산	현 논산 부창동 본당
	양양	강원 양양	
1922	신의주	평북 신의주	
1923	수원	경기 수원	현 북수동 본당
	홍천	강원 홍천	
1924	평강	강원 평강	
1925	사창	황해 수안	1928년 곡산으로 이전, 1939년에 부활
	진위	경기 평택	1927년 폐지
1926	마산	평남 강서	
	은산(순천)	평남 순천	
1927	남곡리	경기 용인	현 양지 본당
	백동	서울 백동	현 혜화동 본당
	신암리	경기 양주	1932년 폐지
	예산	충남 예산	현 예산 본당
	중화	평남 중화	

설립 연도	본당	지역	비고
1928	곡산	황해 곡산	
	정봉	황해 신계	
	평택	경기 평택	
1929	금산	충남 금산	
1930	신천	황해 신천	
	횡성	강원 횡성	
1931	평창	강원 평창	현 대화 본당
1932	청주	충북 청주	현 서운동 본당
1934	덕정리	경기 양주	현 덕정 본당
1936	서천	충남 서천	
	안악	황해 안악	
	영등포	서울 도림동	현 도림동 본당
1938	서정동	경기 평택	
	연안	황해 연백	
1939	당진	충남 당진	
	송림	황해 송림	
	송화	황해 송화	
	옹진	황해 옹진	
	장련	황해 은율	
	천안	충남 천안	현 천안 오룡동 본당
1940	제천	충북 제천	현 남천동 본당
1941	이천(利川)	경기 이천	

성 베네딕도회 수도원 자리에 설립된 백동 성당 전경. 뮈텔 주교는 1927년 백동 수도원이 덕원으로 이사하자 수도원 건물을 구입하였다. 그리고 같은 해 4월에 본당을 설립하고 초대 신부로 시잘레 신부를 임명했다. 백동 본당은 서울 대목구에서 세 번째로 설립되었다.

해서 경기도는 1888년 갓등이 본당이 설립된 이후로 1941년 이천(利川) 본당이 설립될 때까지 17개 본당이 세워졌지만, 1920년대 후반부터 1930년대 초반 사이에 경기도 남부의 용인과 평택, 그리고 경기도 북부의 양주 등지에 있던 3개의 본당이 폐지되었다.

한편 일제 강점기 서울 대목구에서 본당이 가장 많이 설립된 지역은 충청도로 모두 12개의 본당이 설립되었다. 원래 충청도 지역은 이른바 구교우들이 많이 거주하여 안정적인 교세를 자랑하던 곳이었다. 그런 연유인지 본당 설립 시기를 볼 때 1910년대에 3곳, 1920년대에 4곳, 1930년대에 4곳 등 비교적 균일하게 증설되는 경향을 보였다. 이와는 달리 급격하게 본당 증설이 이루어진 지역은 황해도였는데, 모두 11개의 본당이 설립되었다. 특히 이 중에서 9개는 1928년, 즉 황해도 감목대리구(監牧代理區, Vicariatus foraneus)의 설정 이후에 설립된 곳들이다. 황해도 지역의 성직자와 신자들이 자치 교구의 설정을 위해 신심 운동을 전개하고 교회 공동체의 기반을 구축하기 위해 기울인 노력이 이러한 결과를 낳았을 것이다.

3. 서울 대목구의 주교들

1) 드브레 주교의 임명과 선종

에밀 알렉상드르 조제프 드브레 신부는 1877년 1월 7일 프랑스 북부의 루쿠르(Roucourt)에서 태어났다. 1898년 9월 15일 파리 외방전교회에 입회하였고, 이듬해 9월 23일 사제품을 받았다. 같은 해 11월 15일 조선 선교사로 발령을 받아 1900년 1월 25일에 입국하였다. 도착하는 즉시 강원도 원주 본당

1920년 8월에 서울 대목구장 계승권을 지닌 부주교로 임명된 드브레 주교(뒷줄 가운데)는 1921년부터 열린 병인박해 순교자들에 대한 증언을 청취하는 교황청 수속 시복 재판에서 뮈텔 주교로부터 판사의 역할을 위임받아 전체 시복 재판을 주재하는 등 순교자 현양과 순교자들의 시복 추진에 크게 공헌하였다.

의 제3대 주임으로 부임한 드브레 신부는 6년 동안 줄곧 강원도 지방에서 선교 활동에 종사하였다. 특히 그가 관할하던 지역인 원주, 양평, 제천, 영월, 단양, 여주 등지의 교세 증가에 많은 기여를 하였다. 차츰 교세가 늘어나자 성당 신축을 위한 부지를 확보하는 일에 매진하였다. 또한 풍수원 본당의 정규하 신부와 본당 분할 문제를 협의하여 1904년에 용소막 본당을 새로 설립하기도 하였다.

1906년 드망즈 신부가 경향신문사 사장으로 자리를 옮기자, 같은 해 8월에 드브레 신부는 자신의 근무지를 시잘레 신부에게 넘기고 드망즈 신부의 후임으로 용산 예수성심신학교에 부임하여 신학생 교육에 힘을 쏟았다. 아울러 당시 신학교에서 조선인 성직자용 소식지로 발간하고 있던 라틴어 잡지 《타벨라》(Tabella)의 편집자로도 활약하였다. 1914년 제1차 세계 대전이 발발하자 드브레 신부는 군 복무를 위하여 1914년 8월에 조선을 떠나 프랑스로 귀국하였다. 하지만 조선에 남아 있던 동료 선교사들과 밀접한 관계를 유지하면서 자주 편지를 보내 동료와 제자들을 격려하였다. 그리고 종전 후인 1919년 10월에 드브레 신부는 다시 조선으로 돌아와서 용산 신학교로 복귀하였다.

뮈텔 주교가 서울 대목구 선교사들에게 부주교를 선발하는 투표를 요청하자, 절대다수의 선교사들이 드브레 신부를 지지하였다. 이에 따라 드브레 신부는 1920년 8월 헤세본(Hesebon) 명의의 주교 겸 서울 대목구장 계승권을 지닌 부주교로 임명되었다. 교황청의 임명 소식이 공포되자 드브레 주교는 용산 신학교를 떠나 주교관으로 거처를 옮겼다. 주교 성성식은 1921년 5월 1일에 열렸다. 상트 오틸리엔 베네딕도회 백동 수도원장이었던 보니파시오 사우어 아빠스도 아피아리아(Apiaria) 명의의 주교 겸 원산 대목구장으로서 함께 주교 성성식을 가졌다.

《조선 선교지 관례집》
한국 교회의 두 번째 지도서이다. 제1장 성사, 제2장 관계와 권한, 제3장 사목 활동 그리고 부록으로 구성되어 있다. 제7대 조선 대목구장인 블랑 주교가 1887년 9월 21일자 사목 서한을 통해 공포하였다.

〈비오-베네딕도 교회법전〉
1917년 5월 27일에 반포되고, 1918년 5월 19일부터 발효된 교회법전. 비오 10세에 의해 시작된 교회법전 편찬 사업이 베네딕도 15세(1914~1922 재위)에 의해서 완료되었기 때문에 흔히 이 법전을 〈비오-베네딕도 교회법전〉이라고 부른다. 이 법전은 1983년에 새 법전이 반포 · 발효될 때까지 사용되었다.

드브레 주교는 즉시 서울 대목구 부주교로서 활동을 개시하였는데, 그 첫째 임무는 서울 선교지의 지도서를 개정하는 것이었다. 1887년에 간행된 《조선 선교지 관례집》은 당시까지 서울 대목구의 유일한 사목지침서였다. 하지만 이것은 너무 오래된 것이었고 더 이상 간행되지도 않는 상태였다. 그리고 내용상으로도 1917년에 반포된 〈비오-베네딕도 교회법전〉의 규정에 맞지 않는 경우가 더러 있을뿐더러, 더 중요하게는 1887년 이후 조선 사회에 불어닥친 다양한 변화들 때문에 시대적으로도 낡은 것이 되어 버렸기 때문이었다. 게다가 조선인 성직자의 숫자가 크게 증대되어 지도서의 수요가 늘어났기 때문에 관례집의 내용을 단순히 구전으로 암기하는 데에는 한계가 있었다. 뮈텔 주교는 드브레 주교에게 개정된 서울 선교지 지도서의 초안을 작성하도록 지시하였고, 드브레 주교는 이 일을 성공적으로 수행하여 1923년에《서울 대목구 지도서》가 간행되는 데에 지대한 역할을 하였다.

또한 드브레 주교는 병인박해 때의 순교자 시복을 위한 각종 사료를 수집하는 한편, 1921년부터 병인박해 순교자들에 대한 증언을 청취하는 교황청 수속의 시복 재판이 조선에서 열리자 뮈텔 주교로부터 판사의 역할을 위임받아 전체 시복 재판을 주재하는 등 순교자 현양과 순교자들의 시복 추진에도 크게 공헌하였다. 그 밖에도 서울 대목구가 조선총독부로부터 법인의 자격을 획득하는 일에도 매진하여 다양한 요구 조건들을 충족시키기 위하여 많은 노력을 아끼지 않았다. 게다가 각종 교리서를 간행하고 개정하는 일과 서울 대목구에 소속된 각종 학교를 총괄하는 일 역시 부주교에게 맡겨진 업무였다. 사정이 이렇다 보니 드브레 주교는 언제나 과중한 업무에 시달렸고, 이것이 그의 건강을 크게 악화시켰다.

1926년 1월 17일 드브레 주교는 여느 때처럼 점심 식사를 마치고, 강원도 이천(伊川) 본당의 사무 때문에 면담을 요청한 피숑(L. Pichon, 宋世興, 1893~1945) 신부와 함께 자신의 방에 들어갔다. 서서 대화를 나누고 있던 드브레 주교는 갑자기 주저앉으며 몸을 심하게 떨면서 경련을 일으켰다. 결국 뇌출혈을 일으켰고 오른쪽 반신에 마비 증세가 일어났다. 드브레 주교 곁에서 업무를 보조하던 르 장드르 신부가 그에게 종부성사를 베풀었다. 끝내 깨어나지 못한 그는 다음 날인 1월 18일 새벽 4시경에 선종하였다. 당시 서울 대목구장 뮈텔 주교는 로마에서 열린 시복식 관계로 유럽에 체류하고 있었다. 그래서 드브레 주교의 장례식은 만주의 봉천 대목구장 블루아(J.-M.-M. Blois, 衛宗範, 1881~1946) 주교가 주교 대례 연미사로 집전한 가운데 1월 21일에 거행되었다. 유해는 용산 삼호정(三湖亭)에 위치한 서울 대목구 성직자 묘역에 안장되었다.

뮈텔 주교가 유럽에서 아직 돌아오지 않았으며, 대목구장 직무대행이었던 프와넬 신부도 1925년 12월 26일에 선종한 상태에서 드브레 주교마저 선종하자 서울 대목구의 상황은 일시적으로 마비 상태에 빠졌다. 파리 외방전교회의 규칙에는 이런 경우에 서품 연도가 가장 빠른 신부가 임시로 장상 역할을 맡도록 되어 있었다. 하지만 수원 본당의 르 메르(L.B.J. Le Merre, 李類斯, 1858~1928) 신부는 노환 때문에 직무를 수행하기 곤란하다고 판단하여

1926년 1월 31일자로 약현 본당의 비에모(M.P. Villemot, 禹一模, 1869~1950) 신부를 임시 장상으로 지명한다는 공고문을 《경향잡지》 1926년 1월호에 게재하였다. 이에 뮈텔 주교가 귀국할 때까지 서울 대목구는 비에모 장상 신부의 지도 아래에 있게 되었다.

2) 라리보 주교의 임명과 활동

뮈텔 주교는 1926년 3월 1일 약 1년 만에 서울 대목구로 귀환하였다. 뮈텔 주교는 3월 5일 공석이던 서울 대목구장 직무대행 겸 종현 본당 주임으로 비에모 신부를 임명하고, 약현 본당 주임에는 김윤근 신부를 임명하였다. 그런데 3월 26일에 뮈텔 주교는 자신을 라티아라(Ratiara) 명의의 대주교로 임명한다는 사령장을 받았다. 이에 이튿날 자신을 방문한 사우어 주교에게 이 사실을 알리고, 교황청에서 보내온 양식에 따라 대주교 승품 선서를 하였다.

한편 뮈텔 대주교는 드브레 주교의 후임이 될 새로운 부주교를 임명하는 일에 착수하여, 3월 29일에 선교사들과 조선인 신부들에게 주교 선출을 위한 투표를 명령하였다. 뮈텔 대주교가 서울 대목구 성직자들에게 새로운 부주교 선출에 대한 의견을 물었을 때 다양한 의견들이 제출되었고, 결국 뮈텔 대주교는 그 가운데 라리보 신부를 추천하여 교황청에 상신(上申)하였다. 그리하여 12월 3일 라리보 신부가 두사(Dusa) 명의의 주교 겸 신임 서울 대목구 부주교로 임명되었다. 이 소식은 12월 19일 오후에 파리 외방전교회 본부에서 뮈텔 대주교에게 보낸 전보를 통해서 서울 대목구에 전해졌다.

라리보 신부는 1883년 2월 4일 프랑스 라로미외(La Romieu)에서 출생하였다. 그리고 1904년 파리 외방전교회에 입회하였으며, 1907년 3월 10일 사제로 서품되었다. 1907년 5월 21일 조선에 입국하여 만주의 북간도 지방에서 활동하였으며, 제1차 세계 대전이 벌어지던 때에는 충청도 합덕 본당의 주임 신부로 부임하여 혼자서 40여 곳의 공소를 맡아 순방하는 등 활발한 사목 활동에 종사하였다. 그리고 1917년부터는 서울 대목구 재정 담당으로 일하고 있었다.

라리보 주교는 부주교 임명 소식이 전해진 직후인 12월 22일에 용산 신학교를 떠나 서울 대목구 주교관으로 거처를 옮기고 부임하였다. 라리보 주교의 임명 칙서는 1927년 2월 16일에 도착하였으나, 그 이전에 이미 5월 1일에 성성식을 거행하기로 결정하였다. 이에 따라서 당일 비가 내렸음에도 불구하고 군중이 운집한 가운데 뮈텔 대주교를 비롯한 서울 대목구의 모든 신부 그리고 원산과 대구, 중국의 길림과 봉천, 일본의 나가사키 등지에서 내방한 신부들과 봉천 대목구 블루아 주교, 길림 대목구 가스페(A.-E.-D.-M. Gaspais, 高德惠, 1884~1952) 주교, 대구 대목구 드망즈 주교, 원산 대목구 사우어 주교 등이 차례로 입장하여 라리보 주교의 주교 성성식을 축하하였다.

라리보 주교는 뮈텔 대주교의 위임에 따라서 실질적으로 서울 대목구의 전반적인 사무를 총괄하는 역할을 수행하였다. 특히 1927년에 백동의 베네딕도 수도원이 덕원으로 이전하자 그 부지와 건물을 매입하여 용산 예수성심신학교에서 소신학교를 이전, 독립시키는 등 신학교 운영 방식을 개선하는 일에 매진하였다. 이리하여 현 가톨릭대학교 신학대학 자리의 기초를 다진 라리보 주교는 조선인 성직자 양성뿐 아니라 서울 대목구의 교세 확장을 위해서도 끊임없이 노력하였다.

1931년은 조선 대목구 설정 100주년이 되는 해로서 이 일을 기념하기 위하여 서울 대목구에서는 다채로운 행사들이 펼쳐졌다. 그 가운데에서 가장 중요한 것은 조선 지역에서 최초로 지역 공의회가 개최되었다는 사실이다. 공의회는 1931년 9월 13일부터 26일까지 열렸으며, 서울 대목구, 대구 대목구, 원산 대목구, 평양 지목구, 그리고 조선인 이주자들이 많이 거주하는 중국 연길 지목구의 주교들이 모두 참석하였다. 회의는 주일 교황사절 무니(E. Mooney, 1882~1958) 대주교의 사회로 진행되었는데, 특별한 예식이 거행되지는 않았지만 13일의 개회식, 22일에 열린 사망한 전임 주교들을 위한 연미사 그리고 26일의 폐막식 등이 성대하게 치러졌다. 이 지역 공의회의 전체 회의와 특별 회의에서 채택된 안건들은 《조선 선교지 공동 지도서》(Directorium Commune Missionum Coreae)의 제정으로 그 결실을 보았다.

지역 공의회에 이어서 100주년 기념식이 열렸다. 지역 공의회 폐막식이 열린 1931년 9월 26일 오후에 종현 성당 오른쪽에 위치한 계성여학교 앞 광장에 천막을 치고 축하식을 거행하였다. 지역 공의회에 참석한 주교들과 여러 신부, 그리고 내외국 관리 및 하객들이 수백 명 운집한 가운데 풍금에 맞춘 〈백주년 축가〉 합창, 〈조선 공교 약사〉 낭독 등이 있었으며, 이어서 주일 교황사절 무니 대주교와 뮈텔 대주교의 연설이 이어졌다. 그런 다음에는 경기도 지사, 경성부윤(京城府尹), 동아일보 사장 등이 축사를 하였고, 축하 공연이 있은 후에 천주 공교회 만세 삼창으로 기념식을 마쳤다. 아울러 수녀원 안의 고아원 대청에는 박해 시절에 쓰였던 목판본 공과서, 손으로 등사한 성경, 조선 교우들이 박해 때 제작한 십자고상, 성패, 황사영의 〈백서〉 그리고 이왕직 도서관에 보관되어 있던 〈척사윤음〉 등 40여 종의 물품을 전시하는 전람회가 열려서 2천여 명의 관람객이 다녀갔다. 9월 27일까지 계속된 이 전시회는 일본 역사가 야마구치[山口正之]의 도움을 받아 마련하였다.

지역 공의회를 전후하여 초대 조선 대목구장 브뤼기에르(B. Bruguière, 蘇,

1792~1835) 주교의 유해가 만주의 마가자 묘지를 떠나서 조선으로 이송된 일도 특기할 만하다. 유해 발굴 현장에 파리 외방전교회 선교사는 아무도 없었지만, 몽골 동부 대목구장 아벨 주교의 명령에 따라서 마가자 지역의 사목을 담당하고 있던 중국인 사제들이 1931년 9월 4일에 정성을 기울여 브뤼기에르 주교의 유해를 발굴하였다. 이렇게 발굴된 유해는 만주의 금주(錦州), 봉천 등지를 거쳐서 열차편으로 9월 24일 오전 10시경에 서울역에 도착하였다. 뮈텔 대주교와 라리보 주교는 10월 15일 종현 성당에서 주교 집전의 대례 연미사를 올렸으며, 사도예절을 마친 후에 자동차 상여를 이용하여 용산 삼호정의 성직자 묘역으로 이동하였다. 묘역 근처에서는 약현 본당의 신자들이 준비한 조선 상여에 옮겨 묘역으로 운구하였으며 예절대로 안장하였다.

3) 뮈텔 대주교의 사망과 라리보 주교의 승계

뮈텔 대주교는 1933년 1월 23일에 노인성 폐렴으로 선종하였다. 80세의 고령이었던 뮈텔 대주교는 1월 10일경 유행성 독감에 걸려 치료를 받다가 상태가 악화되어 17일에 라리보 주교로부터 주교 대례로 종부성사 및 임종 전대사를 받았으며, 결국 23일 오전 9시 반에 숨을 거두었다. 뮈텔 대주교의 유해는 주교 복장으로 3일 동안 종현 본당 지하 성당에 안치되어 있었으며, 25일에 라리보 주교의 주례로 입관식을 거행한 후에 관곽을 성당으로 옮겼다. 그리고 26일 오전 9시 20분에 라리보 주교, 동경 대교구의 샹봉 대주교, 대구 대목구의 드망즈 주교, 원산 대목구의 사우어 주교, 길림 대목구의 가스페 주교, 봉천 대목구의 블루아 주교, 평양 지목구의 존 에드워드 모리스 몬시뇰(J.E. Morris, 睦怡世, 1889~1987), 전라도 감목대리 김양홍 신부, 그 밖에 여러 조문객이 참

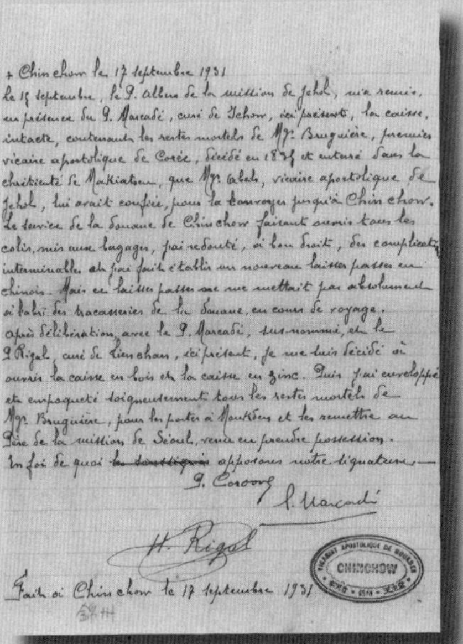

+ Chinchow le 17 septembre 1931
le 15 septembre, le P. Albers de la mission de Jehol, m'a remis,
en présence du P. Marcadé, curé de Ichow, ici présents, la caisse,
intacte, contenant les restes mortels de Mgr. Bruguière, premier
vicaire apostolique de Corée, décédé en 1835 et enterré dans la
chrétienté de Makiatsen, que Mgr. Abels, vicaire apostolique de
Jehol, lui avait confiée, pour la convoyer jusqu'à Chinchow.
Le service de la Douane de Chinchow faisant ouvrir tous les
colis, mis aux bagages, j'ai redouté, à bon droit, des complications
interminables et j'ai fait établir un nouveau laissez passer en
chinois. Mais ce laissez passer ne me mettait pas absolument
à l'abri des tracasseries de la Douane, en cours de voyage.
Après délibération, avec le P. Marcadé, sus-nommé, et le
P. Rigal, curé de Lienshan, ici présent, je me suis décidé à
ouvrir la caisse en bois et la caisse en zinc. Puis j'ai enveloppé
et empaqueté soigneusement tous les restes mortels de
Mgr. Bruguière, pour les porter à Moukden et les remettre au
Père de la mission de Séoul, venu en prendre possession.
En foi de quoi ~~les soussignés~~ apposons notre signature.—
P. Corooy
P. Marcadé
H. Rigal
Fait à Chinchow le 17 septembre 1931

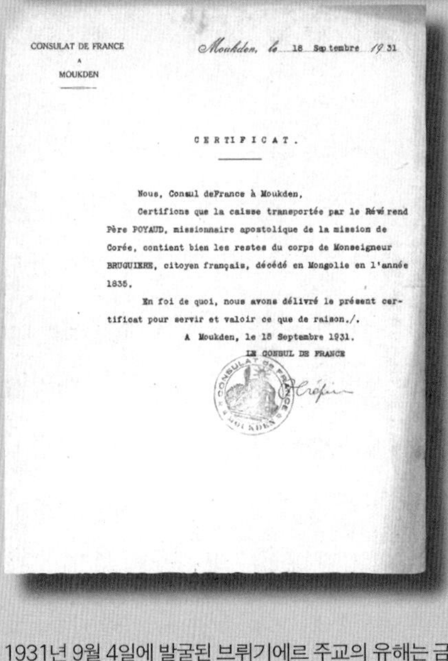

CONSULAT DE FRANCE
A
MOUKDEN

Moukden, le 18 Septembre 1931

CERTIFICAT.

Nous, Consul deFrance à Moukden,

Certifions que la caisse transportée par le Révérend Père POYAUD, missionnaire apostolique de la mission de Corée, contient bien les restes du corps de Monseigneur BRUGUIERE, citoyen français, décédé en Mongolie en l'année 1835.

En foi de quoi, nous avons délivré le présent certificat pour servir et valoir ce que de raison./.

A Moukden, le 18 Septembre 1931.

LE CONSUL DE FRANCE

Crépin

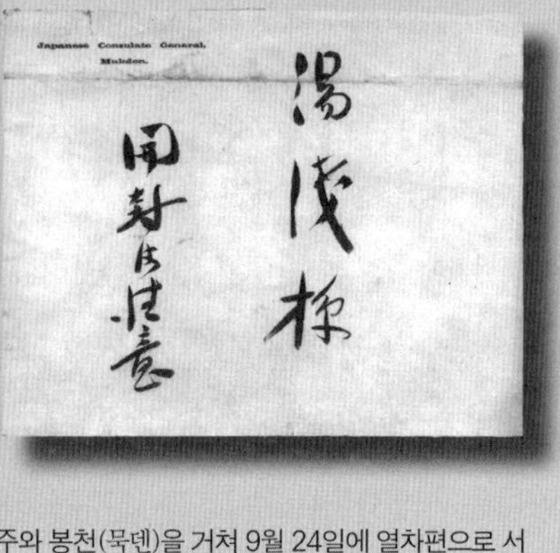

Japanese Consulate General.
Mukden.

湯淺様

岡野氏 健意

1931년 9월 4일에 발굴된 브뤼기에르 주교의 유해는 금주와 봉천(묵덴)을 거쳐 9월 24일에 열차편으로 서울역에 도착했다. 금주 천주당(위)과 묵덴 영사관에서 발행한 브뤼기에르 주교 유해 증명서.

석한 가운데 주교 대례로 장례 미사가 거행되었다. 사도예절이 끝난 뒤에 용산 삼호정의 서울 대목구 성직자 묘역으로 운구하여 안장하였다.

서울 대목구장 뮈텔 대주교가 선종함에 따라 대목구장 계승권을 지닌 부주교였던 라리보 주교가 자동적으로 그 직위를 계승하여 서울 대목구의 새로운 대목구장이 되었다. 라리보 주교는 서울 대목구를 안정적으로 이끌기 위하여 기존 사목 방침을 그대로 유지하면서도 평양 지목구를 중심으로 활발하게 벌어지고 있던 가톨릭 운동(Catholic Action)을 서울 대목구에도 보급하는 등 조선인 신자들의 신앙생활을 활성화하는 일에 많은 관심을 기울였다.

1933년 3월 6일에 개최된 전국 5개 교구(서울, 대구, 원산, 평양, 연길) 주교 회의에서는 '5교구 출판위원회'를 구성하였는데, 라리보 주교가 위원장으로 선출되었다. 이 출판위원회에서는 교세 확장을 도모하기 위하여 모든 교구에서 사용되고 있는 예비자 교리서를 수정하고 통일하기로 결정하였다. 또한 새로이 《가톨릭청년》이라는 잡지를 간행하기로 하였다. 조선 교회에서 활발하게 전개되고 있던 가톨릭 운동을 통합하는 구심체 역할을 하게 된 이 잡지는 교회의 교리 정립과 청년들의 신심 향상에 많은 기여를 하였다.

그러나 1930년대 후반에 들어가서 일제의 탄압이 점차 거세지면서 외국인 성직자들을 구금하거나 추방하는 일들이 발생하게 되었다. 이에 라리보 주교는 교황청에 사임 의사를 밝히면서 조선 교회의 보존을 위해서 조선인 성직자를 주교로 임명해 줄 것을 요청하였다. 라리보 주교의 시도는 1942년에 가서 최초의 조선인 주교로 노기남(盧基南, 바오로, 1902~1984) 주교가 탄생함으로써 실질적인 성공을 거두었다.

4. 《서울 대목구 지도서》의 발간

드브레 주교가 생존해 있을 당시인 1923년에 서울 대목구장 뮈텔 주교는 《서울 대목구 지도서》를 간행하였다. 그는 파리 외방전교회의 목적과 기본 정신, 즉 현지인 사제의 양성과 이를 통한 지역 교회의 확고한 정착이라는 전망을 가지고 사목 활동을 전개하였다. 그래서 이 지도서를 간행함으로써 자신이 관할하는 대목구 사제들에게 구체적인 사목 활동의 지침들을 제시하고자 하였던 것이다. 그러므로 《서울 대목구 지도서》는 서울 대목구의 유일한 입법자인 뮈텔 주교가 서울 대목구의 교회 생활 전반에 관하여 제시한 규범이라고 할 수 있다.

물론 뮈텔 주교가 규범집을 공포하고 간행할 때에는 서로 다른 언어와 역사, 전통과 문화 속에 살아가는 세계의 모든 신자가 지키도록 제정된 교회의 보편법, 즉 '1917년 교회법전'의 규정이 근간을 이루고 있었던 것은 사실이다. 그렇기는 하지만 《서울 대목구 지도서》는 한국 교회의 고유한 전통과 당시 한국의 사회 여건을 토대로 작성된 것이기 때문에 그 안에 제시된 규정들은 뮈텔 주교가 서울 대목구장으로서 수행하는 다양한 사목 활동의 큰 틀을 구체적으로 파악할 수 있도록 하는 중요한 지표로서의 역할을 하였다. 따라서 이 지도서에 제시된 규정들은 1920년대 서울 대목구 사제들의 사목 활동과 신자들의 교회생활을 이해하는 데 큰 도움을 준다.

1) 간행 경위

블랑 주교의 사후에 그를 계승하여 조선 대목구장이 되었다가 1911년에 서

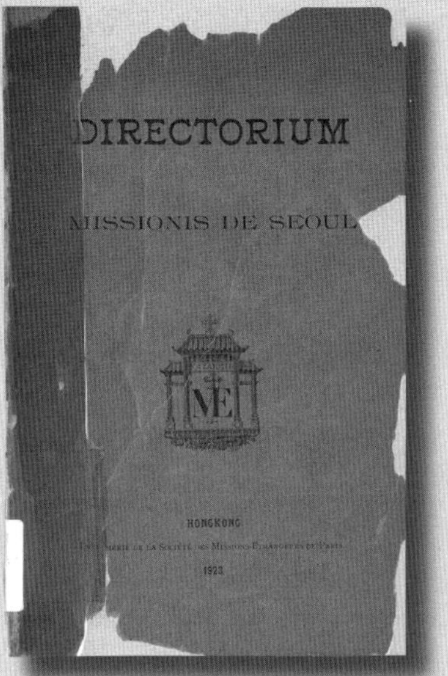

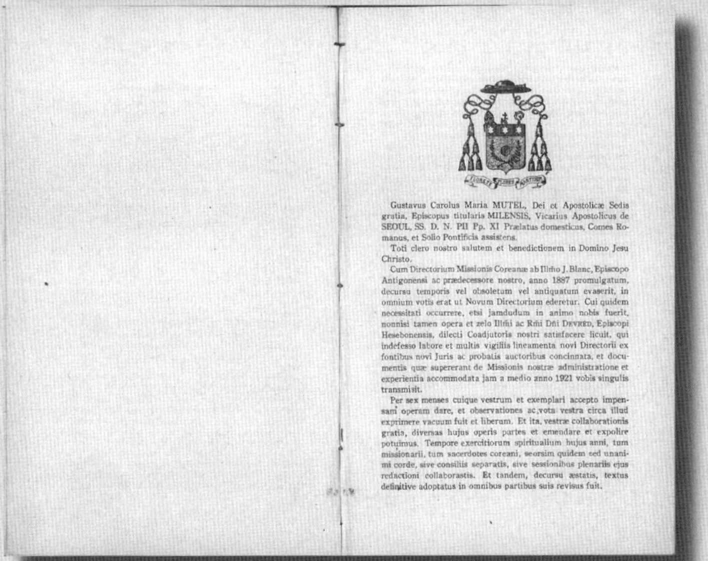

Gustavus Carolus Maria MUTEL, Dei et Apostolicæ Sedis gratia, Episcopus titularis MILENSIS, Vicarius Apostolicus de SEOUL, SS. D. N. PII Pp. XI Prælatus domesticus, Comes Romanus, et Solio Pontificis assistens.

Toti clero nostro salutem et benedictionem in Domino Jesu Christo.

Cum Directorium Missionis Coreanæ ab Illmo J. Blanc, Episcopo Antigonensi ac prædecessore nostro, anno 1887 promulgatum, decursu temporis vel obsoletum vel antiquatum evaserit, in omnium votis erat ut Novum Directorium ederetur. Cui quidem necessitati occurrere, etsi jamdudum in animo nobis fuerit, nonnisi tamen opera et zelo Illmi ac Rmi Dñi Devred, Episcopi Hesebonensis, dilecti Coadjutoris nostri satisfacere licuit, qui indefesso labore et multis vigiliis lineamenta novi Directorii ex fontibus novi Juris ac probatis auctoribus concinnata, et documentis quæ supererant de Missionis nostræ administratione et experientia accommodata jam a medio anno 1921 vobis singulis transmisit.

Per sex menses cuique vestrum et exemplari accepto impensam operam dare, et observationes ac vota vestra circa illud exprimere vacuum fuit et liberum. Et ita, vestræ collaborationis gratia, diversas hujus operis partes et emendare et expolire potuimus. Tempore exercitiorum spiritualium hujus anni, tum missionarii, tum sacerdotes coreani, seorsim quidem sed unanimi corde, sive consiliis separatis, sive sessionibus plenariis ejus redactioni collaborastis. Et tandem, decursu æstatis, textus definitive adoptatus in omnibus partibus suis revisus fuit.

1923년에 간행된《서울 대목구 지도서》. 뮈텔 주교는 새로운 지도서를 공포하며 그 서문에서 서울 대목구 사제들에게 다섯 가지 사항, 즉 신자 교육, 교리 교사, 선교사의 정치적 중립, 본당 대장 관리, 한국인 사제 양성에 특별한 관심을 촉구했다.

울 대목구장으로 그 직함이 변경된 뮈텔 주교는 블랑 주교가 제정한《조선 선교지 관례집》이 더 이상 사용되지 않고 있는 현실을 절감하였다. 이러한 문제의식에 공감하였던 대구 대목구장 드망즈 주교는 신속하게 준비 작업을 추진하여 이미 1912년에 대구 대목구에서 사용할 지도서를 마련하여 공포한 바 있었다. 하지만 뮈텔 주교는 1917년 5월 27일 〈비오-베네딕도 교회법전〉이 공포된 후에야 비로소 자신의 대목구 소속 사제들을 위하여 새로운 지도서를 마련하는 작업에 착수하였다.

뮈텔 주교는 자신을 보좌하던 서울 대목구 부주교 드브레 주교에게 지도서의 초안을 준비하도록 하였다. 드브레 주교는 선교사로서 지냈던 자신의 경험을 바탕으로 하여 '1917년 교회법전'과 권위를 인정받는 저자들이 제시한 사항 그리고 서울 대목구 통치와 관련된 기존의 문건들을 정리하여 초안을 마련하였다. 1921년 여름 무렵에 지도서의 초안은 모든 선교사와 한국인 사제들에게 배부되었다. 그들에게는 텍스트를 연구하고 자신들의 견해와 바라는 바를 제시할 수 있도록 6개월의 시간이 주어졌다.

1922년 5월 서울 대목구 사제들의 연례 피정이 있던 기간을 이용하여 성직자 회의가 열렸으며, 프랑스 선교사들과 한국인 사제들은 새로운 지도서의 편집에 매진하였다. 그 결과 르 장드르 신부의 도움으로 지도서의 최종안이 마련되었다. 이에 뮈텔 주교는 1922년 9월 21일자로 새로운 지도서를 공포하였다. 라틴어로 작성된 이 지도서는 1923년《서울 대목구 지도서》(Directorium Missionis de Seoul)라는 제목으로 간행되었다.

2) 기본 방침

새로운 지도서를 공포하면서 뮈텔 주교는 그 서문에서 서울 대목구 사제들에게 특별한 관심을 촉구하는 다섯 가지 사항들을 강조하였다. 그것은 신자 교육, 교리 교사, 선교사의 정치적 중립, 본당 대장 관리, 한국인 사제 양성이었다.

뮈텔 주교가 사제들의 특별한 관심을 촉구하는 첫 번째 사항은 사제들의 신자 교육에 관한 것이었다. 뮈텔 주교는 사회질서를 유지하고 국가 당국의 권위를 무시하지 않도록 신자들을 가르칠 책임이 사목자들에게 있음을 강조하면서 가톨릭 신앙이 신자들 안에 굳건하게 자리 잡을 수 있도록 최선을 다할 것을 권유하였다. 특히 일본의 한국 강점이라는 현실을 되돌릴 수 없는 사실로 받아들이며, 신자들이 독립운동의 정신에 물들어 이에 가담하지 않도록 할 것을 당부하였으며, 아울러 젊은이들이 프로테스탄트 신자들이나 비신자들의 단체에 가입하여 프로테스탄트 내지 이성주의 정신에 물들지 않고 자신의 가톨릭 신앙을 충실히 지킬 수 있도록 이끌고, 서적의 출판과 보급 등과 같은 수단을 사용하여 젊은이들을 교육하라고 역설하였다.

두 번째 사항은 교리 교사의 지도에 관한 것이었는데, 지도서 112항에 명시된 규정에 따라 모든 본당 관할 구역에서 교리 교사들의 연례 피정이 마련되어야 한다는 점을 분명히 하였다. 그는 잘 계획되고 지도된 며칠간의 연례 피정이 지닌 이점을 강조하며, 관할 사제 또는 그 동료 사제가 직접 교리 교사들의 피정을 지도하는 것을 의무 사항으로 제시하였다. 뮈텔 주교는 이 피정 기간을 통해 교리 교사들이 정신을 새롭게 하고, 자신의 직무를 더 잘 인식할 수 있어야 함을 강조하였다. 특히 교리 교사들이 어린이의 교리 교육, 비신자 부모에게서 태어나 죽을 위험에 처한 유아들의 세례에 힘쓸 수 있도록 자주 그들에게 권고하라고 당부하였다.

세 번째 사항은 선교사의 정치적 중립 태도 견지에 관한 것이었다. 뮈텔 주교는 경술국치(庚戌國恥, 1910)와 더불어 일본의 강제 점령하에 놓인 한국의 특별한 상황을 고려하면서 정치적 사안에 대해 중립성을 유지할 수 있도록 최대한 신중할 것을 사제들에게 요청하였다.

네 번째 사항은 본당 대장 관리에 관한 것이었다. 뮈텔 주교는 본당 사목자가 지도서의 제2부 13장에 제시된 관련 규정들을 잘 숙지하여 '1917년 교회법전'에 명시된 규정에 부합하도록 할 것을 당부하였다. 뮈텔 주교는 지도서에 정해진 방식대로 정확하게 빠뜨림 없이 본당 대장을 기록할 것을 강조하며, 특별히 사목자가 냉담자를 찾아 기록하고 이주자들의 경우에는 해당 지역 사제에게 그 사실을 알리며 매년 자신에게 맡겨진 신자의 수를 정확하게 계산할 것을 주문하였다.

마지막 사항은 한국인 사제 양성에 관한 것이었다. 뮈텔 주교는 이 문제와 관련하여 먼저 한 가지 사실을 분명히 하였다. 즉 파리 외방전교회는 설립 초기부터 현지인 사제 양성의 촉진을 언제나 근본 목적으로 하였고, 그 결과 세계 각지의 선교지에서 천 명 이상의 현지인 사제들을 보유하게 되었다. 물론 한국인 사제들도 그중 상당수를 차지하였다. 이러한 맥락에서 뮈텔 주교는 한국인 사제의 양성에 전력을 다함으로써 한국인 사제들이 교황청에서 적절하다고 판단할 때 자신의 대목구를 넘겨받을 수 있도록 하는 것이 곧 자신의 책무임을 강조하였다.

3) 주요 내용

총 669개 조항으로 구성된 《서울 대목구 지도서》는 6개 부분으로 나눌 수 있다. 서언과 부록 외에 제1부 선교사들과 사제들의 처신에 관한 권고, 제2부 거룩한 직무에 관하여, 제3부 교회 재산에 관하여, 제4부 권한에 관하여 · 신심 단체에 관하여 등으로 구분되어 있다.

제1부는 7개의 장으로 세분되어 모두 47개의 항으로 이루어져 있다. 사제의 개인적인 의무들(1장), 장상들과의 관계(2장), 동료 사제들과의 관계(3장), 신자들과의 관계(4장), 비신자들과의 관계(5장), 그리고 시 당국자와의 관계(6장)에 대한 기본적인 지침들이 제시되어 있으며, 마지막 7장에는 세속적 사안에서 사제의 처신이 어떠해야 하는가에 대한 기본 지침이 들어 있다. 1912년에 나온 《대구 대목구 지도서》와 비교할 때, 《서울 대목구 지도서》의 제1부 목차 구성은 동일하지만, 내용이 좀 더 체계적으로 제시되었으며, 특별히 강조하고자 하는 바를 제7장으로 독립시켜 추가하였다.

제2부는 거룩한 직무에 관해서 다루는데, 13개의 장으로 세분되어 있으며 도합 333개 항으로 이루어져 있다. 그러므로 《서울 대목구 지도서》 전체에서 가장 많은 분량을 할애하고 있는 것이 사제 직무에 관한 규정이라고 할 수 있다. 먼저 영혼에 대한 열정과 열망을 선교사들과 한국인 사제들이 가져야 할 참된 덕성임을 강조하고, 사제들이 단순히 '성사를 주는 기계'가 되지 않도록 각별히 노력할 것을 당부하면서 사제의 직무 수행에 관련된 여러 규정을 제시하였다. 13개 장 가운데에는 《대구 대목구 지도서》 제2부의 각 장에서 제시된 주제를 다시 다루면서 구체적인 규정들을 제시하는 경우도 있지만, 좀 더 명확한 지침을 제시하기 위하여 추가된 새로운 장들도 있다. 가령 예비자 교육(3장),

그리스도교 학교(4장), 수녀들의 축성 생활(5장) 등이 그러하다.

제3부는 교회 재산에 관한 것인데 3개의 장으로 구성되어 있다. 제1장에는 주교와 재무위원회의 교회 재산에 대한 관리, 당가, 회계서에 관한 기본 규칙들이 나와 있으며, 제2장에는 교회 재산과 개인 재산 그리고 각종 수익금에 대한 실질적인 지침들이 실려 있다. 마지막으로 제3장은 사제의 생활비, 기숙비, 출장비, 선교지가 제공하는 것, 직무 수행에 따른 수입과 지출의 보고 등에 대한 세부 지침들이 제시되어 있다.

제4부는 2장으로 나누어 100개 항에 걸쳐 사제들의 권한과 신심 단체에 관한 규정들을 제시하고 있다. 먼저 서울 대목구 사제들에게 부여된 여러 가지 특권이 나와 있으며, 이어서 주교가 승인하거나 설립을 권고한 신심 단체 및 대목구에 이미 현존하고 있는 가톨릭 단체들에 관한 세부적인 소개들을 실었다. 각 단체의 기원과 목적, 주요 활동과 부가된 특전의 내용을 알리면서 그 운영과 관리에 관한 실질적인 지침들을 제시하는 방식으로 구성되어 있다.

4) 의의

뮈텔 주교가 공포한 《서울 대목구 지도서》는 서울 대목구의 지도서로만 남아 있지 않고 1924년 이후 한국 교회 전체에 걸친 규범집으로 자리를 잡았다. 즉 1924년 9월 서울에서 개최된 한국 주교회의에서 주교들은 1923년에 출판된 《서울 대목구 지도서》를 자신들의 선교지에 적용함으로써 한국에서의 선교 활동에 공통된 노선을 견지하기로 합의하였다. 그 결과 1931년에 공의회가 개최되어 《조선 선교지 공동 지도서》가 공포, 간행될 때까지 《서울 대목구 지도서》는 서울 대목구뿐만 아니라 연길과 간도 지역의 신자들, 그리고 평양 지목구의 신자들 모두의 신앙생활 규범집으로 그 역할을 다하였다. 게다가 《조선 선교지 공동 지도서》에는 《서울 대목구 지도서》의 많은 규정이 그대로 수용되거나 확대 · 심화되어 있다. 따라서 《서울 대목구 지도서》는 명목상으로나 내용상으로 1920년대와 1930년대 그리고 그 이후에도 한국 교회의 사제와 신자들의 신앙생활에 지속적으로 영향을 미쳤다고 하겠다.

5. 신자 단체의 조직과 활동

한국 천주교회의 신자 단체는 일제 강점기에 들어서 이전에 비해 수적으로 크게 증가하였다. 신심 단체뿐만 아니라 연령별 단체가 생겨났고, 교구 단위의 연합회도 결성되었다. 그리고 단체의 활동도 교리 연구, 선교, 자선사업, 교육사업 지원 등과 같이 다양하였다. 이러한 신자 단체의 활동이 두드러지게 나타난 것은 1920년대부터였다. 당시 한국 사회에서는 사회주의와 같은 새로운 사상의 유입, 집회 및 언론의 부분적 자유 허용 등을 계기로 각종 사회단체가 결성되고 있었다. 이와 같은 사회 상황에 자극을 받은 신자들은 교회의 발전에 필요한 단체를 하나둘 조직해 나갔다. 그리고 1930년대에 이르러서는 가톨릭 운동으로 교회 당국의 지도 아래 신자들의 교회사업에 대한 조직적인 참여가 권장되어 신자 단체의 역할이 더욱 강조되었다.

일제 시기 서울 대목구에 설립된 단체로는 종현 본당의 '천주교우친목회'(1913. 5)가 있다. 이 단체는 친목 도모, 냉담자 회두, 외교인 귀화 등의 활동을 전개하였다. 그리고 시기는 다르지만, 약현 본당에도 이와 비슷한 목적의 '교우동지회'(1920. 9)가 조직되었다. 종현 본당의 천주교우친목회는 1921년에 '예수성심회'로 이름을 바꾸고 조직을 새롭게 정비하였다.

지방에서도 신자 단체들이 조직되었는데, 1914년에는 선교를 목적으로 황해도 황주 본당에 '권면회' 가 설립되었고, 1916년에는 빈민 구제를 목적으로 하는 황해도 장연 본당의 '긍련회' 가 조직되었다. 그리고 1919년에는 평안도 진남포 본당의 '안나부인회', 함경도 영유 본당의 '청년회' · '명도회' · '부인회'(안나회) 등이 결성되어 활동하였다.

1920년대에 들어서면서 청년 신자들은 각 본당에서 청년 단체를 결성하는 한편, 청년 단체의 연합회 구성도 모색하였다. 교회는 앞으로의 교회 활동에 청년들의 역할이 필요하다고 보고 청년 단체의 결성을 적극 지원하였다. 그 결과 1922년 6월 3일 종현 성당에서 각 본당 및 공소 대표들이 모인 가운데 '경성교구 천주교 청년회 연합회'(이하 연합회)가 발족되었다. 이 연합회는 성직자의 지도 아래 천주교의 가르침을 전파하고 교회사업에 협조하는 것을 목적으로 하였다. 이러한 방침에 따라 연합회는 남대문 상업학교(南大門 商業學校, 현 동성중고등학교)의 재정을 지원하였고, 1927년 7월 10일에는 기관지《별》을 창간하였으며, 자선 활동도 펼쳐 나갔다. 그러나 1940년대 일제의 전시 동원 체제가 강화되면서 연합회의 활동은 중단되고 말았다.

한편 연합회가 결성될 당시, 종현 본당의 예수성심회는 '종현청년회' 로, 약현 본당의 교우 동지회는 '약현청년회' 로 개편되었다. 이 두 단체는 교구 단체인 연합회의 활동이 미비한 가운데서도 활동을 계속하였다. 이들은 청년회의 설립 목적에 따라 수양회 개최, 각종 미사나 기도회 거행, 교구나 본당의 행사 참석 및 자선과 사회사업 등 대외 활동도 전개하였다. 그리고 1929년에는 백동 본당에 청년 친우회가 조직되었다.

서울 지역의 본당뿐만 아니라 서울 대목구의 다른 본당에서도 1920년대에 청년 단체와 소년 단체들이 결성되었다. 평안도 진남포 본당의 '진남포청년회'(1921년), 황해도 사리원 본당의 '예수성심군'(1922년), 충청도 합덕 본당의 '합덕청년회'(1923년), 경기도 안성 본당의 '천주교소년회'(1924년), 황해도 은율 본당의 '은율 가톨릭청년회'(1924년), 경기도 장호원 본당의 '청년회'와 '남녀소년회'(1928년), 강원도 양양 본당의 '양양 예수성심청년회'(1928년), 충북 괴산 본당의 '괴산 공교소년대표회'(1929년) 등이 조직되어 활동하였다. 그리고 1920년대에 조직된 청년 단체들은 1930년대에 교회가 전개한 가톨릭 운동의 연장선상에서 교회 계몽사업, 종교 강연회, 문맹 퇴치 활동 등도 펼쳐나갔다.

이외 1920년대에 설립된 신자 단체로는 교회 학교 교사와 전교 회장 양성을 목적으로 하는 황해도 장연 본당의 '해우양성회'(1921년)와 자선사업과 전교사업을 목적으로 설립된 종현 본당의 '애긍회'(1924년)가 있다.

청년 단체와 더불어 학생 단체도 등장하였다. 당시에는 한국인의 교육열이 점차 높아지면서 교육 환경이 나은 서울로 유학을 오는 지방 학생들이 점차 늘어났다. 서울 대목구에서는 지방에서 올라온 신자 학생들을 위해 1922년에 주교관 앞에 남학생 기숙사를 마련하였고, 1925년에는 샬트르 성 바오로 수녀원 내에 여학생 기숙사를 건립하였다. 그런데 기숙사생들은 매 주일 미사에 참여하였으나, 기숙사 밖에서 생활하는 신자 학생 중에는 미사에 참여하지 않는 등 신앙생활을 소홀히 하는 이들이 있었다. 이러한 문제를 알게 된 서울 대목구는 매 주일 학생들이 미사에 참여한 후에 성경 해석과 교리 공부 등을 통해 서로 간에 친분을 쌓도록 하기 위하여 학생 단체의 조직을 독려하였다. 이러한 배경으로 '서울 가톨릭학우회'(이하 서울 학우회)가 조직되었고, 1927년 9월 25일에 첫 총회가 개최되었다. 서울 학우회는 강연회, 음악회, 정구대회 등 다방면에서 활동하다가 1930년대 중반 이후 해체된 것으로 보인다.

여성 단체들은 남성 단체보다 뒤늦게 조직되었는데, 평양 관후리 본당의

위에서부터 경성교구 천주교 청년회 연합회, 종현 본당 성모자비회, 약현 본당 청년회 용산 지부.

위에서부터 원주 가톨릭소년회, 풍수원 본당 안나회, 진남포 본당 안나부인회.

경성 가톨릭부인회연합회

'성모시잉모태부인회'(1923년), 종현 본당의 '성모자비회'(1924년?), 황해도 매화동 본당의 '매화동 여자청년회'(1925년), 약현 본당의 '약현성체회'(1926. 8), 황해도 해주 본당의 '해주부인회'(1929년), 백동 본당의 '안나회'(1929/1930년) 등이 있었다. 여성 단체들은 주로 교구의 행사에 참석하였고, 본당 청년회와 공동으로 공미선전회를 개최하였다. 그리고 청년회를 후원하거나, 자선사업 등도 전개하였다.

그런 가운데 1937년 10월 24일 서울 소재 본당 신부와 각 부인회 임원들로 구성된 '경성 가톨릭부인회연합회'가 창립되었다. 이 단체는 교구 여성 단체로, 친목과 가톨릭 운동의 일치단결을 목적으로 조직되었다. 이 무렵 본당 여성 단체는 연령별로 재조직되어 중년 부인회와 여자 청년회로 나누어졌다. 즉, 종현 본당에서는 '성모자비회'와 '종현

공미선전회(公米宣傳會)
서울 대목구는 1922년 7월부터 현금으로 내던 공소전(公所錢) 제도를 쌀로 내는 공미전(公米錢) 제도로 바꾸었다. 공미선전회는 변경된 제도 홍보와 함께 교회의 교화사업에 쓰일 돈을 마련하는 자리였다.

공세리 본당 보미사회

가톨릭여자청년회'로, 약현 본당에서는 '성체회'와 '소화회'로, 백동 본당에서는 '안나회'와 '백동 가톨릭여자청년회'로 구분되었다. 연령별로 재조직된 여성 단체들은 본격적인 전교 활동을 시행하여 일제 말 활동을 중단할 때까지 뛰어난 전교 성적을 기록하였다. 아울러 1938년과 1939년 무렵에는 여자청년회의 연합회인 '가톨릭여자청년연합회'의 결성이 논의되기도 하였다.

이 밖에 1930년대 이후에 조직된 신자 단체로는 충청도 공세리 본당의 '보미사회'(1933년), 수원 북수동 본당의 '돈보스코회'(1934년), 황해도 해주 본당의 '해주 가톨릭소년단'(1934년), 충청도 예산 본당의 '예산 성심청년회' · '마리아부인회' · '노년회'(1935년), 황해도 은율 본당의 '은율 여자청년회'(1937년), 황해도 곡산 본당의 '명도회'(1937년), 인천 답동 본당의 '성모회'(1937년), 답동 본당의 '소화데레사회'(1938년), 양평 마룡리 본당의 '성모자비회'(1938년), 연평도 본당의 '연평도 가톨릭청년회'(1940년) 등이 있었다.

조선 남방 천주교회의 단기. 대구 대목구장 드망즈 주교가 잔 다르크 축일을 기념하기 위해 제작해 프랑스 루앙으로 보냈다. 이 기는 1919년 9월 19일에 다시 대구로 돌아왔다.

제3절 대구 대목구의 설정과 변화

1. 드망즈 주교의 임명과 부임

비오 10세 교황은 1911년 4월 8일 조선 대목구를 서울 대목구로 그 명칭을 변경하고 대구 대목구를 신설하였다. 그리고 대구 대목구의 초대 대목구장 자리에 경향신문사 사장 드망즈 신부를 임명하였다.

〈드망즈 주교의 대구 대목구장 임명 칙서〉

비오 10세 교황은 내 사랑하는 아들 그대에게 안부와 사도적 축복을 전합니다. 대한제국에 있는 조선 대목구의 실정을 감안할 때 같은 대목구의 남쪽 지역을 분할하여 새 대목구를 신설하는 것이 나와 전교에 관련되는 추기경님들에게 아주 적절하다고 판단되어 이제 새로운 대목구를 신설합니다.

이 대목구의 사목은 역시 파리 외방전교회 신학교 출신의 제자들에게 위임하기로 하였고, 그 출신 중에 그대가 신심 깊고, 현명하고, 총명하여 관리 능력에도 전임자로 천거되었고, 나와 위에서 언급한 관련 추기경님들께도 보고되었기에 각별한 마음으로 그대를 아드라스(Adrassensis) 명의 주교이며 새 대목구장으로 정하고 알리는 바입니다. 그리고 현재의 상황에서 볼 때 조선 남부에 있는 대구의 명칭에 따라 새 대목구의 명칭을 대구 대목구로 정하고 사도좌의 권위로 오늘 이 칙서를 통하여 발표하는 바입니다. 아울러 필요한 모든 권한도 부여합니다.

새 대목구 설정에 따라 연관된 모든 분에게는 그대가 자유롭게 행하는 직무 수행을 잘 따르고, 인정하고, 아끼고, 협조하기를 명하는 바이며, 그대의 유익한 권고와 명령을 경건하게 받아들이고 실천하기를 명합니다. 만일 그렇지 않고 잘 따르지 않는 경우에는 정당하게 적용할 수 있는 법정 처벌이 따를 것입니다. 이에 반하는 어떠한 규정도 배제합니다.

로마 성 베드로 좌에서

1911년 4월 8일

교황 재위 8년

《대구대교구 설정 100주년 기념 기초 자료집④ 교구장 공문 및 문서》, 천주교 대구대교구, 2006, 5~6쪽.

신설 대목구의 주교 임명에 관한 통지가 조선으로 보내진 것은 1911년 4월 22일이었다. 이날 오후 2시 40분에 파리 본부의 플뢰리 신부는 뮈텔 주교에게 드망즈 신부가 임명되었음을 알리는 전보를 보냈던 것이다. "드망즈, 주교, 플뢰리." 이렇게 세 단어로 된 전보문은 다음 날인 4월 23일 새벽 3시 50분 서울에 도착하였다. 뮈텔 주교는 새벽 미사 후 자신의 방으로 돌아오다가 방문 앞에 놓인 전보문을 발견하였다. 그는 오전 8시에 경향신문사 사무실로 찾아가서 드망즈 신부에게 이 소식을 전하며 주교가 된 것을 축하하였다. 아울러 주변의 동료 신부들에게도 알렸다. 마침 일주일 뒤인 5월 1일에 전체 선교사 피정이 있을 예정이었다. 그러므로 대구 대목구 신설과 드망즈 대목구장 임명 소식은 곧 전체 선교사들에게 알려지게 되었다.

교황의 칙서가 정식으로 서울에 도착한 것은 다음 달인 5월 30일이었다. 드망즈 신부를 주교로 임명하고 주교 명의를 적은 칙서, 대구 대목구 설립에 관한 칙서, 조선 대목구를 서울 대목구로 명칭을 변경하는 칙서, 이렇게 세 장의 칙서가 종현 성당에 도착한 것이었다. 이로써 서울에서 드망즈 주교의 성성식을 거행할 수 있게 되었다. 드망즈 주교는 6월 5일부터 용산 신학교에서 피정을 하였다. 그리고 6월 11일 삼위일체 대축일에 종현 성당에서 뮈텔 주교의 주례하에 주교 성성식을 가지고 주교로 승품되었다. 교회법적 규정에 따라서 드망즈 주교의 성성식에는 두 명의 주교들이 보좌했는데, 북만주 대목구의 라루이에(P.-M.-F. Lalouyer, 藍祿葉, 1850~1923) 주교와 남만주 대목구의 슐레(M.-F. Choulet, 蘇裴理斯, 1854~1923) 주교가 그들이었다. 9시에 시작된 의식은 11시가 넘어서 끝났다. 조선총독부의 일본인 관리들, 성공회 신부, 그리고 조선에 체류하고 있던 외교관 등이 대거 참석하였다. 성성식이 끝나고 보름 뒤인 6월 26일 드망즈 주교는 급행열차 편으로 서울을 떠나서 자신의 새로운 임지인 대구로 갔다.

2. 교세의 변동

대구 대목구는 설치되던 첫해인 1911년에 2만 6,004명의 신자와 18개 본당, 프랑스 선교사와 조선인 사제를 합쳐서 20명의 성직자로 출발하였다. 18개 본당 가운데 전남에 4개, 전북에 7개, 경남에 3개, 경북에 4개 등이 분포하였으며, 전라도 지역에 거주하는 신자들의 숫자가 훨씬 더 많았다. 하지만 대구를 중심으로 활발한 활동을 펼치고 있던 로베르 신부의 노력, 서상돈 · 정규옥(鄭圭鈺, 1852~1931) 등 대구의 유력한 신자들이 보여준 재정적인 도움, 경부선이 통과한다는 지리적 이점 등이 작용하여 대구가 새로운 대목구의 중심지가 된 것이었다.

〈표 6〉 대구 대목구의 교세 변동(1911~1945)

연도	신자	성인 영세자	본당	외국인 선교사	조선인 신부
1911	26,004	1,209	18	15	5
1912	26,741	870	18	16	5
1913	26,949	898	18	18	5
1914	27,382	1,235	19	19	5
1915	27,843	1,101	18	18	5
1916	28,963	902	18	18	4
1917	29,374	725	16	18	4
1918	29,703	654	16	17	5
1919	29,608	751	16	17	5
1920	30,002	631	16	17	7
1921	30,672	708	15	17	7
1922	30,096	706	15	15	7
1923	31,457	900	18	16	12
1924	32,641	983	18	16	12
1925	33,598	931	18	16	12
1926	33,740	803	18	17	12
1927	34,299	1,022	26	18	23
1928	35,463	1,110	30	19	23
1929	36,136	1,303	30	20	21
1930	37,455	1,423	34	19	28
1931	38,799	1,333	35	18	29
1932	39,621	1,531	35	19	33
1933	41,073	1,854	39	18	34
1934	42,509	2,034	41	30	33
1935	44,581	2,411	44	30	45
1936	46,901	2,797	53	35	43
1937	49,182	2,807	55	39	43
1938	27,003	1,999	32	19	29
1939	27,431	1,881	34	21	29
1940	26,990	1,496	35	21	29
1941	27,736	1,498	-	21	29
1942	-	-	-	-	-
1943	-	-	-	-	-
1944	27,148	909	31	18	30
1945	-	-	-	-	-

※ 1938년까지의 교세 통계는 드망즈 주교가 작성한 것을 이용하였고, 그 이후는《경향잡지》에 실린 수치를 실었다. 다만 1912년은 파리 외방전교회 연례 보고서의 도표를 인용하였고, 1920년의 외국인 선교사 및 조선인 성직자 수치는《경향잡지》의 기사를 참조하였다.

설립 이후 대구 대목구는 유능한 행정가였던 드망즈 주교의 지도 아래에 착실한 성장을 이루어 나갔다. 특히 드망즈 주교는 교세 통계표 이외에 격년으로 대목구 통계를 작성하면서 서울 대목구와의 비교를 통해서 대구 대목구의 성사 실적에서 부족한 점들을 정밀하게 짚어내어 그 대책을 제시하였다. 그리고 각 도별 통계를 별도로 작성하여 대구 대목구 교세의 현황을 일목요연하게 파악하고 본당 사목을 맡은 성직자들로 하여금 신자 관리에 만전을 기하도록 요구하였다. 드망즈 주교의 치밀한 성격을 잘 보여주는 1916년도 교세 통계표 분석 내용의 일부를 소개하면 다음과 같다.

> 금년은 대구 선교를 시작한 지 첫 5주년기를 마치는 해입니다. 이 5주년기는 5년 단위의 주기를 조직의 단위 시기로 하고 있는 것입니다. 그동안 전교 수단의 활용을 위해서 사목지침서, 피정, 회장직분, 영아회(어린이 전교회)의 재조직, 신자들과 어린이들의 교육 강화 등 조직화를 해 왔지만 필연적으로 우선하는 기구는 대구 대목구의 본부인 것입니다. 저는 이러한 전반적 조치들을 강조하는 것보다 5년 동안의 총괄표를 작성하여 그동안 전교회 신부님과 한국 신부님들에 의해 이룬 성과와 시사하는 것 전체를 한 눈으로 볼 수 있게 하는 것이 의미 있다고 생각합니다. 따라서 여러분은 이 보고서에 첨부하는 통계표를 받아 보시고, 지난 시기 동안 교황님께서 어린이 영성체와 재영성체에 관해 발표하셨던 교령과, 회장 피정의 시행, 사목지침서의 시행 사항들을 생각하면 그 인과관계가 확연해질 것이고, 이 통계표가 도움이 될 것입니다(《대구대교구 설정 100주년 기념 기초 자료집③ 안세화 주교 공문집》, 천주교 대구대교구, 2003, 149~150쪽).

드망즈 주교는 이 보고서 뒤에 1915~1916년도 회기 연도의 통계표를 첨부하였는데, 조선 전체 인구 통계를 활용하여 서울 대목구와 대구 대목구의 관할 구역 내 총인구 대비 신자 비율을 계산하였고, 이어서 주교의 사목 방문 내역, 각 본당별 사목 활동 실적, 일본인 본당 통계, 서울 대목구와의 비교표, 대구 대목구 관할 4개 도별 통계, 평균 수치와 비율, 조선총독부에 제출한 대구 대목구 교세 통계 등을 제시하였다. 뿐만 아니라 5개년 통계 전체를 13개의 다이어그램으로 만들어 전체적인 변화상을 파악할 수 있도록 보여주었다. 일제 강점기 내내 대구 대목구의 교세가 폭발적으로 성장하지는 않았지만 완만한 증가세를 보였던 것은 대목구장 드망즈 주교의 영도력이 크게 작용한 결과였다고 하겠다.

한편 1914년에 개교한 대구 대목구 성 유스티노 신학교는 1918년에 첫 사제로 주재용(朱在用, 바오로, 1894~1975) 신부를 서품한 이래로 1923년까지 9명의 사제를 배출하였다. 그리고 1926년에는 11명의 조선인 사제가 탄생하여 대구 대목구의 조선인 성직자는 12명에서 23명으로 대폭 늘어났다. 조선인 성직자 수는 1935년에 12명의 신학생이 사제품을 받음으로써 45명까지 늘어나기도 하였다.

1934년에 들어서 외국인 선교사의 수가 전년도의 18명에서 30명으로 크게 증가한 것은 아일랜드의 성 골롬반 선교회 선교사들이 1933년 10월 대구에 도착하여 전남 지역을 담당하게 되었기 때문이다. 그러다가 4년 뒤인 1938년에 가서 대구 대목구의 전체 교세가 절반으로 축소된 것은 1931년에 설정된 전라도 감목대리구가 포교성성에 의해서 정식으로 독립하여 조선인 신부들이 담당하는 전주 지목구와 아일랜드 선교사들이 맡는 광주 지목구가 설립되었기 때문이다. 이리하여 대구 대목구는 경상도 지역만을 전담하게 되어 신자 수 27,003명, 외국인 선교사 19명, 조선인 성직자 29명, 소속 본당 32개로 다시 출발하였다. 이런 상황은 일제 강점기 말기까지 지속되었다.

3. 본당의 증설

대구 대목구가 설정될 당시에 소속 본당은 모두 18개이고, 공소는 391개였다. 18개의 본당 중에서 7개는 경상도에, 그리고 11개는 전라도에 있었다. 즉 경상도에는 대구 계산동 본당(로베르 신부), 김천 본당(김성학 신부), 칠곡의 가실(佳室) 본당(소세 신부), 영천의 용평(龍坪) 본당(김승연 신부), 부산 본당(줄리앙 신부), 마산 본당(무세 신부), 진주의 소촌 본당(김명제 신부) 등이 있었다.

그리고 전라도에는 목포 본당(투르뇌 신부), 나주 본당(카다스 신부), 정읍의 신성리(新城里) 본당(미알롱 신부), 금구(金溝)의 수류(水流) 본당(페네 신부), 전주 본당(보두네 신부), 진안의 어은동(魚隱洞) 본당(김양홍 신부), 여산(礪山)의 나바위 본당(베르모렐 신부), 고산의 되재 본당(베르몽 신부), 용안(龍安)의 안대동(安大洞) 본당(서병익 신부), 제주 본당(라크루 신부), 홍로 본당(타케 신부) 등이 있었다.

대구 대목구 설정 이후에 최초로 설립된 본당은 함양 본당이었다. 1912년 9월 20일 현재의 경남 함양군 함양읍 교산리에 있던 함양 공소가 본당으로 승격된 것이었다. 이상화 신부가 초대 주임으로 부임하여 보통학교 교사(校舍)를 성당으로 사용하면서 정식 본당으로 출범하였다. 그 이후 1924년까지 12년 동안 대구 대목구에 설립된 본당은 5개였는데 모두 경상도 지역에 있었다. 1912년 경남 함양에 설립된 함양 본당을 제외하면 나머지는 모두 경북 지역에 산재하였다. 대구 대목구의 중심지인 대구를 중심으로 본당 증설이 이루어졌음을 말해준다.

〈표 7〉 대구 대목구에서 설립한 본당들(1912~1942)

설립 연도	본당	지역	초대 주임	비고
1912	함양	경남 함양	이상화	경북이지만 주로 전북 신자들 관할
1922	문경	경북 문경	김문옥	
	물미(퇴강)	경북 상주	이종필	현 함창 본당 퇴강 공소
	점촌	경북 점촌	김문옥	
1924	안동	경북 안동	서정도	현 목성동 본당
1926	옥포	경남 거제	김후상	
	진주	경남 진주	정수길	현 옥봉동 본당
	경주	경북 경주	이성인	현 성동 본당
	장수	전북 장수	김필곤	
	부안	전북 부안	이기수	
	명례	경남 밀양	권영조	1930년 삼랑진으로 본당 이전
	나주	전남 나주	박재수	
	남산	대구 중구	석종관	
1927	비산	대구 서구	미알롱	
	언양	경남 울주	보드뱅	
1928	왜관	경북 칠곡	투르뇌	
	하양	경북 경산	김필곤	
1929	통영	경남 통영	송남호	현 태평 본당
	능교리	전북 정읍	김창현	현 신태인 본당
1930	삼랑진	경남 밀양	권영조	
1931	군산	전북 군산	김영구	현 둔율 본당
1932	예천	경북 예천	이기순	
	합천	경남 합천	장순도	

설립 연도	본당	지역	초대 주임	비고
1932	순천	전남 순천	정수길	현 저전 본당
	청학	부산 영도	김선배	
1933	광주	광주 북구	민정호	현 북동 본당
	삼립정	대구 중구	앙샤	현 삼덕 본당
	함안	경남 함안	뤼카(류가홍)	현 가야 본당
1935	지좌(마잠)	경북 김천	김동언	
	이리	전북 익산	하한주	현 창인 본당
	남원	전북 남원	석종관	
	김제	전북 김제	이상화	
	김해	경남 김해	정재석	현 진영 본당
	황리	경남 통영	신순균	1939년 고성으로 본당 이전
	거제	경남 거제	이명우	
1936	영천	경북 영천	프루와드보	용평 본당(1907년)을 옮겨옴
	상주	경북 상주	김문옥	현 서문 본당
	여수	전남 여수	이민두	현 동산 본당
1938	천내리	경북 달성	서정길	현 화원 본당
	장재리	경남 진주	김준필	
1939	고성	경남 고성	서정도	
1940	거창	경남 거창	박동준	
	밀양	경남 밀양	류홍모	
1942	함창	경북 상주	이기수	
	자천	경북 영천	최재선	현 영천 본당 자천 공소

한편 1922년에 가서 대구 대목구의 관할 구역에 대한 재조정이 이루어졌다. 대구 대목구 설립 직후부터 10년 동안 관할하던 논산 지역에 대한 사목권을 서울 대목구로 이관한 것이었다. 1911년 대구 대목구가 설립되었을 당시에 드망즈 주교는 경상도와 전라도 이외에 충청도 논산 지역을 계속 관할할 수 있도록 뮈텔 주교에게 요청하여 1920년까지 되재 본당과 나바위 본당이 충남 논산 지역에 산재한 공소들을 사목하였다. 그런데 1921년 서울 대목구는 논산 지역의 놀미 공소를 본당으로 승격시킴으로써 이 지역에 상주 사제를 파견할 수 있게 되자, 해당 공소들에 대한 관할권을 돌려달라고 요구하였다. 이에 대구 대목구는 논산 지역을 서울 대목구에 반환함으로써 대목구 경계선을 재정비하였다.

1926년에 가서 대구 대목구는 8개 본당을 집중적으로 신설하였다. 이것은 1926년 5월 29일 대구 대목구 성 유스티노 신학교에서 개교 이래로 가장 많은 숫자인 11명의 조선인 성직자를 배출한 데서 연유한다. 즉 성직자들의 수가 증가하면서 사목 활동의 여건이 개선되어 더 많은 본당을 증설할 수 있었던 것이다. 당시에 설치된 본당들은 경남에 세 군데(진주, 밀양, 거제), 경북에 두 군데(대구, 경주), 전북에 두 군데(장수, 부안), 전남에 한 군데(나주)였다.

그 뒤 매년 1개 내지 2개의 본당이 꾸준히 설립되었다. 그러다가 1932년에 4개, 1933년에 3개, 1935년에 7개의 본당이 새로 세워졌다. 이것은 1931년 5월 9일에 드망즈 주교가 전라도 지역에 감목대리구를 설치하고 초대 감목대리로 전주 본당의 김양홍 신부를 임명하면서 조선인 성직자들의 자치적인 사목 활동이 증대한 것과 1934년부터 전남 지역에서 활동하기 시작한 아일랜드 성 골롬반 선교회의 선교사들이 선교 활동에 새로운 활력을 불어넣은 결과라고 추측된다. 1937년에 전주 지목구와 광주 지목구가 분할되었지만, 이후로도 대구 대목구에서는 1942년까지 경상도 지역에 7개의 본당을 신설하였다.

4. 지도서의 제정

드망즈 주교는 가급적 빠른 시간 안에 대목구의 실정을 파악하는 것이 첫째 과제라고 생각하였다. 이에 1911년 9월 11일부터 11월 10일까지 제주도를 포함한 전라도 지역을 사목 방문하였다. 또한 1912년 1월 9일부터 24일까지 경상도 지역을 사목 방문하였다. 두 번의 사목 방문을 통하여 많은 문제점을 파악한 드망즈 주교는 대목구 내의 사목 활동을 총괄할 수 있는 지도서를 마련하는 것이 최우선 과제임을 절감하였다. 왜냐하면 1887년에 제정되었던 《조선 선교지 관례집》은 드망즈 주교가 조선에 도착하였을 때 이미 더 이상 인쇄되지 않는 상태였을 뿐 아니라 시대적 상황의 변화 때문에 효력을 상실한 부분도 있었기 때문이었다. 그러므로 대구 대목구가 신설된 상황에서 가장 긴급한 임무는 새로운 지침서를 제정하여 대구 대목구 성직자와 신자들이 통일된 지침에 따라 신앙생활을 할 수 있도록 하는 것이었다.

그리하여 드망즈 주교는 사목 방문에서 돌아온 후 매일 7시 20분부터 정오까지, 그리고 오후 2시 30분부터 7시까지 사무실에서 지침서의 초안을 만드는 일에 몰두하였다. 그런 다음에 1912년 1월 25일 참사위원들을 임명하고 2월 7일부터 13일까지 지침서 초안을 심의하였다. 드망즈 주교는 2월 18일 수정 · 보완한 지침서 초안을 선교사들에게 발송하였다. 신부들이 지적한 사항과 새로 건의한 사항들을 모아서 사제 피정 때에 함께 토론하도록 하였다. 3월 16일에는 조선인 신부들을 대상으로 라틴어로 된 초안을 보냈다. 그리고는 선교사들의 피정이 열리고 있던 4월 18일에 지침서에 대한 토론이 있었고 이에 대한 표결이 이루어졌다. 그리고 조선인 신부들의 피정이 끝난 5월 26일 성령 강림 대축일에 드망즈 주교는 대구 대목구 사제들의 자세와 태도, 행동 그리고 성사와 기타 직분 수행에 관하여 상세하게 규정한 총 294조와 부록으로 구성된 《대구 대목구 지도서》(Directorium Missionis Taikou)를 공포하였다.

대구 대목구의 실상에 바탕으로 두고 제정된 이 지도서에는 무엇보다도 선교사들의 생활과 언행에 대한 자세한 규범을 담고 있다. 먼저 개인적인 의무로서 적어도 미사 시간 1시간 전에 기상하여 세면 후 30분 정도 묵상해야 하며, 대목구장이 인정하는 예외적인 상황 외에는 어떤 어려움이 있더라도 15일마다 고해성사를 해야 한다. 또한 대목구장의 사전 허락이 없이는 누구도 연례 피정에서 면제될 수 없다. 뿐만 아니라 식민지 조선의 사회적 상황에 적응하도록 선교사들의 학습에 대해서도 상세한 규정을 제시하였다. 즉 선교사들은 상용한자 2,350자를 열심히 공부해야 한다거나, 한국의 제도에 조심스럽게 그러나 열심히 그리고 끈기 있게 적응해야 한다고 말한 것이 그 구체적인 조항이었다. 아울러 신자들과의 관계, 특히 여성 신자들을 대하는 방식과 관련해서 상세한 주의 사항을 담았다. 즉 선교사는 자신의 방에 결코 여성을 들이지 말아야 하며, 부득이한 경우에는 자신의 방이 아닌 방에서 문을 열어두거나 증인들 앞에서 이야기해야 한다고 하였다.

아울러 드망즈 주교는 선교사가 일제의 조선 통치 기구들과 우호적인 관계를 유지할 필요가 있음을 적극적으로 제시하였다. 즉 《대구 대목구 지도서》 제6장 '시민 기관과의 관계'에서 일본인 관리들에 대한 감정이 어떠하든 간에 선교사는 항상 그들에게 예의 바르게 행동해야 하며, 일본인 풍습에 따라 극도의 예의를 갖추어 선교사들이 조선에 체류하는 유일한 목적과 선교사업의 진정한 성격을 이해시키도록 부단히 노력해야 한다고 역설하였다. 심지어 제32조에서는 일본 국경일에 해당 지역의 저명인사나 그에 버금가는 당국자들(총독, 군수, 경찰의 장)을 개인적으로 방문하거나 적어도 카드를 보내라고 명시하였다.

한편 사제 직분을 제대로 수행하는 데 필요한 규칙도 제정하였는데, 특히 성사 집행 방식에 관한 규정들이 상세하게 제시되었다. 공소 방문은 가을과 봄에 해야 하고, 적어도 중요한 공소는 빠뜨려서는 안 된다. 또한 고해성사를 볼 사람이 30명을 초과하면 공소 방문 기일을 하루 더 연장할 수 있다고 하였다. 아울러 교우 집안에 아기가 출생하면 3일 안에 영세를 주어야 하고, 모든 선교사는 죽음의 찰나에 있는 어른과 아이들 그리고 50세 이상의 어른을 위하여 언제나 견진성사를 줄 수 있는 권한을 위임받는다고 하였다. 이것은 주교만이 베풀 수 있는 견진성사 집전 권한을 선교지의 특수한 상황에서 사제에게 위임할 수 있는 특별 권한의 재위임이었다.

《대구 대목구 지도서》에는 성영회 운영에 관한 규칙을 그대로 유지하였다. 특히 버려진 외교인 아이들을 양육하고 교육시키며, 죽음에 이른 외교인 아이들에게 세례를 주는 것을 목적으로 하는 성영회는 아이를 맡아서 양육하는 가정에 월 1엔 50전을 보조하는 것으로 보조금의 액수를 규정하였다. 그 밖에 축일과 주일에 신자들이 지켜야 할 사항으로는 미사가 있는 곳이 10리 안에 있으면 반드시 미사에 참례해야 하고, 사순절 매 금요일, 성탄 전야, 성토요일에는 대재를 지켜야 하며, 매주 금요일에는 소재를 지켜야 한다고 규정하였다.

대구 대목구에서 1912년에 제정한 지도서는 일제 강점기라는 새로운 시대적 상황을 반영한 지역 교회의 규범집이었다. 그래서 11년 뒤인 1923년에 서울 대목구가 《서울 대목구 지도서》를 제정할 때에도 크게 참고가 되었다. 두 규범집은 1930년까지 사용되었다. 그러다가 1931년에 지역 공의회가 처음으로 조선에서 개최되고, 그 결과로 《조선 선교지 공동 지도서》가 편찬되면서 그 효력을 상실하였다.

한편 《조선 선교지 공동 지도서》는 1932년 9월 7일에 드망즈 주교에게 전달되었다. 드망즈 주교는 9월 21일에 공문 제78호의 이름으로 공동 지도서를 모든 소속 성직자에게 배포하였다. 그런데 얼마 뒤 대구 대목구에서는 공동 지도서에 대구 대목구만의 고유한 규정들을 삽입할 필요성을 느꼈다. 그래서 1933년 5월 1일 대목구 성직자 회의를 열어 대구 대목구의 고유 규정들을 다시 제정하고, 6월 6일에 대구 대목구 고유 지도서를 홍콩으로 보내 인쇄하도록 하였다. 이에 따라 1933년 10월 17일 드망즈 주교는 대구 대목구 소속 성직자들에게 공문 제87호와 함께 새로 인쇄된 공동 지도서를 보내고, 1932년에 배부했던 공동 지도서를 수거하였다.

5. 복음화 활동

대구 대목구에 부임할 당시에 드망즈 주교는 열악한 대목구 재정 상태와 신자들의 경제적 어려움이 교회 발전을 저해하고 있음을 절감하였다. 이에 드망즈 주교는 1912년에 첫 연례 보고서를 작성하면서 이런 말을 하였다.

> 합병은 조선 사람들에게 예전에 경험하지 못했던 안정을 가져왔습니다. 그러나 합병에서 오는 불행한 결과의 하나는 미래를 바라보는 눈을 어둡게 한 것입니다. 일본으로부터의 수많은 이주민들이 토지를 사려고 나타났습니다. 그들은 토지의 가격이 일본에서 이와 비슷한 토지의 가격보다 훨씬 싼 가격임을 알았습니다. 그러나 조선인들에겐 비싼 가격으로 보였습니다. 돈에 대해서 별로

> 익숙하지 않은 데에다가 항상 빚에 시달리고 있었으므로, 그들은 정말 토지를 팔고 싶은 열병에 사로잡힌 것 같았습니다. 받은 돈은 곧 채권자들이 삼켜 버렸고, 남은 돈조차도 이 순진한 사람들의 손가락 사이에서 새어나가 버렸습니다. 그러므로 모든 물가는 점점 올라가서 또다시 새로운 대금업자를 찾아가지 않을 수 없었습니다. 구시대는 중간 과정을 거치지 않고 생존을 위해 싸워야 하는 시대로 바뀌었습니다. 항상 뒤떨어진 조선인들은 여기에 대처할 태세가 되어 있지 않았습니다. 그들이 이에 대처해야 할 필요성을 깨달았을 때 이미 대부분의 사람들은 아무런 수단도 지니고 있지 못했습니다(《교구 연보》, 천주교 부산교구, 1984, 20~21쪽).

이러한 빈곤의 결과로 외교인들은 종교적인 것에 무관심했으며, 냉담자는 교회로 돌아오는 것을 미루었다. 또한 이민이 성행하여 가족들이 서로 흩어져 전교 활동이 부진할 수밖에 없었다. 그래서 드망즈 주교는 인력과 재력의 부족으로 선교사들이 교우들과 자주 접촉하기 어렵고, 또한 사회적인 상황으로 인하여 교세가 저하되는 현실에 대처하기 위하여 새로운 방향을 모색하게 되었다.

드망즈 주교는 우선 교우들과 선교사들이 정기적으로 접촉할 수 있는 여건을 만들기 위하여 강당(講堂)의 건립을 촉구하였다. 여러 공소 중에서 가장 중심이 되는 공소에 사제와 복사를 위한 방 두 개가 있는 강당을 건립하도록 하고, 또 이를 성당으로도 활용함으로써 많은 수의 교우들에게 정기적으로 성사를 베풀 수 있도록 하였다. 그 결과 이런 유형의 강당이 세워진 곳에서는 대사(大赦)를 줄 목적으로 추가적으로 순회 방문을 시행하는 일이 많아졌고, 선교사들의 방문도 더 용이하게 되었다.

경남 함안의 동박골 공소로 사목 방문 가는 드망즈 주교와 줄리앙 신부 일행.

그런데 대구 대목구의 발전을 위해서는 강당을 건립하는 것 못지않게 각 공소 회장들의 적극적인 활동을 유도할 필요가 있었다. 이 때문에 드망즈 주교는 공소 교우들의 신앙생활을 전적으로 맡고 있는 공소 회장들의 중요성을 인식하고, 그들의 자질을 향상시키는 데 노력하게 되었다. 이를 통해서 교우들의 자질을 향상시킬 수 있으며, 수적인 증가도 가능하고 나아가서 선교사들의 활동도 확대할 수 있다는 것이었다.

회장들의 자질을 향상시키기 위하여 대구 대목구에서 첫 번째로 시도한 것은 공소 회장들의 의무적인 연례 피정이었다. 즉 공소 회장들의 열성을 유지시키기 위하여 그들 사이의 유대를 견고하게 만들고 참여 의식을 고취하며, 열성이 부족한 사람은 활동이 왕성한 회장과 자주 접촉함으로써 자극을 받을 수 있기 때문이다. 공소 회장들의 연례 피정이 열리는 시기는 선교사들의 첫 번째 순회 방문(가을 판공)과 두 번째 순회 방문(봄 판공)의 중간 시기를 택하여 1월이나 2월에 3일 동안 여는 것으로 결정되었다.

1913년 초에 공소 회장들의 연례 피정을 처음으로 실시한 결과 그 효과가 즉각 봄철의 순회 방문 때부터 나타나기 시작하였다. 드망즈 주교는 1913년도 연례 보고서를 작성하면서 어느 선교사의 서한을 인용하여 공소 회장들의 연례 피정이 가져다준 효과에 대해서 다음과 같이 기술하였다.

> 본인의 공소 회장들은 그전과는 달라졌습니다. 하는 수 없이 그리고 이럭저럭 간신히 일하던 예전의 그런 사람들이 아닙니다. 이제는 자기 일에 몹시 충실한 공소 회장이 되었음을 알 수 있습니다. 그들은 열성적으로 자신의 교우촌을 모범적인 공소로 만들려고 노력하고 있습니다. 몇몇 공소 회장들은 냉담자들을 회두하려고 힘썼으며, 아주 완고한 외교인 가족과 접촉하면서 그들

을 교회로 인도하려고 굳게 마음먹고 있습니다(《교구 연보》, 천주교 부산교구, 1984, 39쪽).

이처럼 공소 회장들의 활동이 훌륭한 성과를 거두기 시작하자 드망즈 주교는 커다란 힘을 얻게 되었다. 그래서 그는 외교인 마을의 복음화를 위해서 공소 회장들이 그 역할을 담당해야 하며, 또 그 조직이 견고해야 전교가 성공할 수 있다는 점을 계속하여 강조하였다.

그리하여 공소 회장들에게 의무적인 피정을 더욱 용이하게 하고, 더 많은 결실을 얻을 수 있도록 《회장본분》(會長本分)이라는 규범집도 반포하였다. 드망즈 주교가 집필하여 1913년 9월 10일자로 대구 대목구 산하의 모든 회장에게 반포된 이 규범집은 공소 회장들이 해야 할 여러 가지 일을 설명하고 있는데, 피정 교육의 기본 자료로 이용되었다. 《회장본분》은 1912년에 나온 《대구 대목구 지도서》에 들어 있던 공소 회장에 관한 부분을 따로 빼내어 한글로 번역하여 간행한 것이다.

한편 대구 대목구는 성숙한 회장 제도에 힘입어 1922년에 전교용 소책자 간행사업을 시작하였다. 그 목적은 회장들이 이 책자를 통하여 비록 천주교 신자는 아닐지라도 선의의 사람들과 대화를 계속하여 결실을 얻게 하려는 것이었다. 1922년 7월 5일 드망즈 주교는 전교용 소책자를 발행하여 각 본당에 배포하였다. 본당 신부들은 회장 피정에서 이 전교용 소책자를 몇 부씩 나누어 주면서 이 사업에 대한 드망즈 주교의 회람 서한에 담긴 내용을 자세히 설명하고, 소책자를 어떻게 사용할 것인지를 알려주었다. 소책자의 내용은 계산동 본당이나 부산 본당 등 각 지역 본당의 주보에도 게재되어 호응을 얻었다.

소책자 간행사업과 더불어 드망즈 주교는 1922년에 회장 제도를 더욱 체계적으로 조직하고, 또 그들에게 봉급을 주는 제도를 도입하여 회장들의 사업을 활성화하였다. 그럼으로써 회장을 통한 전교 활동은 더 큰 효력을 발휘하였다. 개종의 움직임도 눈에 띄게 증가하였으며, 복음이 전해지지 않았던 지방들도 복음에 문을 열게 되었다. 그리하여 처음에는 상당히 회의적인 눈으로 바라보던 몇몇 사람들도 회장 제도의 중요성을 인정하게 되었고, 모든 신부가 전교 회장을 둘 수 있기를 간절히 바라게 되었다. 그리고 그들의 활동에 힘입어 대구 대목구의 교세가 발전했고, 본당 신설, 공소 건물의 건립 등도 활발하게 이루어졌다.

6. 신자 단체

드망즈 주교는 대목구장으로 부임하여 첫 번째로 맞은 주일인 1911년 7월 2일부터 남성 신자 단체를 재조직하려는 계획에 착수하였다. 왜냐하면 조선인 신자들의 신앙생활에 문제가 있다고 판단하였고, 그 해결 방도를 신자들의 조직적인 활동에서 찾고자 하였기 때문이다. 즉 조선인 신자들이 자신들의 구원만을 생각할 뿐, 다른 사람들을 구원하기 위한 선교 활동에 그다지 관심과 열의를 보이지 않는다는 것이었다. 이에 교육을 통해서 깊은 신앙심을 갖게 하며, 조직적인 활동을 통해서 자신들의 힘을 느끼도록 할 목적으로 기존 신자 단체들을 새롭게 재조직하였다.

드망즈 주교가 부임하기 이전에 조직되어 있던 단체로는 1909년에 발족된 '성립학우회'와 1910년에 만들어진 계산동 본당 청년 단체 '명도회' 등을 들 수 있다. 드망즈 주교는 이들을 개편하여 1912년 6월 20일 '남방 천주공교 명도회'를 발족시켰다. 이 단체는 청년 및 장년층을 중심으로 전 연령층을 포괄하는 남성 신자 단체였다. 총재에는 드망즈 주교가 추대되었고, 회장 서병조(徐丙朝), 총무 이근우(李根雨), 평의장 김찬수(金燦洙) 등 계산동 본당 신자들이 주축을 이루고 있었다. 남방 천주공교 명도회는 정기적으로 토론회를 열었으며, 강연회를 개최하거나 환등(幻燈) 상영, 취주악단(吹奏樂團) 운영 등의 활동을 펼쳤다.

한편 기존의 명도회와 성립학우회 회원 가운데 일부 청년들은 성립학우회를 존속시키다가 청년들만의 단체가 필요하다고 판단하여 1912년에 성립학우회를 해체하고 '해성체육단'을 출범시켰다. 해성체육단은 교리 강습회와 토론회, 체육 활동, 야학 등의 활동을 벌였고, 1920년 12월에는 '해성청년회'로 명칭을 바꾸었다. 이처럼 청년 단체가 계속 존속하여 활발한 활동을 벌이자 남방 천주공교 명도회 자체는 침체되는 현상이 빚어졌다. 이에 드망즈 주교는 1921년 10월 두 단체를 통합하였다.

그러나 남방 천주공교 명도회의 활동은 계속 부진하였다. 반면 청년 운동은 여전히 활발하게 전개되고 있었다. 이에 대구 지역에 거주하는 청년 신자들은 드망즈 주교에게 청년회의 재조직을 건의하여 재가를 받았다. 그 결과 남방 천주공교 명도회가 해체되고, 1924년 7월 20일에 '남방천주교청년회'가 결성되었다. 이 청년회를 주도한 인물들은 20대와 30대 청년들로 계산동 본당이나 남산동 본당과 같은 대구 지역의 본당 신자들이었다. 그 밖에도 대구 지역의 오랜 신자 집안 출신들이 적지 않았고, 교원 또는 학교 장학회 임원, 언론계 종사자들도 있었다.

남방천주교청년회의 주요 활동으로는 《천주교회보》의 발행을 들 수 있다. 《천주교회보》는 1927년 4월 1일부터 1933년 4월 1일까지 발행된 청년회 기관지로서, 대구 대목구를 넘어서 다른 대목구 관내에도 지국이 설치될 정도로

대구 명도회 회관 전경. 남방 천주공교 명도회는 청년 및 장년층을 중심으로 전 연령층을 포괄하는 남성 신자 단체였다. 이 회관은 교리 교육과 사도직 활동의 장소로 활용하기 위해 1912년 3월에 세웠다.

활발한 활동을 벌였다. 하지만 창간 당시부터 청년회 자체의 힘으로만 운영되다 보니 재정난에 봉착하게 되었고, 이에 따라 1931년 7월 7일부터는 대구 대목구 기관지가 되어 교회 당국과 청년회에서 공동으로 경영하게 되었다. 아울러 천주교회보사 후원회도 조직되어 재정적인 도움을 주었다. 그러나 1933년 3월 서울과 대구, 원산, 평양, 연길의 주교들이 모여서 회의를 개최하면서 조선 천주교의 대표적인 간행물을 《경향잡지》로 통일하기로 결정함에 따라 《천주교회보》는 폐간되었다.

남방천주교청년회는 1920년에 해성체육단에서 설립한 '해성여자야학강습회'를 계속 운영하였다. 이 강습회는 1931년에 주학부와 야학부를 설치하였고, 1932년 5월에는 중등과를 증설하면서 그 명칭도 '해성여자학원'으로 바꾸었다. 이 학원은 1934년 5월 23일에 경영권이 청년회에서 교구로 인계되었지만, 여전히 청년회 인물들이 해성여자학원의 운영에 중요한 역할을 담당하였다. 해성여자학원은 대구 지역의 교육계에도 큰 공헌을 하였다.

여성 신자 단체로는 1921년 8월 9일에 창립된 대구 본당의 '성모회'가 있었다. 자선부와 선교부로 이루어진 성모회는 초기에 애긍사업과 예비자 지도, 병자 위문, 임종 대세 등의 활동을 하였으며, 1926년에는 대구 유치원 설립과 외교인 자녀들의 대세와 관련된 사업을 추진하였다. 그리고 대구 본당에서 분리된 남산 본당에도 1931년 8월 9일에 성모회가 설립되었다.

남방천주교청년회가 발족된 이후 대구 대목구의 각 본당에도 신자 단체들이 결성되어 각종 사업을 펼쳐나갔다. 1926년에는 목포 본당의 '성체경애회', 진안 본당 장재리 공소의 '여자 영신회', 대구 본당 화원 공소의 '부인회' 등이 조직되었다. 1927년에는 문산 본당 '공교소년단', '퇴강 본당 청년회', 문산 본당 '성모부인회' 등이 발족되었으며, 1928년에는 언양 본당 '천주공교

天主教會報
THE CHUN CHU KYO WHOI PO
第二號

《천주교회보》의 발행은 남방천주교청년회의 주요 활동 가운데 하나였다. 그러나 1933년 3월 6일에 개최된 5교구(서울, 대구, 원산, 평양, 연길) 주교회의에서 조선 천주교의 대표적인 간행물을 《경향잡지》로 통일하기로 결정함에 따라 《천주교회보》는 폐간되었다.

협회', 부안 본당 '천주공교청년회', 목포 본당 '천주공교청년회', 왜관 본당 '청년회', 안동 본당 '소년소녀회', 마산 본당 함안 공소 '청년회', 대구 본당 화원 공소 '청년회' 등이 각각 결성되었다. 1929년에는 영천 본당 '소년성체단', 문산 본당 순천 공소 '호상회', 강경 본당 군산 공소 '대건혈루회', 전주 본당 '청년회' 등이 생겨났다. 1930년에는 마산 본당 '청년회', 문산 본당 '고조회' 등이, 1931년에는 목포 본당 '자치 기성회', 문산 본당 순천 공소 '청년회' 등이 출발하였다. 그리고 1932년에는 대구 본당 '천주공교 전교회', 안동 본당 '진행회' 등이 각각 설립된 바 있다. 이와 함께 이미 설립되어 있던 대구 본당 '친애회', 문산 본당 '호상회', 목포 본당 '친애회' 등 각 본당 신자 단체들은 3 · 1 운동 이후 지역 사회에서 활동하던 다른 사회단체들과도 교류하면서 복음화에 기여하였다.

한편 남방천주교청년회는 《천주교회보》의 폐간, 해성여자학원의 경영권 인계 등으로 활동이 위축될 수밖에 없었다. 게다가 각 지방 청년회가 독립적으로 활동함으로써 연합체로서의 역할도 약화되었다. 그 결과 남방천주교청년회는 1933년 6월 11일 임시 총회를 마지막으로 해체된 듯하다. 남방천주교청년회와는 달리, 각 본당과 공소의 청년회는 지속적으로 활동을 전개하여, 1935년에는 25개, 1936년에는 32개, 1938년에는 21개의 청년회가 활동하고 있었다.

7. 일제 말기 대구 대목구의 변화

1) 무세 신부의 대목구장 임명

1938년 2월 9일 드망즈 주교가 선종하였다. 드망즈 주교는 1937년 가을부터 병이나 12월 3일에는 모든 업무를 대목구장 직무대행인 무세 신부에게 위임하고 요양 중에 있었다. 그러나 끝내 회복하지 못하고 27년간의 대구 대목구장직을 내려놓게 되었다. 장례 미사는 2월 12일 계산동 성당에서 거행되었으며, 시신은 남산동 성직자 묘지에 안장되었다.

드망즈 주교가 선종하면서 대구 대목구에서 활동하던 파리 외방전교회 선교사들은 새 대목구장 선출을 위한 투표를 하였다. 21명의 선교사 중 병으로 불참한 2명을 제외하고 19명이 참여했으며, 한국인 성직자들은 투표권이 없었다. 파리 외방전교회 본부에서는 선교사들의 투표를 집계하여 무세 신부, 보드뱅(E. Beaudevin, 丁道平, 1897~1976) 신부, 베르트랑(J. Bertrand, 韓聖年, 1897~1987) 신부를 대구 대목구장 후보로 교황청 포교성성에 추천하였다. 당시 추천서에는, 무세 신부에 대해 나이가 62세로 건강에 약점이 있었지만 오랜 사목 경험을 가지고 있다고 하였고, 보드뱅 신부는 사목 경험이 부족하다고 하였다.

한편 대구 대목구 소속 한국인 사제들은 대목구장의 선출에 자신들의 의견도 반영되기를 원하였다. 그리하여 자체적으로 투표를 하여 주일 교황사절 마렐라(Paolo Marella, 1895~1984) 대주교에게 보내기도 하였다. 그러나 마렐라 대주교는 대구 대목구장 선출에 관한 보고서에서 다음과 같이 자신의 의견을 포교성성 장관에게 전달했다.

> 대구 대목구 소속 한국인 사제들이 보내온 투표 결과는 보드뱅 11표, 무세 8표, 베르트랑 7표이다. 그러나 보드뱅 신부는 너무 반일본적이다. 따라서 권력자들과 관계를 맺을 수 없다. 또한 몇몇 사제들은 무세 신부가 나이가 너무 많기 때문에 그를 선택하지 못했다고 한다. 보드뱅 신부를 선택한 이들은 거의 그가 가지고 있는 대중성, 즉 한국인들이 싫어하는 일본인을 비판하는 확실한 정신 때문이었다고 한다. 이 모든 것을 숙고한 뒤 나는 무세 신부가 선택되는 것이 좋다고 확신한다(《천주교 대구대교구 100년사(1911~2011) 은총과 사랑의 자취》, 분도출판사, 2012, 195쪽).

이러한 과정을 거친 후 로마 교황청에서는 1938년 12월 13일 대구 대목구의 제2대 대목구장으로 무세 신부를 임명하고 이레노폴리타누스(Irenopolitanus)의 주교 명의를 부여하였다. 무세 신부의 대목구장 임명 통지는 1939년 1월 8일 대구 주교관에 도착하였고, 무세 신부는 1939년 5월 7일 주교좌 성당에서 "바위에 흐르는 꿀"(Mel de Petra)을 사목 표어로 주교 성성식을 가졌다. 그리고 1939년 11월 19일 마산 본당을 시작으로 11일 동안 첫 사목 방문을 시행하였다.

2) 일제의 간섭과 일본인 대목구장 임명

1941년 12월 8일 태평양 전쟁을 일으킨 일제는 외국인 신부들의 동향을 철저히 감시하였다. 그리하여 12월 30일부터 교구의 모든 사제와 선교에 종사하는 신자들은 사전에 경찰서에 출두하여 거취를 보고하도록 지시했다. 사목 방문 때면 무세 주교는 여행 신고를 한 후 경찰의 허가를 받아야 했고, 언제나 사찰 경관이 수행원처럼 따라다녔다. 다른 주교들을 방문할 때도 마찬가지였으며, 이들은 주교들을 면담하는 자리에까지 끼어들었다.

이와 함께 일제는 국민총력조선연맹(國民總力朝鮮聯盟)을 통해 성탄 축하식 대신에 시국에 대한 강연회나 좌담회의 개최를 지시하였다. 이에 각 지역 교회는 성탄 행사를 중단하고 일제에 대한 의무를 강요하는 강연회를 열지 않을 수 없었다. 무세 주교 역시 대목구 내 각 본당 신부에게 보낸 1941년 12월 19일자 공문에서 "금년 예수 성탄 대축일 자정 미사는 거행하지 않기로 한다"고 발표하였다. 이후 4년간 성탄 자정 미사의 봉헌은 중단되었다.

교회에 대한 일제의 감시와 간섭은 무세 주교의 사임 압력으로까지 이어졌다. 총독부와 일본 경찰은 대구 대목구장을 일본인으로 대체하려고 집요하게 공작했다. 1942년 2월 경상북도 경찰부와 대구경찰서에서는 주교관 사무장을 불러 "서울 대목구는 자치 교구를 실현했는데 대구 대목구도 외국인 주교가 물러나고 조선인 자치 교회를 실현시킬 용의는 없는가? 현재 조선인 신부 중에 자격자가 있는가? 일본인 신부 중에서 자격 있는 분을 교섭해 보는 것은 어떤가?" 등의 문제를 제기하기도 하였다.

일제의 간섭과 압력이 강화되는 상황에서 무세 주교는 후임 교구장 인선 문제를 상의하기 위해 도쿄의 마렐라 대주교를 방문했다. 일본 경찰은 이때에도 무세 주교를 따라가 마렐라 대주교에게 대구 대목구장을 일본인 신부로 임명하라고 강요했다. 당시 무세 주교는 조선인 성직자에게 주교좌를 물려주겠다는 뜻을 가지고 있었는데, 그의 의도와는 달리 마렐라 대주교는 한국인을 대구 대목구장으로 임명하면 교구의 앞날이 평탄치 못할 것이라고 생각했다. 일본 정부도 외교 경로를 통해 교구장 후임 인선에 지대한 관심을 가지고 있음을 노골적으로 표명했다. 결국 무세 주교는 1942년 7월 7일 사임 의사를 밝혔고, 교황청은 8월 30일 일본 센다이 교구의 대목구장 직무대행 하야사카 구베에(早坂久兵衛, 이레네오, 1888~1946) 신부를 대구 대목구장에 임명하였다.

하야사카 신부는 1942년 10월 8일 대구에 도착하였고, 10월 25일에 계산동 주교좌 성당에서 착좌식을 거행하였다. 그리고 12월 25일 주교좌 성당에서 주교 성성식을 가짐으로써 조선 교회의 첫 일본인 대목구장이 되었다.

3) 일제 말기의 시련

태평양 전쟁 중에 일제는 식민지 조선의 노동력과 전쟁 인력을 강제 동원하였으며, 군수품 생산에 필요한 것이면 헌납이란 이름하에 수많은 것들을 공출해 갔다. 그리고 성당과 학교를 징발하여 병영으로 사용하였다.

대구에서도 여러 건물이 징발되었는데, 그중에 주교좌 성당 강당과 해성학교 교사도 있었다. 당시 일본군이 성당을 군용으로 점령한 것은 미국 공군이 성당은 공습하지 않은 사례를 보았기 때문에 성당에 군사 시설을 은폐하기 위해서였다.

한편 일본과 외교 관계를 유지하고 있던 프랑스의 비시(Vichy) 정부가 해체됨으로써 일본 영토 안에 있던 프랑스 국적의 성직자들은 적성국인(敵性國人)으로 간주되어 주거가 제한되었다. 그리고 1945년 3월 30일 성 유스티노 신학교 건물이 일본군에 징발되면서 신학교에 거주하던 파리 외방전교회 선교사들은 성 요셉 본당(현 남산 본당)으로 거처를 옮겨 그곳에서 연금생활을 하게 되었다. 이처럼 선교사들이 집단으로 연금됨에 따라, 용평 본당은 공소가 되고, 통영의 황리 본당, 부산의 청학 본당에는 신부가 공석이 되는 등 교구의 사목 활동에도 많은 어려움이 생겼다.

제4절 조선인 자치 교구 설립 준비

1. 황해도 감목대리구의 설정과 변화

1919년 11월 30일 교황 베네딕도 15세(1914~1922 재위)는 〈막시뭄 일룻〉(Maximum Illud)을 공포하여 현지인 성직자의 양성 문제를 강조하였다. 후임 교황인 비오 11세(1922~1939 재위)는 지역 교회의 탄생을 목적으로 베네딕도 15세가 설계한 프로그램을 더욱 진전시켰다. 그 결과 1926년 10월 28일 로마에서 중국인 신부 6명의 주교 서품식이 거행되었고, 1927년 7월 16일에 하야사카 큐노스케(早坂久之助, 야누아리오, 1883~1959) 신부가 나가사키 교구장에 임명됨으로써 일본인 최초의 주교가 되었다.

비슷한 시기에 조선 천주교회에서도 조선인 자치 교구의 설정 문제가 대두되었다. 1925년경 서울 대목구에서 이 문제가 논의되었지만 뚜렷한 성과를 거두지 못하였다. 그러다가 1926년에 포교성성은 장차 조선인 주교가 이끄는 현지인 선교지의 설립을 위해 서울 대목구 내에 감목대리구를 설정할 것을 뮈텔 주교에게 권고하였다. 이에 뮈텔 주교는 1928년 1월 21일 황해도 감목대리구를 설정하고 초대 감목대리에 장연 본당의 김명제 신부를 임명하였다.

1) 설정 과정

1926년 후반, 서울 대목구를 분할하여 평양 지목구를 설립하고자 하는 계획을 추진하고 있던 포교성성 판 롯숨(Van Rossum, 1854~1932) 추기경은 조선인 주교가 이끄는 현지인 선교지(Missio indigena)의 설립을 목적으로 서울 대목구를 분리하는 또 다른 계획을 마련하였다. 이에 판 롯숨 추기경은 일본 동경 주재 교황사절이었던 마리오 자르디니(Mario Giardini, 1877~1947) 대주교에게 서한을 보냈다. 그는 자르디니 대주교에게 조선에 "현지인 선교지들이 설립되기를 바라는 포교성성의 입장을 염두에 두고, 아울러 조선과 같은 넓은 지역을 위해 필요한 선교사들을 유럽이나 미국에서 수적으로 충분히 찾기 어려운 점을 예상하여" 또 다른 서울 대목구 분리 계획을 포교성성에 제시하도록 요청하였다.

그러나 자르디니 대주교의 말에 따르면 뮈텔 주교는 포교성성의 계획에 찬성하지 않았다. 왜냐하면 서울 대목구의 또 다른 분할이 조선에서 복음 전파 사업을 촉진하는 데 아무런 긍정적인 결과도 초래하지 않을 것이라고 여겼기 때문이었다. 뮈텔 주교는 포교성성의 계획에 반대하는 이유를 다음과 같이 제시하였다.

먼저 적합한 장상을 찾기 어렵다는 것이다. 그리고 조선인 사제들에게 자신들 가운데 한 명인 조선인 장상의 지시에 겸손하게 따르도록 설득하기가 어렵다는 이유도 들었다. 또 다른 이유는 그가 지닌 일종의 편견에 기인한 것이라고 볼 수 있는데, "주교든 아니든 만약 조선인을 교회의 장상에 임명할 경우에 이것을 보고 많은 이들, 특히 일본인 당국자들이 해당 교회의 직무를 경시할 수 있다"는 것이었다.

이에 자르디니 대주교는 포교성성에 보내는 자신의 서한에서 뮈텔 주교의 반대론을 "의심의 여지없이 순전한 편견에 관한 것"으로 일축하며, "오히려 교회 자체로부터 그러한 발의가 나오기를 바랄만하다"는 자신의 입장을 개진하였다. 그럼으로써 새로운 현지인 선교지를 설립하기 위하여 서울 대목구를 분할하려는 포교성성의 계획에 찬성한다고 자신의 입장을 분명히 하였다.

특히 그는 일본인 정복자들 앞에서 조선인이 열등한 사회적 지위 아래 예속되어 있고, 한국 전체를 아울러 일반 시민의 위계상 영향력 있고 두드러진 위치를 차지한 조선인이 한 명도 없다는 사실을 직시하면서, 새로 설립할 현지인 선교지를 이끌 인물로 뛰어난 수준의 조선인을 후보자로 정할 필요가 있다고 강조하였다.

하지만 동경 주재 교황사절이라고 해도 현지인 선교지 설립에 관하여 뮈텔 주교가 내비친 반대 이유를 무시할 수는 없었다. 그래서 자르디니 대주교는 포교성성이 직접 이 일에 개입할 것을 요구하였다. 말하자면 포교성성이 나서서 서울 대목구의 뮈텔 주교에게 "빠른 시일 안에 조선인 사제에게 맡겨 사목하도록 할 지역으로 충청도, 즉 대구 대목구에 인접한 서울 대목구의 남쪽 지역을 지정하도록" 건의하면서 관련 지역의 정보를 포교성성에 보냈다.

충청도를 조선인 사제에게 맡겨 사목하도록 함으로써 현지인 선교지의 설립을 추진하려는 자르디니 대주교의 계획은 즉시 포교성성의 지지를 얻었다. 포교성성은 이러한 계획을 실천에 옮기기 위하여 자르디니 대주교에게 뮈텔 주교를 만나 미래의 선교지를 위하여 필요한 모든 것을 준비하도록 독려하고 그를 설득하여 충청도를 감목대리구로 세우고, 조선인 사제를 감목대리로 임명하여 그에게 충분한 권한을 부여하고, 성무를 집행하는 현지인 사제가 수적으로 충분하지 않을 경우 서울 대목구의 다른 지역으로부터 조선인 사제들을 이전시키도록 하였다.

2) 황해도 감목대리구의 선포

포교성성이 제시한 지침에 대한 응답으로 뮈텔 주교는 1928년 서울 대목구 내에 감목대리구를 설정하였다. 그런데 감목대리구가 설정된 곳은 충청도가 아니라 평양 지목구와 인접한 황해도 지방이었다. 자르디니 대주교가 전한 바에 따르면, 뮈텔 주교가 감목대리구를 설정하는 지역으로 황해도를 선택한 것은 두 가지 이유였다고 한다. 즉 이 지역의 천주교 신자 수가 생각보다 상당히 많다는 점, 그리고 다른 지방과 비교할 때 스스로 자립하고자 하는 황해도 지역 신자들과 사제의 두드러진 심리적, 사회적, 종교적 성향이 강하다는 것이었다.

뮈텔 주교는 조선말로 된 1928년 1월 21일자 교령을 《경향잡지》를 통해 공포하여 조선의 신자들에게 감목대리구의 설립을 알리고 초대 감목대리구장으로 장연 본당의 김명제 신부를 임명하였다. 감목대리구 설정 당시에 황해도의 본당은 7개, 신자는 7,556명이었으며, 파리 외방전교회 선교사 1명과 한국인 신부 7명이 사목하였다. 뮈텔 주교는 황해도 감목대리구의 설립이 미래의 현지인 선교지 설립을 앞두고 이루어진 것이며, 아울러 장차 주교품에 올릴 조선인 후보자를 준비하기 위한 것임을 강조하였다.

〈뮈텔 주교의 교령〉

천주의 은혜와 교황의 총애로 라시아라 대주교 조선 경성 감목 아오스딩은 모든 신자와 특별히 황해도 내 모든 신자들에게 인사하며 강복하노라.

우리 파리 외방전교회 규칙에 실려 있음과 같이 우리 전교회 신부들이 어느 지방에 가서 전교하든지 그 지방에 신품학원을 설시하고 그 본토인 교중에서 착한 소년을 뽑아 교육하고 양성하여 신품에 올려 차차 그 지방 교회를 다스리게 하나니 이는 우리 전교회의 본 목적이로다. 이러므로 성교회 법률 제217조에 의하여 우리 경성교구에 속한 황해도를 감목대리 지방으로 설정하고 또 황

1928년 3월 7일에 조직된 황해도 감목대리구 자치 기성회. 기성회는 자치 교구 승격에 대비한 교회 공동체의 기반을 구축하기 위한 것으로, 기성회 본부는 감목대리 신부의 본당인 장연 본당에 설치되었다.

해도 장연읍 본당 베드로 김 신부주로서 감목대리를 임명하여 이 지방을 돌아 보게 하였노라.

감목대리라 하는 성직자는 본 감목의 명령과 지휘를 승순하여 그 맡은 지방의 모든 신품과 일반 교우를 인도하며 감독하며 교중 사무를 돌보는 성직자이니 황해도 내 모든 교우는 이 감목대리를 본 감목과 같이 공경하며 순명하며 그 교훈과 지휘를 감심으로 받아 아무쪼록 황해도 성교사업으로 하여금 확장하고 발달케 하여 천주의 영광이 더욱 드러나게 할지어다.

본토인 신품을 주교위에 올리는 것은 다만 교황 폐하의 직권이나 그러나 교황께서 먼저 합당한 형편을 보신 후에야 주교품에 올리실 만하고, 본토인을 신부로 양성하고 또한 주교로 양성함은 본 감목의 본분이거니와 교우들은 아무 본분도 없을까, 동족인 주교를 얻고자 하거든 힘써 예비하여 합당한 형편이 되도록 하라. 어찌 공연히 이르되 다른 이웃 나라에는 다 제 국적의 주교가 있으되 어찌하여 우리는 동족인 주교를 얻지 못하느냐 하리오.

이제 감목대리 지방을 설정함은 장차 조선인 주교 지방을 예비코자 하여 교우들을 깨우침이니 일반 교우는 성교사업을 발전하기로 힘쓰며 힘쓸지어다.

천주강생 1928년 1월 21일
조선 경성 감목 민 아오스딩

《경향잡지》 1928년 1월 31일자, 25~26쪽.

이러한 황해도 감목대리구 설정은 조선 대목구 설정 이후 파리 외방전교회의 사목과 원조에만 의존해 오던 조선 교회로서는 일대 진전이었다. 따라서 황해도뿐만 아니라 전국의 신자들은 황해도 감목대리구에 대한 후원을 아끼지 않았다. 특히 대구 대목구의 가톨릭 청년연합회는《천주교회보》를 통해 감목대리구의 설정이 서울 대목구의 신자들뿐만 아니라 조선인 사제에게 맡겨진 독립된 선교지가 설립되기를 바라고 있는 조선의 모든 신자에게도 바람직한 소식임을 강조하며, 신설된 감목대리구의 신자들이 특별히 감목대리구의 경제적, 재정적 자립을 위해 헌신함으로써 희망하는 바를 이룰 수 있는 토대를 굳건히 하도록 독려하였다.

그리하여 자치 교구 승격에 대비한 교회 공동체의 기반을 구축하기 위해 1928년 3월 7일에 '황해도 감목대리구 자치 기성회'가 조직되었다. 기성회 본부는 감목대리 신부의 본당인 장연 본당에 설치되었고, 각 본당에는 지회(支會)가, 주요 공소에는 분회(分會)가 설치되었다.

3) 감목대리구의 폐지

김명제 신부는 황해도를 자치 교구로 승격시키려는 강한 집념으로 통상적인 성무 집행을 시행하는 것 이외에도 자신의 본당 내에 수많은 평신도 단체를 결성하여 신심 운동을 일으켰다. 아울러 교육, 건축, 개간사업 등 거의 모든 분야에 걸쳐서 활동 계획을 수립하고 실천에 옮겼다. 그러나 그가 착수한 사업들 가운데 성공한 것도 많았지만, 시행착오로 인하여 실패한 것도 없지 않았다. 김명제 신부는 특별히 교육 및 건축사업에 역점을 두었는데, 교육사업의 대표적인 사례로는 장연 본당의 경애학교(敬愛學校) 육성을 들 수 있다. 그뿐만 아니라 황해도 각 본당마다 빠지지 않고 성당을 건축하는 사업을 벌이도록 하였다.

이처럼 김명제 신부는 의욕적으로 활동하였고, 또 많은 업적을 세웠지만, 황해도 내의 신부들로부터 지지를 얻지 못하면서 고립되고 말았다. 그 이유는 감목대리구 내의 주요 문제들을 신부들과 상의하지 않고 독단적으로 결정하고 집행하여 내부의 반발을 불러일으켰기 때문이었다. 그런 와중에 1935년 김명제 신부는 사리원 본당으로 자리를 옮겼다. 그리고 사리원 본당을 장차 황해도 자치 교구의 주교좌 성당으로 세울 것을 염두에 두고 새로운 성당 신축에 착수하였다. 하지만 사리원 본당은 황해도에서 김명제 신부의 두 번째 본당이자 마지막 임지가 되고 말았다.

1941년 12월 9일, 태평양 전쟁이 발발한 이튿날에 김명제 신부는 뚜렷한 이유도 없이 일제의 경찰에게 체포되어 사리원 경찰서 유치장에 수감되었다. 그리고 혹독한 학대와 고문을 받은 후 15일 만에 석방되었다. 그로부터 1개월 후인 1942년 1월 라리보 주교가 사임하고 명동 본당의 보좌 신부였던 노기남 신부가 서울 대목구의 새로운 대목구장으로 임명되었다. 1월 18일 신임 대목구장으로서 착좌식을 마친 노기남 주교는 윤형중(尹亨重, 마태오, 1903~1979) 신부, 이복영(李福永, 요셉, 1905~1958) 신부, 강주희(姜周熙, 방그라시오, 1903~1974) 신부, 유영근(兪榮根, 요한, 1906~1950) 신부 등이 참석한 대목구 참사회의를 주재하면서 황해도 감목대리구 제도의 폐지를 결정하였다. 이에 따라 김명제 신부는 감목대리직에서 자동적으로 해임되었다.

황해도 감목대리구가 폐지된 것은 서울 대목구장에 조선인 주교가 임명되었으므로 본래 조선인 자치 교구 설정을 목적으로 만들어졌던 황해도 감목대리구가 그 의미를 상실하였기 때문이다. 그리고 황해도 지역이 설령 자치 교구로 승격되더라도 전시 체제라는 시대적인 상황 속에서 일본인 주교가 임명될 가능성이 농후했던 점도 무시할 수 없다. 감목대리직에서 해임된 김명제 신부는 강원도 원주 본당으로 전임되었으나, 부임하지 않고 전주 지목구로 이적하였다.

2. 전주 감목대리구의 설정과 변화

1) 설정을 위한 준비 작업

조선인 주교가 이끄는 선교지를 설립하려는 노력은 황해도 감목대리구가 설치되기 훨씬 이전에 이미 대구 대목구에서도 있었다. 1919년부터 현지인 선교지의 설립을 바라보면서 자신의 대목구를 분할할 계획을 세웠던 대구 대목구장 드망즈 주교는 1925년 초 포교성성에 제출한 〈대구 대목구 5년간 보고서〉(Relatio quinquennalis Missionis Taikou)에서, 대목구 서쪽에 위치한 전라도 지역에 장차 새로운 현지인 선교지를 설립함으로써 대구 대목구가 전주와 대구를 중심으로 하는 두 개의 선교지로 분리되기를 바란다고 하였다.

보고서에서 드망즈 주교는 전라도 지역을 독립된 선교지로 분리하기 위해서 무엇보다도 전주에 교회를 건립하는 것이 필요함을 강조하였다. 또한 충분한 시간이 필요하기는 하겠으나, 한국인 사제가 수적으로 충분해 지고 또 점차 그 지역의 모든 관할 구역이 그들에게 위임될 만큼 준비가 잘 되면 자연스럽게 이 일을 실행에 옮기고자 한다는 자신의 의향을 분명히 내보였다.

그런데 드망즈 주교의 보고서를 접한 포교성성의 입장에서 볼 때 대구 대목구를 분리하여 전라도 지역에 새로운 현지인 선교지를 세운다는 계획은 권할 만큼 좋은 것은 아니었다. 왜냐하면 같은 보고서에서 드망즈 주교는 자신의 대목구에서 아직까지 충분히 복음이 전파되지 않은 지역들을 거론하면서 교통상의 불편함 때문에 접근하기 어려운 곳으로 전라남도의 지역들을 언급하였기 때문이다. 이렇게 여러 가지 어려움 때문에 복음화가 덜 진전된 전라도 지역에 현지인 선교지를 설립한다는 것은 포교성성이 그동안 이런 문제와 관련하여 제시하였던 지침들과 부합하지 않는 측면을 지니고 있었다. 게다가 기대하는 바대로 좋은 결과를 얻지 못할 수도 있었다.

이런 이유로 포교성성은 1926년 8월 드망즈 주교에게 서한을 보내어 전라도 전체나 혹은 전라남도 지역을 다른 선교회 소속의 선교사들에게 위임하고, 조선인 사제들에게는 신자들의 수가 많은 대구 대목구의 다른 지역을 주도록 권고하면서 드망즈 주교의 의견을 물었다. 이처럼 포교성성의 예상치 못한 제안을 접하자 드망즈 주교는 같은 해 9월 파리 외방전교회 총장이었던 드 게브리앙 주교에게 이러한 사실을 알리고 그에 관해서 자신의 반대 입장을 분명히 밝혔다. 뿐만 아니라 드망즈 주교는 포교성성 장관에게도 서한을 보내어 전라도 지역 전체 혹은 전라남도 지역을 다른 선교회에 맡기는 것을 반대한다는 입장을 전달하였다. 그가 반대한 이유는 30년이라는 긴 세월 동안 선교사로서 활동한 자신의 체험을 통해서 볼 때 전라도와 같이 아직 충분히 복음이 전파되지 않은 지역에 가톨릭 신앙을 전파하기 위해서는 현지인 선교지 설립이 가장 효과적이고 필수적인 방법이라고 생각하였기 때문이다. 다시 말하면 다른 선교회를 불러들여 전라도 지역 전체 혹은 전라남도 지역을 맡기는 것은 그 지역의 선교 활동에 큰 도움이 되지 못한다는 것이었다. 사실 드망즈 주교는 전라도 지역에서 가톨릭 신앙이 성공적으로 전파될 수 있는 관건은 외국인 선교사들의 직접적인 활동이 아니라 무엇보다도 조선인 신자들의 선교 활동, 특히 그중에서도 전교 회장들의 활동에 달려 있다고 판단하였던 것이다.

드망즈 주교는 이런 이유를 제시하면서 포교성성 장관에게 보내는 같은 서한에서 현지인 선교지 설립을 위하여 자신이 1923년에 수립하여 파리 외방전교회 총장에게 알린 적이 있었던 3단계 계획을 소개하였다. 당시 대구 대목구는 전라남북도와 경상남북도를 아우르고 있었는데, 제1 단계에서 현지인 선교지 설립을 위하여 먼저 전라남도와 전라북도를 나눈다. 제2 단계에서는 대구 대목구를 분할하여 경상남도 지역에 현지인 선교지를 설립한다. 제3 단계는 대구 대목구 자체를 네 번째 현지인 선교지로 전환한다는 것이었다.

드망즈 주교의 반대 의사를 접한 포교성성은 더 이상 자신들의 계획을 고수하지 않고 드망즈 주교의 계획이 어떻게 추진되는가에 관심을 두기로 결정하였다. 그래서 드 게브리앙 주교에게 요청하여 포교성성과 드망즈 주교 사이에 불필요한 오해가 생기지 않도록 포교성성이 취한 입장을 드망즈 주교에게 명확하게 알려주도록 당부하였다. 이에 드 게브리앙 주교는 드망즈 주교가 모든 오해를 풀고 포교성성이 규정한 바에 따라 현지인 선교지 설립의 실현을 위해 전력을 다할 것이라고 포교성성에 보고하였다.

2) 설정 경위

1928년 초 뮈텔 주교에 의해서 황해도 감목대리구가 설립되자, 드망즈 주교는 즉시 전라도에 감목대리구를 설립하기 위한 준비 작업에 돌입하였다. 물론 그의 작업은 장차 포교성성이 적절한 시기에 이를 대목구나 지목구로 전환하기를 바라면서 이루어진 것이었다. 드망즈 주교가 포교성성에 제시한 1928년 사목 보고서에 따르면, 드망즈 주교는 1929년 봄에 전라도를 감목대리구로 설정하는 계획을 실현하고자 하였다.

드망즈 주교의 사목 보고서를 접한 포교성성 장관은 조선인 사제의 수적인 증가와 감목대리구 설정을 위한 준비 작업에 대해서 만족감을 표시하였다. 특히 몇몇 외국인 선교사들이 조선인 사제들과 더불어 감목대리구에 남아 있을 수 있도록 하라고 당부하였다. 물론 이것은 조선인 사제들이 사목 활동을 수행할 때 선교사들이 도움을 줄 수 있도록 하려는 것이었다. 아울러 감목대리구가 대구 대목구로부터 결정적으로 분리되어 독립된 선교지가 되었을 때 신학교 설립 임무를 맡을 수 있도록 하려는 것이었다.

포교성성과 드망즈 주교가 이처럼 공조 체제를 형성하였음에도 불구하고, 전라도 지역을 감목대리구로 설정하려는 계획은 1931년으로 연기되고 말았다. 왜냐하면 1928년 중반에 드망즈 주교가 병을 치료하기 위하여 프랑스로 돌아가 2년 이상 조선을 떠나 있어야 했기 때문이다. 드망즈 주교의 프랑스 체류는 전라도 감목대리구의 설정을 늦추는 중대한 이유가 되었다.

하지만 프랑스에 체류하는 동안 드망즈 주교가 감목대리구를 설치하는 문제에서 손을 놓고 있었던 것은 아니었다. 1930년 2월 18일과 3월 31일, 두 차례에 걸쳐서 로마를 방문하여 포교성성 장관을 만났으며, 그로부터 조선인 사제가 이끄는 감목대리구 설정과 관련된 지침을 받았다. 또한 조선으로 돌아오면서 일본에 잠시 들러서 동경 주재 교황사절 자르디니 대주교를 만나 그의 의견을 듣기도 하였다. 대구 대목구로 귀환한 드망즈 주교는 1931년 4월 21일 참사위원회 소속 사제들의 의견을 청취한 후에 5월 10일 정식으로 전라남도와 북도를 감목대리구로 설정하였다.

〈드망즈 주교의 교령〉

파리 외방전교회의 첫째 목적은 조선인 성직자를 양성하고 교구를 이양하는 것이다. 조선교구 설정과 동시에 외방전교회가 조선 교회를 담당한 지 꼭 100년의 세월이 흘렀다. 그동안 박해와 조선인 사제 수의 부족으로 교구 이양 준비가 지연되어 왔다. 이제는 그것을 준비할 때가 왔다고 생각한다. 불초가 20년 전부터 대구교구를 관리하면서 신학교에 최대의 노력을 기울여 왔고, 결실이 없지 않았다. 나는 여러 해 전부터 조선인 교구 설정 준비를 연구하였다. 그러나 일의 중요성에 비추어 신중을 기해야 하였다. 이 문제에 대해 포교성성 장관과 서면으로 또는 직접 만나 여러 번 상의하였고, 교황 알현 때에도 말씀드렸다. 조선으로 돌아오는 길에 동경에 들러 교황사절을 만나 몇 가지 구체적인 문제에 대해 문의하였다. 이에 전라도를 감목대리구로 설정하는 바이다.

감목대리구는 자치 교구를 향한 수련기와 같다. 이 수련기는 감목대리, 사제, 신자들의 활동 여하에 따라 기간이 오래 걸릴 수도 있고, 짧을 수도 있다. 본 교구장과 교황사절의 보고를 바탕으로 교황 성하가 그 시기를 판단하실 것이다. 양심상 또는 경험에 비추어 주교만이 할 수 있는 권한을 제외하고는 감목대리에게 모든 권한을 부여한다(김진소, 《전주교구사》 I, 빅벨, 1998, 787쪽).

당시 대구 대목구의 신자 수는 37,455명이었으며, 감목대리구로 설정된 전라도 지역의 신자 수는 17,527명이었다. 전라도의 본당은 14개(전북 10개, 전남 2개, 제주도 2개)였으며, 공소 수는 190개였는데, 그중에서 36개가 성당 내지 경당을 가지고 있었다. 드망즈 주교는 전라도 지역으로부터 프랑스 선교사들을 모두 철수시키고, 대구 대목구 소속의 조선인 사제 29명 가운데 15명에게 이 지역의 선교를 위임하였으며, 전주 본당의 주임 사제였던 김양홍 신부를 감목대리구장으로 임명하였다. 김양홍 신부는 1931년 조선에서 처음으로 지역 공의회가 개최되었을 때 자문위원으로 참석한 두 명의 조선인 사제 가운데 한 사람이었다. 드망즈 주교는 '1917년 교회법전'에 명시된 규정에 근거하여 감목대리구장으로서 그가 수행해야 할 직무들을 제시하였다.

드망즈 주교의 이러한 결정은 독립된 선교지를 설립하기 위한 초석을 마련하고자 하는 자신의 의도에서 비롯된 것이었다. 그래서 감목대리구 설정 당일에 공포된 교령의 서두에서 드망즈 주교는 전교 지방에서의 '완전한 교회의 건설'이 파리 외방전교회의 첫 목표임을 강조하였고, 아울러 교황청에서 준비가 다 되었다고 판단하여 선교지를 개별 교회로 설립하기로 결정한다면, 파리 외방전교회는 현지인 주교에게 모든 권한을 넘겨서 그가 교회를 이끌도록 할 것임을 분명히 하였다.

3) 지목구로의 도약

1931년 6월 18일 드망즈 주교는 전주 본당을 방문하여 제대를 축성하고 성당과 사제관의 축복식을 거행하였다. 이 행사는 제주도를 제외한 전라도에서 활동하던 신부 11명과 각 지방에서 참석한 1,500여 명의 신자들, 그리고 수천 명의 구경꾼이 모인 가운데 장엄하게 거행되었다. 드망즈 주교는 장차 전라도 지역에 조선인 성직자 자치 교구가 설정되면 전주 성당이 주교좌 본당이 될 것이라고 생각하면서 축복식을 집전하였다. 이어서 성령 강림 대축일에 전라도 본당 신부들은 각 본당에서 일제히 감목대리구 설정 축하식을 갖기로 결의하고, 본당 나름대로 성대하게 축하 행사를 지냈다.

하지만 전라도의 감목대리구가 최종적으로 조선인 주교가 이끄는 선교지로 전환하는 것은 쉬운 일이 아니었다. 특히 신자들의 경제적 가난은 중요한 장애 요인이었다. 감목대리구 운영의 재정적인 문제가 해결된다면 조선인 자치 교구로 설정해 줄 것을 교황청에 요청할 수도 있었다. 그런데 전라북도의 경우에는 본당 내에 마련되어 있는 토지와 교황청 포교성성의 보조금, 그리고 대구 대목구에서 보내오는 소액의 지원금으로 그럭저럭 운영할 수 있었다. 그러나 문제는 전라남도와 제주도였다. 이 지방은 섬과 오지가 많아서 선교 활동에 많은 비용이 들었다. 게다가 전라남도는 본당과 신부의 수가 적은데, 여기에 경제적인 곤란까지 겹쳐서 선교 활동의 능률이 떨어질 것은 자명한 이치였다. 그렇다고 신자 수가 4,016명밖에 되지 않는 전라남도의 상태가 좋아질 때까지 무작정 기다릴 수는 없는 노릇이었다.

이에 드망즈 주교는 그 대안으로서 전라도 감목대리구를 둘로 분리하여 전라북도는 조선인 성직자들이 알아서 운영하도록 하고, 전라남도는 유럽의 수도회나 선교회에 이양하는 방안을 고려하였다. 그래서 1932년부터 파리 외방전교회 본부에 조선인 자치 교구의 설정에 대한 필요성을 강조하면서, 전라도를 둘로 나누는 문제를 건의하였다. 드망즈 주교의 의견은 파리 외방전교회 본부와 교황청의 승낙을 받았고, 그 결과 1933년 7월에 골롬반 외방선교회가 전라남도 지역을 맡게 되었다. 이로써 전라도 감목대리구는 남, 북의 감목대리구로 나뉘게 되었다.

이후 드망즈 주교는 전라도에 감목대리구를 설정한 지 5년이 지난 1936년에 과거를 돌아보면서 이 기간이 매우 효과적이었고 모든 것이 잘 준비되었다고 판단하여, 교황청에 전북과 전남을 독립된 지목구로 설정해 줄 것을 요청하였다.

1937년 4월 17일 드망즈 주교는 대구를 방문한 파리 외방전교회 총장 레옹 로베르(Léon Robert, 1866~1956) 신부와 자리를 함께하고 있었다. 그런데 이때 교황사절로부터 전보가 도착하였다. 김양홍 신부를 지목(知牧, Praefectus Apostolicus)으로 임명하며 전라북도를 전주 지목구로 설정하고, 맥폴린(O.

대구 대목구장 드망즈 주교와 전주 지목구장 김양홍 신부, 광주 지목구장 맥폴린 신부. 1937년 4월 13일자로 전주 지목구와 광주 지목구가 설정되었다. 지목구 설정 당시 전주 지목구의 신자 수는 19,300명이었고 광주 지목구의 신자 수는 4,016명이었다.

McPolin, 林, 1889~1963) 신부를 지목으로 임명하며 광주 지목구를 설정한다는 내용이었다. 정식 공포일은 1937년 4월 13일이었다. 이렇게 하여 전주 지목구는 최초의 조선인 자치 교구로 출발하였다. 당시 전주 지목구의 교세는 조선인 신부 15명, 본당 14개, 그리고 교우의 숫자는 19,300명이었다.

4) 전주 지목구의 활동

전주 지목구가 설정된 후 전동 본당의 김영구 신부는 대구의 샬트르 성 바오로 수녀회에 해성학교 교사와 본당 일을 맡아 줄 수녀들을 요청하였다. 이 일은 지목구장 김양홍 신부가 감목대리구 시절부터 계획했던 것이었다. 대구 수녀원에서는 전주 본당의 요청을 받아들여 1937년 10월 12일 3명의 수녀를 파견했고, 이로써 샬트르 성 바오로 수녀회의 전주 분원이 설립되었다.

김양홍 신부는 지목구의 유지재단 설립도 추진하였다. 재단의 설립 목적은 전주 지목구에 속한 모든 교회와 교회에서 운영하는 전교, 교육, 구료(救療), 기타 자선사업을 위해 필요한 토지와 건물, 설비들을 소유 · 관리하고, 필요한 자산을 공급하기 위한 것이었다. 그리하여 1937년 12월 10일 김양홍 신부의 명의로 '설립허가원'을 총독부에 제출했고, 이듬해 6월 22일 '재단법인 전주구 천주교회 유지재단'의 설립 허가를 받았다. 재단의 설립 당시 지목구의 자산 총액은 387,581원이었다.

한편 서울 대목구의 윤형중 신부는 1939년 기해박해 백 주년을 맞아 순교자의 현양을 위해 '조선 천주교 순교자 현양회'의 설립을 추진하였다. 그리고 1939년 9월 24일에 현양회를 발족시키기로 하였다. 그런 가운데 각 교구의 교구장들에게 먼저 규정 초안을 보내 재가를 요청하였는데, 전주 지목구장 김양홍 신부는 이에 적극적으로 참여하여, 1939년 7월 26일 "전주교구 모든 신부와 교우들에게 조선 천주교 순교자 현양회를 전파하기를 감심으로 허락한다"고 했고, 또 "나의 이름도 현양회원 명부에 기입하여 주기를 청하노라"고 했다. 그 결과 9월 8일까지 전주 지목구에서는 김양홍 지목구장을 비롯하여 9명의 신부가 현양회원으로 입회하였다. 그러나 현양회는 일제의 불허(不許)로 끝내 설립되지 못하였다.

순교자 현양과 관련해서, 되재 본당 교우들은 천호산에 묻혀 있는 순교자 손선지(베드로)의 무덤과 김성화(야고보) 외 7인의 무덤 앞에 비석과 십자가비를 세우고 1939년 8월 24일 축복식을 가졌다. 이 예식에는 전주 지목구의 각 본당에서 600여 명이 참석하였다.

5) 일제 말기의 시련과 지목구장 교체

1937년 7월 중일전쟁을 도발한 일제는 국가의 모든 체제를 전시 체제로 전환하고 종교계에 협력을 강요하였다. 이에 전주 지목구도 일제의 각종 지시사항에 순응할 수밖에 없었다. 지목구는 1938년 8월에 '국민정신총동원 천주교 전주구연맹'을 조직하였고, 1942년 1월에는 이 조직을 '국민총력 천주교 전주교구연맹'으로 개편하였다. 지목구는 이러한 조직을 통해 미사 · 기도회 · 황군 위문 · 시국 인식 강연회 · 국방헌금 등의 형태로 일제의 침략 전쟁에 협력해야만 했다.

그러나 일제의 정책에 저항하는 움직임도 있었다. 즉 1941년에 나바위 본당 김영호(金永浩, 멜키올, 1912~1978) 신부는 일제가 신사 참배를 강요하며 교회의 성체 감실을 철거하고 '가미다나'를 설치하도록 강요하자, 이를 거부하고 강론 시간에 일제의 패망을 공공연하게 말하다가 연행되었다. 그리고 1942년 조선어학회 사건을 전후하여 전주 본당의 청년들은 한글보급운동을 전개하기도 하였다.

가미다나(神棚)
신도 제의에서 사용되는 도구로, 가정이나 사무실 등에서 가미(神)를 모시기 위해 마련한 선반 또는 제물상이다.

한편 일제는 1941년 12월 8일 태평양 전쟁을 일으킨 후, 외국인 선교사들을 추방하거나 구금했고, 한국 교회의 교구장들을 일본인으로 대체하는 등 한국 교회의 '교계 제도'까지 탄압하였다. 그리고 고해소까지 들어와서 감시할 정도로 교회에 대한 사찰은 갈수록 심해졌다. 이러한 상황에서 김양홍 신부는 고령이기도 했지만, 자신의 행정 능력으로는 지목구를 관리할 수 없다고 판단하고 1941년 11월 21일에 지목구장직을 사임하였다. 그리하여 1942년 1월 5일 주재용 신부가 제2대 전주 지목구장으로 임명되었다.

일제는 태평양 전쟁 말기가 되자 교회 건물과 각종 시설을 강제 징발하여 군수 시설로 사용하였다. 이에 따라 1945년 전주 본당의 해성학교는 일제에 의해서 강제 폐교되어 저금관리소로 징발되었고, 나바위 본당의 계명학교는 망성국민학교에서 강제로 인수하였다.

참고문헌

1. 연구서

최정복, 《대구천주교회사》, 천주교 대구 계산동교회, 1952.

《교구 연보》, 천주교 부산교구, 1984.

《교구사 편찬을 위한 기본자료집 제1권 교구사 연대표》, 천주교 대구대교구, 1984.

《황해도 천주교회사》, 한국교회사연구소, 1984.

《대구본당 백년사》, 대건출판사, 1986.

《서울교구 연보》 Ⅱ, 명동천주교회, 1987.

《한국가톨릭대사전(부록)》, 한국교회사연구소, 1991.

김진소, 《전주교구사》 I, 빅벨, 1998.

《대구대교구 설정 100주년 기념 기초 자료집③ 안세화 주교 공문집》, 천주교 대구대교구, 2003.

《대구대교구 설정 100주년 기념 기초 자료집④ 교구장 공문 및 문서》, 천주교 대구대교구, 2006.

《대구대교구 설정 100주년 기념 기초 자료집⑤ 대구대목구 사목지침서》, 천주교 대구대교구, 2006.

《대구대교구 설정 100주년 기념 기초 자료집⑥ 대구교구 참사 · 재무위원회 회의록》, 천주교 대구대교구, 2007.

《명동본당사》 I · Ⅱ, 한국교회사연구소, 2007.

《대구대교구 설정 100주년 기념 기초 자료집⑫ 대구대교구 평신도 사도직과 단체들의 유래와 뿌리》, 천주교 대구대교구, 2008.

《서울대교구사》, 한국교회사연구소, 2011.

《천주교 대구대교구 100년사(1911~2011) 은총과 사랑의 자취》, 분도출판사, 2012.

2. 논문

강창석, 〈통감부 연구〉, 《부산사학》 13, 1987.
최석우, 〈대구교구 경계선의 확정〉, 《한국 교회사의 탐구》 Ⅱ, 한국교회사연구소, 1991.
김진소, 〈일제하 한국 천주교회의 선교방침과 민족의식〉, 《교회사연구》 11, 1996.
박경룡, 〈통감부의 조직과 역할 고찰〉, 《아시아문화》 18, 2002.
조현범, 〈파리 외방전교회와 조선 대목구의 분할〉, 《교회사연구》 29, 2007.
백병근, 〈일제시기 서울지역 천주교 신자 단체 연구〉, 《교회사연구》 32, 2009.
양인성, 〈일제시대 천주교 대구대목구 청년단체의 조직과 활동〉, 《돈사 조광 교수 정년기념 논총, 한국 천주교회사의 빛과 그림자》, 디자인 흐름, 2010.
김정환, 〈뮈텔 주교 재임기의 교세 변화〉, 《교회사연구》 37, 2011.
한윤식, 〈1931년 한국 첫 지역 공의회 개최—현지인 선교지(Missio indigena) 설립과 한국을 위한 단일한 지역 신학교 설립 문제—〉, 《신앙과 삶》 23, 부산가톨릭대학교, 2011.
———, 〈뮈텔 주교의 《서울 대목구 지도서》 연구〉, 《교회사연구》 37, 한국교회사연구소, 2011.

제3장 선교회 · 수도회의 정착과 활동

제1절 베네딕도회와 원산 대목구

1. 베네딕도회의 한국 진출과 백동 수도원

1) 베네딕도회의 진출 배경

1905년 11월 17일 한일협상조약(을사늑약)이 체결된 이후, 한국민들은 강제로 빼앗긴 국권을 회복하기 위해 의병 투쟁과 애국계몽운동(실력양성운동)을 전개하였다. 그러면서 애국계몽운동의 일환으로 많은 학교가 설립되었는데, 그 결과 1908년경 전국 각처에는 4,000~5,000여 개의 사립학교가 생겼다.

이 시기 한국 천주교회에서도 꾸준히 학교를 설립하고 있었다. 그리고 이를 통해 선교라는 종교적인 성과뿐만 아니라 민족의 시련기에 국권 회복을 위한 노력에도 동참하였다. 그러나 당시 천주교계 학교들은 공통적으로 재정과 교사의 부족에 직면해 있었다. 특히 교사들은 학생을 가르치는 데 필요한 기초 교육뿐만 아니라 종교 교육도 담당해야 했기 때문에, 유능하고 적절한 교사를 구하는 것이 매우 큰 문제였다. 게다가 당시 경쟁 관계에 있던 프로

〈표 1〉 천주교와 장로교의 학교 및 학생 통계표(1905~1910)

		1905	1906	1907	1908	1909	1910
학교	천주교	58	72	77	112	135	124
	장로교	139	239	405	542	694	684
학생	천주교	578	739	1,205	2,269	3,540	3,048
	장로교	2,730	5,124	8,615	10,191	15,673	14,863

테스탄트교회는 천주교의 2~5배 이상의 학교를 설립하여 활발하게 교육 선교를 펼치고 있었다.

이러한 상황에서 뮈텔 주교를 비롯한 한국의 선교사들은 천주교계 학교를 발전시킬 필요성을 절감했다. 이에 뮈텔 주교는 교사를 양성할 수 있는 사범학교의 설립을 계획하게 되었고, 동시에 이를 맡아줄 수도회의 진출도 모색하였다.

뮈텔 주교는 학교와 관련된 문제를 해결하기 위해 1907년에 일본에서 교육사업에 종사하고 있던 마리아회(Marianisten, S.M.)의 한국 진출을 타진하였다. 그러나 마리아회에서는 인원 부족을 이유로 뮈텔 주교의 요청을 거절하였다. 이후 뮈텔 주교는 유럽에서 수도회를 찾기로 결정하고, 1908년 1월 하순 프랑스로 떠났다. 그는 유럽에서 성모 승천회(Augustinians of the Assumption) 등 여러 수도회와 접촉했으나, 이들도 인력 부족을 이유로 한국 진출을 거절하였다. 그런 가운데 뮈텔 주교는 1908년 6월에 로마에 있는 베네딕도회의 성 안셀모 성당을 방문했고, 그곳의 원장 힐데브란트(Hildebrand) 신부로부터 성 베네딕도회 오틸리엔 연합회(Congregatio Ottiliensis Ordinis Sancti Benedicti)

마리아회
1817년 샤미나드(Chaminade) 신부가 프랑스 보르도(Bordeaux)에서 설립한 수도회. 1888년부터 일본에 진출하여 활동하였다.

가 한국에 진출하기 쉬울지 모른다는 말을 듣게 되었다.

뮈텔 주교는 1908년 9월 14일 오틸리엔 수도원을 방문했다. 그리고 수도원의 한국 진출을 설득한 끝에, 베버(Nobertus Weber, 1870~1956) 아빠스로부터 진출 약속을 받았다. 베버 아빠스의 한국 진출 결정에는, 당시 자신들이 처해 있던 상황과 1907년 로마에서 개최된 베네딕도회 총연합 총재회의가 하나의 자극이 되었다. 즉 이 시기 오틸리엔 수도원은 동아프리카에 진출해 있었지만, 그곳에서는 수도원을 설립하지 않은 채 교구 중심의 선교 활동을 전개하였고, 1907년의 회의에서는 아시아에 아빠스좌 수도원을 설립하는 문제가 논의되었었다.

이러한 상황에서 1908년 상트 오틸리엔의 한국 진출 결정은, "아시아 지역에서 수도생활을 중심으로 한 선교 활동"이라는 두 가지 요구를 모두 충족시킬 수 있었다. 그리고 그 결정에 따라 1909년 2월 25일 보니파시오 사우어 신부와 엔스호프(Dominicus. Enshoff, 殷, 1868~1939) 신부가 수도원 설립 준비를 위한 선발대로 서울에 도착하였다.

성 베네딕도회 오틸리엔 연합회
1884년에 보이론(Beuron) 연합회의 회원이었던 암라인(A. Amrheinm 1844~1927) 신부에 의해 창설되었다. 암라인 신부는 베네딕도회적 소명에 선교 소명을 결합시켰는데, 이는 베네딕도회의 영성을 바탕으로 할 때 더욱 효과적인 선교가 가능하리라는 생각에서였다. 따라서 베네딕도회적 소명과 선교적 소명이 결합된 것이 바로 이 연합회의 특성이다. '안으로는 수도승, 밖으로는 선교사'라는 이상을 표방하는 이 연합회는 이러한 창설의 기본 정신에 따라 다른 선교회처럼 일정한 지역을 맡아서 교구와 본당 중심으로 선교 활동을 하는 것이 아니라, 기존 교구 내에 수도원을 세우고 수도원을 중심으로 선교 활동을 하면서 교구 전체의 사목을 돕는 데 있었다.

오틸리엔 수도원 방문
뮈텔 주교가 오틸리엔을 찾아간 것은 포교성성으로부터 추천을 받았기 때문이라는 견해도 있다(선지훈, 〈선교 베네딕도회의 한국 진출과 선교활동〉; 요한 마르 지음 · 왜관수도원 옮겨 엮음, 《분도통사》).

2) 백동 수도원의 설립

선발대가 도착하고 얼마 지나지 않은 1909년 3월 15일, 포교성성으로부터 수도원의 설립을 허가한다는 문서가 도착했다. 이에 선교사들은 7월 9일 백동에 수도원 부지를 마련하기 시작했고, 9월 6일에는 임시 수도원을 짓기 위한 정지(整地) 작업에 착수하였다. 그리고 12월 6일에 완공된 작은 단층집으로 이사하였다. 이후 12월 11일에는 백동 수도원이 원장좌 자치 수도원으로 인가되어 보니파시오 사우어 신부가 초대 원장으로 임명되었고, 12월 28일에는 카시아노 니바우어(Cassianus Niebauer) 신부와 파스칼 팡가우어(Paschalis Fangauer, 1882~1950) 수사 등 2명의 신부와 4명의 수사가 서울에 도착하였다.

이처럼 회원들이 증가하자 사우어 신부는 수도원 본관 신축 계획을 수립하고, 1910년 6월에 정지 작업을 마쳤다. 그리고 1911년 9월 14일에 3층의 신축 건물로 이사했고, 12월 27일에 건물 축성식을 거행했다. 그 사이 1911년 2월 21일에는 카니시오 퀴겔겐(Canisius Kügelgen, 具傑根, 1884~1964) 등 6명의 신부와 수사들이 새로 서울에 도착하였고, 12월 12일에는 안셀모 로머(Anselmus Romer, 盧炳朝, 1885~1951) 신부가 입국하였다. 그리고 1912년 5월 25일에는 야누아리오 슈뢰터(Ianuarius Schrötter, 楊聖基, 1880~1969) 수사가, 11월 16일에는 카예타노 피어하우스(Cajetanus Vierhaus, 河, 1868~1936) 신부와 에우제니오 오스터마이어(Eugenius Ostermeier, 吳利根, 1885~1949) 수사가 도착하였다.

1913년 5월 15일 백동 수도원은 아빠스좌 수도원으로 승격되었고, 보니파시오 사우어 원장 신부는 초대 아빠스로 임명되었다. 이것은 선교지에 세운 오틸리엔 연합회 최초의 아빠스좌 수도원이자 동아시아 최초의 베네딕도회

백동 수도원 전경(1912년). 1913년 5월 15일 백동 수도원은 아빠스좌 수도원으로 승격되었고, 보니파시오 사우어 원장 신부는 초대 아빠스로 임명되었다.

아빠스좌 수도원이었다. 보니파시오 사우어 아빠스는 6월 8일 상트 오틸리엔에서 아빠스 축복식을 거행하였다.

이후에도 베네딕도회 회원들의 입국은 계속되어, 1913년 12월 6일에는 레오폴도 다베르나스(Leopoldus Graf des Effants d'Avernas, 羅碧宰, 1887~1944) 신부와 세바스티아노 슈넬(Sebastianus Schnell, 成來純, 1888~1937) 신부가 도착하였고, 1914년 5월 16일에는 제르마노 하르트만(Germanus Hartmann, 1883~1931) 수사, 고델리보 아우어(Godelibus Auer, 閔鍾德, 1887~1952) 수사, 바실리오 하우저(Basilius Hauser, 河連根, 1886~1950) 수사가 도착했다. 그 결과 1914년 당시 백동 수도원에는 21명(신부 9명, 수사 12명)의 베네딕도회 회원들이 있게 되었다.

3) 숭공 · 숭신 학교의 설립

(1) 숭공학교

뮈텔 주교가 베네딕도회를 초청한 일차적인 목적은 교사를 양성하는 사범학교의 설립에 있었다. 그러나 베네딕도회는 진출 당시부터 사범학교뿐만 아니라 실업학교 · 중고등학교 등 다양한 학교를 설립하려고 계획하였다. 그리하여 1910년에 먼저 목공소를 설치했는데, 이 목공소에는 1910년 9월 초까지 13명의 한국인이 일을 배웠다. 그리고 수도원에서는 이 목공소를 토대로 1911년 초경 정식 실업(직업)학교인 숭공학교(崇工學校)를 설립하였다.

숭공학교의 숭(崇)은 '하느님 흠숭'을 뜻하며, 공(工)은 '육체노동'을 뜻한다. 따라서 이것은 '기도하고 일하라'(ora et labora)라는 베네딕도회의 모토를 번역한 것이라고 할 수 있다. 사우어 원장은 숭공학교의 교육이 신자들의 생활을 향상시킬 뿐만 아니라, 신앙의 전파에도 큰 역할을 할 것을 기대하였다.

숭공학교의 교육 과정은 3년이었다. 수업은 매일 2시간의 학과 수업과 8시간의 실습 시간으로 구성되어 있으며, 배우는 과목은 종교 · 한문 · 일본어 · 산수 · 작문 · 제도 · 상업 부기(마지막 학년) 등이었다. 학과는 대목공부 · 소목공부 · 정밀금속부 · 철공부 · 재차부 · 재단부 · 원예부로 다양했으며, 1914년 부활절에 제1회 졸업생이 배출되었다.

숭공학교는 사회의 평판이 좋았다. 그리하여 1914년에는 재학생 수가 70명이었는데, 200명이 지원할 정도로 인기가 있었다. 그러나 1914년 제1차 세계대전이 발발하면서 독일이 일본의 적성국(敵性國)이 되자, 독일에서 진출한 베네딕도 수도원에도 일제의 압박이 가해졌다. 특히 숭공학교와 관련해서는 11월 하순에 총독부의 폐쇄 요구가 있기도 하였다. 그러나 프랑스인인 뮈텔 주교가 사우어 아빠스 대신 교장직을 맡게 되면서 숭공학교는 계속 운영될 수 있었다.

하지만 교사로 일하던 4명의 수사가 징집되어 학생 수를 늘릴 수 없었고, 독일이 패전국이 되면서 수도원은 독일로부터의 경제적 지원도 기대하기 어려웠다. 게다가 1919년 5월, 일제는 독일인이 경영하는 숭공학교를 적산(敵産)으로 몰수하려 하였다. 이에 서울 대목구에서는 형식적이지만 숭공학교의 경영권을 넘겨받았고, 프와넬 신부가 '분도회 소속 재산 관리 위원'이 되면서, 학교의 재산과 운영이 유지될 수 있었다.

한편 1920년 베네딕도회는 원산 대목구의 사목을 맡게 되었다. 그러면서 1921년에 숭공학교의 폐교가 결정되었고, 재학생들이 졸업하는 1923년에 완전히 문을 닫았다. 폐교될 때까지 숭공학교에서는 여러 가지 물품을 제작하였는데, 그중 유명한 것으로 1915년 3월 뮈텔 주교의 주교 서품 25주년을 맞이하여 선물로 제작한 명동 성당의 강론대가 있다.

(2) 숭신학교

숭공학교에 이어 베네딕도회에서는 1911년 6월에 사범학교를 설립하기로 결정하였고, 임시 수도원 건물을 교사(校舍)로 하여 9월 16일에 '숭신학교'(崇信學校)를 개교하였다. 2년제인 숭신학교의 초대 교장은 안드레아 에카르트(Andrea Eckardt, 玉樂安, 1884~1974) 신부가 맡았고, 개교 당시 학생 수는 25명이었다. 그리고 1912년 4월에 신축된 학교 건물로 이사하였다.

강의는 에카르트 신부와 니바우어 신부, 2명의 한국인 교사가 담당하였고, 교과목은 종교 · 윤리 · 교육학 · 한국어 문법과 작문 · 한문 · 일본어 · 세계사 · 지리 · 수학 · 과학 · 음악 · 미술 · 체조 등이었다.

제1회 졸업식은 1913년 7월 1일에 거행되었고, 17명이 졸업장을 받았다. 그러나 얼마 뒤인 9월 베네딕도회에서는 숭신학교의 폐교를 결정하였다. 그 이유는 1913년 9월의 지원자가 4명밖에 없다는 것이었지만, 근본적인 원인은 한국인 교사의 양성을 원치 않았던 일제의 교육 정책 때문이었다. 일제는 사범학교를 폐교시키고, 그 대신 4년제 중등학교를 만들어 그 교육 과정 중에 1년 동안의 교직 과목을 넣도록 하였다.

그러나 숭신학교를 그러한 체제로 변경하게 되면, 적어도 2명의 일본인 교사를 채용해야 하며, 매주 10시간의 일본어 수업을 해야 했다. 그리고 학생들은 일본어로 시험을 치러야 했다. 따라서 이러한 조건은 숭신학교에서 감당하기 어려운 것이었고, 그 결과 베네딕도회에서는 숭신학교의 폐교를 결정했

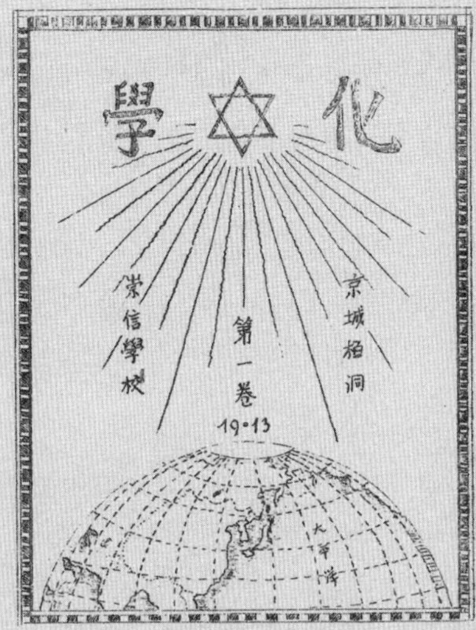

要元素表圖 (一)

國語	元素의名稱	符號	原子價	原子量
水素	Hydrogenium	H	1 單位	1 單位
헬니움	Helium	He		4
硼素	Borum	B	3	11
炭 〃	Carboneum	C	4	12
窒素(硝)	Nitrogenium	N	3	14
酸素	Oxygenium	O	2	16
弗 〃	Fluorum	F	1	19
낫룸	Natrium (Sodium)	Na	1	23
마네슘	Magnesium	Mg	2	24
알누미늄	Aluminium	Al	3	27
硅素	Silicium	Si	4	28
燐	Phosphorus	P	3	31
硫黃	Sulfur	S	2	32
鹽素	Chlorum	Cl	1	35,5
칼니움	Kalium	K	1	39
알르곤	Argon	A		40
칼시움	Calcium	Ca	2	40,1
그롬	Chromium	Cr	2	52
만간	Manganium	Mn	2	55

第五課 要元素表圖

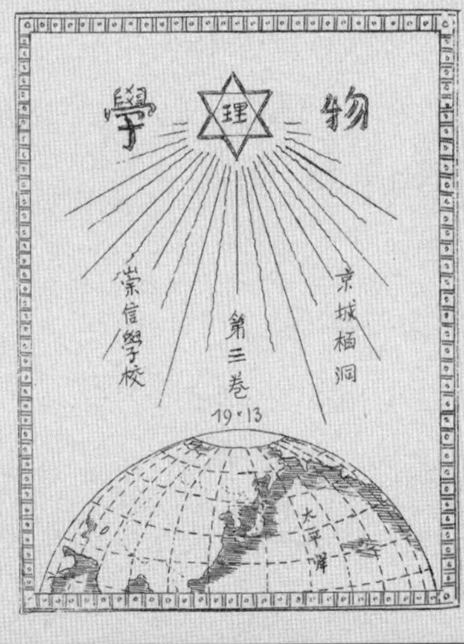

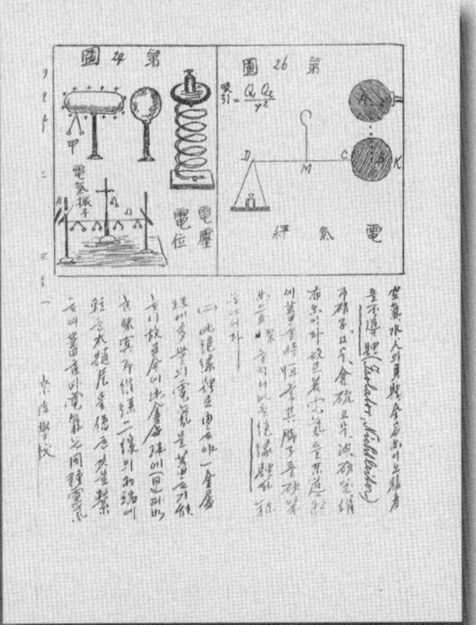

1911년 9월에 설립된 숭신학교의 화학 및 물리학 교과서. 사범학교로 설립되었으나 일제의 압력으로 2년 후인 1913년 제1회 졸업생 17명을 배출한 뒤 폐교하였다.

던 것이다. 이외 사우어 아빠스는 숭신학교를 폐교한 원인으로, 프랑스 선교사들이 재정난으로 졸업생들을 교사로 고용하여 봉급을 지불할 형편이 못되었다는 점과 베네딕도회 신부들이 종신토록 학교 교사로 일하는 것을 원치 않았다는 점도 들고 있다.

2. 원산 대목구의 설정과 덕원 수도원

1) 원산 대목구의 설정과 베네딕도회

한국 진출의 첫째 목적인 숭신학교의 운영이 좌절되고, 1914년 7월에는 제1차 세계 대전이 발발하면서 베네딕도회의 활동은 위축되었다. 즉 일본이 독일에 선전 포고를 함으로써 베네딕도회는 '적국 안의 수도 단체'로 일제의 견제와 압박을 받게 되었다. 그리하여 1914년 9월부터 베네딕도회의 활동은 모두 금지되어, 그들은 수도원 안에서 조용히 지내야 했고, 고해성사 말고는 모든 선교 활동이 불가능하였다. 그리고 행동의 자유도 제한되어, 장소를 이동할 때마다 경찰에 신고해야 했다. 따라서 종전 후 베네딕도회가 조선에 계속 머물러 있기 위해서는 교육사업 외에 다른 활동 분야를 찾아야만 했다.

한편 베네딕도회에서는 제1차 세계 대전이 발발하기 전부터 본당 사목을 희망하였다. 그러나 이것은 프랑스 선교사들의 반대로 실현되지 못하였다. 하지만 숭신학교의 폐교로 활동 기반을 상실한 상태에서, 사우어 아빠스는 1914년부터 사목할 선교지를 물색하였고, 뮈텔 주교 역시 사우어 아빠스의 생각에 일정 부분 동의하였다.

이런 상황에서 1920년 초 남만주(南滿洲)의 파리 외방전교회 선교사들이 한

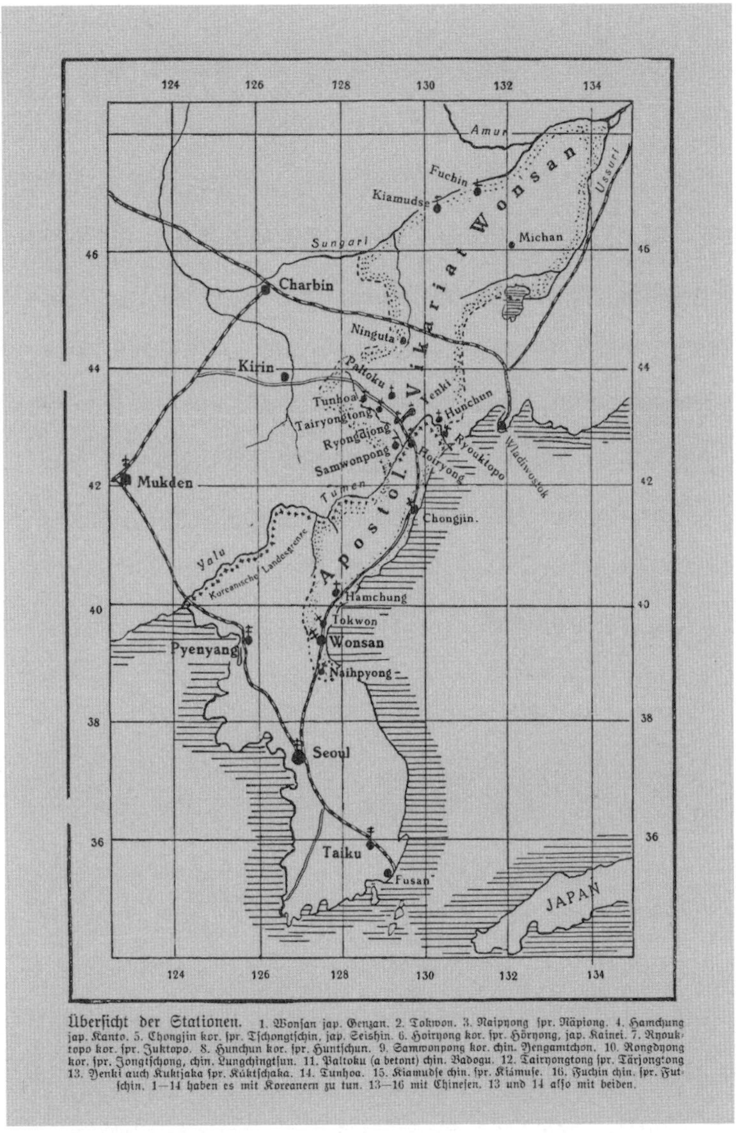

원산 대목구 관할 지도. 교육 선교사업을 주목적으로 조선에 진출한 베네딕도회는 제1차 세계 대전이 발발하자, '적국의 수도 단체'라는 이유로 일제의 압박을 받아 그 기반을 상실하게 된다. 이에 사우어 아빠스는 사목 활동을 할 독립 선교지를 뮈텔 주교에게 요청, 1920년 8월에 원산 대목구가 설정되었다.

국인 신자 7,000명을 돌보는 간도 지방(의란현 · 연길현)을 다른 선교 단체에 넘김으로써 부담을 덜고 싶다는 뜻을 뮈텔 주교에게 전해왔다. 뮈텔 주교는 이 문제를 사우어 아빠스와 의논했고, 사우어 아빠스는 그 지역 선교를 베네딕도회에 맡겨 달라고 요청하였다. 아울러 서울 대목구의 북부 지역인 함경남북도를 독립 선교지로 넘겨줄 것도 요구하였다. 뮈텔 주교는 평양을 중심으로 한 평안남북도를 맡도록 제의했으나, 사우어 주교는 이미 그곳에 정착한 프로테스탄트와 경쟁하기 어렵다는 판단하에 함경도 지역을 택하기로 하였다.

그 결과 1920년 8월 5일, 교황청에서는 서울 대목구에서 원산 대목구를 분리 · 설정하고, 이 지역의 사목권을 베네딕도회에게 위임하였다. 그리고 8월 25일 사우어 아빠스는 초대 원산 대목구장으로 임명되었고, 1921년 5월 1일 명동 성당에서 주교 성성식을 가졌다.

원산 대목구의 분할 배경은 1911년까지 소급된다. 즉 뮈텔 주교는 당시 조선 대목구의 신자 수, 지역의 넓이, 교회의 지속적인 발전 등을 고려하여 조선 대목구를 분할하고자 하였다. 그리하여 1911년 4월 8일에 대구 대목구가 조선 대목구에서 분리 · 설정되었다. 그런데 뮈텔 주교는 원래 조선 대목구에서 남부 지역(대구 대목구)과 함께 북부 지역도 분할하여 세 대목구 체제를 만들 계획이었다. 그러나 사정이 여의치 않아 1911년에는 대구 대목구만이 분리되었고, 1920년에 와서야 세 대목구로의 분할 계획이 이루어지게 된 것이다.

원산 대목구의 설정으로 베네딕도회에서는 함경남북도와 북만주 대목구(길림 대목구)에서 분리된 간도의 연길 · 의란 지역까지 관할하게 되었다. 당시 함경도 지역에는 원산과 내평 본당이 있었고, 연길 · 의란 지역에는 용정 · 영암촌(삼원봉) · 팔도구(조양하) 등 3개의 본당이 있었는데, 이제 이 지역의 사목은 서울 대목구 소속 신부를 대신하여 베네딕도회 신부들이 맡게 되었다. 그리하여 원산 본당에는 1921년 1월에 안드레아 에카르트 신부가, 내평 본당에는 1921년 5월에 세바스티아노 슈넬 신부가 각각 부임하였다. 그리고 1921년 6월에는 칼리스토 히머(Callistus Hiemer, 任竭忠, 1884~1968) 신부가 용정 본당에, 카니시오 퀴겔겐 신부가 팔도구 본당에, 카누토 다베르나스(Canutus Graf des Effants d' Avernas, 羅國宰, 1884~1950) 신부가 삼원봉 본당에 도착하였다.

2) 덕원 수도원의 설립

원산 대목구를 맡게 된 베네딕도회는 새 수도원의 건립 계획을 세우고 부지를 물색하기 시작하였다. 그 결과 원산 인근의 덕원 어운리에 적합한 곳을 발견하고 부지 매입에 착수하였다. 이 지역의 땅은 원산 본당의 에카르트 신부가 1921년 10월 25일에 처음으로 구입하였고, 이후 계속해서 소유지를 확장해 갔다.

이렇게 마련된 땅에 신학교 건물 공사가 먼저 시작되었다. 그리하여 1926년 10월까지 정지 작업을 마쳤으나, 계획이 변경되어 1926년 11월 10일에 신학교를 지으려던 부지에 수도원을 세우고, 신학교는 200m 떨어진 평지에 세우기로 결정되었다.

1926년 겨울, 카예타노 피어하우스 신부가 수도원 설계도를 완성했다. 그리고 공사가 진행되는 가운데 1927년 9월 서울로부터의 이사가 시작되었다. 그러나 덕원의 건물들이 아직 완공되지 않았기 때문에, 베네딕도회 회원들은 임시로 원산 본당 사제관에서 지내야만 했다. 그러다가 1927년 11월 17일 수도원의 축성식을 가짐으로써, 이제 백동 수도원 시대를 마감하고 덕원 수도원 시대가 열리게 되었다. 수도원 성당은 1929년 7월에 기초 공사를 시작하여,

덕원 수도원과 신학교(앞쪽 건물) 전경. 원산 대목구를 맡게 된 베네딕도회는 새 수도원의 건립 계획을 세우고 부지를 물색하였다. 그리고 원산 인근의 덕원 어운리에 부지를 정하고 수도원 건축 공사를 시작하여, 1927년 11월 17일 수도원의 축성식을 가졌다.

11월에 기공식을 가졌으며, 1931년 12월에 봉헌식을 거행하였다.

3) 본당의 증설

베네딕도회가 원산 대목구를 맡았을 당시, 함경도 지역에는 원산과 내평 본당이 있었고, 연길 · 의란 지역에는 용정(1909년 설립, 1932년 용정 하시 본당으로 개칭) · 영암촌(삼원봉, 1909년 설립, 1931년 대립자 본당으로 개칭) · 팔도구(조양하, 1910년 설립) 등 3개의 본당이 있었다. 그러나 이 시기에는 사제가 부족하여 기존에 있던 본당의 신부들 자리를 채우는 데에 그쳤다. 그러다가 시간이 지나 유럽에서 선교사들이 증원되면서 새로운 본당 설립에 착수했는데, 그 결과 함경도 지역에는 회령 본당(1925년 10월), 청진 본당(1926년 7월), 함흥 본당(1927년 5월), 덕원 본당(1927년 11월경) 등이 설립되었고, 연길 지역에는 연길 본당(연길 하시 본당, 1922년 11월), 육도포(六道泡, 1923년 4월) 본당, 훈춘 본당(1924년), 다조구(대령동, 1926년 6월) 본당, 돈화 본당(1926~1927년) 등이 설립되었다. 그리고 의란 지역에는 1924년 7월에 송화강 지류인 부금(富錦)에 본당이 세워졌고, 1926년 가을에는 부금 남쪽 가목사(佳木斯)에 본당이 신설되어 중국인 신자들을 돌보았다.

한편 1928년 7월 교황청에서는 원산 대목구에서 연길 지목구와 의란 포교지를 분리시켰다. 이것은 사우어 주교의 요청에 의한 것으로, 그 결과 이제 원산 대목구는 함경남북도만을 사목하게 되었다. 대목구의 분할 이후 1931년에는 영흥 본당, 1933년에는 고원 본당, 1935년에는 북청 본당, 1936년에는 흥남 본당과 나남 본당, 나진 본당이 각각 설립되었고, 내평 본당은 1930년 초 신고산으로 이전하면서 고산 본당으로 개칭하였다.

제2절 원산 대목구의 분할

1. 연길 지목구와 의란 포교지의 설립

원산 대목구 설정 당시, 대목구의 관할 구역에는 함경도와 연길(간도) · 의란 지역이 포함되었다. 사우어 주교가 이 넓은 지역을 관할 구역으로 삼고자 한 것은, 오틸리엔 연합회의 전체 활동 지역을 동아시아로 옮기려는 생각이 있었기 때문이었다. 즉 제1차 세계 대전 후 영국이 독일 선교사들의 활동을 제한하여 오틸리엔 연합회의 아프리카 선교가 어렵게 되자, 독일 수도원에서 양성된 선교사들이 동아시아로 와서, 간도와 의란 지역에 수도원을 설립하고, 수도원들이 독립적인 대목구를 맡아 서로 긴밀히 유대하며 이 지역을 담당한다는 구상이었다.

그러나 1926년 영국이 독일 선교사들에게 동아프리카에서의 활동을 다시 허락함으로써, 베네딕도회의 활동이 분산되어 사우어 주교의 동아시아 선교 구상은 뜻을 이루지 못하였다. 사우어 주교는 부족한 인원으로 광대한 지역과 늘어나는 신자들을 다 사목할 수 없었기에, 간도와 의란 지역을 독립시켜 자신의 관할 구역을 축소해야만 했다. 그리하여 그는 원산 대목구의 분할을 교황청에 요구했고, 그 결과 교황청에서는 1928년 7월 3일 의란 지역을 '의란 포교지'로, 1928년 7월 19일에는 북간도 지역을 '연길 지목구'로 설정하였다.

연길 지목구가 설정되면서, 1929년 2월 5일 연길 본당의 테오도로 헤르만 브레허(Theodor Hermann Breher, 白化東, 1889~1950) 신부가 초대 지목구장에 임명되었다. 그리고 의란 포교지는 다른 선교회에 위임될 때까지 사우어 주교의 관할하에 있게 되었다. 사우어 주교는 부족한 인원으로 거리가 먼 의란 지역을 관리할 수가 없어 가능한 빨리 이 지역을 다른 선교회에 넘기고자 하였다. 그 결과 의란 포교지는 1933년 3월 31일 카푸친 작은 형제회에 위임되었고, 카푸친회에서는 9월에 북티롤(오스트리아 티롤 주의 북부) 관구에 이 지역을 맡겼다. 이후 의란 지역은 '가목사 지목구'로 승격되었으며, 초대 지목구장에 카푸친 작은 형제회의 헤르메네질드 힌트링거(Isidor Hermenegild Hintringer, 1905~1990) 신부가 임명되었다.

> **가목사(佳木斯, Jiamusi)**
> 중국 흑룡강성(黑龍江省)에 속하며 중국의 가장 동쪽에 있는 도시이다. 중국 동북 지역의 교통 요충지로서 하얼빈에서 기차로 일곱 시간 거리에 있다. 가목사 지목구는 1940년 4월 9일에 설정되었다.

2. 연길 지목구의 발전과 대목구 승격

1) 본당의 증설과 변화

1928년 연길 지목구에는 용정 · 영암촌 · 팔도구 · 연길 · 육도포 · 훈춘 · 다조구 · 돈화 등 8개의 본당이 있었고, 교우 수는 11,764명이었다. 그리고 브레허 지목구장이 담당하던 연길 하시 본당이 지목구의 중심지가 되었다.

이후 연길 지역에는 여러 개의 본당이 증설되었는데, 가장 먼저 설립된 본당이 1929년 10월 용정 본당에서 분리된 두도구(頭道溝, 간도성 연길현) 본당이었다. 이 시기 간도 지역에는 이민자들이 계속해서 도시로 유입되었고, 주민들도 농촌에서 도시로 집중되고 있었다. 이러한 상황에서 브레허 지목구장은 점차 도시화되어 가던 두도구에 코르비니아노 슈래플(Corbinianus Schräfl, 周聖道, 1901~1990) 신부를 파견하여 본당을 설립했던 것이다.

두도구 본당에 이어 1930년에는 합마당(蛤蟆塘, 간도성 연길현) 본당이 설립되었고, 1931년에는 대령동 본당의 공소였던 명월구(옹성라자, 간도성 연길현)가 본당으로 승격되었다. 그리고 1931년에는 연길 상시 본당이 연길 하시 본당에서 분리되었다. 연길 하시 본당은 만주인들의 시가(市街)에 있었기 때문에 한국인들이 성당에 가는 데는 여러 가지 불편한 점이 있었다. 이에 브레허 지목구장은 한국인들이 많이 모여 사는 연길 상시에 본당을 세우기로 결정하고, 퀴겔겐 신부를 초대 주임으로 임명하였다.

이후에도 본당 설립은 계속되어, 1934년에는 합마당 본당에서 관할하는 왕청(汪淸, 간도성 왕청현) 준본당이 설립되었고, 1935년에는 목단강(牧丹江, 빈강성 영안현) 본당, 1936년에는 신참(新站, 길림성 액목현) 본당과 용정 상시 본당이 차례로 설립되었다. 그리고 1937년 연길 지목구가 대목구로 승격된 이후에는 삼도구 본당(1940년)이 두도구 본당에서 분리되었고, 1941년에는 연길 대목구의 마지막 본당인 도문 본당이 설립되었다.

그러나 그 사이 1931년에는 불안한 시국 때문에 돈화 본당이 폐쇄되었고, 1932년에는 육도포 본당의 호노리오 트라버(Honorius Traber, 馬日新, 1894~1972) 주임 신부가 본당을 경흥으로 이전하였다. 그리고 육도포 성당과 사제관은 1934년에 공산당에 의해 소실(燒失)되었다. 아울러 대령동 성당도 1935년 3월에 공산당의 방화로 전소(全燒)되어 다조구(茶條溝, 간도성 연길현)로 본당을 이전하였다.

2) 연길 지목구의 소년 운동과 전례 운동

(1) 탈시시오회와 소년 운동

탈시시오회는 1931년 초 용정 본당의 발뒤노 아펠만(Balduinus Appelmann, 裵光彼, 1902~1975) 보좌 신부가 소년들의 덕성 함양과 이들을 성직의 길로 인도하고자 하는 마음에서 본당의 보미사회(복사회)를 개편하여 만든 소년 단체이다. 이 회는 원래 1905년 로마에서 에질리오 왈젤리 신부가 조직한 것으로, 타르치시오(Tharsicius) 성인을 주보로 성체 공경과 전례 운동, 초대 교회의 성물을 연구하면서 덕행을 닦는 것을 목적으로 한다.

용정 본당의 탈시시오회가 성과를 내며 빠르게 성장하자, 브레허 지목구장은 이를 통해 연길 지목구에 가톨릭 소년 운동을 전개할 목적에서 모든 본당에 이 회의 설립을 지시하였다. 그 결과 탈시시오회는 연길 지목구 전체로 확대되었고, 1931년 8월 3~5일에는 '제1회 탈시시오 소년 연합대회'가 대령동 본당에서 개최되었다. 연합대회와 함께 '탈시시오 소년회 연합회'가 결성되었고, 로마에 있는 모회(母會)에 가맹서를 제출하였다. 그리고 1934년 8월에는 제2차 연합대회가 용정 본당에서 개최되었다.

탈시시오회에서는 정신적으로나 육체적으로 건강한 가톨릭 소년을 배양하고자 노력하였다. 이것은 소년들이 교회와 사회 · 국가의 희망이며, 이들이 얼마나 건실하게 성장하느냐가 교회 · 사회 · 국가의 흥망성쇠와 직결된다고 보았기 때문이다. 무엇보다도 연길 지역은 중국 공산당 세력이 증대하여 공산주의가 크게 확산되던 곳이었으므로, 공산주의에 대한 사상적 대항력을 키우는 것도 연길 지목구에서 소년 운동을 전개한 배경 중의 하나였다.

1931년에 설립된 용정 본당의 탈시시오회. 브레허 지목구장은 탈시시오회를 통해 연길 지목구에 가톨릭 소년 운동을 전개할 목적에서 모든 본당에 이 회의 설립을 지시하였다.

한편 탈시시오 연합회에서는 1931년부터 기관지인 《탈시시오 회보》를 발간하였다. 이 회보는 처음에 등사판으로 출판되다가 활판으로 바뀌었으며, 용정의 인쇄소를 거쳐 덕원 신학교 인쇄소에서 격월로 발행되었다. 그런 가운데 1934년 8월 전 조선주교회의에서는 연길 지목구에 소년들을 위한 잡지의 간행을 요청하였다. 이에 브레허 지목구장은 《탈시시오 회보》를 개편하여 조선의 모든 소년소녀를 위한 잡지를 만들기로 했는데, 그 결과 간행된 것이 《가톨릭소년》이다. 이 잡지는 1936년 3월에 창간호(4월호)를 발간하였고, 1938년 8월호를 마지막으로 폐간되었다.

탈시시오회는 성체 공경과 미사의 올바른 참여를 강조하는 가운데, 전례 개혁과 청소년들의 신앙생활 심화에 큰 기여를 하였다.

(2) 전례 운동

전례 운동이란 신자들을 전례, 즉 미사에 적극적으로 참여시키는 운동이다. 이 운동은 19세기 말 베네딕도 수도회를 중심으로 벨기에와 독일에서 일어나 유럽 각국으로 확대되었고, 20세기 초에 본격적으로 전개된 운동이다. 전례 운동은 그리스도의 위대한 사상이 모두 전례에 구체화되어 있기 때문에 전례에 참여하는 것이 중대한 의미를 갖는다는 사실에 기초하고 있다. 즉 전례에 능동적으로 참여함으로써 신자들은 그리스도만이 그들의 위대한 중개자이며 유일한 사제, 희생과 구원의 근원임을 알게 된다. 따라서 미사를 거행하는 사제뿐만 아니라, 그 의식에 참석하는 신자들은 신부와 함께 미사의 본 의미대로 《미사경본》에 있는 기도를 바쳐야 그 효과를 얻을 수 있다.

그러나 이 시기 미사는 라틴어로 진행되었으며, 라틴어를 모르는 신자들은

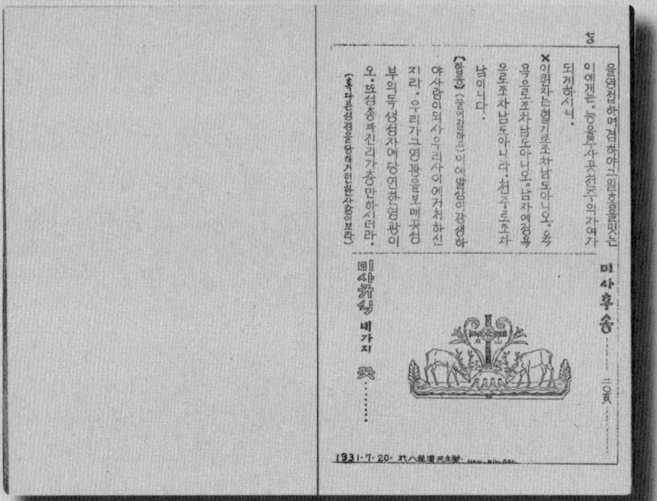

1931년 7월 20일에 팔도구 본당에서 등사한 《미사규식 네가지》.

제대로 미사의 의미를 알 수 없었고, 기도도 따라 할 수 없었다. 그리하여 미사에 참여는 하되, 개인적으로 묵주기도를 바친다든가 다른 기도를 외움으로써 미사의 효과를 얻지 못하고 있었다.

이러한 상황에서 연길 지목구에서는 신자들이 미사의 본래 의미를 깨닫고 그 의식에 능동적으로 참여할 수 있는 방법을 모색하였다. 이에 미사의 본래 의미를 설명하는 서적을 발간하는 한편, 《미사경본》을 번역하여 신자들로 하여금 신부와 같이 읽게 하여 미사의 효과를 완전히 얻도록 하고자 했다.

이러한 목적하에 콘라도 랍(Conradus Rapp, 朴敎範, 1896~1932) 신부는 1931년에 《미사규식 네가지》라는 소책자를 등사했고, 아펠만 신부는 1932년 겨울에 《소미사 경본》을 한글로 저술했다. 그리고 1933년 9월에는 아펠만 신부가 한글로 번역한 《미사규식》이 덕원 신학교 인쇄소에서 출판되었다. 《미사규식 네가지》는 각 본당에서 널리 사용되었고, 《미사규식》은 6,000여 부나 간행되어 연길 지목구는 물론, 원산 대목구에서도 사용하였다. 이외 주일 미사 때마다 필요한 미사 양식을 한글로 번역하여 신자들에게 나누어줌으로써 연길 지목구의 신자들은 능동적으로 미사에 참여할 수 있게 되었다.

한편 전례 운동은 탈시시오회로 대표되는 소년 운동과 맞물려 있었다. 즉 '탈시시오 소년회 연합회' 에서는 1931년과 1934년에 연합대회를 개최했는데, 이 두 대회의 주된 목적은 '미사의 본래 의미를 깨닫고 그 의식에 참여하는 규식을 배우는 것' 이었다. 그리고 랍 신부의 《미사규식 네가지》도 '1차 대회 실천 프로그램' 의 후속 조치였다.

3) 연길 성 십자가 수도원

원산 대목구에서 분리될 당시 연길 수도원에는 사제관도 본부 건물도 수사도 없었다. 그러다가 1930년 9월에 수사들이 파견되었고, 1933년 여름에는 수도원 부지를 매입하였다. 그리고 1933년 6월 초에 수도원 본관 공사를 시작하여 이듬해 완공하였다. 그런 가운데 교황 비오 11세는 1934년 8월 1일 소칙서를 통해 연길 수도원을 '성 십자가 아빠스좌 수도원'으로 승격시켰다. 브레허 신부가 연길 수도원의 초대 아빠스로 임명되었고, 축복식은 1934년 9월 9일 상트 오틸리엔 수도원의 예수 성심 성당에서 거행되었다.

연길 수도원은 사목 활동과 수도생활의 중심지였으며, 수사들은 벽돌공, 열쇠공, 대목, 재봉사, 정원사, 금속공, 인쇄공 등으로 다양한 봉사를 수행하였다. 특히 수도원의 인쇄소는 가장 큰 사업체로, 1934년에 수동 인쇄기를 갖고 연길에 온 에리코 브라이차메터(Ericus Breitsameter, 奉, 1910~1950) 수사가 시작하였다. 그리고 1936년에는 활판 인쇄기도 갖추었다. 인쇄소에서는 신자들을 위한 책자들을 간행했고, 서식 · 설문지 · 당국에서 배포하는 법령집 등을 인쇄함으로써 수도원의 운영에 큰 도움을 주었다.

4) 대목구 승격

연길 지역의 교세는 1928년 지목구가 설정된 이래 꾸준히 성장하였다. 비록 신자 수는 12,257명(1929년)에서 12,588명(1936년)으로 크게 늘지는 않았지만, 설정 당시 8개였던 본당은 1936년에 14개로 증가하였고, 성당 및 경당의 수도 8개에서 38개로, 전교 회장은 18명에서 49명으로 늘어났다.

연길 십자가 대수도원 전경과 수도원 성당. 연길 수도원은 사목 활동과 수도생활의 중심지였다. 특히 1936년 부터 활판 인쇄기를 마련한 수도원 인쇄소는 신자들을 위한 교리서나 신심 서적 등 다수의 책들을 간행하였다.

1936년 8월 24~26일까지 용정에서 "천주교 간도 전래 40주년 기념 경축대회"를 개최하였다. 이러한 발전과 성장 속에서 연길 지목구는 1937년 4월 13일 대목구로 승격되었다. 1928년 지목구 설정 당시 8개였던 본당은 1936년에 14개로 증가하였고, 성당 및 경당도 8개에서 38개로, 전교 회장은 18명에서 49명으로 늘어났다.

특히 연길 지목구는 교육과 자선사업에 집중적으로 투자하여 지역 사회에 커다란 공헌을 하였다. 학교는 1929년에 32개였다가 1933년에 50개까지 늘어났고, 학생 수는 1929년에 1,293명이었다가 1936년에 2,769명으로 증가하였다. 그리고 2개의 시약소에서 2,700명이 치료를 받았던 1929년에 비해 1937년에는 1개의 병원과 3개의 시약소에서 36,793명이 치료 혜택을 입었고, 1936년부터는 양로원도 운영하였다.

뿐만 아니라 1934년 8월에는 연길 수도원이 아빠스좌로 승격되면서 수도원의 위상이 높아졌고, 1936년에는 지목구 소속의 조선인 신부 2명(김충무 · 한윤승)도 탄생하였다.

그런 가운데 연길 지목구는 1936년 8월 24일부터 26일까지 용정에서 "천주교 간도 전래 40주년 기념 경축대회"를 개최하였다. 그리고 《가톨릭청년》 1936년 10월호에 복음의 전래부터 1936년까지 '간도 천주교회의 40년사'를 간략하게 정리하여 소개하였다. 길림 대목구의 가스페 주교, 서울 대목구의 라리보 주교, 원산 대목구의 사우어 주교를 비롯하여 2만 명의 신자들이 모일 정도로 성황리에 개최된 40주년 행사는, 대외적으로 연길 지목구의 존재를 인식시키는 동시에 향후 지목구의 발전을 모색하는 의미도 담고 있었다.

이러한 발전과 성장 속에서 연길 지목구는 1937년 4월 13일 대목구로 승격되었고, 브레허 아빠스는 주교로 임명되었다. 칙서는 7월 18일에 연길에 도착했으며, 주교 성성식은 9월 5일로 결정되었다. 그러나 성성식을 거행할 마땅한 성당이 없자, 교구에서는 새로운 수도원 성당 건축을 시작하여 8월 29일에 봉헌했다. 그리고 이 성당에서 9월 5일에 가스페 주교(길림 대목구장, 교황사절 대리)의 집전으로 주교 서품식을 거행하였다.

3. 덕원 자치수도원구와 함흥 대목구의 분리

원산 대목구는 1928년 연길 지목구가 분리된 이래 함경도 지역을 중심으로 사목을 전개해 왔다. 그러나 10년이 지난 1938년, 사우어 주교는 크리소스토모 슈미트(Chrysostomus Schmid, 金時練, 1883~1962) 총아빠스와 협의한 후, 덕원 수도원을 원산 대목구에서 분리하여 자치수도원구로 승격시키고, 나머지 지역은 함흥에 중심지를 둔 대목구로 설정해 줄 것을 교황청에 요청했다.

당시 사우어 주교가 이러한 문제를 제기한 것은, 선교사들의 수도생활과 교구 소속 한국인 사제들의 문제와 관련이 있다. 즉 베네딕도회는 수도원을 중심으로 수도생활을 준수하면서 선교 활동을 하기 위해 한국에 진출하였다. 그러나 원산 대목구의 경우 선교 지역이 매우 넓었고, 이에 본당을 맡은 선교사들은 수도생활을 제대로 하기가 어려웠다. 따라서 이들이 수도생활을 충실히 할 수 있는 조치가 필요했는데, 대목구의 분할이 그 방안으로 제시되었던 것이다. 즉 사우어 주교는 자치수도원구를 설정하여 수도자들은 수도원을 중심으로 활동하고, 선교 지역은 수도원 신학교에서 양성된 사제들에게 맡기고자 하였다.

다음으로 신학교에서 양성된 사제들은 대체로 한국인 신부들인데, 이들은 베네딕도회 회원이 아니라 교구 소속 사제였다. 그러나 당시 원산 대목구의 중심은 덕원 수도원이었고, 이에 교구 사제들도 수도원을 중심으로 생활하였다. 하지만 이들은 수도원 공동체에 속하지 않았으므로, 수사들과는 달리 공동 기도에 참석할 의무가 없었고, 재산 소유도 가능했다. 따라서 수도원에 교구 사제들이 늘어나는 것은 여러 가지 문제들을 야기했다.

사우어 주교는 이러한 문제들을 해결하기 위해, 수도원과 수도원이 맡고 있는 선교 지역을 법적으로 분리할 필요성을 느꼈다. 즉 원산 대목구에서 자치수도원구를 분리하여 베네딕도회 회원들의 중심지로 삼고, 나머지 지역은 대목구를 설정하여 교구 소속 사제들이 선교 활동을 하도록 했던 것이다.

이러한 구상은 교황청에서도 승인하였다. 그 결과 교황 비오 12세는 1940년 1월 12일에 칙서를 통해 원산 대목구를 '덕원 자치수도원구'와 '함흥 대목구'로 분리하였다. 특히 교황청에서는 함흥 대목구의 설립으로 한국인 사제가 사목할 수 있는 지역이 마련되었다는 것에 만족감을 표시하기도 하였다.

원산 대목구가 분할되면서 사우어 주교는 초대 덕원 자치수도원구 원장이 되었고, 새로운 교구장이 임명될 때까지 함흥 대목구의 관리자도 겸임하였다. 덕원 자치수도원구 설정식과 사우어 주교의 착좌식은 5월 13일 덕원 수도원 성당에서 있었고, 함흥 대목구의 설정식은 5월 14일 함흥 성당에서 거행되었다. 당시 덕원 자치수도원구의 사목 지역은 원산을 중심으로, 안변 · 덕원 · 고원 · 문천군이며, 여기에 속한 본당은 원산 · 덕원 · 고산 · 고원 본당 등 4개였다. 그리고 함흥 대목구에서는 회령 · 청진 · 함흥 · 영흥 · 북청 · 나남 · 나진 · 흥남 본당 등 8개 본당을 관할하게 되었다.

제3절 메리놀 외방선교회와 평양 대목구

1. 메리놀회의 한국 진출

메리놀회는 아시아 지역의 선교를 목적으로 창설된 최초의 미국 외방선교회이다. 이 회는 월시(J.A. Walsh, 1867~1936) 신부와 프라이스(T.F. Price, 1860~1919) 신부가 창설을 주도했으며, 1911년 4월 27일에 미국 주교회의의 인가를 얻었고, 6월 29일에 교황청의 인준을 받았다.

'메리놀'이라는 명칭은 메리놀회 본부의 위치에서 유래하였다. 창설 당시 이 회의 명칭은 미국 외방선교회(Catholic Foreign Mission Society of America)였고, 본부는 뉴욕에서 40km 떨어진 호손(Hawthorne)에 있었다. 그러다가 1912년 10월 오시닝(Ossining) 근처의 언덕 위로 이전하면서 회원들은 성모 마리아의 중재를 간구했고, 자신들이 있는 곳을 '마리아의 언덕'(Mary's Knoll)이라고 불렀다. 이때부터 메리놀(Maryknoll)은 선교회의 명칭이 되었다.

이렇게 설립된 메리놀회는 1918년 9월에 중국의 광동 · 광서 지역을 맡아 사목하였고, 한국에도 여러 차례 소속 신부들이 방문하였다. 1918년 10월에는 프라이스 신부와 포드(Ford) 신부가 내한하였고, 1921년 10월에는 월시 총장 신부와 켈리(Kelly) 신부가 잠시 한국을 방문했다. 그리고 그로부터 1년 뒤인 1922년 11월에 메리놀회는 교황청으로부터 평안도 지역에 대한 포교권을 위임받았다.

메리놀회에 위임된 평안도 지역은 1860년을 전후하여 복음이 전파되었다. 그러나 이 지역의 교회는 얼마 뒤에 발생한 병인박해로 와해되었고 1880년 이후에야 재건되었다. 그리고 1896년 르 장드르 신부가 파견됨으로써 지역 최초의 본당인 평양 본당이 설립되었다. 이후 평안도 지역의 신자 수는 계속 해서 늘어갔고 본당도 증설되었다.

그러나 1920년대 들어 평안도 지역의 교회 상황은 안팎으로 어려움을 겪게 되었다. 즉 당시 이 지역에는 5개 본당과 50여 개의 공소가 있었으나, 5명의 신부가 이것을 모두 담당해야 했다. 그리고 교회 외적으로는 천주교보다 먼저 평안도에 진출한 프로테스탄트의 교세가 천주교의 10배에 달하고 있었다. 이러한 상황에서 평안도 지역은 사목상 새로운 조치가 필요했고, 이에 뮈텔 주교는 1922년에 평안도의 분할 문제를 교황청에 의뢰하였다. 그리고 미국의 프로테스탄트 선교사들이 활동하는 평안도를 미국의 외방선교회에 위임하는 것이 좋겠다는 생각에서 이 방안도 추진하였다.

1922년 11월 교황청에서는 평안도에 대한 포교권을 메리놀회에 위임하였다. 이에 메리놀회에서는 11월 27일에 번(P.J. Byrne, 方溢恩, 1888~1950) 신부를 지부장으로 선출하고, 1923년부터 전교 신부를 한국으로 파견하였다. 그 결과 1923년 5월에는 번 신부가 입국하였고, 10월에는 클리어리(P. Cleary, 吉) 신부, 11월에는 모리스 신부가 입국하였다. 그리고 1924년 10월에는 캐시디(J. Cassidy, 姜) 신부, 뒤피(P. Duffy, 都) 신부, 스위니(J. Sweeney, 徐) 신부가 한국에 도착하였다.

2. 평양 지목구의 설정과 발전

1) 지목구의 설정

메리놀회 한국 지부장 번 신부는 동료들과 함께 의주(義州)에 머물며 선교지의 현황들을 파악해 갔다. 당시 평안도 지역에는 5개의 본당이 있었는데, 평양 본당은 김성학 신부, 진남포 본당은 뤼카(Lucas, 陸嘉恩, 1878~1934) 신부, 영유 본당은 박우철(朴遇哲, 바오로, 1884~1956) 신부, 의주 본당은 서병익 신부가 주임으로 있었고, 신의주 본당은 박정렬(朴貞烈, 바오로, 1891~1942) 신부가 사목하다가 1923년 10월에 제물포로 전임된 상태였다.

1924년 1월 메리놀회 신부들은, 신의주 지역은 번 신부, 영유 지역은 모리스 신부, 의주 지역은 클리어리 신부가 맡기로 결정하였다. 그러면서 1924년 4월 서병익 신부가 서울로 떠났고, 8월에는 영유의 박우철 신부도 신의주 본당으로 전임되었다. 그리하여 의주와 영유 본당은 이제 메리놀회 선교사들이 본격적으로 담당하게 되었다. 다만 신의주 본당은 박우철 신부가 부임하여 번 신부와 함께 사목하다가 1926년 5월 서울로 복귀하면서 번 신부가 전담하게 되었다. 그리고 진남포 본당은 1926년 4월 서울 대목구의 뤼카 신부에서 1924년에 입국한 뒤피 신부로 교체되었다.

기존 본당을 인수함과 동시에, 메리놀회 선교사들은 새로운 지역에도 본당을 설립해 갔다. 그리하여 1926년에는 은산 본당(1928년 순천 본당으로 개칭)과 마산 본당이 신설되었고, 공소였던 비현 본당(1911년 설립, 1914년 의주 본당 공소)도 다시 본당으로 승격되었다. 그리고 이 시기 평안도 지역에서 활동하던 메리놀회 신부도 15명이나 되었다. 이처럼 평안도 지역은 점차 메리놀회 전담 포교지로서의 면모를 갖추어 갔는데, 그 결과 교황청에서는 1927년 3월 17일 평안도 지역을 서울 대목구에서 분리하여 평양 지목구로 설정하였다.

2) 지목구의 발전

(1) 본당과 교세의 증가

평양 지목구가 설정된 후 1927년 9월에는 중화 본당이 신설되었고, 11월 9일에는 번 신부가 초대 지목구장으로 임명되었다. 번 신부는 지목구장이 되면서 지목구의 중심을 신의주에서 평양으로 옮기기로 하고 적당한 장소를 물색하였다. 그러나 사정이 여의치 않자 평양에서 10km 정도 떨어진 서포에 본부를 설치하기로 하고 토지를 매입하였다. 서포의 지목구청 건물은 1931년 3월에 완공되었고, 같은 해 지목구 본부를 서포로 이전하면서 평양 지목구의 서포 시대가 열리게 되었다. 그러나 초대 지목구장 번 신부는 1929년 8월에 메리놀회 참사위원으로 선출되어 평양 지목구장직을 사임함으로써 서포 시대를 보지 못하고 미국으로 돌아갔다.

번 신부에 이어 제2대 평양 지목구장으로 임명된 사람은 모리스 신부였다. 그는 1930년 4월 지목구장이 된 후 먼저 각 지에 본당을 신설하고 사목 조직의 확충에 힘을 쏟았다. 그리하여 1930년에는 안주 본당과 중강진 본당을 신설했고, 1931년에는 건축 중이던 서포의 교구 본부를 완공했다. 그리고 같은 해 숙천 본당과 서포 본당도 설립하였다. 이후 강계 본당(1933년) · 선교리(신리-대신리) 본당(1934년) · 강서 본당(1935년) · 성천 본당 · 정주 본당 · 운향시 본당(1936년)이 차례로 신설되었다. 그 결과 모리스 지목구장 부임 초에 본당 12개, 공소 65개, 신자 수 7,202명이었던 교세는, 그가 사임하던 1936년 7월까지 본당 18개, 공소 134개, 신자 수 17,738명으로 증가하였다.

1931년 3월에 평양 지목구를 맡은 메리놀회의 서포 본부(사진 왼쪽)가 완공되었고, 같은 해 지목구 본부를 서포로 이전하면서 평양 지목구의 서포 시대가 열리게 되었다.

(2) 한국인 성직자와 수도자 양성

평양 지목구가 설립될 당시, 평양 지목구 소속 신학생은 대신학생 3명, 소신학생 8명이었다. 이들 중 양기섭(梁基涉, 베드로, 1905~1982)은 1930년에 서울에서 사제품을 받아 평양 지목구 소속 최초의 한국인 사제가 되었다. 그리고 1931년에는 강영걸(姜永杰, 바오로, 1904~1950)이 서울에서 사제품을 받았고, 1933년에는 홍용호(洪龍浩, 프란치스코, 1906~1949)가 평양에서 라리보 주교에게 사제품을 받았다.

한편 평양 지목구의 모리스 몬시뇰은 교구 신학교를 설립하려는 움직임도 보였다. 그리하여 1931년 10월경에는 신학교의 설립을 위한 기금을 마련하는 등 준비 작업에 착수하기도 했다. 그러나 평양 지목구의 신학교 설립 계획은 실현되지 않았다.

한국인 사제가 탄생한 이후, 평양 지목구에서는 신학생 양성을 위해 더욱 많은 노력을 기울였다. 그리하여 1933년에는 서포 본당 내에 예비반 기숙사를 설치하고 예비 신학생들을 공동 기숙시키면서 신학교 입학을 준비시켰다. 그리고 여기서 교육받은 학생들은 서울 신학교에 입학하여 공부하였다.

이와 함께 모리스 지목구장은 신학생들의 외국 유학도 추진하였다. 그리하여 1933년에는 김필현(金泌現, 루도비코, 1910~1949?)과 박용옥(朴瓏玉, 디모테오, 1912~1949)이 로마 우르바노 대학으로 유학을 갔고, 같은 해 강현홍(康賢洪, 사도 요한, 1911~1989)도 일본 도쿄의 성 프란치스코 사베리오 신학교로 유학을 갔다. 그 결과 1933년에 3명이었던 교구 소속 한국인 사제는, 1944년에 14명으로 늘어났다.

한편 모리스 지목구장은 한국인 수녀의 양성에도 관심을 기울였다. 당시 평양 지목구에는 메리놀회 수녀들이 진출하여 선교 활동과 자선사업을 펼치고 있었지만, 언어와 문화 차이로 불편함이 컸다. 이에 한국인 수도자의 양성을 절감한 모리스 지목구장은 1931년부터 수녀회 창립 사업을 지원했고, 그 결과 1932년 6월 27일에 '영원한 도움의 성모 수녀회'가 탄생하였다. 이 수녀회는 1938년 2월 25일 교황청으로부터 인가를 받은 최초의 한국인 수녀회였다.

(3) 가톨릭 운동

'가톨릭 운동'이란 교회 당국의 위임과 지도하에서 행하는 평신도의 조직적인 활동을 말한다. 이 운동은 교황 비오 10세에 의해 기초가 마련되었고, 교황 비오 11세에 의해 평신도 운동으로 조직화되었다. 즉 교황 비오 10세는 이전까지 경시되었던 평신도들의 활동 영역을 인정하고 평신도들의 적극적인 활동을 기대했으며, 교황 비오 11세는 '평신도의 교계적 사제직 참여'라는 개념에서 평신도 운동을 조직화하였다. 그런 가운데 비오 11세는 1923년에 이탈리아 가톨릭 운동의 강령을 공인했고, 벨기에에서 1925년에 시작된 노동청년 운동을 가톨릭 운동의 모델로 삼고 크게 격려하였다.

가톨릭 운동은 이후 전 세계적으로 확산되었고, 한국 교회에서도 1931년에 공식적으로 채택하였다. 한국 교회는 1931년 9월에 '한국 공의회'를 개최했는데, 공의회를 위해 구성된 위원회 중에 '가톨릭 운동 위원회'(Commissio de Actione Catholica)가 있었다. 그리고 공의회에서 결의된 74개 조항에도 '가톨릭 운동'에 대한 내용이 있었다. 이 공의회의 결의 사항은 1932년에 《조선 선교지 공동 지도서》에 포함되어 간행되었고, 《경향잡지》(1932. 10~1934. 12)에도 연재되었다.

1932년 평양 지목구 사제 피정(위). 평양 지목구의 사제들은 평신도가 보다 적극적으로 교회 운영에 참여할 수 있도록 전교 회장 강습회, 가톨릭 운동, 잡지 출판 등 다양한 사업을 추진하였다. 평양 지목구 소속 신학생(아래). 평양 지목구에서는 신학생 양성에 많은 노력을 기울였다.

1933년 3월 6일, 한국의 5교구장들은 '가톨릭 운동'을 활성화시키는 문제를 협의하기 위해 서울에 모였다. 그리고 이 모임에서 '조선 가톨릭 진행회'의 위원장으로 모리스 평양 지목구장을 선출하였다. 이 위원회 조직은 각 교구에 위원 1명씩을 두고 이들이 위원장과 협의하여 사업을 운영하는 형태였다.

'조선 가톨릭 진행회'의 중요 활동은, 평신도들이 성직자와 협력하여 교회 사업, 즉 '선교와 자선 활동'에 적극적으로 참여하는 것이다. 이를 위해 진행회에서는 좋은 자료를 수집하여 출판물이나 강연 자료로 삼고, 교육 자료를 가지고 지역을 순회하여 가톨릭을 알리며, 유익한 자선 단체가 있으면 선전하여 각 지역에서 본받도록 하고, 교우 의사와 병원을 아픈 사람에게 소개하고자 하였다. 그리고 이러한 내용은 1933년 3월 18일, 5교구장의 공동 교서로 공포되었다.

'조선 가톨릭 진행회'의 위원장이 된 모리스 몬시뇰은, 이후 본격적으로 가톨릭 운동을 전개하였다. 그는 우선 평신도 양성에 관심을 가졌는데, 이것은 이들을 잘 인도하여 교회 내에서 일정한 역할을 할 수 있는 지도자로 길러내려는 의도였다. 이에 1933년 9월 제1회 평양교구 전교 회장 강습회가 개최되었다.

서포의 교구 본부에 모인 전교 회장들은 강습회를 통해 폭넓은 교리 지식을 얻었고, 전교 활동에 보다 큰 의욕을 갖게 되었다. 그리하여 참석자들은 한 달에 한 번은 이러한 교육을 받을 수 있는 기회가 마련되기를 희망했고, 이에 40명으로 구성된 후원회도 조직하였다. 그리고 이들의 바람은 1934년 1월 평양 지목구의 월간 출판물 제1호인 《가톨릭연

《가톨릭연구강좌》
1934년 1월에 첫 호를 발간했으나 7월부터 《가톨릭연구》로 개칭 간행되었다. 이후 1937년 1월부터는 《가톨릭조선》으로 바뀌어 발행되다가 1938년 12월에 폐간되었다.

구강좌》가 발간되면서 이루어지게 되었다.

당시 모리스 몬시뇰이 책자의 간행을 허락한 것은, 본당에서 멀리 떨어져 있는 신자들을 가르치기 위한 목적도 있지만, 가톨릭 운동을 전개하기 위해서는 무엇보다도 문서 전교가 우선적으로 필요하다고 인식했기 때문이다. 이에 모리스 몬시뇰은《가톨릭연구강좌》가 가톨릭 운동에 매우 적절한 출판물이라고 평가하고, 이 잡지를 통해 신자들이 가톨릭 운동에 적극적으로 참여할 것을 촉구하였다.

《가톨릭연구강좌》의 발간 이후 평양 지목구에서는 가톨릭 운동을 더욱 활성화시키기 위해 1934년 8월 '제1회 평양교구 평신자 대회'를 개최하였다. 8월 15일부터 19일까지 진행된 이 대회에서는 가톨릭 운동의 활동 목적과 방법 등이 다루어졌다. 그리고 대회 마지막 날 '평양교구 가톨릭 운동 연맹'이 조직되었다. 이것은 교구 전체가 분산되지 않고 통일적으로 가톨릭 운동을 전개하기 위한 것으로, 이를 위해 본당과 공소에 지회와 분회가 설치되었다. 그리고 1934년 7월에《가톨릭연구강좌》에서 이름을 바꾼《가톨릭연구》를 기관지로 결정하였다.

'평양교구 가톨릭 운동 연맹'에서는 계몽 운동, 선전 운동, 자선사업, 교무금 납부 운동, 순회 교리 강습과 묵상회, 교회 출판물 보급 운동, 문맹 퇴치 운동 등 다양한 활동을 전개하였다. 그런 가운데 1935년 10월에는 '한국 천주교 전래 150주년 및 순교자들의 시복 10주년' 기념 축하식을 평양에서 개최하였다. 이 축하식에는 주일 교황사절 마렐라 주교 및 전국 5교구 주교들이 참석했고, 기념식과 함께 사료 전시회 · 전국 교리경시대회 · 성극 공연 등이 거행되었다.

이후 '평양교구 가톨릭 운동 연맹'에서는 1936년 1월부터 교리 강습회와 묵상회를 개최했고, 8월에는 평양에서 제2회 하기 가톨릭대학을 개최하는 등 활동을 이어갔다. 그러나 '가톨릭 운동'을 강력하게 추진했던 모리스 몬시뇰의 사임(1936년 7월)과 중일전쟁(1937년 7월)의 여파 등으로 '가톨릭 운동'은 점차 약화되어 갔다.

3. 대목구 승격

모리스 몬시뇰은 1936년 7월 31일부로 교황청에 사의를 표명했고, 9월 초에 미국으로 귀국했다. 교황청에서는 10월에 모리스 몬시뇰의 요청을 수락하고, 부드(W. Booth, 夫) 신부를 임시 책임자로 임명하였다.

부드 신부가 지목구장 서리로 임명된 다음 해, 평양 지목구는 설정 10주년을 맞이했다. 10년 동안 평양 지목구의 교세는 세 배 정도 증가했고, 선교사들은 10명 이상 늘어났다. 그리고 한국인 사제가 3명 탄생했으며, 최초의 한국인 수도회인 '영원한 도움의 성모 수녀회'가 창설되었다.

부드 신부는 모리스 몬시뇰이 시작한 사업을 계승 발전시켜, 서포의 예비 신학생반과 교리경시대회, 하기 가톨릭대학을 계속하였다. 그리고 이를 통해 신학생 양성은 물론, 신자들의 교리 지식을 함양시키고 신앙심을 내적으로 충실히 하는 데 기여하였다.

1938년 10월 일본에서 사목하던 오세아(W. O'Shea, 吳) 신부가 새로운 지목구장에 임명되었다. 그리고 1년 뒤인 1939년 7월 11일 교황청에서는 평양 지목구를 대목구로 승격시키면서 오세아 신부를 대목구장에 임명하였다. 오세아 신부는 1939년 10월 29일 로마의 성 베드로 대성당에서 주교로 서품되었다.

1940년 1월 하순 평양으로 돌아온 오셰아 주교는, 봄 피정을 계기로 대폭적인 신부 이동을 단행하였고, 이때 관후리 본당에서 기림리 본당(평양시 기림리)이 새로 분할되었다.

4. 태평양 전쟁과 메리놀회의 추방

1937년 7월에 중일전쟁을 일으킨 일제는, 1941년 12월에 하와이를 공격함으로써 미국을 상대로 태평양 전쟁을 일으켰다. 그러면서 적국의 국민인 평양 대목구의 메리놀회 신부들을 즉시 연금하였다. 메리놀회 신부들은 각 지방 경찰서로 연행되어 감금되었고, 오셰아 주교는 비서인 윌리엄 수사와 함께 서포 주교관에 연금되었다. 메리놀회 신부들뿐만 아니라 메리놀회 수녀들도 영유 수녀원에 감금되었고, 한국인 신부 3명(홍용호 · 김필현 · 박용옥)도 마찬가지 상태에 있었다.

일제는 메리놀회 선교사들을 본국으로 추방하고자 하였다. 그러나 오셰아 주교가 한국을 떠나지 않겠다는 입장을 표명하면서 일본 정부는 일단 이들을 감금해 두었다. 그리하여 평양 대목구의 사목 활동은 마비될 수밖에 없었다.

한편 당시 서울 대목구의 라리보 주교는 서울 대목구장직을 사임하면서 노기남 신부를 후임으로 추천하였다. 그 결과 노기남 신부는 1942년 1월 3일부로 서울 대목구장 서리로 임명되었다. 그런데 교황청에서는 서울 대목구뿐만 아니라, 평양 대목구와 춘천 지목구의 재치권도 노기남 신부에게 부여하였다. 이것은 양 교구를 맡고 있던 메리놀회 선교사들과 골롬반회 선교사들이 구금된 상태에서, 사목 공백을 우려한 교황청의 임시 조치였다.

노기남 신부는 1942년 1월 18일 착좌식을 거행한 후, 2월 4일 평양을 방문하였다. 그리고 교황청의 결정 사항을 신부와 신자들에게 알린 후 다음 날 평안남도 도청을 방문하여 도지사와 경찰국장을 만났다. 노기남 신부는 이들에게 미국인 신부들을 설득하여 조선을 떠나게 하라는 요청을 받았고, 만약 그들이 떠나지 않는다면 그것은 한국인 신부와 신자들을 통해 스파이 노릇을 하는 것으로밖에 인정할 수 없다는 협박도 받았다.

관후리 본당으로 돌아온 노기남 신부는 몇몇 신부들을 소집하여 이 문제를 논의했고, 현시점에서 평양 대목구를 비롯한 한국 교회를 위해서는 미국인 신부들이 한국을 떠나는 것이 좋겠다는 결론에 도달했다. 이에 오셰아 주교를 찾아간 노기남 신부는 평양 대목구의 책임자로서 한국을 떠날 수 없다는 오셰아 주교에게, 자신에게 평양 대목구를 맡긴다는 교황청의 전문을 보이며, 현시점에서 미국 신부들이 귀국하는 것이 한국 교회의 공익에 부합한다고 설득하였다.

결국 오셰아 주교는 귀국을 결정했고, 이 결정에 따라 경찰서에 감금되어 있던 평안북도의 메리놀회 신부들은 신의주 본당 사제관으로, 평안남도의 신부들은 프로테스탄트 선교사들이 살던 평양의 양촌으로 옮겨지게 되었다. 그러다가 1942년 6월 1일 오셰아 주교를 비롯한 모든 메리놀회 신부와 수도자들은 미국으로 강제 추방되었다.

5. 한국인 교구장의 탄생과 대목구의 변화

노기남 신부가 평양 대목구의 관리 책임을 맡았을 때, 평양 대목구에는 구금된 메리놀회 신부들을 제외하고 8명의 한국인 신부가 있었다. 그러나 이들만으로는 교구를 운영할 수가 없었다. 이에 노기남 신부는 서울 대목구에서 임시로 신부를 파견하기로 결정하였다. 아울러 자신이 평양에 상주하며 교구 업무를 볼 수 없기 때문에, 1942년 2월 홍용호 신부를 평양 대목구 감목대리로 임명하고, 그에게 교구의 모든 관리권을 위임하였다.

이러한 결정에 따라 1942년 2월 서울 대목구에서 4명의 신부가 파견되었다. 그리하여 오기선(吳基先, 요셉, 1907~1990) 신부는 신의주 본당, 심재덕(沈載德, 마르코, 1908~1945) 신부는 운향시 본당, 조인원(趙仁元, 빈첸시오, 1907~1978) 신부는 안주 본당, 임세빈(林世彬, 요셉, 1913~2003) 신부는 진남포 본당(보좌)에서 사목하게 되었다. 그리고 5월 하순에는 다시 이우철(李宇哲, 시몬, 1915~1984) 신부가 신의주 본당 보좌로, 김교명(金敎明, 베네딕도, 1911~1950?) 신부가 기림리 본당으로, 서기창 신부가 '영원한 도움의 성모 수녀회' 지도 신부로 임명되어 파견되었다.

1942년 12월 주교품을 받은 노기남 주교는, 한 사람이 세 교구의 사목 책임을 맡기에는 관할 지역이 너무 광범위하다고 생각했다. 이에 노기남 주교는 교황청에 평양 대목구를 다른 책임자에게 맡겨줄 것을 요청하는 동시에 홍용호 신부를 대목구장으로 추천하였다.

교황청에서는 노기남 주교의 요청을 받아들여, 1943년 2월 18일 홍용호 신부를 평양 대목구장 서리로 임명하였다. 이에 따라 3월 21일 평양 관후리 성당에서는 각 교구의 신부 대표와 신자 대표들이 모인 가운데 교구장 착좌식이 거행되었다.

착좌식을 마친 홍용호 신부는 교구와 본당을 운영하기 위해 성직자가 부족함을 절감하고 각 교구에 신부의 파견을 요청하였다. 그리하여 서울 대목구의 김영식(金永植, 베드로, 1909~1963) 신부, 함흥 대목구의 한도준(韓道俊, 마태오, 1915~1998) 신부, 연길 대목구의 김충무(金忠務, 클레멘스, 1910~1986) 신부

일제의 탄압이 날로 강화되는 가운데 1944년 4월 17일 홍용호 신부는 주교로 임명되었고, 6월 29일 산정현 교회에서 사우어 주교의 주례로 주교 서품식을 가졌다. 평양 대목구장 주교의 탄생으로 서울 대목구 신부들은 원래 소속 교구로 이동하였다. 주교 서품식에서 신자들을 강복하는 홍용호 주교.

와 한윤승(韓允勝, 필립보, 1911~1949) 신부가 평양으로 왔다.

이와 함께 홍용호 신부는 신심을 강화함으로써 신자들이 전시 체제의 어려움을 극복하기를 바랐다. 그리하여 1943년 5월 1일 〈평양교구 봉헌 기구문〉을 반포하여 평양 대목구의 전 성직자와 신자들이 성당이나 가정에서 열심히 봉헌토록 하였다. 아울러 같은 해 10월에는 신부들의 묵상회를 개최하여, 사제들도 정신 무장과 성직자로서의 자세 확립을 통해 시국을 타개해 나갈 것을 요구하였다.

그러나 전쟁 말기가 되면서 일제의 탄압은 날로 강화되었다. 그 결과 평양 대목구는 1944년 2월에 교구청을 비롯하여 관후리 성당과 부속 건물 일체를 강제 징발당했다. 이에 홍용호 대목구장은 주교좌 본당을 평양 계리(鷄里) 산정현(山亭峴)에 있는 장로교회 건물로, 주교관과 교구청은 경창리 2-12번지로 이전할 수밖에 없었다.

이러한 상황에서 1944년 4월 17일 홍용호 신부는 주교로 임명되었고, 6월 29일 산정현 교회에서 사우어 주교의 주례로 주교 서품식을 거행하였다. 이로써 홍용호 주교는 노기남 주교에 이어 두 번째 한국인 주교가 되었다.

홍용호 신부의 주교 임명에는 노기남 주교를 비롯하여 평양 대목구 신부들도 일정한 역할을 한 듯하다. 즉 노기남 주교는 홍용호 대목구장이 주교품을 받지 못하면 일본인 대목구장으로 바뀔 수 있다고 생각하여, 평양 대목구 신부들에게 홍용호 신부의 주교 임명을 요청하는 탄원서를 작성하도록 했고, 자신도 탄원서를 써서 동경의 교황사절을 통해 로마로 보냈다고 한다.

대목구장 주교가 탄생하면서 지금까지 평양 대목구에서 사목하던 서울 대목구 소속 신부들은 본래 대목구로 복귀하였고, 대신 덕원 자치수도원구의 김동철(金東哲, 마르코, 1915~1950) 신부와 최병권(崔炳權, 마티아, 1908~1949?) 신부가 파견되어 사목을 도왔다. 그리고 홍용호 주교는 1945년 5월 산정현의 주교좌 성당을 상수구리(上水口里)에 있는 옛 수녀원 자리로 옮겼고, 그곳에서 몇 달 뒤 해방을 맞이했다.

영원한 도움의 성모 수녀회의 상수구리 수녀원. 수녀원은 1942년 6월 1일 메리놀회 수녀들이 본국으로 돌아가면서 서포로 이전되었다.

제4절 성 골롬반 외방선교회와 광주 · 춘천 지목구

1. 성 골롬반회의 진출과 전라남도 감목대리구의 설정

성 골롬반회는 1916년 아일랜드의 갤빈(E. Galvin, 1882~1956) 신부에 의해 창설된 선교 단체이다. 갤빈 신부는 미국 뉴욕 교구 브루클린 지구에서 사목하던 선교사로 1912년 중국으로 파견되었다. 중국에서 활동하면서 중국 선교의 중요성을 깨달은 그는, 1916년 아일랜드로 돌아온 후 메이누스의 성 페트릭 대학 교수로 있던 블로윅(John Blowick) 신부와 함께 성 골롬반 외방선교회를 창설하였다. 그리고 중국으로 선교사들을 파견하였다.

중국 선교를 목표로 하던 성 골롬반회가 한국에 진출한 것은 1933년 10월 29일이었다. 당시 대구 대목구의 드망즈 주교는 1931년 5월 10일 전라도 감목대리구를 설정하고 김양홍 신부를 초대 감목대리로 임명하였다. 이것은 한국인 교구 설립의 준비 단계로, 이때부터 이 지역에 대한 사목은 한국인 신부 15명이 전담하였다.

그러나 감목대리구 설정 이후 드망즈 주교는 전라남도의 사목과 관련해서 문제점을 발견하였다. 먼저 1933년 당시 인구가 1,410,108명이었던 전라북도에는 본당이 12개, 신자 수가 16,564명이었던데 반해, 인구가 2,239,346명이었던 전라남도에는 본당이 6개, 신자 수는 2,363명에 불과했다. 따라서 이 지역의 복음화를 위해서는 막대한 노력이 필요했고, 이를 위해서는 많은 신부가 절실히 요구되었다. 그러나 '전라도 감목대리구'의 경우 서품받는 사제 수가 한정되어 있기에, 전라북도 본당에 배치하고 나면 전라남도에서 선교할 사제는 충분하지 않았다. 따라서 원래의 계획대로 이 감목대리구를 그대로 독립

교구로 설정하면, 전라남도 지역의 구원사업은 한없이 지연될 가능성이 컸다.

다음으로 전라남도 지역은 제주도를 포함하는 방대한 지역이었다. 따라서 많은 수의 사제가 필요했을 뿐만 아니라, 전교 회장과 성당도 필요했다. 더욱이 전교 회장의 활동과 성당 건축에는 막대한 자금이 필요했다. 그러나 전라도 감목대리구에서는 이것을 감당할 힘이 부족했다. 그리하여 이 지역에 대한 사목은 한국인 신부들에게 부담이 될 뿐만 아니라, 한국인 사제들이 계속 맡을 경우, 선교 활동도 부진할 수밖에 없을 것으로 생각했다.

결국 위와 같은 문제 때문에 드망즈 주교는 전라남도 지역을 '전라도 감목대리구'에서 분리하여 수도회나 선교회에 이양해 줄 생각을 하였다. 그리하여 1932년에 파리 외방전교회 본부에 전라도를 둘로 나누어 전라남도를 인적 · 물적 자원이 풍부한 선교 단체에 이양할 것을 건의하였다. 파리 외방전교회에서는 1933년에 이 문제를 포교성성과 협의하였다. 그리고 포교성성은 1933년 6월에 성 골롬반 외방선교회에 한국 진출을 제의했고, 성 골롬반회가 이를 받아들였다. 그 결과 포교성성에서는 1933년 7월 6일자로 '성 골롬반 외방선교회가 전라남도의 사목을 맡겠다고 승낙했다'는 사실을 드망즈 주교에게 통보했다.

성 골롬반회의 한국 진출이 결정되면서, 중국 한양(漢陽)에서 활동하던 성 골롬반회의 맥폴린 신부가 1933년 9월 11일 진출 문제를 협의하기 위해 대구에 왔다. 그리고 9월 16일에 드망즈 주교와 협정을 체결한 후 중국으로 돌아갔다. 맥폴린 신부는 10월 14일에 재차 입국했다가, 10월 20일 한국으로 파견될 선교사들을 맞이하기 위해 다시 중국 상해로 갔다.

한편 중국 사목을 위해 중국으로 향하던 8명의 성 골롬반회 선교사들은 도중에 한국으로 가라는 장상의 통지를 받았다. 그리하여 상해로 가서 맥폴린 신

대구 대목구로 파견되어 온 최초의 골롬반 외방선교회 선교사 10명과 드망즈 주교. 골롬반회는 1933년에 10명의 선교사가 한국에 도착하여 선교 활동을 시작하였다.

> **전라남도 교우**
> 당시 목포에는 신자가 700명인 반면, 광주에는 70명만 있었다. 이와 함께 맥폴린 신부가 목포에 머문 것은 도청 소재지인 광주의 일본인 관리로부터 가능한 한 멀리 떨어지라는 드망즈 주교의 충고를 받아들였기 때문이라는 기록도 있다 (*Light in the Far East*).

부를 만난 뒤 그와 함께 일본을 거쳐 1933년 10월 29일에 부산에 도착했고, 곧바로 대구로 왔다. 그리고 11월 19일에는 열 번째 선교사인 스위니(J. Sweeney, 徐) 신부가 도착하였다.

이들은 대구의 성 유스티노 신학교에서 한국어 공부를 시작했고, 그로부터 4개월이 지난 1934년 3월 8일에, 드망즈 주교는 전라도 감목대리구를 남 · 북 감목대리구로 나누고, 맥폴린 신부를 전라남도 감목대리로 임명하였다. 이 조치 후 성 골롬반회 선교사들은 1934년 4월에 각자의 본당으로 파견되었고, 감목대리 맥폴린 신부는 목포에 성 골롬반회 한국 본부를 두었다. 맥폴린 신부가 목포에 본부를 세운 것은, 광주가 도청 소재지이기는 하지만 신자들이 많지 않은 반면, 목포에는 전라남도 교우의 1/4이 있었기 때문이었다.

2. 광주 지목구의 설정과 변화

1) 광주 지목구의 설정

1934년 3월 전라남도 감목대리구가 설정되었을 당시, 감목대리구의 관할구역 내에는 본당 6개(목포, 노안, 광주, 순천, 제주, 홍로)와 3,143명의 신자가 있었다. 10명의 성 골롬반회 선교사들은 감목대리구의 설정과 동시에 부임지를 배정받았고, 1934년 부활 대축일(4월 1일) 후에 부임하기로 하였다.

선교사들은 우선 한국인 본당 신부의 보좌로 선교사업에 종사하였다. 그리하여 1934년 4월 3일에는 게라티(B. Geraghty, 池) 신부와 네리간(T. Neligan, 干) 신부가 정수길(鄭水吉, 요셉, 1897~1978) 신부가 맡고 있던 순천 본당으로 출발했다. 그리고 4월 4일에는 마리난(G. Marinan, 梅) 신부가 민정호(閔正鎬, 마르코, 1906~1935?) 신부의 광주 본당으로 갔고, 헨리(H. Henry, 玄) 신부는 박재수(朴在秀, 요한, 1899~1983) 신부의 노안 본당으로 갔다. 같은 날 4명의 신부가 제주도로 출발했는데, 도슨(P. Dawson, 孫) 신부와 스위니(J. Sweeney, 徐) 신부는 최덕홍(崔德洪, 요한, 1902~1954) 신부의 제주 본당으로, 맥메나민(D. McMenamin, 明) 신부와 라이언(T.D. Ryan, 羅) 신부는 김창현(金昌鉉, 바오로, 1902~1969) 신부의 홍로 본당으로 떠났다. 마지막으로 4월 9일에는 맥폴린 신부와 모나간(P. Monaghan, 牟) 신부가 목포로 출발했는데, 당시 목포 본당은 송남호(宋南浩, 요셉, 1904~1977) 신부가 맡고 있었다.

한국인 사제들을 도와 선교사업에 종사하던 성 골롬반회 선교사들은, 차츰 지역의 풍습과 관할 지역의 현황을 파악해 가는 가운데 1935년부터 본당 사목을 맡게 되었다. 당시 광주 본당의 민정호 신부는 1934년 12월에 물러났고, 목포 본당의 송남호 신부는 1935년 2월에 서울로 전임되었다. 그리고 순천 본당의 정수길 신부는 1935년 6월에 순천을 떠났고, 1936년 6월에는 제주의 두 한국인 신부도 전임되었다. 그 결과 한국인 신부들을 대신하여 성 골롬반회 선교사들이 본당을 책임지게 된 것이다. 아울러 1935년 5월에는 나주 본당이 신설되어 헨리 신부가 초대 주임이 되었는데, 나주 본당은 성 골롬반회가 한국에서 건립한 첫 번째 성당이 되었다.

한편 이 시기 전라남도의 교세는 꾸준히 증가하고 있었다. 즉 감목대리구 설정 당시 3,143명이었던 신자 수는, 1935에는 3,350명, 1936년에는 3,567명, 1937년에는 4,016명으로 늘어났다. 그리고 1935년에는 나주 본당이 신설되고, 1936년에는 여수 본당이 신설되었다. 아울러 성 골롬반회 선교사들의 입국도 이어져, 1934년 6월 26일에는 퀸란(T. Quinlan, 具仁蘭, 1896~1970) 신부가 입국했고, 1935년 11월 21일에는 데빈(P. Devin, 丁) 신부, 우즈(F. Woods, 禹) 신부, 쿠삭(T. Cusack, 高) 신부, 스위니(A. Sweeney) 신부가 왔다. 그리고 1936년 11월 7(또는 21)일에는 맥간(F. McGann, 韓) 신부, 물켄(T. Mulkern, 姜) 신부, 매긴(J.P. MaGinn, 陣) 신부, 메카티(M. McCarthy) 신부가 입국했다. 그 결과 1937년 초 전라남도 감목대리구에서 활동하는 선교사는 모두 19명이 되었고, 3명의 한국인 신부도 이 지역에서 사목하고 있었다.

이런 상황에서, 교황청은 1937년 4월 13일에 전라남도 감목대리구를 광주 지목구로 설정하고 맥폴린 신부를 광주 지목구장으로 임명하였다. 전라남도 감목대리구는 설정 당시부터 독립 교구로 승격될 예정이었고, 드망즈 주교는 그 승격 시점을 대구 대목구의 설정 25주년이 되는 1936년이기를 희망했다. 그러나 성 골롬반회 선교사들이 현재의 관할권으로부터 너무 빨리 독립하기를 원치 않는다는 의사를 표명했고, 전라북도의 한국인 신부들도 독립 교구의 설립 연기를 드망즈 주교에게 요구하였다. 그런 가운데 드망즈 주교는 1936년 4월 22일 광주 지목구와 전주 지목구의 설정을 요청하는 서류를 로마로 보냈고, 그로부터 1년 뒤인 1937년 4월에 광주 지목구와 전주 지목구의 설정이 이루어졌던 것이다.

2) 제2차 세계 대전과 골롬반회 선교사들의 구금

1937년 4월 광주 지목구의 신자 수는 4,016명이었다. 이후 지목구의 신자 수는 계속 늘어 1938년에는 4,356명, 1939년에는 4,852명, 1940년에는

5,346명, 1941년에는 5,772명으로 증가하였다. 이에 따라 본당도 신설되었는데, 1937년에는 영광 본당과 장성 본당이 설립되었고, 1941년 9월에는 보성 본당이 순천 본당의 공소에서 승격되었다. 그리고 1938년 5월 4일에는 '재단법인 광주구 천주교회 유지재단'도 설립되었다.

그러나 1941년 12월 일제가 태평양 전쟁을 일으키면서, 광주 지목구는 커다란 시련을 겪게 되었다. 일제는 전쟁을 개시함과 동시에 한국에 있던 외국인들을 추방하거나 감금하였다. 그래서 중립국인 아일랜드 출신의 성 골롬반회 선교사들도 준적성국(準敵性國) 국민으로 간주되어 구금되었다. 이들은 각지의 경찰서에 수감되었다가 1개월 후에 목포 경찰서로 이감되었다. 이에 앞서 제주도에서 사목하던 도슨 신부, 스위니(A. Sweeney, 徐) 신부, 라이언 신부는 1941년 10월에 간첩 혐의로 체포되었고, 그 후 2~5년형을 선고받고 구속되었다.

한편 나주 본당의 헨리 신부는 목포를 방문했다가 맥폴린 몬시뇰과 함께 체포되었다. 그는 얼마 뒤 자신의 임지인 나주로 이송되었고 거기서 노안 본당의 케인(T. Kane) 신부와 함께 심문을 받은 뒤 1942년 2월 초 광주로 보내졌다. 광주에서는 광주 본당의 옛 사제관에 감금되었는데, 이곳에는 다른 성 골롬반회 선교사들도 함께 억류되어 있었다. 이들 중 미국인이었던 헨리 신부와 케인 신부 그리고 호주인인 망간(K. Mangan) 신부는 5월에 부산으로 보내져 6월 1일 한국을 떠났다.

맥폴린 몬시뇰와 선교사들이 구금되면서 광주 지목구의 신자들은 목자 잃은 양이 되었다. 게다가 일제는 외국인 성직자들과 접촉하였다는 이유로 신자들을 체포하거나, 김재석(金在石, 요셉, 1910~1987) · 김창현 · 이민두(李敏斗, 타대오, 1902~1955) 등 한국인 신부들도 같은 이유로 수감하였다. 그 결과 사목할 신부가 부족하여, 여수 본당 · 보성 본당처럼 다시 공소가 되는 경우가 생기면서, 신자들의 신앙생활은 대단히 위축될 수밖에 없었다. 뿐만 아니라 전쟁 중에는 한국인 모두가 일주일 내내 강제 노동에 동원되어, 신자들은 성당에 나오기도 어려웠다.

3) 와키다 신부의 지목구장 임명

1942년 1월 7일, 전주에서 주재용 신부의 전주 지목구장 착좌식이 거행되었다. 김양홍 신부의 사임으로 전주 지목구를 맡게 된 주재용 신부는 맥폴린 지목구장을 대신하여 광주 지목구도 관리하게 되었다. 그런 가운데 1942년 가을 맥폴린 교구장은 도쿄로 가서 주일 교황사절에게 사표를 제출했고, 이것이 수리되면서 1942년 11월 21일에 일본인 와키다 아사고로[脇田淺五郎] 신부가 로마로부터 광주 지목구장에 임명되었다. 그리고 12월 11일 서울에 도착하였다.

와키다 신부는 며칠 간 서울 주교관에 머물며 총독부와 주요 기관에 신임 인사를 한 뒤 목포로 갔다. 그리고 감금되어 있던 맥폴린 지목구장을 만나 사무를 인계받았다. 이후 성 골롬반회 선교사들은 경찰서에서 풀려나 목포(산정동) 성당 근처에 있는 본부 건물(1935년 가을 신축)에서 함께 생활하였다. 그러나 외부와의 연락은 일절 금지되어 있었다.

와키다 지목구장이 부임한 이듬해 2월 7일, 목포 성당에서는 지목구장 착좌식이 거행되

> 주재용 신부가 광주 지목구를 맡게 된 시점에 대해, 《경향잡지》 943호(1942년 2월 15일 발행)에는 1월 7일 전주 지목구장 착좌식을 할 때 이미 광주 지목구의 관리 책임을 맡은 것으로 기술하고 있다. 반면 김구정의 《천주교 호남발전사》에는 1942년 2월 27일자로 광주 지목구의 관리자를 겸하라는 교황청의 명령을 받았다고 한다.

었다. 착좌식에는 노기남 주교와 주재용 전주 지목구장, 그리고 맥폴린 전임 지목구장이 참석했고, 다수의 관공서 내빈과 1,000여 명의 교우들도 함께했다. 이후 와키다 지목구장은 광주 본당의 사제관을 증축 수리한 후, 1943년 말에는 목포에 있던 교구청을 광주 본당으로 이전하였다.

새로운 지목구장이 부임하면서, 지목구의 사목 활동도 어느 정도 활기를 띠게 되었다. 먼저 와키다 지목구장은 성 골롬반회 선교사들이 활동할 수 없었기 때문에 부족한 신부를 타 교구에 요청하였다. 그 결과 전주 지목구 및 서울 대목구에서 신부들이 파견되었는데, 이들이 광주 지목구의 한국인 신부들과 함께 본당 사목을 수행하였다. 이때 활동하던 신부로는 광주 지목구의 김재석 신부 · 김창현 신부 · 이민두 신부 · 장옥석(張玉石, 루치오, 1919~2000) 신부, 전주 지목구의 김양홍 전 지목구장 · 최덕홍 신부 · 박문규(朴文奎, 미카엘, 1908~1961) 신부 · 오기순(吳基順, 알베르토, 1910~1993) 신부, 1943년 3월 서울 대목구에서 순천 본당으로 파견된 임세빈 신부 등이었다.

와키다 지목구장이 재임하던 시기는 전쟁 말기였다. 그리하여 일제는 창씨개명, 일본어 사용 등 한국민에 대한 황민화(皇民化) 시책을 더욱 강화하였고, 징병 · 징용 · 학병 · 군수물자 징발 등 한국민들의 전쟁 참여도 강요하였다. 이러한 일제의 요구와 탄압은 교회에도 가해져, 군수물자로 쓰기 위해 성당 종의 헌납을 요구하거나, 교회 건물과 시설들을 강제로 징발하고자 하였다. 이러한 상황 속에서 와키다 지목구장은 총독부와 헌병대 그리고 군사령부를 쫓아다니며 교회가 처한 어려움을 해결하려고 적극 노력하였다.

한편 1945년 4월 25일, 노기남 주교는 총독부 정무국으로부터 목포에 있는 성 골롬반회 선교사들을 충청도 이북으로 이동 · 수용시키라는 통고문을 전달받았다. 목포가 항구 도시이기 때문에 그곳에 외국인이 거주하면 스파이 노릇을 할 위험이 있다는 이유였다. 노기남 주교는 다음 날 광주로 가서 와키다 지목구장과 의논한 후 함께 목포로 갔다. 그리고 성 골롬반회 선교사들을 광주로 데려가겠다고 하였다. 그러나 이들의 광주행은 허락되지 않았다. 한편 당시 성 골롬반회 선교사들은 덕원으로 가려 하였다. 그러나 이 제안 역시 덕원에 바다가 있다는 이유로 일제 당국에 의해 거부되었다.

서울로 올라온 노기남 주교는 대책을 논의한 끝에 성 골롬반회 선교사들을 춘천으로 보내기로 하였다. 그러나 보안과에서 춘천에 3명, 홍천에 10명으로 분산 · 배치할 것을 요구하여 계획을 변경하였다. 1945년 5월 27일 목포에 있던 골롬반회 선교사 전원이 서울에 도착했다. 그러나 5월 29일 보안과에서는 다시 선교사 전원을 홍천으로 보낼 것을 통지하였다. 그 결과 맥폴린 몬시뇰을 비롯한 12명의 선교사는 5월 30일 서울에서 출발하여 홍천으로 가서 해방이 될 때까지 홍천 본당에 갇혀 있었다.

1945년 8월 15일 해방이 되면서 와키다 교구장은 2~3개월 후 노기남 주교의 도움으로 귀국하였고, 강제 연금되었던 성 골롬반회 선교사들은 자유의 몸이 되어 9월 15일 서울에 도착하였다. 그리고 다시 광주 지목구의 책임을 맡은 맥폴린 몬시뇰과 성 골롬반회 선교사들은 9월 27일 목포로 내려가 교구의 재건을 도모했고, 광주로 옮겨졌던 교구청도 목포로 환원시켰다.

이 시기 맥폴린 몬시뇰의 행방과 관련해, 노기남 주교는《회상록》에서 5월 27일 맥폴린 몬시뇰도 목포에서 올라와 홍천으로 가서 해방될 때까지 있었다고 한 반면, 김구정은《천주교 호남발전사》에서 1945년 4월에 본국으로 돌아갔다가 해방 후 한국에 재입국했다고 하였다.

광주 지목구장 맥폴린 몬시뇰
맥폴린 몬시뇰이 언제 광주 지목구장으로 다시 임명되었는지는 알 수 없다. 다만 성 골롬반회 선교사들이 1945년 9월 15일 홍천에서 서울로 왔고, 9월 27일에 목포로 갔다는 점에서 그 사이가 아닐까 추정된다.

3. 춘천 지목구의 설정과 변화

1) 춘천 지목구의 설정

1933년 한국에 진출한 성 골롬반회 선교사들은 1934년에 전라남도 감목대리구를 맡았고, 1937년에는 감목대리구가 광주 지목구로 승격되면서 독립 교구를 사목하게 되었다. 그리고 이듬해에는 강원도 지역의 사목도 성 골롬반회에 위임되었다.

당시 서울 대목구의 라리보 주교는 한국 교회의 발전을 위해서는 서울 대목구의 분할이 필요하다고 생각했다. 그래서 교황청에 서울 대목구의 분할을 요청했는데, 교황청에서 이 청원을 받아들여 1938년 6월 9일 강원도의 사목을 성 골롬반회에 위임했던 것이다.

성 골롬반회에서는 1938년 10월 광주에 있던 퀸란 신부를 새 지역의 사목 책임자로 임명하고, 11월 중순 브렌난(P. Brennan, 安, 1901~1950) 신부와 함께 춘천으로 파견하였다. 퀸란 신부는 강원도 지역의 본당들을 시찰한 후 11월 하순 춘천 본당에 도착하였다. 이후 교구 설립을 준비하는 가운데, 1939년 4월 25일 강원도 지역은 서울 대목구에서 분리되어 춘천 지목구로 설정되었고, 광주 지목구장인 맥폴린 몬시뇰이 초대 지목구장 서리를 겸임하였다.

지목구가 설정될 당시, 강원도에는 11개의 본당과 약 10,000명의 신자가 있었으며, 퀸란 · 브렌난 · 게라티 · 네리간 신부가 춘천 지목구 소속 선교사로 임명되었다. 그리고 뒤이어 맥간 신부, 매긴(J. Maginn) 신부, 마리난 신부, 도일(J. Doyle, 都) 신부 등도 춘천 지목구로 파견되었다.

한편 지목구장을 맡게 된 맥폴린 몬시뇰은, 1939년 6월 21일 라리보 주교로

〈표 2〉 1939년 7월 사제 인사

본당	전임 신부	새 신부-이전 임지
이천	박우철	맥간-장성
횡성	이보환(李普煥, 요셉)	게라티-장성
평강	김피득(金彼得, 베드로)	매긴-순천
원주	유영근	브렌난-춘천
홍천	김영식(金永植, 베드로)	네리간-순천
춘천 (일본인 사목)		도일-동경 어학 공부
양양	유재옥(劉載玉, 프란치스코)	이광재 (李光在, 디모테오)-풍수원 보좌
강릉	김인상(金寅相, 야고보)	김학용(金學用, 시몬)-합덕 보좌

부터 춘천 지목구의 재치권을 인계받았다. 그리고 퀸란 신부를 지목구장 대리로 임명하여 자기 대신 춘천 지목구의 사목을 책임지도록 하였다. 이것은 광주와 춘천이 거리상 너무나 멀어, 자신이 두 곳에서 활동하기가 어려웠기 때문이었다. 그런 다음 라리보 주교와 함께 사제들의 인사 문제를 협의했다.

당시 강원도 지역에는 11개의 본당이 있었는데, 이 중 7개 본당에 대한 인사이동이 단행되었다. 7개 중 5개 본당(이천, 횡성, 평강, 원주, 홍천)은 한국인 신부에서 성 골롬반회 신부들로 교체되었고, 2개 본당(양양, 강릉)은 한국인 신부끼리 교대하였다. 그리고 일본 동경에서 일본어를 배우던 도일 신부가 입국하여 춘천의 일본인 사목을 맡게 되었다.

이외 춘천 지목구에 속한 본당 중, 춘천 본당은 1938년 11월 이래 퀸란 신부의 책임 아래 있었고, 풍수원 본당은 정규하 신부(1896~1943. 10 재임), 신림(용소막) 본당은 백남희(白南熙, 베드로, 1887~1940) 신부(1936. 4~1940. 4 재임), 대화 본당은 윤예원 신부(1929~1953 재임)가 계속 사목을 담당하였다. 그 결과 춘천 지목구에는 5명의 한국인 신부가 남아 성 골롬반회의 사목을 돕게 되었다. 그리고 1939년 12월에는 성 골롬반회 본부에서 3명의 선교사가 춘천으로 파견되었다.

맥폴린 몬시뇰은 춘천 지목구의 기틀을 잡아가는 한편, 춘천 지목구를 온전히 맡아서 운영할 새로운 지목구장의 임명을 바랐다. 그리하여 그는 1939년 12월에 동경의 교황사절을 방문하여 새로운 지목구장의 임명 필요성을 주장했고, 교황사절로부터 교구장의 임명 문제를 교황청에 보고하겠다는 답도 듣게 되었다. 그런 가운데 교황청에서는 1940년 11월 22일자로 퀸란 신부를 춘천 지목구장에 임명하였다.

이 소식은 1941년 1월 13일 맥폴린 몬시뇰에게 알려졌고, 퀸란 신부는 1941년 1월 상순에 맥폴린 몬시뇰을 만나 춘천 지목구의 사무를 인계받은 후 지목구장에 취임하였다. 이로써 춘천 지목구는 명실상부한 독립 교구로서의 면모를 갖추게 되었다.

2) 제2차 세계 대전과 춘천 지목구의 시련

퀸란 신부가 지목구장에 취임할 당시(1940~1941년), 춘천 지목구의 교우 수는 11,166명이었고, 본당은 11개였다. 그리고 이들을 성 골롬반회 선교사 15명(지목구장 포함)과 한국인 신부 5명이 사목하였다. 지목구의 상황은 전년에 비해 큰 변화가 없었지만, 신자 수가 10,444명에서 11,166명으로 증가한 것은, 증가된 인원(722명)이 대구 대목구의 증가 수(746명)와 비슷하다는 점에서, 당시 춘천 지목구의 사목이 그만큼 활발하게 진행되고 있었음을 보여준다.

퀸란 신부와 성 골롬반회 선교사들. 교황청에서는 1938년 6월 9일에 강원도의 사목을 성 골롬반회에 위임했고, 1940년 11월 22일자로 퀸란 신부를 춘천 지목구장으로 임명했다. 당시 춘천 지목구의 교우 수는 11,166명이었고, 본당은 11개였다.

그러나 1941년 12월 8일 태평양 전쟁이 발발하면서 상황이 달라졌다. 일제는 한국에 있던 외국인들을 추방하거나 감금했는데, 춘천 지목구의 선교사들도 광주 지목구의 신부들처럼 체포되었다. 일제는 아일랜드가 중립국을 표방했음에도 불구하고, 아일랜드 출신의 성 골롬반회 선교사들을 준적성국 국민으로 간주하여 구금했던 것이다.

체포된 선교사들은 12월 9일 또는 10일에 체포된 지역의 감옥에 수감되었다. 그러다가 12월 10일에 4곳의 감옥으로 분산 수용되었는데, 퀸란 몬시뇰 · 브렌난 신부 · 헤리기(F. Herligy) 신부 · 네리간 신부 · 크로스비(P. Crosby) 신부는 춘천, 게라티 신부 · 겔라허 신부 · 디어리(P. Deary) 신부는 원주, 콜리에(T. Collier) 신부 · 도일 신부는 강릉, 맥간 신부 · 매긴 신부 · 맥고완(P. McGowan) 신부 · 헤이워드(H. Hayward) 신부는 평강에 갇혀 있었다. 그러나 보름 후인 1941년 12월 25일, 선교사들은 모두 춘천으로 압송되어 경찰훈련학교에 감금되었고, 1942년 1월 말에는 빈 감리교회 건물로 옮겨졌다.

이러한 상황에서 성 골롬반회 선교사들은 더 이상 사목 활동을 할 수가 없었고, 이에 교황청에서는 1942년 1월 3일 서울 대목구장으로 임명된 노기남 신부에게 춘천 지목구의 재치권도 함께 부여하였다. 노기남 신부는 1942년 1월 18일 착좌식을 거행한 후, 2월 8일 춘천을 방문했다. 그리고 구금 중인 퀸란 몬시뇰을 만나 교구 사무를 인계받았다.

성 골롬반회 선교사들이 감금되면서 춘천 지목구의 사목 활동은 어려움에 처하게 되었다. 물론 춘천 지목구에서 사목하던 한국인 신부들이 있었지만, 5명 정도의 인원으로 춘천 지목구를 감당하기에는 역부족이었다. 이에 노기남 신부는 1942년 2월과 5월에 인사이동을 단행하여 서울 대목구의 한국인 신부 5명을 춘천 지목구로 파견하였다.

〈표 3〉 1942년 2월 및 5월 사제 인사

	본당	새 신부-이전 임지
2월	이천	김피득-옹진
	원주	박일규(朴一圭, 안드레아)-제천
	춘천	신성우(申聖雨, 마르코)-개성
	강릉	김영식-서천
5월	평강	이보환-송화

신부들을 파견함과 동시에, 노기남 신부는 사제가 부족한 것을 보완하기 위해 한 신부가 여러 본당을 관리하는 체제로 전환하였다. 그 결과 횡성 본당은 풍수원 본당으로, 용소막 본당은 원주 본당으로 병합되었고, 홍천 본당은 춘천 본당에서 관리하도록 하였다.

한편 감금되어 있던 성 골롬반회 선교사들은 자신들이 중립국민임을 강조했고, 이에 따라 1942년 3월에 풀려나 사제관에 연금 상태로 있었다. 그러다가 1942년 말, 선교사들은 다시 춘천 · 횡성 · 홍천에 나뉘어 수용되었다.

춘천에는 퀸란 몬시뇰 · 도일 신부 · 콜리에 신부 · 맥고완 신부가 수용되었고, 횡성에는 네리간 신부 · 디어리 신부 · 겔라허 신부, 홍천에는 게라티 신부 · 맥간 신부 · 매긴 신부가 갇혀 있었다. 반면 헤이워드 신부 · 헤리기 신부 · 브렌난 신부 · 크로스비 신부 등 4명은 뉴질랜드인, 미국인, 호주인이었기 때문에 1942년 6월 본국으로 강제 송환되었다.

춘천 지목구 선교사들의 처리와 관련하여, 노기남 주교는 다음과 같이 증언하고 있다. "(퀸란 몬시뇰을 만난) 다음 도지사를 방문하여 성 골롬반회 선교사들을 자신에게 인도해 줄 것을 요청하였다. 도지사는 선교사들을 몇 개의 본당에 분산 배치하고, 신자들과의 접촉을 금지하겠다는 약속을 받고, 선교사들을 인계하였다. 이때 선교사들이 분산 배치된 곳은 춘천 본당, 홍천 본당, 횡성 본당, 강릉 본당이었다"(노기남, 《회상록》, 256~261쪽).

성 골롬반회 선교사들은 1945년 8월 15일 해방과 함께 자유의 몸이 되었다. 그리고 얼마 뒤 노기남 주교는 춘천 지목구장 서리직을 사임하였다. 교황청에서는 노기남 주교의 사임을 받아들임과 동시에 퀸란 몬시뇰을 춘천 지목구장 서리로 재임명하였다. 이 소식은 마렐라 주일 교황사절이 1945년 10월 4일자 서한을 통해 퀸란 몬시뇰에게 알렸다. 그 결과 춘천 지목구는 다시 성 골롬반회에서 맡아 사목하게 되었다.

《노기남 대주교 연보》 1945년 11월 22일자에는 "춘천 교구장 사임 수리하고, 구 신부를 교구장으로 임명함"이라는 내용이 있다.

제5절 외국 여자 수도회의 활동

1. 샬트르 성 바오로 수녀회

1888년 7월 한국에 진출한 샬트르 성 바오로 수녀회는 교구로부터 종현 고아원(1888. 9)을 인수받아 운영하였고, 1894년 8월에는 제물포 수녀원이 설립되면서, 제물포에서도 고아원을 시작하였다. 고아원과 함께 시약소(施藥所)도 설치 · 운영했는데, 제물포 수녀원에서는 1894년부터, 서울 수녀원에서는 1899년경에 시약소(무료 진료소)를 개설하여 의료 봉사를 하였다.

수녀회는 1899년부터 본격적으로 교육 사도직을 전개했다. 제물포 수녀원에서는 1899년 8월에 여학교를 시작했고, 서울 수녀원에서는 1900년 가을부터 명동 본당에 여학교를 개설하였다. 그리고 1901년 약현 본당에 설립된 여학교에도 수녀들이 파견되었다.

수녀들은 1909년부터 지방에도 보내져, 1909~1910년에 평양 본당의 성모여학교, 진남포 본당의 지정여학교, 매화동 본당의 봉삼학교, 제주 본당의 신성여학교 등지에서 활동하였다. 그리고 신부들을 도와 본당 사목에 협조함으로써 본당의 발전과 활성화의 밑거름이 되었다.

일제 강점기에도 수녀회의 활동은 크게 다르지 않았다. 이전과 같이 고아원과 양로원을 돌보았고, 시약소를 운영했으며, 학교에서 학생들을 가르치는 동시에 교리 지도 · 가정 방문 · 신심 단체 지도 등 본당 사목에도 적극 참여하였다. 다만 대구 대목구에 새로운 수녀원이 설립된 것, 수녀들의 파견을 요청하는 학교와 본당들이 늘어 분원이 전국적으로 확대된 점, 성모병원 등 정식 병원의 설립으로 전문적인 의료 봉사에 이바지하게 된 점, 보통교육 중심에서 중등 교육과 고등 교육으로까지 교육 사도직이 발전한 점 등은 일제 강점기 수녀회의 새로운 활동 모습이라고 할 수 있다.

일제 강점기 샬트르 성 바오로 수녀회의 변화 중에 주목되는 것이 대구 수녀원의 설립이다. 이것은 대구 대목구장 드망즈 주교의 요청에 의한 것으로, 그는 서울과는 독립된 수녀원을 가짐으로써 대구 대목구의 사도직이 활성화되기를 희망했다. 그리하여 드망즈 주교는 샬트르 성 바오로 수녀회의 총장 수녀에게 대구로 회원을 파견해 줄 것을 요청하였고, 수련원의 설립도 계획하였다. 그 결과 1915년에 대구에 수녀원이 설립되었고, 1923년에는 교황청으로부터 수련원의 설립 인가를 받고, 1925년에 수련원도 개설하였다. 대구 수녀원의 수녀들이 대구 대목구의 보육원, 학교, 무료 진료소, 본당 활동 등에 종사함으로써 교구 사목에 커다란 활력이 되었다.

한편 수녀원에서 운영하던 고아원들은 제1차 세계 대전의 여파로 어려움을 겪게 되었다. 당시 프랑스 성영회에서 보내주는 보조금이 줄어들면서 이들은 극도의 내핍생활을 해야만 했다. 이에 서울의 수녀들은 자선 복권을 판매하고, 바자회를 열며, 아이들과 만든 물건을 팔아서 생활비를 보탰고, 대구의 수녀들은 양잠업을 하며 필요한 재원을 마련하였다. 이런 상황에서도 고아들은 계속 늘어 1927년까지 서울 고아원에서 구호되고 양성된 고아 수는 4,500명이 넘었다. 그 결과 늘어나는 고아들을 수용하기 위해 1936년에는 용산 삼호정에 분원을 설치하기도 하였다.

서울과 제물포의 무료 진료소도 계속 운영되었다. 그리고 수녀들은 새로 파견되는 본당에서 대부분 시약소를 개설하였다. 그리하여 1936년 성모병원이 설립될 때까지 서울 대목구의 구호사업과 의료사업은 수녀회에서 운영하는 시약소가 전부였다. 시약소뿐만 아니라 수녀들은 성모병원에 파견되어 활동

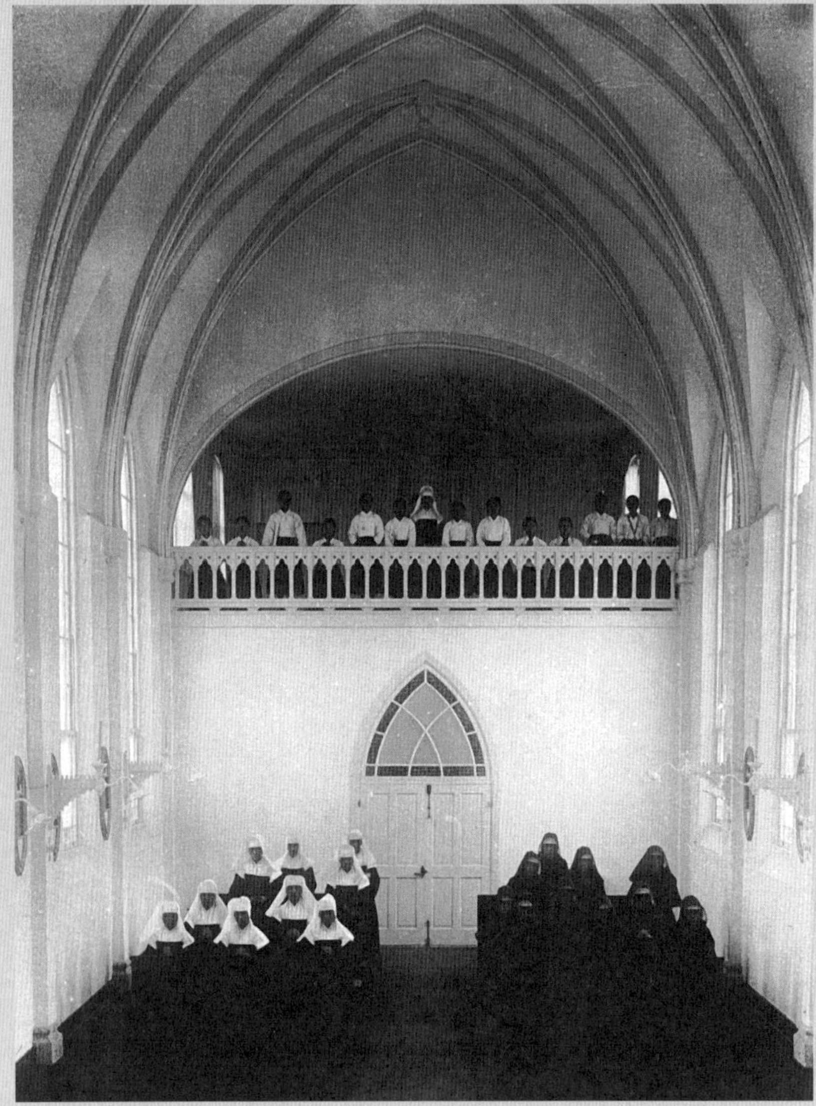

대구 샬트르 성 바오로 수녀원 성당(1927년). 일제 강점기 샬트르 성 바오로 수녀회의 변화 중에 가장 주목되는 것은 대구 수녀원의 설립이다. 대구 대목구장 드망즈 주교는 서울과 독립된 수녀원을 가짐으로써 대구 대목구의 사도직이 활성화되기를 희망했다.

했고, 1940년 9월에는 재령의 성심병원에서 봉사하는 등 정식 병원에서도 의료 활동을 전개했다. 그리하여 당시 교회의 의료사업은 대부분 수녀회가 담당했다고 해도 과언이 아니었다.

일제 강점기 수녀들의 교육 활동도 계속되었다. 수녀회에서는 1912년에 장호원 · 안성 · 대구 본당의 학교에 수녀들을 파견하였고, 1920년대에는 의주 해성학교(1921년), 왕림 광성학교(1929년) 등에 파견하였다. 그리고 1930년대에는 은율 해성학교(1931년), 마산 성지학원(1932년), 원주 소화강습소(1934년), 왜관 소화여자학원(1936년), 전주 해성보통학교(1937년) 등에 수녀들을 보냈다. 물론 교사 자격증을 요구하는 시대적인 상황 속에서 교단을 떠나 본당 활동에 전념하는 수녀들이 늘어갔지만, 해방 때까지 수녀들은 23개의 초등 교육 기관에서 지속적으로 혹은 단기적으로 교육을 시행하였다.

수녀회의 교육 사도직과 관련해서 주목되는 것은, 1927년 5월에 개원한 계성여학원과 1944년 9월에 개교한 계성여자상업전수학교의 존재이다. 계성여학원은 수녀회에서 자체적으로 설립 · 운영한 특수한 교육 기관으로, 고등여학교 출신의 규수들에게 가사를 가르치는 일종의 가정 학교였다. 그리고 계성여자상업전수학교는 천주교회 최초의 여성 중등 교육 기관으로 수녀들이 일반 과목과 종교를 가르쳤다. 이것은 지금까지 보통교육 중심이었던 수녀회의 교육 사도직이 점차 중등 교육 · 고등 교육으로까지 발전해 가고 있음을 보여주는 사례라고 하겠다.

수녀들의 본당 파견도 활발하게 이루어졌다. 1911년 이후 24개 본당에 새로이 파견된 수녀들은 본당을 중심으로 교육, 의료, 자선 활동을 전개하였다. 수녀들은 소학교, 유치원, 시약소, 양로원 등의 일에 종사함과 동시에, 교리 지도, 가정 방문 등으로 본당 전교의 한 부분을 담당하였다. 특히 신자들에 대한 교리 교육은 한글 교육을 통한 민족정신을 고취하는 결과가 되기도 하였다.

한편 수녀회에서는 1931년 11월 '올리베타노 성 베네딕도 수녀회' 수녀들이 연길 지목구로 파견되자, 김해겸(쌘뽈) 수녀와 이 공자가 수녀를 보내 6개월 동안 스위스 수녀들의 선교지 적응을 돕고, 지원자들의 수도생활 준비에 도움을 주었다. 그리고 1945년에는 '성가 소비녀회'에 강부길(데클라) 수녀와 김덕생(아델라) 수녀를 파견하여 회원 양성을 위한 수련을 돕기도 하였다.

2. 메리놀 수녀회

1) 한국 진출

메리놀 수녀회는 1912년 1월 6일 로저스(Mary Joseph Rogers) 수녀가 설립한 미국 최초의 외방 선교 수녀회이다. 보스톤의 공립학교 교사였던 로저스 수녀는 외방 선교에 관심이 있던 여성들을 모아 메리놀 외방선교회에서 간행하는 잡지 *The Field Afar*의 편집 일을 도왔는데, 이들 중 수도생활을 희망하는 여성들이 생겨나면서 수도 단체를 설립했고, 1920년 2월 14일에 교황청의 인준을 받았다. 수녀회의 명칭은 '성 도미니코 외방 선교 수녀회'(Foreign Mission Sisters of St. Dominic)였다가, 1954년에 메리놀 수녀회로 개칭하였다.

메리놀 수녀회는 복음이 선포되지 않은 아시아의 선교를 목적으로 설립되었다. 그리하여 1921년 홍콩에 처음으로 회원을 파견하였고, 1924년에는 한국에도 수녀들이 진출하였다. 메리놀 수녀회의 한국 진출은, 평안도 지역의 사목을 위임받은 메리놀 외방선교회의 요청에 의한 것으로, 선교사들의 선교 사업을 돕기 위해 한국에 왔다. 1924년 10월 19일 루둑(L. Luduc) 수녀를 포

한글 공부를 하는 메리놀 수녀회 수녀들. 1924년에 한국에 진출한 메리놀 수녀회는 시약소와 양로원을 운영했으며, 특히 최초의 한국인 수녀회인 '영원한 도움의 성모 수녀회'를 탄생시키는 데 큰 역할을 했다.

함한 6명의 수녀가 1진으로 입국했고, 1925년 10월에는 장정온(張貞溫, 앙네다) 수녀와 김교임(金敎任, 말가리다) 수녀 등 6명이 2진으로 입국하였다. 이들은 평안도 의주에 임시 수녀원을 마련하고 한국어와 한국 문화를 익히면서 선교 활동을 준비하였다.

2) 활동

1926년 수녀회는 영유에 수녀원을 신축하고 한국 지부를 영유로 이전하였다. 의주에는 3명의 수녀가 남았는데, 이들은 양로원을 돌보고 고아들을 양육했으며, 시약소를 설치하여 가난한 이들을 치료해 주었다. 이 시약소는 1936년 신의주에 성모병원이 설립될 때까지 운영되었다.

영유에서도 본당의 선교사업을 돕는 한편, 시약소를 설치하고 고아원을 개설하여 빈민 구제사업을 전개하였다. 그리고 1927년에는 수녀원 내에 여자기예학교를 설립하여 12세부터 19세까지의 여학생들을 모집하여 자수를 비롯한 보통학교 교육 과정을 이수시켰다.

메리놀 수녀회는 신의주 본당에도 분원을 설치하였다. 신의주 본당의 4대 주임 페티프렌(R. Petipren, 邊, 1927~1935 재임) 신부는 의주에 주재하던 3명의 수녀를 초빙하여 시약소와 병원을 병설하고 의료사업을 전개하였다. 특히 의학 박사 멜시(H. Meercy) 수녀의 뛰어난 의술은 많은 사람에게 도움을 주었다.

한편 각 지방에서 활동하던 메리놀회 수녀들은 언어와 문화의 차이 때문에 활동 성과가 빠르게 나타나지 않았다. 그리고 활동 범위가 확대되고 다양화되면서 활동할 수녀도 매우 부족했다. 이에 평양 지목구장 모리스 몬시뇰은 이러한 문제점들을 극복하기 위해 한국인 수녀회의 설립을 절감하고, 그 책임을 메리놀 수녀회에 위촉하였다.

1931년 7월 16일 메리놀회 수녀 3명은 평양 상수구리 257번지에 마련된 숙소와 수련소에서 한국인 수녀 양성에 착수하였다. 그리고 이듬해 6월 27일 입회자 5명으로 첫 미사를 봉헌함으로써, 최초의 한국인 수녀회인 '영원한 도움의 성모 수녀회'가 탄생하였다.

평안도 지역에서 본당 사무, 사회사업, 의료사업, 교육사업 등에 종사하던 메리놀회 수녀들은, 1941년 12월 일제가 미국과 전쟁을 시작하면서, 영유 수녀원에 감금되었다. 그리고 1942년 6월 1일 메리놀회 선교사들과 함께 미국으로 강제 추방되었는데, 이후 메리놀회 수녀들이 한국에 재입국한 것은 1949년 12월이었다.

3. 포교 성 베네딕도 수녀회

1) 한국 진출

원산 대목구를 맡게 된 베네딕도회의 사우어 주교는 새로운 포교지의 선교사업을 위해 수녀회의 초청을 계획하였다. 그리하여 1921년 11월 27일 독일의 오틸리엔을 방문한 길에, '투칭의 포교 성 베네딕도 수녀회'(Missionary Benedictine Sisters of Tutzing)의 모원을 찾아가 원산 대목구에 수녀들을 파견해 줄 것을 요청하였다.

포교 성 베네딕도 수녀회는 베네딕도회를 설립한 암라인 신부가 1885년 9월 24일 독일의 라이헨바흐(Reichenbach)에 세운 수녀회이다. 수녀회는 1888년에 오틸리엔으로 이전했다가 1897년 투칭에 새 수녀원 부지를 마련하고 1904년

7월부터 이곳에 정착하였다.

1887년부터 동아프리카에 수녀들을 파견한 포교 성 베네딕도 수녀회는 사우어 주교의 요청을 수락하고 1922년 6월 25일 사우어 주교와 계약을 체결했다. 그러나 여비가 없어 한국 파견이 미루어지다가, 계약 후 3년이 지난 1925년 10월 4일 4명의 수녀들이 한국으로 출발하였다. 이때 파견된 수녀는 분원장 마틸데 히르쉬(Mathilde Hirsch) 수녀, 크리소스토마 슈미트(Chrysostoma Schmidt) 수녀, 헤르메티스 그로흐(Hermetis Groh) 수녀, 다니엘라 키르크비클러(Daniela Kirchbichler) 수녀였다.

4명의 독일인 수녀들은 1925년 11월 18일 부산에 도착했고, 이후 서울의 샬트르 성 바오로 수녀원에서 3일을 머문 뒤 11월 21일 원산에 도착하였다. 그리고 원산 본당에 마련된 수녀원(성 데레사의 집)에서 한국어를 익히며 선교 활동 준비를 하였다.

2) 활동

독일 수녀들이 원산에 정착하자 한국인 지원자들이 수녀회에 입회하였다. 이에 따라 기존의 수녀원은 협소하여 좀 더 넓은 새 수녀원 건물이 필요하였다. 새 수녀원(성 임마꿀라따)은 중국의 자선사업가 육백홍(陸伯鴻)의 도움으로 1926년 3월에 기초 작업을 시작했고, 1927년 6월 6일에 축성식을 거행했다. 그 사이 1926년 10월 말에는 3명의 수녀가 2차로 파견되었고, 1927년 5월 6일에는 다시 3명의 수녀가 원산 본원에 도착하였다. 그 결과 1927년 당시 원산에는 25명의 수녀와 예비 수녀(유럽인 9명, 한국인 청원자 16명)가 있었고, 독일로부터의 수녀 파견은 1940년 12월 12일(11차)까지 계속되었다. 그런 가운데 교황청에서는 1927년 4월 29일자로 원산 수녀원의 정식 수녀원 승격과 수련원의 개설을 인준하였다.

수녀들은 원산에 진출한 후 5~6년 동안 원산 본당을 중심으로 활동하였다. 수녀들은 원산 본당의 제의방을 맡아보았고 미사 때 풍금을 연주했으며, 시약소(무료 진료소)를 개설하여 환자들을 돌보았다. 시약소는 1929년 4월 사우어 주교가 5칸 정도의 가옥을 매입하여 제공함으로써 이때부터 '마리아의 도움 시약소'라고 불렸다.

수녀들은 1926년부터 여자아이들을 모아 교리를 지도함은 물론, 해성학교의 교사로도 활동하였다. 교리를 지도하던 모임은 점차 학생들이 늘어나면서 '호수천신학교'로 발전했는데, 여기서는 보통학교 과정과 교리를 가르침으로써 가난한 아이들을 문맹에서 구제하고자 하였다. 그리고 1927년 4월에는 해성유치원을 개원하여 원아들의 교육을 담당하였다. 해성유치원은 1931년 9월 30일에 정식 설립 인가를 받았고, '호수천신학교'는 1941년 4월에 정식 보통학교로 인가되었다.

원산 본당을 중심으로 활동하던 수녀회는 점차 분원을 설립하여 다른 지역까지 활동 범위를 넓혀 나갔다. 원산 수녀원에서 설립한 최초의 분원은 신고산 분원으로, 이곳의 수녀원은 1933년 3월 19일에 축성되었다. 신고산의 수녀들은 유치원과 시약소를 운영했으며, 1935년 3월에 설립된 해성보통학교에서 교리도 가르쳤다.

신고산에 이어 1936년 10월 20일에는 회령에도 분원이 설립되었다. 회령의 수녀들은 전교 활동과 함께 명악학교(해성학교로 개칭)의 교육을 담당했으며, 시약소도 설립 · 운영하였다. 이어 1940년 7월 22일에는 청진에 분원을 설립하여, 본당 내의 빈민 학교와 시약소를 맡아 보았고, 1941년 8월 22일에는 함

포교 성 베네딕도 수녀회 원산 수녀원. 1927년 당시 원산 수녀원에는 25명의 수녀와 16명의 예비 수녀가 있었다. 이 수녀회는 본당 사목, 교육 활동, 시약소, 의원 등의 사도직 활동을 활발하게 펼쳤다.

흥 본당에 분원을 설립하였다. 함흥 본당에서는 9월 24일 예수성심의원을 개원하여 수녀회에 위탁했는데, 의사인 디오메데스 수녀가 원장직을 맡았다.

본당 사무, 교육 활동, 시약소 · 의원 등의 사도직 활동을 펼치던 포교 성 베네딕도 수녀회는 제2차 세계 대전 말기에 일제의 탄압으로 어려움을 겪었다. 일제는 1943년 8월에 원산 본당의 해성학교 건물을 요구하였고, 1945년 8월 1일에는 유치원과 수녀원 건물을 징발하였다. 그러다가 해방이 되었지만, 1949년 5월 북한의 공산 정권이 수녀들을 체포하면서 수녀원은 폐쇄되었다. 이후 1952년 10월 12일 남하한 한국인 수녀들이 대구 공평동에 분원을 설치하면서 포교 성 베네딕도 수녀회의 활동이 재개되었다.

4. 올리베타노 성 베네딕도 수녀회

1) 한국 진출

1931년 연길 지목구에 진출한 수녀회는 스위스 캄(Cham)에 있는 올리베타노 성 베네딕도 수녀회이다. 이 수녀회는 처음 루체른(Luzern) 주의 발덱(Baldegg)에 있다가 1853년 5월 죽(Zug) 주의 캄으로 옮겼고, 수녀회 근처에 성 십자가(Heiligkreuz) 순례 성당이 있었기 때문에 '성 십자가 수녀원'으로 불리게 되었다. 이 수녀회는 1887년부터 성 베네딕도 수도원에 가입하기를 원하다가, 1892년 9월에 이탈리아 시에나의 성 베네딕도회인 '몬테 올리베토 성 마리아 수도원'(Abbazia Monte Oliveto S. Maria Maggiore)과 연합회 가입 수락서를 교환하였다.

올리베타노 성 베네딕도 수녀회가 한국에 진출한 것은, 연길 지목구의 브레허 신부가 1930년에 수녀 파견을 요청했기 때문이다. 브레허 신부는 효과적인 교구의 선교 활동, 특히 젊은 여성들의 교육, 본당 밖의 여성 지도, 병원의 의료 봉사 등을 위해서는 수녀들의 참여가 반드시 필요하다고 생각하였다. 그리하여 브레허 신부는 1930년 스위스 캄의 '성 십자가 수녀원'에 선교 수녀의 파견을 요청하는 서한을 보냈다.

수녀회에서는 연길 지목구의 요청을 수락하고, 1931년 6월 14일에 연길 지목구와 계약을 체결했다. 그리고 그해 9월 14일 마침내 베로니카(M. Veronika) 수녀, 돌로로사(M. Dolorosa) 수녀, 릿다(M. Rita) 수녀, 프란치스카(M. Franziska) 수녀, 이르멘트루디스(M. Irmentrudis) 수녀, 루카(M. Lukas) 수녀 등 6명의 수녀가 한국으로 출발하였다.

이들은 11월 1일 제물포를 통해 입국했고, 서울의 샬트르 성 바오로 수녀원에서 사흘간 머물렀다. 당시 브레허 신부는 선교 수녀들의 적응과 한국인 지원자들의 양성을 위해 샬트르 성 바오로 수녀회에 도움을 요청했는데, 이에 샬트르 성 바오로 수녀회에서는 김해겸(새뽈) 수녀와 이 공자가 수녀를 파견하였고, 스위스에서 온 6명의 수녀는 이들과 함께 11월 6일 연길에 도착하였다.

2) 활동

브레허 신부는 연길 수도원 옆에 4층의 수녀원 건물을 마련하고, 1931년 11월 9일 축성식을 거행했다. 그리고 수녀들이 도착하기 전에 이미 브레허 신부가 받아들인 4명의 한국인 지원자들이 11월 11일 연길 수녀원에 입회하였다. 이후 한국인 지원자들은 계속 늘어 1931년 말에 6명이었던 지원자는

1932년 말에는 20명으로 증가하였다.

연길에 정착한 선교 수녀들은 먼저 선교지의 언어와 생활 방식을 익혔고, 1931년 12월 초에는 수녀원 정문 앞에 조그만 시약소를 개설하였다. 그리고 점차 활동 범위를 확대하여 1932년 12월에는 연길 상시 본당에 수녀들을 파견하여 전교 활동과 유치원 · 학교 등에서 활동하였다.

1933년부터는 연길 이외의 지역에도 분원을 설치하였다. 그리하여 1933년 3월 25일에는 용정 하시 본당, 1934년 3월에는 훈춘 본당에 분원을 설립하였다. 그리고 1934년 8월 14일에 정식으로 수련원이 개설되면서, 1935년 10월 20일에 처음으로 한국인 수녀 4명이 탄생하였다. 그런 가운데 1933년 11월 1일에는 스위스에서 4명의 수녀가 2차로 파견되었고, 1934년 12월 11일에는 다시 4명의 선교 수녀가 연길에 도착하였다. 이후 캄의 수녀들은 1936년 11월 25일에 4명, 1939년 5월 22일에 3명이 파견되면서, 5차에 걸쳐 총 21명이 연길로 보내졌다.

수녀들의 수가 증가하자 연길 수녀원에서는 분원 설립을 더욱 적극적으로 추진하였다. 그리하여 1936년 5월에는 명월구 본당, 1937년 6월에는 팔도구 본당, 1941년에는 돈화 본당, 1942년에는 도문 본당, 1945년 3월에는 용정 상시 본당에 분원을 설립하였다.

연길 지목구의 수녀들은 전교와 교육 활동, 시약소 · 진료소를 통한 의료 봉사, 사제관 살림 등을 담당하였다. 수녀들은 본당의 부설 학교를 통해 교리와 신앙 교육을 시켰고, 가사 · 재봉 등 생활 교육과 유치원 · 초등학교 교육까지 수행하였다. 그리고 각종 여성 단체의 지도도 맡았다.

그중 연길의 시약소는 1935년 7월 독일인 의사 레너(Lehner) 박사가 파견되면서, '연길 수녀 병원'이 되었고, 약제실과 입원실도 갖추었다. 연길 병원

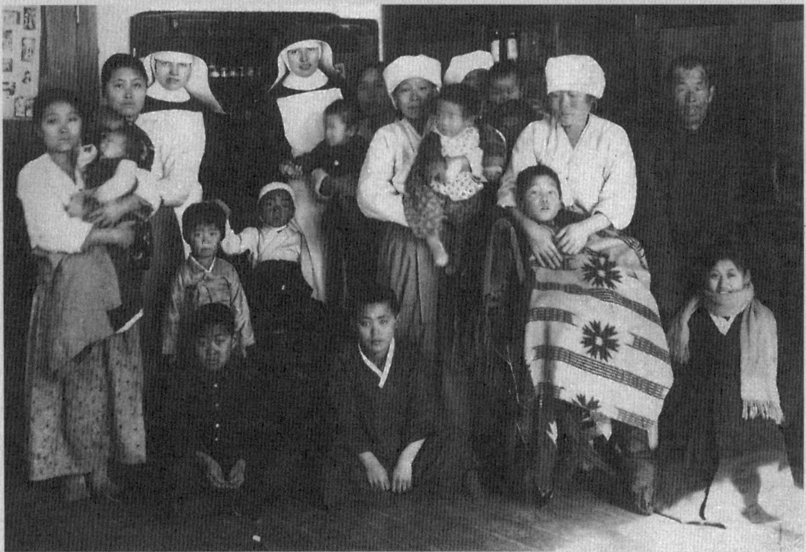

연길 진료소의 약국과 훈춘 수녀원 진료소. 올리베타노 성 베네딕도 수녀회는 1930년 11월, 연길 지목구 브레허 신부의 요청으로 연길에 도착했다. 수녀들은 전교와 교육 활동, 시약소 · 진료소를 통한 의료 봉사, 사제관 살림 등을 담당했다.

에서는 각 본당 진료소에 필요한 의약품을 보내주었고, 진료소의 간호 수녀들은 연길 병원 의사의 지시에 따라 환자들을 치료하여 많은 생명을 구했다.

수녀들은 1940년 초부터 이동 전교도 다녔다. 이동 전교란, 수녀가 상주하지 않은 시골 본당에 두세 달 머물면서 대축일 준비를 돕고, 첫영성체 교리, 예비자 교리, 부인회와 신심 단체의 피정, 교리 · 성가 지도, 연극 연습, 성탄 장식, 교리 시험 등을 수행하는 것으로, 이를 통해 본당 전체의 신앙을 활성화시키는 데 기여했다.

이처럼 어려운 여건 속에서도 활발하게 활동하던 연길 수녀원은, 2차 세계대전이 끝나고 중국이 공산화되는 과정에서 1946년 5월에 1차 청산, 1947년 7월에 2차 청산, 1950년 11월에 3차 청산을 거치면서 폐쇄되었다. 그리고 연길 지목구에서 활동하던 외국인 수녀들은 1949~1951년 사이에 본국으로 돌아갔고, 한국인 수녀들은 1946~1947년에 월남한 뒤, 청주 · 안동 등지에서 활동하다가 6 · 25 전쟁 후 부산에 새 터전(현재의 부산 성 베네딕도 수녀원)을 마련하였다.

5. 가르멜 여자 수도회

가르멜 여자 수도회는 관상(觀想) 수도회로, 기도로써 교회에 봉사하는 단체이다. 이 수도회는 1939년 5월 24일 프랑스의 에르 쉬르 라두르(Aire sur l' Adour)에 있는 '맨발의 가르멜 여자 수도회'의 멕틸드(Marie Mechthild) 수녀와 마들렌(Marie Madeleine) 수녀가 서울에 도착하면서 한국에 진출하였다.

수녀들의 파견은 서울 대목구 라리보 주교의 요청에 의한 것이다. 당시 라리보 주교는 한국 가톨릭교회와 성직자들을 위해 '마리아의 본분을 다해 줄 가르멜 수녀회'의 필요성을 느꼈다고 한다. 이에 라리보 주교는 프랑스의 가르멜 수녀회를 초청했고, 수녀회에서 이 요청을 수락하면서 2명의 수녀가 파견되었던 것이다.

그런데 수녀회의 한국 진출은 장호원 본당의 부이용(C. Bouillon, 任加彌, 1869~1947) 신부의 노력과 '에르 가르멜 수녀회'가 처했던 당시의 상황이 맞아떨어진 결과였다. 즉 에르 가르멜에서는 1903년 터키에 수녀원을 설립했으나 전쟁으로 폐쇄되면서 새로운 창립지를 물색하던 상황이었고, 부이용 신부는 장호원에 가르멜 수녀원의 설립을 고대하고 있었다. 이러한 상황에서 수녀회의 한국 진출이 논의되었고, 그 결과 1939년에 라리보 주교의 초청 형식으로 2명의 수녀가 한국에 입국했던 것이다. 그리고 라리보 주교가 서울에 정주하기를 원했기 때문에, 수녀들은 샬트르 성 바오로 수녀원에 머물면서 수녀회의 설립 준비를 하였다.

1939년 가을 가르멜 수녀들은 혜화동의 베네딕도회 수도원 성당 위쪽 언덕에 임시 수녀원을 짓기 시작했다. 이 공사는 1940년 3월경에 끝나, 4월 1일 라리보 주교의 집전으로 축복식과 개원식을 거행하였다.

당시 가르멜 수녀회에는 프랑스 수녀 2명과 한국인 지원자 2명이 있었는데, 한 달여가 지난 1940년 5월에 앙리에트 수녀 등 3명의 수녀가 다시 파견되었다. 이렇게 수녀들이 늘어나자 수녀회에서는 1940년 가을부터 새 수녀원의 건축 공사에 착수하였다. 서울 대목구로부터 가톨릭대학 부지 일부(혜화동 161번지)를 할애받아 시작된 이 공사는 1941년 7월 상순에 완료되었고, 7월 16일에 라리보 주교의 집전으로 축복식을 거행하였다. 그리고 새 수녀원에서 5명의 프랑스인 수녀와 5명의 한국인 지원자들이 본격적인 수도생활을 시작하였다.

그러나 얼마 뒤 태평양 전쟁이 발발하면서, 수녀들은 끊임없이 일본 경찰의 감시와 조사를 받아야 했고, 일제의 한국민에 대한 경제적 착취 때문에 수녀들의 생활고도 심하였다. 비록 보댕 신부가 전 재산을 희사하면서 큰 도움이 되기는 했지만, 일상생활의 궁핍함은 날이 갈수록 심해져 입회한 수녀들을 귀가시키지 않으면 안 될 정도가 되었다.

그러다가 해방을 맞이한 가르멜 수녀회는 귀가했던 지원자들이 돌아오고 새로운 지원자들도 입회하면서 점차 수녀회의 면모를 갖추어 나갔다.

제6절 한국인 수녀회의 설립과 활동

1. 영원한 도움의 성모 수녀회

1) 설립

메리놀 외방선교회가 평안도 지역을 담당하면서, 1924년 메리놀 수녀회가 그들을 돕기 위해 한국에 진출하였다. 그러나 미국인 수녀들은 문화와 생활 관습의 차이, 언어 소통의 문제 때문에 열성과 노고에 비해 성과가 적었다. 게다가 활동 범위가 점차 확대되고 다양화됨에도 불구하고 수도자의 수는 매우 부족했다.

이러한 상황에서 1930년 4월 제2대 평양 지목구장으로 임명된 모리스 몬시뇰은 한국인 수녀회의 필요성을 절감하고, 이의 설립 작업에 착수하였다. 그리하여 1930년에 평양 관후리 성당 근처인 상수구리에 기와집 2채를 매입했고, 1931년 초에는 메리놀 수녀회에 한국인 수녀회의 설립을 위촉하였다. 그리고 각 본당 신부에게 수녀회 창립 사실을 알리고 지원자들을 추천해 줄 것을 부탁하였다.

수녀회의 설립 사업을 위촉받은 메리놀 수녀회의 비즈(G. Beez) 수녀, 콜린스(S. Collins) 수녀, 헤세(T. Hesse) 수녀는 1931년 7월 16일에 영유을 떠나 평양 상수구리로 왔다. 모리스 몬시뇰과 책임자 비즈 수녀는, 새로 탄생할 수녀회의 수호자를 길의 인도자로 알려진 '영원한 도움의 성모'로 정하고, 그 축일인 6월 27일에 창립 미사를 봉헌하기로 하였다. 그리고 1932년 6월 27일에 첫 입회자인 서원석(안젤라), 김 루치아, 문 바드리시아, 김 체칠리아, 홍 루실

라와 지도 수녀들이 모인 가운데 모리스 몬시뇰이 첫 미사를 집전함으로써 최초의 한국인 수녀회인 '영원한 도움의 성모 수녀회'가 창립되었다.

영원한 도움의 성모 수녀회
2001년 12월 8일자로 교구 설립 수도회에서 사도좌 소속 수도회로 전환하면서 명칭을 "영원한 도움의 성모 수녀회"에서 "영원한 도움의 성모 수도회"로 개칭하였다.

2) 활동

수녀회가 설립된 이후 1933년에 8명, 1934년에 2명 등 지원자는 꾸준히 있었다. 이와 함께 지도 수녀들은 소학교를 졸업한 지원자들의 교육 수준을 높이기 위해 중등학교 과정을 공부하도록 시켰고, 그 결과 여러 명의 지원자가 교원 자격 검정고시에 합격하여 소학교 교원 자격을 획득하였다.

이처럼 지원자들의 교육 수준이 향상되고 인원도 20여 명에 이르자, 모리스 몬시뇰과 비즈 수녀는 수도생활에 대한 정규 교육을 위해 1935년 3월 일본 성심여자대학을 졸업하고 귀국한 장정온 수녀를 선생 수녀로 임명하였다. 그리고 1935년 6월 27일에 첫 청원식을 거행하였고, 9월 15일에는 수녀회의 승인을 요청하는 청원서를 교황청에 제출하였다.

한편 수녀회에서는 1936년 5월 8일부터 지원자 2명을 1주일에 두 번씩 선교리 본당으로 파견하여 교리를 가르치도록 하였고, 수녀원 주위에 사는 아이들을 모아 수녀원에서도 교리를 가르쳤다. 그리고 같은 해 9월 10일부터는 장정온 수녀와 청원자 1명, 지원자 1명이 매일 성모 보통학교에 나가 교리를 가르침으로써, 수녀회는 창립 직후부터 본당과 학교에서 선교 활동을 하였다.

모리스 몬시뇰의 사임으로 1936년 10월 평양 지목구장 서리로 임명된 부드(W. Booth, 夫) 신부는 1937년 12월 29일 수녀회의 정식 승인을 위해 마련된 회헌의 사본을 일본 주재 교황사절 마렐라 대주교에게 보냈다. 이것은 1938년 1월에 마렐라 대주교를 통해 포교성성에 전달되었고, 포교성성에서는 심의 후 같은 해 2월 25일자 서한을 통해 수녀회의 창립과 수련원의 설립을 승인하였다. 그런 가운데 1938년 6월 18일에 16명의 첫 수련자들이 탄생하였고, 이들 중 11명이 1940년 6월 27일에 첫 서원을 하였다.

1940년 6월 30일, 서원한 수녀들의 소임이 발표되었다. 이들 중 6명은 평양 관후리 본당으로 파견되어 본당 사무와 성모 보통학교, 학원, 유치원 등에서 활동을 하게 되었고, 2명의 수녀는 신의주의 마전동 본당으로 보내졌다. 그리고 평북 비현 본당에도 2명의 수녀를 파견하였다. 이와 같이 영원한 도움의 성모 수녀회가 수녀들을 배출하고 본당으로 파견하면서, 그동안 평양 대목구에서 활동하던 샬트르 성 바오로 수녀회의 수녀들은 점차 새 수녀들에게 소임을 인계하고 서울 본원으로 돌아가게 되었다.

그러나 1941년 12월 일제가 미국을 공격하여 태평양 전쟁을 일으키면서, 수녀회는 커다란 변화를 겪었다. 먼저 미국인이었던 메리놀회 선교사와 수녀들이 감금되었다가 1942년 6월에 강제 추방되었다. 그 결과 수녀회는 자신들을 이끌던 지도자들과 이별하게 되었다. 그 사이 평양 대목구의 오셰아 주교는 1941년 12월 13일 메리놀 회원인 장정온 수녀에게 영원한 도움의 성모 수녀회를 맡겨 한국인 수녀회의 자립을 돕게 하였다.

한편 오셰아 주교는 한국을 떠나면서 서포에 있던 교구 본부 건물과 부속 토지 전체를 수녀회에 넘겨주었다. 그리하여 수녀회는 1942년 6월 3일 평양의 상수구리 모원을 떠나 서포로 이사하였고, 서울 대목구의 서기창 신부를 새로운 지도 신부로 맞이했다. 하지만 일제 말기 한국민에 대한 경제적 착취와 탄압이 가중되면서, 수녀들도 경제적인 어려움을 피할 수 없었다. 그리하여 수녀들은 적은 식량 배급과 겨울철의 추위로 많은 고생을 하였고, 봄에는 나물을 채취하여 부족한 식량을 보충했다. 비록 밭을 일구어 콩과 조를 심기는 했지만, 수녀원 주위의 토질이 좋지 않아 농사는 잘되지 않았다. 그 결과 영양실조로 인한 환자들이 많이 생겨났고, 이에 지도 신부는 수녀들이 더 이상 버텨 나가기 힘들 것을 염려하여 해산할 것을 권유하기도 했다. 그러나 아무도 포기하려는 생각을 갖지 않았다.

생활난으로 어려움을 겪었지만, 수녀들의 수도생활은 계속되었다. 장정온 수녀는 분원에 파견된 수녀들에게 영신생활의 양식이 되고 전교 활동에도 도움이 되는 회지 〈마음을 드높이〉(Sursum Corda)를 월 2회 발행하여 배부하였다. 이 회지는 회원들 간의 일치를 도모하고 상호 교류를 위한 매개체로써 큰 역할을 하였다. 이 밖에 장정온 수녀는 수련자 교육에 필요한 서양서를 번역하였으며, 박숙안(朴淑安, 카리타스) 수녀에게도 《가톨릭 성인전》과 같은 영적 도서를 번역하도록 하였다. 이러한 작업은 수녀들에게 물질적인 궁핍 속에서도 영신적 풍요로움을 더해 주었다.

1944년 12월 4일 덕원에서 휴양 중이던 최병권 신부가 새로운 지도 신부로 부임하였다. 그리고 1945년 4월 9일에는 안주 본당에 새로 수녀들을 파견하여 신심 단체와 주일학교 지도를 맡게 하였다. 그러다가 해방을 맞이한 수녀회는 북한에 공산 정권이 들어서면서 1950년 5월 14일에 해산되었고, 다음 날 서포의 수녀원 건물도 압수당했다. 수녀들은 연합군이 북진할 때 수녀회를 재건하려고도 했으나, 중공군의 전쟁 참여로 1950년 12월 일부가 남하하여 부산에 정착했다가, 1955년 서울로 본원을 이전하였다.

1935년 6월 27일에 다섯 명의 청원자가 처음으로 영원한 도움의 성모 수녀회원으로서 청원식을 가졌다. 수녀회는 1938년 2월 25일자 포교성성의 서한을 통해 수녀회의 창립과 수련원의 설립을 인준받았다.

2. 예수 성심 시녀회

1) 예수 성심 배종회의 형성

예수 성심 시녀회는 1952년 9월에 대구 교구장인 최덕홍 주교로부터 수도회의 인준을 받았다. 그러나 이 수녀회의 기원은 일제 시대까지 소급된다. 즉 1935년 12월 8일 파리 외방전교회의 델랑드(L. Deslandes, 南大榮, 1895~1972) 신부가 영천의 용평 본당(경북 영천군 화산면 용평리)에 있을 때, 6명의 동정녀가 삼덕당 공동체를 이루면서 시작되었다.

델랑드 신부는 1923년 6월 5일 한국에 부임한 후 낙산, 부산, 대구 등지에서 사목하였다. 그리고 1933년 1월 20일 요양차 본국으로 귀국했다가, 1934년 초에 재입국하여 4월에 용평 본당 주임으로 임명되었다. 그는 가난하고 불쌍한 사람들을 위한 사업을 전개하고자 하였고, 그러면서 이 일을 함께할 정녀(貞女)들을 만났다.

정녀들은 공소를 방문하여 대세(代洗)를 주거나 교리를 가르쳤고, 사제관 옆에 무료 진료소를 개설하여 환자들을 치료하고 약을 처방했다. 그리고 아낙이나 소녀들, 그리고 예비 신자들에게 교리 교육을 시키는 등 여러 가지 일들을 하고 있었다.

델랑드 신부는 정녀들이 개별적으로 활동하며 생활하는 것이 위험하다고 판단하고, 1935년 9월 드망즈 주교에게 이들을 한곳에 모아 공동체를 만들 필요가 있음을 제기하였다. 그리고 드망즈 주교가 이 요구를 승인하면서 공동체의 설립 준비가 시작되었다.

삼덕당(三德堂)
삼덕당은 '세 가지 덕행을 실천하는 집'이란 뜻으로, 여기서 삼덕은 청빈 · 순명 · 정결이다.

1935년 11월 12일 델랑드 신부는 정녀들이 살 집을 마련했고, 12월 8일 6명의 정녀가 '삼덕당' 에 입주하면서 공동체가 만들어졌다. 공동체의 명칭은, 정녀들이 동정을 지키고 하느님 나라를 위해 일하기를 원했기 때문에, 정식 수녀회가 설립될 때까지 '예수 성심 배종회'(陪從會)로 하였다.

2) 활동

공동체가 설립된 후 정녀들은 종교와 세속 공부를 하면서 아이들과 예비 신자들에게 교리를 가르치거나 무료 진료소에서 병자들을 돌보았다. 그러다가 1936년 2월 17일 거지 할머니를 집으로 데려와 살게 되었고, 같은 해 여름에는 나환자인 아버지가 구금되어 고아가 된 6, 7세의 두 자매도 돌보게 되었다. 그러면서 점차 가난하고 불쌍한 아이와 노인들이 공동체로 몰려들었다.

정녀들은 처음 방 두 칸의 초가집에서 생활하였다. 그러나 이곳은 공동생활을 하기에 불편하였다. 이에 1936년 9월 말 초가집을 헐고 방이 6개인 새집을 마련하였다. 그러면서 델랑드 신부는 이 공동체를 한국인 수도회로 발전시키는 문제를 드망즈 주교와 의논하였고, 준비 작업도 진행하였다.

그러나 1938년 2월 드망즈 주교가 사망하는 등 여러 가지 문제로 이 계획은 결실을 보지 못한 듯하다. 이에 델랑드 신부는 1938년 일본에 있는 수녀회의 도움을 받아 그곳에서 몇몇 정녀들이 정식 수도 교육을 받을 수 있도록 계획을 추진하여 1939년에 3명의 정녀들을 일본으로 보냈다.

그런 가운데 델랑드 신부는 1940년 5월에 영천 본당으로 전임되었다. 이에 용평에 있던 정녀들과 그들이 돌보던 노인과 아이들도 함께 영천으로 이주하였다. 영천에서도 정녀들의 활동은 계속되어, 무의무탁한 노인들과 아이들을

예수 성심 시녀회의 첫 공동체인 삼덕당의 정녀들. 1935년 파리 외방전교회의 델랑드 신부에 의해 설립되었으나, 1952년 9월 8일에야 '포항 예수 성심 시녀회'라는 명칭의 대구 대목구 소속 수도회로 정식 인준되었다.

돌보았고, 교리를 가르치고 병자들을 간호하기 위해 여러 곳을 돌아다녔다.

그러나 전시 체제하에서 델랑드 신부와 정녀들은 고초를 겪었다. 즉 일본 경찰은 1941년 7월에 정녀들을 체포했는데, 이것은 종교인들에게 신사 참배 · 천황 숭배를 강요하기 위한 탄압이었고, 다른 한편 델랑드 신부를 구속할 구실을 찾는 것이었다. 실제 일본 경찰은 델랑드 신부를 찾아와 신사 참배와 천황에 대해 질문하기도 하였다. 정녀들은 11월에 모두 석방되었지만, 12월 8일 태평양 전쟁이 발발하면서 이번에는 델랑드 신부가 체포되었다가 12월 24일에 풀려났다.

이후 델랑드 신부는 영천에서 계속 활동하다가 해방을 맞이했고, 1948년에 영천 본당을 떠났다. 그리고 1950년 3월에 포항 송정으로 이주했는데, 이곳에서 활동하던 정녀 공동체는 1952년 9월 8일에 '포항 예수 성심 시녀회'라는 명칭의 대구 대목구 소속 수도회로 정식 인준되었다.

3. 서울 성가 소비녀회

성가 소비녀회(聖家小婢女會)는 '예수님의 성가정을 받드는 여종'이라는 뜻으로, 1943년 12월 25일 파리 외방전교회의 생제(P. Singer, 成載德, 1910~1992) 신부가 성가정의 겸손과 가난을 본받아, 가난하고 불쌍한 사람들을 도와주자는 취지에서 설립한 수녀회이다.

창설자 생제 신부는 1935년에 한국에 왔다. 그는 입국 후 합덕 본당과 제물포 본당에서 사목하였고, 1939년 7월에 혜화동 본당 주임으로 부임하였다. 그 무렵 한국 사회는 일제의 탄압과 수탈로 많은 어려움을 겪고 있었고, 1941년 12월 태평양 전쟁이 발발하면서 그 어려움은 더욱 가중되었다. 특히 프랑스인인 생제 신부는 경찰이 매사를 감시했기 때문에 밖에 나가거나 공소를 방문하는 것도 어려웠다.

이러한 상황에서 생제 신부는 전쟁의 여파가 한국에도 미쳐, 수많은 피난민과 부상자, 그리고 병든 고아들이 생겨날 것을 예상하고, 그들을 위해 헌신적으로 봉사할 수녀회의 필요성을 절감하였다. 그러면서 수녀가 되기 위해 농촌에서 상경한 백동 본당의 처녀들을 주목하였다. 생제 신부는 이들에 대해 소신학교의 공베르(A. Combert, 孔安國, 1875~1950) 신부와 이재현(李在現, 요셉, 1909~1950?) 신부와 협의한 결과, 이들을 위해 수녀회를 설립하기로 결정하였다.

생제 신부는 이러한 사실을 노기남 주교에게 보고한 후, 수녀회의 창설 준비를 시작하였다. 지원자들은 1943년 9월 초부터 매주 목요일 생제 신부에게 교리 교육을 받으며 기도하였다. 그리고 1943년 12월 25일 백동 본당의 성모상 앞에서 김청자(루치아), 김충순(바르바라) 등이 순명 서약을 함으로써 성가소비녀회가 창설되었다.

생제 신부는 1944년 3월 백동 본당의 방연용(方淵容, 벨라도) 복사 집에 수도 공동체를 마련하였다. 그리고 이듬해 5월 샬트르 성 바오로 수녀회의 강부길(데클라) 수녀와 김덕생(아델라) 수녀를 초청하여 수녀 양성 교육을 맡겼다. 그런 가운데 해방이 되었고, 1947년 1월 13일 드디어 6명의 첫 서원자들이 탄생하였다.

참고 문헌

1. 자료 및 저서

《경향잡지》

《노기남 대주교 연보》

《한국천주교회연감》, 1956.

《천주교 평양교구사》, 평양교구사 편찬위원회, 1981.

《성가정의 벗—창립40주년 기념특집》 10호, 성가수녀회, 1983.

《영원한 도움의 성모 수녀회 50년사》, 영원한 도움의 성모 수녀회, 1983.

《교구 연보》, 천주교 부산교구, 1984.

《옛 등걸에 새 순이》, 왜관 성 마오로 쁠라치도 수도원, 1984.

《드망즈 주교 일기》, 가톨릭신문사, 1987.

《서울교구 연보》 II, 명동천주교회, 1987.

《원산수녀원사》, 포교 성 베네딕도 수녀회, 1988.

《춘천교구 50년사》, 천주교 춘천교구, 1989.

《광주대교구 50년사》, 천주교 광주대교구, 1990.

《꽃핀 포도나무》, 서울 가르멜 여자 수도원, 1990.

《원산교구 연대기》, 한국교회사연구소, 1991.

《한국 샬트르 성 바오로 수녀회 100년사》, 샬트르 성 바오로 수녀회, 1991.

《한국가톨릭대사전》 1~12, 한국교회사연구소, 1992~2006.

《성재덕 신부 서한집》, 서울 성가 소비녀회, 1993.

《맨 끝자리에 앉으시오》, 예수 성심 시녀회, 1995.

《은혜의 60년》, 부산 성 베네딕도 수녀원, 1995.

《주님 손안의 연장》, 예수 성심 시녀회, 1995.

《함경도 천주교회사》, 한국교회사연구소, 1995.
《백동 70년사》, 혜화동교회, 1997.
《뮈텔 주교 일기》 4 · 5, 한국교회사연구소, 1998.
《맨 끝자리에 앉으시오》 II, 예수 성심 시녀회, 2000.
《제주 천주교회 100년사》, 천주교 제주교구, 2001.
《교구장 공문 및 문서》, 영남교회사연구소, 2006.

김구정 · 김영구 공저, 《천주교 호남발전사》, 전주교구, 1964.
노기남, 《나의 회상록》, 가톨릭출판사, 1969.
Edward Fischer, *Light in the Far East : Archbishop Harold Henry's Forty-Two years in Korea*, The Seabury Press, 1976.
P.H. 왈터 신부 지음 · 정학근 신부 옮김, 《승리의 십자가》, 분도출판사, 1978.
Francis Herlihy, *Swords and Ploughshares : Fifty Years of Mission in Korea*, Dove communications, 1983.
J.F. Kelly ed., *The splendid Cause 1933~1983*, Seoul : Benedict Press, 1984.
오기백, 《한국선교 60년》, 성골롬반 외방선교회 한국지부, 1993.
이정순 엮음, 《목요안 신부》, 분도출판사, 1994.
――――――, 《목요안 신부 부록》, 영원한 도움의 성모 수녀회, 1995.
김진소, 《전주교구사》 I, 빅벨, 1998.
요한네스 마르 지음 · 왜관수도원 옮겨 엮음, 《분도통사》, 분도출판사, 2009.

2. 논문

김성환, 〈연길 탈시시오 연합소년회〉, 《가톨릭청년》 1934년 10월호.
김병찬, 〈연길교구의 교육사업개황〉, 《가톨릭청년》 1936년 10월호.

한흥렬, 〈연길교구 천주교회약사〉, 《가톨릭청년》, 1936년 10월.
유한철, 〈한말 사립학교령 이후 일제의 사학탄압과 그 특징〉, 《한국독립운동사연구》 2, 한국독립운동사연구소, 1988.
최석우, 〈한국 분도회의 초기 수도생활과 교육사업〉, 《한국교회사의 탐구 II》, 한국교회사연구소, 1991.
윤선자, 〈일제하 조선천주교회의 법인화 과정〉, 《북악사론》 4, 1997.
김수태, 〈메리놀 외방전교회의 진출과 활동〉, 《부산교회사보》 22, 부산교회사연구소, 1999.
———, 〈1930년대 평양교구의 가톨릭 운동〉, 《교회사연구》 19, 한국교회사연구소, 2003.
장정란, 〈독일 베네딕도회의 한국 진출과 교육 활동〉, 《인간연구》 5, 가톨릭대학교 인간학연구, 2003.
김수태, 〈1930년대 평양교구의 문서전교〉, 《한국민족운동사연구》 47, 한국민족운동사학회, 2006.
선지훈, 〈선교 베네딕도회의 한국 진출과 선교활동〉, 《교회사연구》 29, 한국교회사연구소, 2007.
옥현진, 〈머나먼 동쪽을 찾아온 선교사들〉, 《교회사연구》 29, 한국교회사연구소, 2007.
조현범, 〈파리 외방전교회와 조선 대목구의 분할〉, 《교회사연구》 29, 한국교회사연구소, 2007.
김수태, 〈1930년대 천주교 서울교구의 가톨릭 운동—'가톨릭청년'을 중심으로—〉, 《한국근현대사연구》 49, 한국근현대사학회, 2009.
최기영, 〈1930년대 '가톨릭소년'의 발간과 운영〉, 《교회사연구》 33, 한국교회사연구소, 2009.

윤선자, 〈전시체제기 광주교구와 와키다 신부〉, 《한국인물사연구》 11, 한국인물사연구회, 2009.

Johannes Mahr, “Wie meine Mutter den Sauerteig” Benediktiner als Missionare in Korea und Nordostchina 1909~1954, 《교회사연구》 33, 한국교회사연구소, 2009.

최선혜, 〈성 골롬반 외방선교회와 춘천교구〉, 《한국천주교회사의 빛과 그림자》, 디자인 흐름, 2010.

김정환, 〈한말 · 일제강점기 뮈텔 주교의 교육활동〉, 《한국근현대사연구》 56, 한국근현대사학회, 2011.

백병근, 〈일제시기 한국교회의 소년단체 설립과 소년운동〉, 《교회사연구》 36, 한국교회사연구소, 2011.

한윤식, 〈1931년 한국 첫 지역 공의회—현지인 선교지 설립과 지역 신학교 설립 문제〉, 《신앙과 삶》 23, 부산가톨릭대학교, 2011.

박상진, 〈한국 초기 기독교학교의 쇠퇴에 관한 연구〉, 《신앙과 학문》, 기독교학문연구회, 2012.

한윤식, 〈메리놀회 선교사, 제2대 평양 지목구장, 그리고 영원한 도움의 성모 수녀회 창립자 목이세 요안 몬시뇰에 관하여〉, 《부산교회사보》 80, 부산교회사연구소, 2013. 10.

제4장 순교 복자의 탄생과 교회의 변화

제1절 79위의 시복과 순교자 현양 운동

1. 기해 및 병오 박해 순교자 시복

1) 시복 심사의 완료

순교자 시복을 위한 수속은 교구에서 진행하는 수속과 교황청에서 진행하는 수속, 이렇게 두 단계로 이루어진다. 먼저 교구 수속의 단계에서는 해당 지역을 관할하는 직권자(교구장 주교 또는 대목구장 주교)가 시복 후보자의 저서나 글을 모으고 순교 행적을 조사한다. 그런 다음에 상세한 보고서를 작성하여 교황청에 제출한다. 이 단계까지의 절차를 '주교에 의한 조사 수속'(Processus ordinarius)이라고 한다. 교황청에서는 그 후보자에 대한 시복을 추진하도록 허락할 것인지를 판단한다. 긍정적인 결정이 내려지면 해당 지역의 주교에게 본격적으로 시복 수속을 시작해도 좋다는 허락과 함께 두 번째 단계의 절차인 '교황청 수속'(Processus apostolicus)을 주교가 추진해도 좋다는 허락서와 지침을 보낸다.

시복과 시성의 권한은 교황에게 배타적으로 주어진 것이어서 모든 조사와 심사는 교황청에서 주도적으로 진행하는 것이 원칙이다. 하지만 멀리 떨어져 있는 교황청보다는 해당 지역 교회의 주교가 그러한 조사와 심사를 더 정밀하고 정확하게 할 수 있다. 이런 이유로 해당 지역 교회에서 교황청 수속을 대신하는 것을 '주교가 추진하는 교황청 수속'이라고 부른다. 이 과정을 거쳐서 시복 후보자에 대한 광범위한 조사 결과가 보고서의 형태로 교황청에 접수되면, 제출된 보고서가 교황청에서 내린 지침에 따라 정확하게 추진되었는지를 검토한다. 이 과정을 거치고 나면 '예부성성이 진행하는 교황청 수속'이 시작된다.

예부성성에서 추진하는 교황청 수속은 '전(前) 예비회의', '예비회의' 그리고 '본회의'라고 일컫는 세 번의 추기경 회의를 통해서 진행된다. 그런데 시복 후보자에 대한 조사 자료 가운데 생애나 사상, 순교 행적과 관련하여 조금이라도 의문점이 제기되면 각각의 추기경 회의가 열리기 전에 이 문제에 대해서 질문하고 답변하는 매우 까다로운 반대 심문 과정을 거쳐야 한다. 마침내 예부성성에서 실시하는 모든 심사 과정이 끝나면 교황이 주재하는 추기경 및 관계 주교 회의가 열린다. 교황이 임석한 가운데 열린다는 의미에서 어전회의라고 부르며, 마지막까지 정확성과 안전성을 기한다는 의미에서 투토(Tuto) 회의라고도 한다. 이 회의에서 최종적으로 시복 허가가 내려진다.

기해 및 병오 박해 순교자 시복 안건이 예부성성에서 진행하는 교황청 수속 단계에 들어간 것은 1921년 7월의 일이었다. 1921년 7월 28일에 첫 번째 반대 심문이 있었고, 그 후에 첫 추기경 회의인 '전 예비회의'가 열렸다. 이어서 1923년 3월 22일에 '예비회의'가 열렸다. 그리고 1924년 3월 18일에 추기경들의 '본회의'가 열리기로 되어 있었다. 그런데 그 사이에 뜻하지 않은 문제가 발생하였다. 뮈텔 주교가 규장각에 소장된 조선왕조 기록들, 즉《헌종실록》, 《승정원일기》, 《일성록》 등을 열람하고 순교자 관련 기사들을 발췌한 자료가 있었는데, 이 자료를 불어로 번역한 책자(Documents Relatifs aux Martyrs de Corée de 1839 et 1846)가 1924년 1월 28일 홍콩의 나자렛 인쇄소에서 간행되었다. 뮈텔 주교는 1924년 3월 18일로 예정된 추기경들의 '본회의'에 제출될 수 있도록 이 책자 50부를 로마로 발송하였다. 그런데 이 기록 속에는 옥사한 순교자들에 대한 내용이 들어 있지 않았다. 뮈텔 주교의 서문에 따르면 사형 집행은 승정원에 보고되었지만, 의금부에 갇혀 있다가 죽은 죄인들에 대한 기록이 없었던 것이다. 그러므로 기해 및 병오 박해 순교자로서 시복 청원 대상자로 올랐던 82위 가운데 옥사한 17위가 "천주교 때문에 고문을 받다가 감옥에서 죽었다"는 사실이 확증되지 않은 것이었다.

그래서 1924년 3월 18일에 열린 추기경들의 '본회의'에서 이 17위가 과연 신앙 때문에 순교하였는지에 대해서 문제 삼게 되었다. 이 문제를 판가름하기 위하여 특별위원회를 별도로 소집하기로 하였다. 이 특별위원회에 회부된 순교자 17위는, 이광헌 아우구스티노(4번), 그의 딸 이 아가타(6번), 김아기 아가타(14번), 이광렬 요한 세자(17번), 김장금 안나(25번), 김 로사(26번), 원귀임 마리아(27번), 고순이 바르바라(49번), 이영덕 막달레나(50번), 이인덕 마리아(51번), 정 아가타(63번), 김 바르바라(64번), 한 안나(66번), 김 바르바라(67번), 이 가타리나(68번) 등이었다.

> 1857년 9월 24일 비오 9세 교황이 가경자(可敬者, Venerabilis)로 선포한 조선 순교자들은 모두 83명이었다. 그런데 1905년 7월 25일 뮈텔 주교가 교황청으로 편지를 보내, 16번 경 마리아와 29번 박 마리아가 동일 인물임을 밝히고, 해당자는 15번 박희순(朴喜順) 루시아의 언니이므로 박 마리아가 정확한 표기라고 알렸다. 이리하여 가경자 16번은 삭제되고, 총 82명이 시복 심사의 대상자로 올랐던 것이다. 본문에 나오는 시복 심사자 번호는 16번이 존재하지 않는 83번까지의 명단에 나오는 번호이다.

이들의 순교 행적을 확인하기 위하여 파리 외

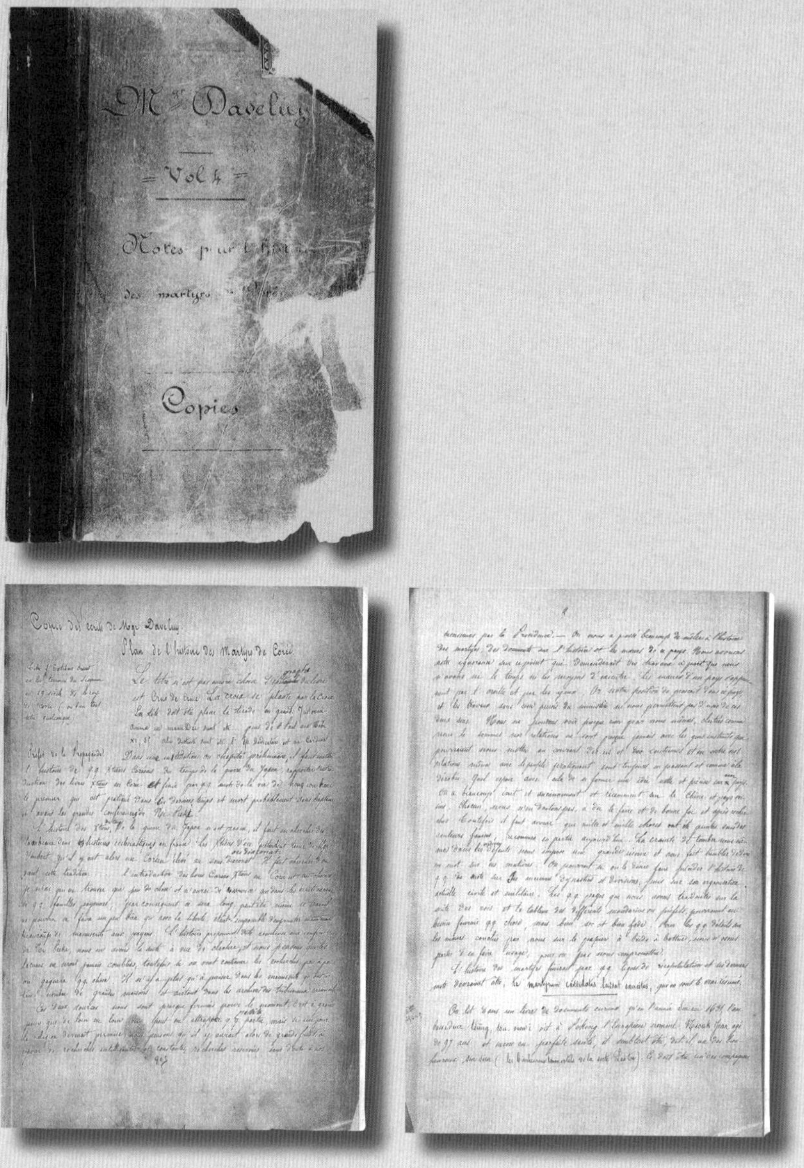

조선 순교자 역사 비망기 사본. 다블뤼 주교는 자신이 작성한 비망기를 1859년 1월에 파리로 보냈다. 파리 본부의 제라르 신부는 1924년 이 자료를 로마로 보내면서 귀중한 유물이므로 참고한 다음 반드시 돌려 달라고 하였다. 하지만 그 이후 다블뤼 주교의 비망기 원본은 행방을 감추었다.

방전교회 로마 대표부의 외젠 가르니에(Eugène Garnier, 1862~1952) 신부는 1924년 3월 25일 파리 본부에서 조선과 만주 선교지의 대표로 근무하고 있던 에드몽 제라르(Edmond Gérard, 1874~1951) 신부에게 서한을 보내어 17위의 순교자에 대한 좀 더 자세한 정보를 달라고 하였다. 그리고 이 일을 위해서 다블뤼 주교가 순교자들에 관한 자료들을 수집한 사실이 기록되어 있는 다블뤼 주교의 서한 사본을 보내 달라고 하였다. 왜냐하면 그 서한들에는 조선 주요 순교자 선정 명단이 첨부되어 있었기 때문이다. 특히 다블뤼 주교가 파리 본부의 알브랑(F. Albrand, 1804~1867) 장상 신부에게 보낸 1859년 1월 서한에는 이승훈(李承薰, 베드로, 1756~1801)과 이가환(李家煥, 1742~1801)을 순교자 명단에서 삭제하라는 지시와 더불어 '조선 순교자 역사 비망기'를 첨부하여 보낸 것으로 되어 있었다.

제라르 신부
파리 외방전교회 소속 사제이며, 1899년에 사제품을 받았다. 1900년부터 1920년까지 만주에서 활동하였다. 1921년 파리로 돌아온 후에는 파리 외방전교회 본부의 중앙 참사회에서 조선과 만주 선교지의 대표직 임무를 맡았다.

가르니에 신부는 1924년 4월 4일 제라르 신부에게 편지를 보내어, 다블뤼 주교의 서한(1858년 11월 7일, 1859년 1월, 1861년 10월, 1862년 10월)에서 언급된 자료들을 보내주고, 서한의 내용 중에 명확하지 않은 것은 확인해 줄 것을 요청하였다. 그리고 4월 9일 서한에서는 다블뤼 주교가 1858년 혹은 그 몇 년 뒤에 파리로 보냈으며, 달레 신부가 《한국천주교회사》를 지을 때 사용한 순교자들에 관한 비망기도 필요하다고 말하였다. 가르니에 신부의 말로는 달레 신부가 다블뤼 주교의 비망기를 불태우지는 않았을 것이기 때문에 아마 신학교 고문서고 내에 있을 것이라고 하였다. 그러므로 그 비망기들을 찾아서 발견하게 되면 자기에게 보내 달라고 하였다. 특별히 17위 순교자들에 관한 사항들이 들어 있다면 더더욱 보내 달라는 것이었다. 왜냐하면 달레 신부의 저서 안에는 다블뤼 주교의 기록만이 아니라 여러 문서의 사본이 뒤섞여 있어서 사료로서의 가치가 떨어지기 때문이었다. 그러므로 다른 것과 뒤섞이지 않은 '순수하게 다블뤼 주교가 작성한 비망기'가 필요하다는 것이었다.

제라르 신부는 1924년 4월 16일 가르니에 신부에게 서한을 보내면서 그가 요청한 자료와 다블뤼 주교의 비망기를 로마로 보냈다. 그리고 그 이전에 원본과 확인 대조한 사본도 보낸 적이 있다고 말하였다. 제라르 신부는 다블뤼 주교의 원본 자료들은 헤아릴 수 없는 값어치를 지닌 귀중한 유물이므로 로마에서 참고한 다음에 반드시 돌려 달라고 하였다. 하지만 그 이후로 다블뤼 주교의 비망기 원본은 행방을 감추었다. 가르니에 신부와 제라르 신부가 1924년에 주고받은 서한에 등장한 이후로는 사라져 버린 것이다. 현재 로마와 파리 어디에도 원본을 발견하였다는 소식이 들리지 않는다. 전후 상황을 추측하자면 이 자료가 시복 재판 관련 문서였던 만큼 시복 재판이 끝난 뒤에 교황청의 바티칸 비밀문서고(Archivum Secretum Vaticanum)로 이관되어 예부성성 자료 속에 들어갔을 수 있다.

한편 비오 11세 교황이 1925년 4월 29일에 특별회의를 소집하였다. 이 회의에서는 다블뤼 주교의 사료에 대한 검토를 통하여 17위 가운데 14위에 대한 순교 사실이 확인되었다. 하지만 정 아가타(63번)에 대해서는 더 이상 자료가 발견되지 않았고, 한 안나(66번), 김 바르바라(67번)는 열병으로 죽은 것으로 판정되었다. 이리하여 3위는 박해로 인해 죽은 것이 사실이지만, 순교 사실을 법적으로 증명하기에는 미흡하다 하여 시복에서 누락되었다. 5월 10일에 기적 심사 면제령이 내려졌다. 이틀 후인 5월 12일에는 최종 회의인 투토 회의를 소집하여 조선 교회가 추진한 79위의 시복을 결정하기에 이르렀다.

한국 순교자 79위 시복 교령. 1925년 5월 12일, 최종 회의인 투토 회의를 소집하여 조선 교회가 추진한 79위의 시복을 결정하였다.

2) 시복식

1924년 9월 29일 뮈텔 주교는 로마 대표부의 가르니에 신부로부터 1925년에 시복식이 거행될 것이 확실하다는 편지를 받았다. 당시 가르니에 신부는 파리 외방전교회 로마 대표부에서 조선 순교자들의 시복 청원인 역할을 담당하고 있었다. 이에 뮈텔 주교는 시복식에 참석하기 위해 1925년 3월 16일 경성역을 출발하여 대구로 가서 17일에 대구 대목구장 드망즈 주교와 함께 부산으로 갔다. 배편으로 일본에 가서 큰 기선으로 갈아타고 대서양을 건넜으며, 4월 30일 프랑스 마르세유를 경유하여 6월 17일 로마에 도착하였다.

조선 성직자 대표로는 한기근 신부가 시복식에 참석하기 위하여 1925년 5월 11일 경성역을 출발하였다. 부산에 도착한 한기근 신부는 배로 갈아타고 일본 시모노세키와 고베를 거쳐서 6월 30일 로마에 도착하였다. 조선인 신부들은 라틴어로, 그리고 경성교구 천주교 청년회 연합회에서는 한글로 쓴 편지를 교황에게 봉헌하기 위해 한기근 신부에게 위탁하였다. 그 편지의 내용은 교황이 조선의 성직자와 교우들에게 강복하여 주기를 청원하는 것이었다. 당시 《경향잡지》에 실린 경성교구 천주교 청년회 연합회의 편지를 소개하면 다음과 같다.

〈상소문〉

조선 경성교구 천주교 청년회 연합회원 일동은 땅에 엎드려 지극히 높으시고 지극히 큰 아비이신 교황 폐하께 감히 아뢰옵나이다. 복되고 즐거운 우리 조상 치명자의 시복식에 참례하여 감사한 뜻을 표하고자 하오나 여러 가지 장애로 인하여 비록 육체로는 참례하지 못하오나 신목으로는 조선 성직자 대표 바오로 한 신부와 같이 참례하오며 감사하나이다. 원컨대 지극히 공경하올 교황 폐하께 감히 주달하옵나니 우리 조선 일반 신자에게 인자로이 강복의 은혜 베풀어 주시옵기를 간절히 바라옵나이다.

예수 그리스도의 포도밭에서 수고로이 땀을 흘리시는 성직자들을 도우며 폐하의 대명에 복종하기를 결심하나이다.

천주 강생 1925년 5월 일 을축년 경성교구 천주교 청년회 연합회

《경향잡지》 1925년 5월호 231쪽.

1925년 5월 10일 경성교구 천주교 청년회 연합회에서는 시복식에 참석할 대표자로 미국 맨해튼 대학에서 교육학으로 박사 학위를 받은 장면(張勉, 요한, 1899~1966)을 선출하였다. 미국에 체류하고 있던 장면은 미국 컬럼비아 대학교에서 미술 및 역사 과목을 수강하던 동생 장발(張勃, 루도비코, 1901~2001)과 함께 미국을 떠나 7월 1일 로마에 도착하였다. 그리고 1925년 2월부터 프랑스에서 휴가를 보내고 있던 예수성심신학교 교장 기낭 신부도 조선 교회 대표단에 합류하였다.

시복식이 있기 전날인 7월 4일에 뮈텔 주교, 드망즈 주교, 기낭 신부, 한기근 신부가 비오 11세 교황을 알현하였다. 이 자리에서 교황은 뮈텔 주교가 포교성성 장관 판 롯숨 추기경을 통해 전달한 황사영의 〈백서〉에 감동하였다고 한다. 한기근 신부는 조선 신부들의 서한을 교황에게 올렸고, 교황은 조선 교회의 거룩한 사업과 모든 성직자와 모든 교우에게 강복을 내렸다. 대표단은 1925년 7월 5일 로마 성 베드로 대성전에서 거행된 기해 및 병오 박해 순교자 79위 시복식에 참석하여 조선 교회 최초의 복자 탄생을 지켜보았다.

시복식이 있던 날, 베드로 대성전 문루 위 교황 강복대에는 복자로 반포되는 모든 순교자의 그림이 걸렸다(사진 번호 1). 제단 양 옆에도 한 폭씩의 그림이 걸렸는데, 하나는 김효임과 동료 순교자 9위의 그림이고(2), 다른 하나는 유대철 순교자의 그림이다(3). 그리고 대성전 정문 위에는 앵베르 주교와 모방 신부, 샤스탕 신부의 참수 장면을 그린 그림이 걸렸다(4). 한편 제대 위에는 〈영광〉이라는 제목의 그림이 걸렸다(5). 시복식 모습(오른쪽 아래).

1

2

3

4

5

O COREANI MARTYRES
CHORIS. BEATIS ADDITI
SALVETE. IN. ARCE. SIDERVM
DIGNA. POTITI LAVREA

파리 외방전교회 로마 대표부에서는 수개월 전부터 순교자들의 행적을 프랑스어와 이탈리아어로 수천 권씩 간행하였으며, 또한 복자들의 상본도 수만 장을 인쇄하여 무료로 배포하였다. 그리고 당일 시성식 입장권도 백색, 청색, 홍색 그리고 1, 2, 3등으로 나누어 제작하여 무료로 나누어 주었다. 그중에서 백색 1등 입장권은 본래 복자의 친척에게 배부하는 것인데, 시복식에는 시복될 순교자의 가족이나 친척은 참석하지 못하였다. 따라서 기낭 신부와 한기근 신부, 그리고 장발이 복자 친척을 대신하여 발부받았다.

1925년 7월 5일 오전 10시에 성 베드로 대성전에서 시복식이 열렸다. 먼저 추기경 6명이 시종과 함께 들어오고, 그 뒤를 이어서 대주교, 주교, 고위 성직자들이 입장하였다. 그런 후에 대례 미사를 거행하는 주교가 복사들과 함께 대성전으로 들어와서 좌정하였다. 예식이 시작되자 고위 성직자 한 사람이 제대 왼쪽에 마련된 높은 대에 올라가서 조선 치명자 79위를 복자로 선포하는 교황의 칙서를 낭독하였다.

이어서 복자들의 모습을 그린 다섯 개의 대형 상본이 공개되었다. 제대 뒷벽에 하나, 제대 앞 양편 기둥에 둘, 성전 정문 위에 하나, 성전 문두의 강복대에 하나, 이렇게 다섯 개의 상본이 대중 앞에 모습을 드러냈다. 시복 칙서를 낭독하기 전에는 아직 복자가 아니므로 그 상본들은 포장되어 있었는데, 칙서를 다 읽은 후에 제대 뒷벽에 붙어 있던 복자 상본의 휘장을 즉시 걷고 빛을 비추어 환하게 드러나게 하므로 이를 '영광의 발현'이라고 일컬었다. 이제 복자로 반포되어 영광이 드러났으므로 성가대가 하느님께 감사하는 뜻으로 성 암브로시오의 〈사은 찬미가〉(테 데움, Te Deum)를 합창하고, 복자 기도문을 노래하였다.

그런 다음에 주교 대례 미사가 거행되었다. 이 미사에서는 추기경과 각 주교들에게 복자의 행적 1권, 상본 1장씩을 바치고, 다른 고위 성직자와 여러 사람에게도 행적과 상본을 나누어 주었다. 시복식과 주교 대례 미사는 정오 무렵에 모두 끝났다. 이날 시복식 행사에 참석한 인원은 1만 명에 육박하였다고 한다. 하지만 교황이 직접 참석하는 오후의 성체 강복식에 더 많은 인원이 참여하는 것이 통례였다.

오후 6시에 성 베드로 대성전에서는 성체 강복식이 열렸다. 여기에는 비오 11세 교황과 추기경 16명, 주교 15명이 입장하였다. 본래 시복식 당일에 거행되는 성체 강복은 교황이 직접 거행하는 것이지만, 이날 행사에서는 특별히 뮈텔 주교가 거행하도록 허락되었다. 뮈텔 주교가 집전한 성체 강복에는 2만여 명이 참석하였다고 한다. 성체 강복이 끝난 뒤에 성해대와 기타 예물을 교황에게 봉헌할 때에 두 번째 교황 알현이 있었다. 뮈텔 주교와 드망즈 주교, 그리고 여러 신부가 교황을 알현하고 강복을 받았다.

이로써 7월 5일의 시복 행사는 모두 끝났지만, 이어서 3일 동안 시복 은혜를 감사하는 대기도를 거행하였다. 성당은 로마의 중심에 위치한 예수 성당으로 결정되었고, 행사 준비는 모두 그 성당에 위임되었다. 그리하여 7~9일까지 매일 오전 10시에 주교 대례 미사를 거행하고, 오후 7시에는 묵주기도, 강론, 성체 강복이 이어졌다. 7일에는 뮈텔 주교, 8일에는 드망즈 주교, 9일에는 판 롯숨 추기경이 미사를 집전하였다.

시복식 다음 날인 7월 6일 12시에 뮈텔 주교, 드망즈 주교, 한기근 신부, 장면 형제 등 25명이 다시 교황을 공동으로 알현하였다. 이때 장면은 경성교구 천주교 청년회 연합회의 편지를 대표 자격으로 교황에게 올렸다. 교황은 조선 성직자들과 교우들이 전보다 더 분발하여 전교사업과 자선사업에 힘쓰도록 당부하면서 강복하고 기념패를 하나씩 선사하였다. 교황을 알현한 일행

시복식 다음 날인 7월 6일에 교황 알현을 마치고, 이날 뮈텔 주교, 드망즈 주교, 한기근 신부, 장면 형제 등 25명이 다시 교황을 공동으로 알현하였다. 이때 장면은 경성교구 천주교 청년회 연합회의 편지를 대표 자격으로 교황에게 올렸다.

은 교황궁을 나와서 기념사진을 찍은 뒤에 파리 외방전교회 로마 대표부로 돌아갔다.

3) 후속 조치

당시 조선 교회에서도 시복을 경축하기 위한 행사를 개최하였다. 7월 12일 오후 3시에는 서울 대목구 부주교 드브레 주교, 원산 대목구장 사우어 주교 그리고 마침 조선을 방문 중이던 독일 상트 오틸리엔 베네딕도 수도원의 노르베르트 베버 총아빠스 등이 참석한 가운데 종현 성당에서 복자 유해 거동 및 친구(親口) 행사를 가졌다. 먼저 복자의 유해를 유해함에 안치하고 그 함을 붉은 비단으로 꾸민 작은 가마에 모셨다. 사우어 주교와 베버 총아빠스가 제일 먼저 입장하고 그다음에는 붉은 캅파를 입고 금관 목장을 손에 든 드브레 주교가 들어왔으며, 이어서 두 부제가 복자 유해를 안치한 가마를 메고 행렬을 지어서 주교관을 출발하여 종현 성당으로 거동하였다. 이 행사에는 700명의 신자가 참례하여 복자 유해에 친구하였다.

이어 9월 19일부터 21일까지 3일 동안 시복식을 경축하고 하느님께 감사드리는 뜻으로 종현 성당에서 '조선 치명자 79위 미사'를 거행하였다. 매일 오전 10시에는 대례 미사, 오후 3시에는 복자 유해 친구, 오후 6시 30분부터 강론, 7시에 성체 강복을 하는 순서로 진행되었다. 첫째 날에는 드브레 주교가, 둘째 날에는 사우어 주교가, 그리고 셋째 날에는 이 행사를 위해서 만주 봉천에서 온 심양 대목구장 장-마리-미쉘 블루아(Jean-Marie-Michel Blois, 衛忠

심양(瀋陽) 대목구장
1898년 5월 10일에 만주 대목구에서 분리된 남만주 대목구는 1924년 12월 3일자로 심양 대목구로 그 명칭을 변경하였다. 당시 블루아 대주교는 제6대 심양 대목구장이었다.

濬, 1881~1946) 주교가 주교 대례 미사를 거행하였다. 특히 둘째 날 복자 유해 친구는 노르베르트 베버 총아빠스가 진행하였다. 또한 조선 교회에서는 1925년 7월 20일 서울 대목구장 뮈텔 주교, 대구 대목구장 드망즈 주교, 원산 대목구장 사우어 주교의 명의로 〈새로 나신 복자를 향하여 하는 기도문〉을 반포하였다.

〈새로 나신 복자를 향하여 하는 기도문〉

치명하신 복자들이시여 너희는 성총의 힘을 입으사 신덕과 예수 그리스도 사랑과 복음과 성교회를 위하여 피를 흘리셨나이다. 비나니 우리를 생각하소서. 과연 우리 등은 아직도 이 전장의 나그네로 있사오며 너희 승전의 영광을 모든 선의 근원이신 천주께 진심으로 돌려보내나이다.

오홉다 복자시여. 천주 대전에 엎드려 너희 비는 소리를 너희 모후이신 성 마리아의 소리에 합하여 천주의 자비하심을 구하소서. 대개 이 시대에도 악독한 자가 있어 성교회를 핍박하오니 성교회를 보호케 하시고 전능하신 팔로 붙드시며 아직 죽음의 어두운 가운데 앉은 많은 지방에까지 펴게 하시기를 구하소서. 특별히 너희에게 구하나니 조선을 위하여 천주께 전구하여 주소서. 대저 너희는 이 지방에서 살았고 이 지방에서 많은 고난을 당하고 치명까지 하셨사오니 전능하신 천주께 구하여 이 지방에 성교회를 날로 번성케 하시고 탁덕의 수를 더하사 지극한 열정으로 힘을 써 교우로 하여금 더욱 더욱 주의 계명을 착실히 지키고 냉담자는 회두하고 열교인은 진교에 돌아오게 하시며 외교인은 이단을 버리고 진주를 알아 홀로 자기를 조성하시고 구속하신 주이심을 승복케 하소서.

우리 등은 너희를 영화로이 기억하게 되었사오니 실로 즐겁고 용약하도소이다. 비나니 자비하신 아비께 구하사 우리와 우리 친척과 은인의 영육에게 요긴한 은혜를 얻게 하사 하여금 우리 등이 죽을 때까지 항구히 예수 그리스도의 신덕을 보존하고 우리 등은 비록 피를 흘리지 못할지라도 주의 성총 지위에 있어 선종하는 은혜를 얻게 하소서. 아멘.

계) 복자 로렌조와 안드레아와 모든 치명자여

응) 우리를 위하여 빌으소서. (세 번)

천주교 성모경 영광경 (각 한 번)

《경향잡지》 1925년 7월호, 313~314쪽.

아울러 이 기도문 다음에는 주의 사항이 첨부되어 있었다. 첫째, 어느 교우이든지 복자들에게 무슨 특별한 은혜를 얻으려고 하면 기도문을 외울 때에 그 복자들의 전구하심을 확실히 믿고 바라는 마음이 있어야 한다. 둘째, 복자에게 전구하려 할 때에 반드시 79위께 다 기구하여야 하고 한 위나 두 위에게 따로 전구를 청하지 말아야 한다. 이것은 79위 복자들을 모두 같은 날에 복자로 선언하고 반포하였으므로 그 복자들이 한 날에 다 성인품에 오르시도록 하려는 것이라고 설명하였다. 셋째, 이제 이 복자들이 성인품에 오르시려면 성교회 규칙에 의하여 몇 가지 기적이 있어야 하니, 교우들은 믿는 마음과 열정을 발하여 자기나 집안 식구, 또는 다른 외교인에게 무슨 중병이 있으면 그 병을 낫게 하려는 뜻으로 구일기도나 다른 기도를 하는 것이 가하되 병자가 교우이면 고해 영성체를 하게 하는 것이 더욱 좋다고 하였다. 만약 이와 같이 기구한 결과로 무슨 기적과 유사한 것이 나타나면 주교나 본당 신부에게 서면으로 품달해야 하며, 교우들이 임의로 판단하면 안 된다는 점도 명시하였다.

또한 복자의 유해 발굴 작업도 병행하였다. 1927년 5월 30일 구산(龜山)에 안장되어 있던 복자 김성우(金星禹, 안토니오, 1794~1841)의 유해를 발굴하여 용산 예수성심신학교로 옮겼고, 이곳에서 유해의 골격을 재구성한 후, 10월 15일 종현 성당 지하 묘역에 안치하였다. 그리고 1930년 5월 29일에는 라리보 주교를 비롯한 30명의 신부와 100여 명의 신자가 수리산 뒤뜸이에 모인 가운데 복자 최경환(崔京煥, 프란치스코, 1805~1839)의 유해를 발굴하였다. 유해는 종현 성당 주교관으로 옮겨져 보관되다가 9월 29일에 종현 성당 지하 묘역에 안치되었다.

2. 병인박해 순교자 시복 추진

조선 대목구에서는 1899년 6월 19일 오전 9시 종현 성당에서 뮈텔 주교가 임석한 가운데 시복 재판을 개정하여 1900년 11월 30일까지 135회에 걸쳐 전국을 순회하면서 총 100명의 증인을 대상으로 증언을 청취하고 그 내용을 기록하였다. 그런 연후에 1901년 3월 30일 위임 판사 르 장드르 신부는 교구 수속에 해당하는 조사 내용을 종합적으로 정리하여 최종 보고서를 작성한 다음에 이를 뮈텔 주교에게 제출하였다. 그리고 1901년 4월 22일 오후 2시에 열린 제136회차 시복 재판에서 뮈텔 주교와 르 장드르 위임 판사 외에 무세, 홍병철, 데예, 조아요, 한기근, 마라발, 라크루 등 7명의 신부가 참석한 가운데 최종적으로 폐정을 선언하였다. 한편 증언 청취를 위한 시복 재판과 병행하여 증언 내용을 라틴어로 옮기고 정확성을 기하기 위하여 원문과 대조하는 회의를 1900년 11월 5일부터 1901년 4월 25일까지 56회에 걸쳐 열어서 라틴어 번역

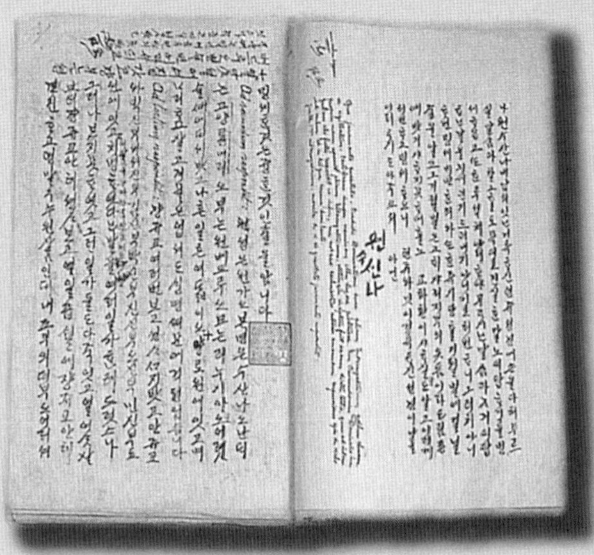

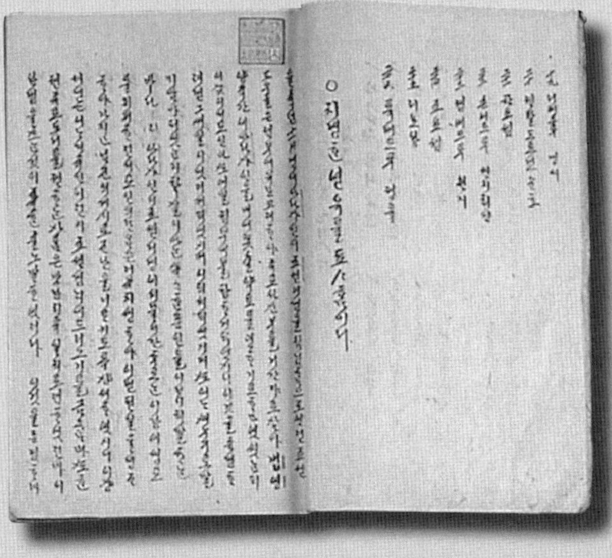

병인 순교자 재판 기록(위)과 병인 순교자 26위 사적. 1899년 6월 19일 오전 9시 종현 성당에서 뮈텔 주교가 임석한 가운데 시복 재판을 개정하여 1900년 11월 30일까지 135회에 걸쳐 전국을 순회하면서 총 100명의 증인을 대상으로 증언을 청취하고 그 내용을 기록하였다.

문을 확정하였다. 이렇게 하여 병인박해 순교자 29위의 행적을 담은《병인 순교자 시복조사 수속록》이 완성되어 교황청 예부성성에 제출되었다.

이러한 시복 청원을 접수한 예부성성은 이 수속록을 검토한 뒤에 1914년 5월 13일에 이를 승인하였다. 그리고 1918년 11월 13일 베네딕도 15세 교황이 시복 안건의 개시를 허락하면서 허락서와 지침을 내렸다. 이때 시복 청원 대상자 29위 가운데 증거불충분으로 이성천(베드로), 이성욱(필립보 또는 베드로), 송성보(아우구스티노) 등 3명이 탈락하고 26위가 시복 심사의 대상자로 확정되었다. 또한 교황청에서는 병인박해 순교자들의 시복 안건을 코친차이나 순교자들의 시복 안건과 한데 묶어서 추진하였다. 과거 기해박해와 병오박해 순교자 79위의 시복 안건은 문헌의 신빙성에 의거하여 시복 수속을 접수하였던 데에 비해서, 병인박해 순교자 29위의 경우에는 철저한 재판 형식을 거친 87명의 증언을 토대로 시복 절차가 접수되었다.

1919년 7월 29일 예부성성은 교황청 수속을 위한 교회 재판을 서울 대목구에 위임하였다. 뮈텔 주교는 1년 반 정도의 준비 기간을 거친 뒤인 1921년 1월 17일에 드브레 주교를 시복 재판의 판사로 임명하였다. 드브레 주교는 1921년 2월 12일에 시복 재판을 개정하여, 1925년 10월 6일까지 94회에 걸쳐서 85명의 증인을 대상으로 병인박해 26위 순교자들에 대한 증언을 청취하였다. 서울을 비롯하여 풍수원, 용소막, 금사리, 공주, 서산, 합덕, 대구 등 전국을 순회하면서 시복 재판을 열었던 것이다.

1925년 12월 28일 서울의 주교관에서 속개된 제95차 회의에서는 지금까지 청취한 증언과 수집한 문서들의 라틴어 번역이 완성되었음을 선언하였다. 그리고 1925년 12월 30일에 열린 제96차 회의부터 1926년 3월 13일의 제128차 회의까지 총 33회에 걸쳐서 시복 재판 내용과 관련 문서들의 라틴어 번역문에 대한 의견을 청취하고 원문과 대조하는 회의를 열었다. 그런 다음에 1926년 3월 18일의 제129차 회의에서 뮈텔 주교는 시복 재판의 폐정을 선언하였다. 아울러 지금까지의 재판 기록 원본은 밀봉하여 서울 대목구의 문서 보관소에 안전하게 보관했다가 홍콩에 있는 포교성성 대표부의 문서 보관소로 보내기로 결정하였다. 그리고 사본 한 부는 뮈텔 주교가 직접 서명하고 봉인하여 적당한 시기에 로마로 보내기로 하였다. 이리하여 서울 대목구가 예부성성으로부터 위임받아 진행한 병인박해 순교자 26위에 대한 교황청 수속이 모두 완료되었다.

한편 이와는 별도로 병인박해 순교자들의 유해를 발굴하려는 노력도 계속 이어졌다. 1923년 2월에 김성학 신부 등이 평양 논재(대동군 유리면 답현리)에 안장되어 있던 병인박해 순교자 유정률(劉正律, 베드로, 1837~1866)의 묘를 조사하였다. 그리고 6월부터 8월 사이에는 드브레 주교와 라크루 신부 등이 고산 다리실(천호)과 전주 막고개(완주군 소양면 유상리), 진안 모시골(진안군 어은동)에 묻혔다는 순교자 이명서(李—, 베드로, 1821~1866)와 손선지(孫—, 베드로, 1820~1866) 등의 묘를 조사하였다.

하지만 교황청에서 병인박해 순교자 26위에 대한 시복 안건을 재개한 것은 한참 뒤의 일이었다. 즉 1952년 3월 2일에 가서야 서울 대목구에서 진행한 교황청 수속의 유효성을 인정한 것이었다. 그리고 1962년 5월 4일에 병인박해 순교자 26위의 시복 수속이 코친차이나 순교자들의 시복 수속과 분리되었다. 1964년 3월 21일 파리 외방전교회 로마 대표부의 앙투안 아노주(Antoine Anoge, 1900~1991) 신부가 예부성성에 가경자 푸르티에(J.A.C. Pourthié, 申妖案, 1830~1866) 신부의 시복 청원을 말소해 달라고 요청하였다. 그리고 1967년 1월 10일에 개최된 추기경 회의의 전 예비회의에서는 프티

니콜라(M.A. Petitnicolas, 朴德老, 1828~1866) 신부를 제외하였다. 이리하여 1968년 1월 30일에 예비회의, 5월 6일에 추기경들의 본회의가 열렸다. 7월 4일에는 최종적으로 투토 회의가 열려 마침내 24위의 시복이 확정되었다. 이 결정에 따라서 1968년 10월 6일 로마 베드로 대성전에서 병인박해 순교자 24위의 시복식이 열리게 되었다.

3. 조선 천주교 순교자 현양회의 설립 추진

1939년은 기해박해가 있은 지 100년이 되는 해였다. 이에 1937년 말부터 조선 천주교회는 1925년에 복자품에 오른 79위를 비롯한 순교자들을 기리는 순교자 현양 운동을 대대적으로 벌이기 시작하였다. 1937년 11월 30일자《경향잡지》에는 〈1939년을 바라보며, 순교비(殉教碑) 건립을 재촉함〉이라는 사설이 실렸다. 이 사설에서는 '순교 백 주년'을 기념하기 위하여 강연회, 라디오 방송, 성극, 책자 발행, 대규모 전람회 등 여러 가지 행사가 있을 수 있지만, 특별히 순교자들을 영원히 이 땅에 현양할 수 있는 순교비의 건립이 필요하다고 역설하였다. 예부터 큰 공훈을 끼친 사람에게는 기념비를 세워주어 그 공적을 만대에 전하여 그 이름을 영구히 새겨두고자 하였으니, 조선 순교자들에 대해서도 마찬가지로 순교비를 세워서 그 공적을 영원히 남겨야 한다는 것이었다.

이후 조선 천주교회는 1938년과 1939년에 걸쳐서 순교비 건립을 위한 성금을 접수하고, 각종 순교자 현양 행사를 권장하였다. 1939년 6월 15일자《경향잡지》에는 충남 서산군 해미와 황해도 구월산을 순례한 기사들이 실렸으며, 1939년 9월 15일자에는 되재 지방에서 지방 교회의 차원으로 순교비 제막식을 거행하였다는 보도가 실렸다.

약현 본당 순교비 제막식(1938. 11. 3). 기해박해가 있은 지 100년이 되는 해인 1939년을 앞두고 조선 천주교회는 1937년 말부터 복자 79위를 비롯한 순교자들을 기리는 순교자 현양 운동을 대대적으로 추진하였다.

그런데 1939년 9월 7일 라리보 주교는 서울 대목구 소속의 성직자들에게 공문을 발송하였다. 그 속에는 여러 가지 형편으로 인하여 순교비 건립을 당분간 유보한다는 내용이 실려 있었다. 즉 1939년에 당장 건립하지 않고 1946년까지를 순교 백 주년 기간으로 삼아서 그동안 유리한 시기를 기다렸다가 순교비를 세우기로 하였다는 것이었다. 아마 일제의 침략 전쟁이 가열되면서 식민지 조선에서 모든 물자를 전쟁 협력에 동원하고 있던 상황에서 천주교회가 순교비를 건립하기 위하여 가난한 신자들을 대상으로 대대적인 모금 운동을 벌이기는 어려웠을 것이다.

한편 각 본당별로 줄기차게 벌어졌던 순교자 현양의 움직임은 순교자 현양사업을 위한 기구나 단체 설립을 촉구하는 방향으로 작용하였다. 그 결과 1939년 9월 8일에 제9대 서울 대목구장 라리보 주교의 명의로 '조선 천주교 순교자 현양회' 발기인회가 조직되었다. 그리고 9월 24일에 서울의 계성 심상소학교(현 계성학교의 전신) 강당에서 발회식(發會式)을 갖기로 하고, 우선 약현(현 중림동 약현) 본당의 김윤근 신부를 위원장으로 하는 중앙위원회의 임원들을 내정하였다. 중앙위원에 내정된 9인은 약현 본당의 김윤근 신부와 종현 본당의 조제(Jaugey, 楊秀春, 1884~1955) 신부(경리), 이기준(李起俊, 토마스, 1884~1977) 신부, 노기남 신부, 윤형중 신부(서기) 등의 성직자와 조종국(趙鍾國, 마르코, 1896~?, 종현청년회 회장), 장면(동성상업학교 교장), 박병래(朴秉來, 요셉, 1903~1974, 성모병원 원장), 박대영(朴大英, 베르나르도, 약현 청년회 회장) 등의 평신도들이었다.

순교자의 전기 출판, 조선 천주교 역사 출판, 순교자 유물의 수집 보관, 순교자 분묘의 조사 보존, 순교자 현양 강연회 개최, 순교 기념지의 매입 등을 사업 내용으로 내건 순교자 현양회는 일단 기해박해 백 주년 기념으로 《조선 가톨릭사 소고》와 《순교자 약전》을 1939년 연내에 간행하기로 하였다. 처음에는 미리 예약받은 금액을 모아서 출판할 계획이었다. 그러나 예약 부수의 미달로 말미암아 비용 문제를 해결하지 못하고 발간 계획을 취소하였다. 뿐만 아니라 9월 24일로 예정되어 있었던 조선 천주교 순교자 현양회의 발회식도 일제의 불허(不許)로 무산되고 말았다. 하지만 아래로부터 우러나오는 자발적인 순교자 현양의 움직임마저 봉쇄된 것은 아니었다. 그래서 1939년 9월 26일 순교 복자 축일을 맞아 평양 관후리 본당에서는 순교 백 주년 기념 강연회를 개최하여 오기선, 양기섭 두 신부의 강연을 들었으며, 황해도 곡산 본당과 충청도 아산의 공세리 본당 등지에서는 순교자들의 행적을 연극으로 꾸민 치명 성극 공연이 열리기도 하였다. 또한 함경도 덕원의 베네딕도 수도원에서도 순교 백 주년 기념행사로 강연회, 음악회, 치명 성극 공연 등을 성대하게 벌였다.

제2절 지역 공의회의 개최

1. 개최 배경

조선에서 지역 공의회를 개최하는 문제가 논의되기 시작한 것은 1922년 말의 일이다. 일본에서 지역 공의회 개최를 계획하던 동경 주재 교황사절 마리오 자르디니 대주교는 조선 교회의 주교들이 일본 공의회에 참석해야 하는지 여부를 두고 고심하였다. 조선 교회는 1894년의 교령에 의거하여 일본으로부터 분리되어 중국 지역의 제1 시노드 그룹에 편입되어 있었다. 그러나 조선은 정치적으로 일본의 지배 아래 있었으며, 또 1894년 교령이 조선 교회와 중국 교회를 그렇게 밀접하게 연결시키지 못하고 있던 상태였다. 이에 자르디니 대주교는 1922년 12월 5일 조선 교회의 주교들 가운데 가장 연장자였던 뮈텔 주교에게 서한을 보내어 조선 주교들의 일본 공의회 참석에 대해서 어떤 입장을 가지고 있는지 문의하였다.

뮈텔 주교는 자신의 부주교였던 드브레 주교, 원산 대목구장 보니파시오 사우어 주교 그리고 대구 대목구장 드망즈 주교의 의견을 경청한 후에 같은 해 12월 22일 서한을 보내어 자신의 의사를 밝혔다. 즉 조선 주교들의 일본 공의회 참석 자체를 거부하지는 않으나, 평양을 중심으로 한 평안도 지역에 네 번째 독립 선교지를 설립하기 위해 준비하고 있는 조선 교회가 별도의 시노드 그룹으로 지정되어야 한다는 주장을 펼쳤다. 비록 조선이 일본의 지배를 받고 있기는 하지만, 관습, 언어, 정서, 종교적 전통, 사목 방법 등 여러 가지 관점에서 볼 때 조선은 일본과 완전히 다른 사회적, 문화적 정체성을 지니고 있다는 점이 그 이유였다.

자르디니 대주교가 1923년 1월 8일 서한을 통해서 조선 주교들의 입장을 포교성성에 전하자, 판 롯숨 추기경은 1923년 3월 5일에 회신을 보내면서 조선 주교들의 일본 공의회 참석 문제에 관한 포교성성의 최종 결정을 전달하였다. 그 핵심은 다음과 같았다. 즉 조선이 정치적으로 일본의 지배를 받고 있고, 또 일본 동경에 주재하는 교황사절이 조선 교회에 관한 교황청 사무까지 관할하고 있다는 점을 무시할 수는 없다. 하지만 일본 지역 공의회는 일본의 교구와 지목구에 국한하고, 조선 교회의 주교들은 자신들의 지역 시노드를 개최하도록 해야 한다는 것이었다.

그러나 조선 교회를 위한 시노드의 개최 시기는 구체적으로 확정되어 있지 않았다. 다만 1925년 이후에 공의회를 거행하도록 지시하였을 뿐이다. 이것은 당시 조선의 불안정한 정치적 상황을 고려한 것으로 보인다. 이와 더불어 메리놀 외방선교회 선교사들이 활동하기로 이미 내정되어 있었던 새로운 선교지에 평양 지목구를 설립하는 문제도 걸려 있었다. 실제로 자르디니 대주교가 1924년 9월 서울에서 개최된 조선 주교회의에 참석하여 주교들에게 조선 지역 공의회 거행이라는 안건을 제안하자, 조선 주교들은 메리놀 선교사들이 활동할 평양 지목구가 설립되고 독자적으로 활동을 수행할 수 있을 때까지 몇 년 정도 기다린 뒤에 공의회를 개최하자고 건의하였다.

이리하여 조선 지역 공의회 개최는 1927년 3월 17일 평양 지목구가 설립된 후에 다시 논의되기 시작하였다. 조선 교회의 주교들은 자르디니 대주교에게 1928년 10월에 공의회 거행을 위한 준비 위원회를 소집하고, 이듬해인 1929년 5월에 공의회를 개최하고 싶다는 의사를 전달하였다. 아울러 자르디니 대주교가 직접 공의회를 주관해 줄 것을 요청하였다. 자르디니 대주교는 포교성성 장관에게 보낸 1928년 1월 15일 서한에서 이러한 사실을 보고하였다. 이에 판 롯숨 추기경은 5월 25일 서한을 통해 비오 11세 교황이 조선 주교들의 요청을 승인하였다는 소식을 알렸다. 이로써 조선 지역 공의회의 소집이 공식적으로 확정되었던 것이다.

그러나 교황청의 결정에도 불구하고 조선 지역 공의회는 다시 연기되고 말았다. 대구 대목구장 드망즈 주교의 건강이 악화되어 1928년 6월에 신병 치료차 프랑스로 돌아가야 했던 것이다. 의사들은 2년 동안 치료해야 할 것으로 예상하였다. 만약 예정대로 공의회를 거행한다면 드망즈 주교는 참석할 수 없는 형편이었다. 이러한 이유로 공의회 개최 시기는 늦춰지게 되었다. 자르디니 대주교는 조선의 주교들과 다시 협의하여 공의회 개최 일시를 재조정하였다. 그 결과 조선 대목구가 설정된 지 100년이 되는 해를 기념하기 위하여 1931년 9월에 조선 지역 공의회를 개최하기로 최종 확정하였다.

조선 지역 공의회

1931년 9월 서울에서 개최된 조선 교회 주교들의 회의를 지칭하는 용어로는 시노드(synodus)와 지역 공의회(concilium particulare)가 혼용되고 있다. 그 회의에 참석한 인물들도 시노드와 공의회라는 두 가지 용어를 섞어서 사용하였으며, 교회사 연구자들도 각자의 입장에 따라서 "1857년에 이은 두 번째 조선 지역 시노드" 또는 "조선의 첫 지역 공의회" 등으로 규정하고 있다. 하지만 1215년에 열린 제4차 라테란 공의회에서 공의회는 교회의 상급 회의, 즉 재치권을 행사할 수 있고 또 법을 제정할 수 있는 권한을 가진 사람들(주교들)의 회의를 가리키며, 그렇지 않은 하급 회의를 지칭할 때는 시노드라는 용어를 사용하기로 하였다. 즉 공의회는 교구의 범위를 넘어서 교구 책임자들인 주교들의 모임을 뜻하였으며, 반면에 시노드는 교구 차원으로 비록 교구의(dioecesana)라는 수식어가 없더라도 교구 내에 있는 전체 성직자들의 회합을 뜻하였던 것이다. 따라서 법을 제정할 수 있는 권한을 가진 주교들의 회합으로서 단체성의 정신에 입각하여 의결권을 행사하는 회의는 공의회로 보아야 한다. 그리고 1931년 회의를 개막한 무니 대주교의 교령도 이 회의가 〈비오-베네딕도 교회법전〉 제281조 등에 의거하였다고 말했는데, 그 조항은 '전국 및 관구 공의회에 관한'(De Conciliis plenariis et provincialibus) 것이었다. 그러므로 1931년 회의를 소집한 당사자나 참석한 주교들 모두는 '교회법상의 공의회에 관한 법 조항에 근거한 회의'로 인식하였던 것이다. 게다가 당시 동경 주재 교황사절이었던 무니 대주교가 이 회의를 주재하였다는 사실도 이 회의가 교회법에 명시된 공의회였음을 말해준다.

2. 진행 과정

1) 준비

1930년 12월 10일 뮈텔 대주교의 주교관에서 회의가 소집되었다. 뮈텔 대주교, 드망즈 주교, 사우어 주교와 더불어 모리스 평양 지목구장, 브레허 연길 지목구장 등이 참석한 이 회의의 목적은 조선의 첫 지역 공의회를 준비하고 거행하는 데 필요한 전체 계획을 수립하는 것이었다.

이 회의에서 조선의 모든 사제에게 1931년 9월 조선 대목구 설정 백 주년을 기념하는 기회를 이용하여 조선 지역 공의회가 개최될 것임을 알리는 회람 서한의 본문이 확정되었다. 여기에는 신앙의 전파를 위해 선교 활동의 방법을 통일하고 보존하고자 한다는 공의회 개최의 근본 목적이 명시되어 있었으며, 5명의 조선 교구장으로 구성된 공의회 준비 모임이 1931년 3월 23일에 열려 공의회의 프로그램과 토의 주제를 최종적으로 결정할 것이라는 소식이 공지되었다. 아울러 선교사들과 조선인 사제들에게는 공의회 개최와 관련하여 자신들의 의견이나 조언, 지적할 사항, 바람 혹은 질문 등을 각자의 장상을 통해서나 아니면 직접 교황사절에게 보내도록 하라는 권고 사항도 들어 있었다.

1931년 3월 23일 이미 공지되었던 바대로

브레허 연길 지목구장
영토상 중국에 속하는 연길 지목구의 브레허 지목구장이 조선 지역 공의회를 준비하는 회의에 참석한 이유는, 포교성성에서 연길 지목구를 설립할 당시 이 지목구가 조선의 다른 선교지들과 마찬가지로 일본 주재 교황사절의 관할권 아래에 속하도록 하였고, 또 장차 시노드나 주교회의가 열릴 경우에 조선의 다른 주교들과 더불어 참석하도록 조처했기 때문이다. 그것은 연길 지역에 거주하는 사람들과 천주교 신자의 절대다수가 조선인이었고, 따라서 연길 지목구가 사실상으로는 조선 천주교 선교지 가운데 하나로 간주되었던 데서 연유한다.

5명의 교구장들이 참석한 준비 회의가 서울에서 열렸다. 공의회 준비를 위해 오전과 오후, 각각 한 차례씩 열린 회의는 3월 27일 오전까지 이어졌다. 이 기간 중에 일본 동경 주재 교황사절이 자르디니 대주교에서 에드워드 무니 대주교로 교체되는 일이 발생하였다. 그러나 교황사절의 교체는 공의회 준비에 아무런 영향을 미치지 않았다. 왜냐하면 무니 대주교는 일본에 도착한 후 포교성성에 조선 공의회를 주재할 수 있는 권한을 요청하였으며, 또 전임자였던 자르디니 대주교와 마찬가지로 조선 교구장들과 긴밀하게 공조하여 공의회를 성공적으로 개최할 수 있도록 헌신적으로 노력하였기 때문이다.

그런데 공의회 개최를 준비하는 과정에서 드러난 드망즈 주교의 지도적인 역할을 간과해서는 안 된다. 드망즈 주교는 무니 대주교의 요구에 따라 7월 하순에 일본 동경을 방문하여 직접 그와 함께 공의회 준비를 위한 작업을 진행하였으며, 조선으로 돌아온 후에는 7월 30일에 7쪽 분량의 회람 서한을 다른 교구장들에게 발송하였다. 이 서한에는 동경에서 무니 대주교와 함께 공동으로 작업한 결과물이 담겨 있었다.

교황사절 무니 대주교는 1931년 7월 31일 교령을 통해 9월 13일 서울의 주교좌 성당에서 공의회를 소집하게 되었음을 선포하였다. 이에 조선 교구장들은 8월 15일 조선 천주교의 공식 기관지 역할을 담당하고 있던 《경향잡지》를 통해 공의회 소집 소식을 전하며 공의회가 성공적으로 거행될 수 있도록 모든 신자에게 다음의 세 가지 사항을 당부하였다. 첫째는 8월 15일부터 9월 25일까지 모든 신자는 미사가 끝난 후 다 함께 주님의 기도와 성모송을 한 차례 암송하고, 다음과 같이 계('복자 로렌조와 안드레아와 모든 치명자여')와 응('우리를 위하여 빌으소서')을 번갈아 세 차례 주고받는 것이었다. 둘째는 매주일과 축일 성체 강복 시에 교우들은 〈성신 강림송〉, 〈성모덕서도문〉(聖母德

서울 주교관에 마련된 조선 공의회 회의실 전경. 공의회에 참석하는 모든 이들이 준수해야 할 다섯 가지 주요 규칙은, ① 뜨겁고 항구한 기도, ② 착실한 작업, ③ 완전한 자유, ④ 미숙한 조급함을 피함, ⑤ 절대적 비밀 엄수 등이었다.

敍禱文, 성모 호칭 기도) 그리고 앞서 언급한 계와 응을 외우고, 사제들은 성신 축문을 노래하는 것이었다. 셋째는 미사에 참여하지 못하는 신자들을 위한 권고로 매일 저녁 기도 끝에 주님의 기도와 성모송을 한 번씩 바치고 위에서 언급한 계와 응을 세 차례 외우는 것이 그 내용이었다.

2) 개막

1931년 9월 10일 세 명의 자문위원과 함께 서울에 도착한 평양 지목구장 모리스 몬시뇰을 필두로 하여, 그다음 날에는 동경 주재 교황사절 무니 대주교를 비롯하여 나머지 주교들이 공의회 예비회의에 참석하기 위해 각자의 자문위원들을 대동하고 서울에 도착하였다. 각 주교가 대동한 자문위원들의 명단은 다음과 같다.

무니 대주교(교황사절) : 교황사절 비서 헐리(Hurley) 신부, 교회법 학자 아르뱅-베로(Arvin-Berod) 신부

뮈텔 대주교(서울 대목구) : 라리보 주교, 기낭, 폴리(J.M. Polly, 沈應榮, 1884~1950), 이기준 신부

드망즈 주교(대구 대목구) : 무세, 줄리앙, 김양홍 신부

사우어 주교(원산 대목구) : 로트(Roth), 히머(Hiemer), 담(Damm) 신부

모리스 교구장(평양 지목구) : 클리어리(Cleary), 치섬(Chisolm), 콜맨(Coleman) 신부

브레허 교구장(연길 지목구) : 랍(Rapp), 차일라이스(Zeileis) 신부

예비회의는 12일 오후 4시 서울의 주교관에 마련된 공의회 회의실에서 열렸다. 여기에는 7명의 공의회 교부들(공의회에 참석한 주교들을 일컬음), 기낭 신부와 아르뱅 신부를 제외한 모든 자문위원이 참석하였다. 이들 자문위원 가운데에는 2명의 조선인 신부(이기준, 김양홍 신부)도 포함되어 있었다. 이 모임에서 포교성성 장관 판 롯숨 추기경과 비오 11세 교황에게 보낼 전보가 낭독되었다. 그리고 교황사절로서 공의회를 주관할 임무를 띤 무니 대주교는 공의회의 작업 계획이 담긴 소책자와 함께 공의회의 기본 초안을 공의회 교부들에게 배부하였다.

일단 공의회의 작업이 체계적이고 원활하게 진행될 수 있도록 네 개의 분과위원회가 구성되었다. 그리고 조선 교회 전체를 위한 지도서(Directorium commune)의 편찬을 목적으로 하는 별도의 위원회가 추가로 구성되었다. 각 위원회는 오전 9시부터 11시까지 회합을 갖고 해당 안건을 다루었으며, 그 작업 결과는 오후 3시부터 5시까지 모든 공의회 교부가 참석하는 전체 회의에 넘겨져 수정 · 보완하도록 공의회의 작업 일정이 결정되었다. 물론 공의회에 참석한 모든 이들에게는 작업 내용에 대한 비밀을 지키도록 하는 선서가 뒤따랐다. 공의회의 진행을 위해 설정되고 위임된 직무는 다음과 같다.

위원장(Praeses) : 무니

총서기(Secretarius generalis) : 드망즈

발안자, 심사원(Promotores, Judices querelarum et excudationum) : 로트, 클리어리

보조서기 및 공증관(Secretarius assistentes et Notarii) : 줄리앙, 이기준, 콜맨, 아르뱅-베로

1931년 9월 13일 오전 9시 공의회 교부들과 전문위원들이 장엄 미사를 거행하기 위해 주교관에서 나와 행렬하여 대성당으로 가는 모습(위). 교황사절이 집전하는 장엄 미사를 마치고 퇴장하는 행렬.

증인(Testes ad acta) : 줄리앙, 헐리

예절지기(Magister caeremoniarum) : 기낭

아울러 5개 위원회의 명칭과 책임자 그리고 각 위원회에 배정된 전문위원들의 명단은 다음과 같다.

교리 위원회 : 브레허 위원장, 랍, 기낭, 김양홍 전문위원

가톨릭 액션 위원회 : 모리스 위원장, 폴리, 담, 콜맨 전문위원

사제와 신자의 규율 위원회 : 사우어 위원장, 로트, 치셤, 이기준 전문위원

재무 위원회 : 라리보 위원장, 무세, 클리어리, 히머 전문위원

지도서 준비위원회 : 드망즈 위원장, 줄리앙, 차일라이스 전문위원

3) 회기

1931년 9월 13일 오전 9시 공의회 교부들과 전문위원들이 주교관에서 행렬하여 대성당에 이른 후에 교황사절이 집전하는 장엄 미사와 더불어 공의회의 개막이 선언되면서 첫 번째 회기가 시작되었다. 무니 대주교는 미사 중 복음 낭독 후에 라틴어로 훈시를 하였는데, 그는 이 훈시를 통해서 신자들에게 조선 천주교회의 역사를 상기시키며 공의회 개최의 목적과 그 필요성을 분명히 하였다. 훈시가 끝난 후에 라리보 주교는 미사에 참석한 신자들을 대상으로 조선어로 훈시를 하였다.

미사가 끝난 후에 〈공의회 개막에 관한 교령〉(De Synodo aperiendo)과 〈공의회에서의 처신을 규정하는 교령〉(De modo vivendi in Synodo)을 포함한 총 6개

의 교령이 공의회의 구체적인 거행과 관련하여 공포되었다. 〈리타니아〉(성인 호칭 기도)와 〈베니 크레아토르〉(임하소서 성령이여)를 노래한 후 모든 공의회 교부들과 전문위원은 신앙고백을 하고, 제단에 무릎을 꿇은 채 공의회에 관하여 절대 비밀을 지킬 것을 선서한 후에 다시 행렬을 이루어 주교관으로 돌아왔다. 공의회에 참석하는 모든 이들이 준수해야 할 다섯 가지 주요한 규칙이 제시되었는데, 그것은 ① 뜨겁고 항구한 기도, ② 착실한 작업, ③ 완전한 자유, ④ 미숙한 조급함을 피함, ⑤ 절대적 비밀 엄수 등이었다.

제시된 규정에 따라 공의회 교령을 마련하기 위한 작업이 9월 14일부터 9월 25일 사이에 각 분과위원회를 중심으로 진행되었다. 15일에는 첫 번째 전체회의가 소집되었는데, 공의회 교부들은 교황청 국무성 장관인 에우제니오 파첼리(Eugenio Mira Giuseppe Giovanni Pacelli, 1876~1958) 추기경이 전한 포교성성 장관과 교황의 축하 및 격려 인사를 전해 들었다. 그리고 각 위원회에서 작성한 공의회 교령의 세부 사항에 대한 검토를 시작하였다. 이런 일반 회의는 모든 회기 동안에 거의 매일 소집되었는데, 전문위원의 의견을 듣고 공의회 교부들의 투표를 거쳐 승인된 조항들은 공의회의 교령으로 채택되었다.

제2 회기는 서울 주교좌 성당에서 9월 22일에 열렸다. 뮈텔 대주교가 세상을 떠난 조선의 모든 주교를 위하여 장엄 미사를 거행하는 것으로 시작되었다. 드망즈 주교는 그들을 기억하며 라틴어로 추도사를 하였다. 사실 공의회를 소집하기 이전에 공의회 교부들은 제2 회기의 거행을 염두에 두고 한 가지 계획을 세웠다. 그것은 9월 22일 이전에 초대 조선 대목구장이었던 브뤼기에르 주교의 유해를 조선으로 옮기는 것이었다. 그러나 공의회가 진행되던 1931년 9월 18일에 일본이 만주에서 개시한 군사 행동(만주

에우제니오 파첼리 추기경
1939년에 비오 12세 교황(1939~1958 재위)으로 선출되었다.

사변)으로 인하여 브뤼기에르 주교의 유해 이송 계획에 차질이 생겼고, 주교의 유해는 같은 달 24일이 되어서야 서울에 도착하였다. 브뤼기에르 주교를 위한 추모 미사는 10월 15일 서울 주교좌 성당에서 거행되었다.

제3 회기는 조선 복자 순교자 축일인 9월 26일 9시에 공의회 폐막을 겸한 장엄 미사와 더불어 시작되었고 이로써 공의회도 마무리되었다. 교황사절 무니 대주교가 집전한 이 미사에서 신인식(申仁植, 바오로, 1894~1968) 신부는 조선 대목구 설정 100주년을 주제로 45분에 걸쳐서 강연을 하였다. 미사가 끝난 후에 열렸던 제3 회기의 내용을 순서대로 소개하면 다음과 같다. 교령의 낭독(Lectio Decretorum) 후에 모든 공의회 교부들이 먼저 제단에 올라가 중앙 제대에서 공의회 교령에 서명하였고, 다음에는 공증관들이 이를 되풀이하였다. 이어서 메리놀회 소속 콜맨 신부가 〈악클라마치오〉(Acclamationes, 환호)를 노래한 후에 교황사절과 조선 주교들 간에 평화의 친구(Osculum)가 있었으며, 성 암브로시오의 〈사은 찬미가〉와 교황 강복이 이어졌다. 그런 연후에 공의회 교부들과 전문위원들 모두는 신자들이 〈조선 순교자 찬가〉(Hymnum Martyrum Coreanorum)를 노래하는 동안에 주교관까지 행렬을 지어 퇴장하였다. 전체 예식은 11시 30분에 끝났다.

3. 공의회 교령의 공포와 공동 지도서의 간행

동경 주재 교황사절 무니 대주교가 공의회 개막 미사에서 행한 훈시에서 강조하였듯이 공의회 거행의 주된 목적은 조선 교회를 위한 공통된 규정, 즉 공동 지도서를 마련하는 것이었다. 그리스도교 신앙의 전파를 위하여 설립된 5개의 천주교 선교지(서울, 대구, 원산의 대목구 및 평양과 연길의 지목구)에서 추진되는 선교사들의 사목 활동과 선교 활동이 선교지 사이의 협력을 통해 효과적이면서 일관성을 가지고 통일하여 추진될 수 있도록 하기 위하여 '공동 지도서'를 마련하고 교황청의 승인을 받아내는 것, 이것이 공의회의 구체적인 목적이었던 것이다.

1) 교령의 공포 과정

무니 대주교는 공의회 폐막 후에 한 달가량 지난 시점이었던 1931년 10월 28일 포교성성 장관 판 롯숨 추기경에게 공의회 의사록과 교령집의 사본 한 부를 보냈다. 그리고 포교성성 차관이었던 카를로 살로티(Carlo Salotti, 1870~1947) 주교에게는 교령집의 사본 4부를 발송하였다. 각 교령집 사본에는 〈해당 교령을 설명하기 위하여 공의회 서기 드망즈 주교가 제시한 이 지역 관습에 관한 소견들〉이라는 제목으로 2쪽 분량의 별지(別紙)가 첨부되어 있었다. 이는 무니 대주교의 요구에 따라 드망즈 주교가 작성한 것이었다. 그 목적은 지역 관습과 관련된 정보를 간략하게 제시함으로써 이와 관련된 공의회 교령을 포교성성에서 좀 더 잘 이해할 수 있도록 도우려는 것이었다.

무니 대주교는 판 롯숨 추기경에게 공의회 의사록과 교령을 보내면서 한 통의 편지를 첨부하였다. 여기에는 조선 주교들의 한결같은 바람이 담겨 있었다. 즉 주교들이 공의회 결정 사항을 신속하게 행동에 옮길 수 있도록 공의회 교령이 있는 그대로 교황청의 승인을 받을 수 있도록 해달라는 것이었다. 아울러 무니 대주교는 포교성성 차관 카를로 살로티 주교에게도 따로 편지를 보내어 공의회 교령이 가능한 한 신속하게 승인될 수 있도록 나서줄 것을 부탁하였다. 공의회 교령들은 조선의 모든 선교지를 위한 '공동 지도서'의 출판을

조선 지역 공의회에 참석한 교황사절 무니 대주교와 조선 교회 주교와 신부들.

위해서뿐만 아니라 각 선교지에 설립된 교회의 선익을 위해서도 매우 유익한 프로그램을 담고 있으므로 포교성성 차관이 특별한 관심을 가지고 공의회 교령의 신속한 승인에 나서달라는 것이었다. 같은 편지에서 무니 대주교는 공의회의 교령에 대한 승인이 지연되는 것을 피하고자 하는 개인적인 이유도 자세히 밝혔다. 즉 공의회 기간에 교령들을 간단하고도 분명한 문장으로 구성하여 쉽게 승인받을 수 있도록 이끈 장본인이 바로 자신이었다는 것이었다.

무니 대주교의 요청에 부응하여 포교성성은 두 명의 심사위원을 선정하여 그들에게 공의회 교령에 대한 심의를 맡겼다. 그러면서 신속하게 교령을 심의하도록 요청하였다. 이에 심사위원들은 매우 긍정적인 의견을 제시하며 빠른 시일 안에 자신들의 소견서를 작성하여 포교성성에 제출하였다. 심사위원의 소견을 살핀 후에 1932년 3월 15일 포교성성은 부분적으로 공의회의 교령들을 수정한 후에 이를 승인하였다. 그런 다음에 포교성성은 무니 대주교에게 공의회 교령의 승인 소식을 전하였다. 조선의 첫 지역 공의회가 "그리스도의 수많은 사도의 땀과 수많은 순교자의 피로 거룩하게 된 조선이 빠른 속도로 그리스도교화되는 출발점"이 되기를 바란다는 것이었다. 공의회 교령이 교황청의 승인을 받았다는 소식은 같은 해 4월 중순에 조선의 주교들에게 알려졌다.

전체 75개 조항으로 된 교령 가운데 수정 또는 보완이 가해진 조항은 모두 6개였다. 대부분 문체상의 보완 내지는 수정에 그치는 것이었지만, 완전히 삭제된 경우도 있었다. 제59번 조항이 여기에 해당한다. 미사 예물의 본질적인 목적이 사제 자신의 생활 유지에 있으므로 미사 예물을 마치 상속 재산처럼 여기거나 세속적인 목적으로 이용해서는 안 된다는 내용이었다. 이에 대해서 포교성성은 모든 윤리학자가 미사 거행에 따른 예물을 성직자의 사유 재산으로 간주한다는 점을 들어서 해당 조항을 삭제하도록 하였던 것이다.

포교성성이 제시한 바에 따라 공의회의 교령을 수정하고 보완한 교황사절 무니 대주교는 1932년 6월 26일 공의회 교령을 공포하였다. 이 교령은 공포 3개월 후인 같은 해 9월 26일부터 효력을 발생하게 되었다. 이렇게 공의회 교령의 승인과 수정 그리고 공포가 일사천리로 진행된 데에는 무니 대주교의 개입이 크게 작용하였다. 즉 그는 법적 구속력을 발휘하도록 하는 기본적인 교령을 빨리 확정하여 포교성성으로부터 승인을 받아 낸 다음에, 공의회 교부들이 장차 마련하기로 한 '공동 지도서' 속에서 교령의 내용을 구체적으로 심화시키자는 계획을 가지고 있었던 것이다.

2) 교령의 주요 내용

(1) 구조

조선 지역 공의회의 교령은 서문(Proœmium)과 총칙(Canones Generales)에 해당하는 처음의 3개 조항을 맨 앞에 놓고, 나머지 71개 조항을 4편으로 분류하였다. 서문에서는 조선 지역 공의회가 '1917년 교회법전' 제290조에 의거하여 "신앙을 증대하고, 품행을 교화하며, 남용을 바로잡고, 규율을 보존하고 적용하기 위하여" 유익하다고 판단하는 바를 교령으로 제시하기로 결정하였음을 분명히 하였다. 그리고 첫 세 조항은 총칙의 성격을 지닌다는 점을 밝히고, 나머지 71개 조항은 제1편 신앙의 증진(de Fide promovenda), 제2편 품행의 규율(de Morum disciplina), 제3편 경신례 특히 성사(de Cultu Divino et speciatim de Sacramentis), 제4편 성직자와 교회의 세속 재산(de Bonis Temporalibus Cleri et Ecclesiae) 등으로 나뉘어 있었다.

교령의 첫 항에서 공의회 교부들은 교령에서 사용된 네 가지 용어, 곧 선교사, 본당 구역, 공소 그리고 관할 구역의 의미를 명시하였다. 이들 중에서 흥미로운 점은 '선교사'라는 용어에 대한 공의회 교부들의 정의이다. 사실 공의회는 선교사들을 "지역 주교의 권위 아래 사목 활동을 수행하는 외국 사제와 현지인 사제들"이라고 정의함으로써, 외국 선교회 소속의 선교사들만이 아니라 조선 사제들 또한 선교사로 규정하였다.

선교사를 이렇게 정의한 것은 조선인 사제들의 마음에 혹시라도 부족할지 모를 선교 정신을 일깨우고자 하는 공의회 교부들의 지향이 들어 있다고 볼 수 있다. 사실 대구 대목구장 드망즈 주교는 1929년 프랑스 선교 잡지《가톨릭 선교지들》에 기고한 자신의 글 〈현지인 사제의 놀라운 활동〉에서 조선인 사제들과 관련된 한 가지 사실을 지적하고 있다. 조선 사제들은 선교사들이 자신들에게 주는 어떤 지시들을 잘못 이해하여, 자신들은 기존 신자들을 사목하기 위해 양성을 받았다고 여기며, 비신자들의 회개는 선교사들에게 내맡긴다는 것이다. 이에 대해서 드망즈 주교는 조선 사제들 안에 선교 정신이 부족하여 발생하는 이런 위험이 전혀 비현실적인 것은 아니라고 지적하였던 것이다.

한편 제2항에서는 조선의 천주교 선교지 전체를 위한 지도서의 간행 계획이 설정되었다. 공의회 교부들은 이와 관련하여 전체 주교의 일치된 합의 없이는 이를 수정할 수 없다는 점을 분명히 하였다. 마지막 제3항에서는 공의회 교령이 교황청의 심의를 거친 후에 공의회 의장이었던 무니 대주교에 의해 공포되어야 하며, 공포 3개월 후에 교령은 의무적인 규정으로서 그 효력을 발생하게 된다는 사실을 밝혔다.

(2) 제1편 신앙의 증진

제1편은 24개 조항으로 구성되었으며 설교, 교리 교수 제도, 사목, 가톨릭 운동, 교황 등의 5장으로 분류되어 있다. 제1장 '설교'는 4~6조의 3개조로 되어 있는데, 그 내용을 요약하면 다음과 같다. 본당에서는 주일과 파공 축일 미사 중에 설교를 해야 한다. 신부가 공소를 방문하였을 때 가능한 한 매일 미사 중에 설교를 해야 한다. 설교를 할 때에는 부정적으로 신자들만 나무라지 말고, 특히 성서의 말씀과 사실에 근거하여 신경과 계명을 명료하게 설명해야 한다.

7~14조로 구성된 제2장 '교리 교수 제도'에서 7조는 공의회에 참석한 주교들의 대표들로 구성된 교리서 개정 위원회에서 통일된 새 교리서《천주교요리문답》(天主教要理問答, 1934년)이 편집되어 곧 간행될 것임을 알리고 있다. 8조에서는 새 교리서의 교회 법규 편에 혼인에 관한 문답 조문을 추가할 것을 지시하였다. 이에 따라 새 교리서의 교회 법규 4조에 교무금에 관한 법규와 함께 혼인에 관한 법규가 추가되었다. 9조부터는 종교 교육에 대해 언급하고 있다. 즉 선교사들은 자녀들의 종교 교육이 부모에게 매우 중대한 의무임을 신자들에게 상기시켜야 한다. 만약 부모들이 이 의무를 등한시하고 두 번 훈계한 후에도 교정의 표시가 없으면 그들에게 성사를 주지 말아야 한다. 교리 문답을 외우고 찰고하는 것은 조선 교회의 오래된 관습이었다. 그러므로 선교사들은 해마다 아이들과 어른들로부터 찰고를 받을 의무가 있다.

또 선교사들은 문답의 설명을 교리 교사의 재량에 맡기지 말고 주교의 승인을 받은 교사용 주석서 대문답의 기준에 따라 행해지도록 돌보아야 한다. 본당에서는 주일 성체 강복 전이나 보다 적당한 시간에 아이들과 어른들에게 문답을 설명해 주어야 한다. 14조에서는 미신에 관련된 물건을 집에서 없애고 교구장의 결정대로 가톨릭 신앙을 공적으로 받아들일 의사를 표명한 사람들을 예비 신자라고 하며, 이 예비 신자들은 적어도 6개월간의 시험기를 거쳐야 한다고 하였다.

회장 제도에 관해서는 15~17조에서 자세히 설명하였다. 회장에는 정주(定住) 회장과 전교 회장 두 종류가 있다. 정주 회장은 신자 공동체의 대표로 보수를 받지 않는 일종의 명예직이다. 반면 전교 회장은 선교사와 더불어 그의 지도를 받으며 비신자들에게 신앙을 전하는 사람들로 보수를 받는다. 남성뿐만 아니라 여성들도 이 두 가지 회장에 임명될 수 있다. 회장들은 해마다 피정을 해야 하고 또 그들을 임명하는 사람은 주교와 본당 신부이다.

제3장 '사목'은 18~21조까지이다. 본당 신설을 준비하기 위하여 주교들은 지역의 경계를 정확하고 또 가능한 한 행정 구역의 구분 기준에 따라 결정한다. 본당 신부는 본당의 재정 보고 외에도 1년에 한 번씩 맡은 지역의 영적 상황에 관한 보고서를 정해진 양식에 따라 주교에게 제출해야 한다. 또한 본당 신부는 적어도 1년에 두 번, 즉 가을과 봄에 공소를 방문해야 한다. 만일 본인이 어려울 경우 보좌 신부를 보내야 한다. 그러나 신부들에게는 외적 법정(foro externo)에서 재치권의 강제 권한은 없으며 '주교의 명령과 지시에 의해서만 벌을 줄 수 있다'(21조)고 명시하였다.

제4장은 '가톨릭 운동과 문서 선교'에 관한 것으로, 22~24조까지인 이 장은 새로운 내용이다. 가톨릭 운동을 일치된 힘으로 증진시키고 또 가능한 한 단일한 방법으로 진행하기 위하여 우선 해마다 한 번씩 정해진 시기에 주교들이 지정된 장소에 모여 연장자 주교의 사회 아래 각자 준비한 의제를 심의하고 가톨릭 운동을 통해 그것을 증진하도록 결정한다. 둘째, 각 선교지마다 가톨릭 운동 지도 협의회를 두고 주교는 그것을 주재하고 회원들을 선발한다.

셋째, 본당에서도 가능하면 본당 신부가 가톨릭 운동 위원회를 구성하고 지도한다. 넷째, 각 선교지의 가톨릭 운동을 총괄하는 위원회가 필요할 경우에는 주교 가운데 한 사람이 위임받아 그 위원회를 돌본다.

제23조는 문서 선교에 대한 내용이다. 천주교 서적이 사도직 수행에 매우 큰 효과를 발휘하는 시대에 살고 있음을 고려하여, 주교들은 읽는 사람의 이해력과 지적 능력을 고려하여 저술된 책과 소책자들이 간행되고 보급될 수 있도록 가능한 한 최대의 노력을 기울여야 한다. 아울러 이런 사업을 결코 경험이 없는 미숙한 사람에게 맡기지 않도록 주의해야 한다. 24조는 전국 출판 위원회를 구성한다는 것인데, 그 위원회의 임무는 세속의 출판물 안에서 가톨릭 신앙과 도덕에 반대되는 내용들을 찾아내어 반박하는 것, 책과 소책자 그리고 가톨릭 잡지들의 발행을 증진하는 것 등이다.

제25조는 전교회에 관한 것으로, 조선 지역 공의회는 모든 선교사와 신자들이 각자의 능력에 따라 전교회를 발전시키는 일에 노력할 것을 간절히 권고한다는 내용이다. 그리고 신심회는 예수 성심회, 성모 성심회, 매괴회, 성의회, 성영회 등 5개임을 명시하였다. 제26조는 평신도의 설교에 관한 것이다. 이에 따르면 명백하게 검증되지 않은 평신도는 종교에 관한 공적 설교를 할 수 없었다. 즉 교리와 윤리에 대한 세심한 심사가 끝난 후에 발급되는 주교의 허가서 없이는 설교를 할 수 없다는 것이었다. 제5장 '교황'에 관한 조항을 구성하고 있는 제27조는 성직자와 신자들에게 교황에 대한 존경심을 보존하고, 지상에서 예수 그리스도의 대리자인 교황이 교회 일치의 중심으로서 존경을 받을 수 있도록 모든 본당에서 성 베드로와 바오로 축일 다음 주일을 교황 주일로 지내도록 지시하였다.

(3) 제2편 품행의 규율

제2편은 신학교, 성직자의 규율, 평신도의 규율 등 3개의 장으로 구성되어 있다. 먼저 제1장 '신학교'에 관한 규정은 사제 성소에 대한 부모의 본분을 강조하고 있다. 신부들은 부모에게 아들의 성소가 가족에게 주어진 하느님의 특별한 은혜임을 올바로 인식하도록 그 신앙적인 의미를 가르치는 일에 소홀하지 않아야 한다. 또한 주교들은 사제 성소에 마음이 끌린다고 생각하는 젊은이의 결심을 바꾸게 하는 것은 무거운 죄가 된다는 사실을 상기시켜야 한다. 그리고 자식이 일단 신학교에 입학하면 그 부모들은 자식에게 필요한 재물을 제공하며 힘껏 자식을 도와야 할 의무가 있음을 강조하였다. 또 장남과 독자인 경우에 신학교에서는 그 사제 성소가 개연적으로 확실히 증명되고 목표에 도달할 것이라는 희망이 있기 전에는 받아들이지 말도록 규정하였다.

제2장 '성직자의 규율'에 속한 조항은 32~33조이다. 사제로 서품된 지 만 5년이 경과하지 않은 신부들은 신학이나 교회법 박사 학위를 받지 않은 한, 피정 전에 주교가 지정한 학과 시험을 구두와 필기로 치러야 한다. 그리고 3개월마다 하루는 강의를 듣고 토의하면서 묵상하는 날로 지내도록 명령하였다. 성직자의 복장에 관한 규정을 담은 제34조에 따르면 성직자는 집안이나 밖에서 늘 유럽식 수단을 착용해야 한다. 따라서 주교의 명백한 허가 없이 평신도 복장으로 대중 앞에 나타날 수 없으며, 만약 신부로 인식될 수 없을 만큼 평신도 차림을 한 채 공적인 장소에 나타난다면 그는 성무 집행 중지 처벌을 받게 된다고 규정하였다.

여자와의 관계에 대해서는 무려 9개 조항(35~43조)에 걸쳐서 사천 시노드의 규정들을 되풀이하였는데, 그 엄격성은 오히려 사천 시노드의 교령을 넘어설 정도였다. 여자에 관하여 나열된 금기 사항들을 살펴보면 다음과 같다. 첫째, 나이와 신분과 관계없이 여성과의 모든 관계에서는 매우 신중해야 하며, 특히 경솔한 언동을 하지 않도록 노력해야 한다. 둘째, 이 규정들은 학교 여교사, 여자 교리 교사, 여자 전교 회장 등과의 관계에서도 정확하게 적용된다. 셋째, 따라서 여자들과 선물을 주고받거나 편지를 교환하는 것은 피해야 한다. 넷째, 어떠한 구실로든 여자를, 비록 여아일지라도 만지는 것을 조심해야 한다. 다섯째, 주교는 신부가 사무실 또는 침실에서 사람들을, 특히 여자들을 면접하는 일을 금지해야 한다. 여섯째, 여자만이 할 수 있는 일인 경우에도 신부 개인 방에 여자를 받아들이는 것을 엄금한다. 의심이 있을 경우에는 다른 여자를 동반해야 한다. 일곱째, 가정부는 신부의 어머니나 누이가 아닐 경우 그리고 45세 이하일 경우에는 주교의 허가가 필요하다. 여덟째, 제42조와 제43조는 조선의 풍습이 반영되어 있다. 즉 신학생들이 성품성사를 받기 전에 알게 된 여자를 나중에 가정부로 고용해서는 절대로 안 된다. 또한 성직자와 신학생이 양자나 양녀, 양부모, 의형제나 의남매로 결연하는 것도 엄금하고 있다.

사천(四川) 시노드
1803년 2, 5, 9일에 중국 중경(重慶)에서 열린 시노드이다. 이 시노드의 결정 사항인 사천 시노드 교령은 사천 대목구뿐만 아니라 한국을 비롯한 극동 지역에 설립된 다른 가톨릭 선교지에도 많은 영향을 주었다.

제3장 '평신도의 규율'에 관한 46~48조에서는 먼저 사제가 부족하였기 때문에 부활 시기를 1년으로 연장하는 관습이 취소되었음을 밝혔다. 그동안 조선인 신부가 증가하여 불필요한 관습이 되었던 것이다. 그리고 약혼한 사람들의 나이와는 상관없이 약혼한 남자가 약혼녀의 집에 같이 기거하는 것을 금지하고, 세례받을 아들이나 딸을 관면 없이 외교인과 결혼시키는 부모에게는 그 일 자체로 파문을 선고한다고 하였다.

(4) 제3편 경신례, 특히 성사

제49조는 본당이나 공소 신자들에게 미사와 각종 신심 예식을 위한 성당이나 공소 건물을 건립하는 일에 협조할 것을 권고한다. 그리고 제50조는 미사 때 사용할 공식 기도문, 미사가 없는 공소에서 미사를 대신할, 이른바 대송 기도문은 교회에서 승인된 기도서, 즉《천주성교공과》만을 사용하도록 지시하고 있다.

성사 편에서는 고해성사와 혼인성사를 제외한 다른 성사에 대해서는 별다른 규정이 없다. 다만 고해성사에서 여자의 고해를 듣는 규정(51~53조)이 들어 있으며, 혼배성사에 관해서는 56~57조에서 규정하고 있다. 여자의 고해를 듣는 규정에 대해서, 고해소는 눈에 잘 띄는 장소에 설치하고 고해하는 여자와 철저히 격리되도록 발 같은 것을 고정시켜 놓아야 하고, 또 중대한 이유가 없으면 일출 전이나 일몰 후에는 여자들의 고해를 들어서는 안 되고, 더욱이 개인 집에서 여자의 고해를 들어야 할 때는 방문을 열어 놓아야 한다. 그리고 제54조와 제55조는 보속에 대한 규정인데, 고해소에서 신자들이 바치는 금전은 비록 미사 예물일지라도 받아서는 안 되고, 또 벌금으로 보속을 주는 것도 금지하였다. 혼인성사에 관한 규정인 제56조는 성급한 혼인을 피하도록 하는 공시(公示)는 당사자들의 본당 두 곳의 문 앞에 게시해야 하지만 공소에서도 경당 문에 공시할 수 있다. 그리고 제57조에는 교회에서 하는 혼인성사는 시민혼에 앞서 거행되어야 하지만, 두 혼인 사이의 시간적 간격이 너무 길어서는 안 된다는 조건이 붙어 있었다.

(5) 제4편 성직자와 교회의 세속 재산

마지막 제4편에서는 성직자의 세속 재산과 교회의 세속 재산이라는 두 장으로 나누어 재산의 관리 방법들을 제시하고 있다. 58~74조까지 이어지는 조문들이 있지만, 개인 재산의 관리 특히 교회 재산의 관리에 대해서는 거의 완전히 보편 교회법의 반복이다. 사실 공의회에서도 특별히 이 문제에 대해서 상세한 논의가 진행되지는 않았다. 다만 성직자의 세속 재산에 관한 규정은 모든 신부에게 의무적으로 적용되지만, 신학생에게도 차부제 때부터 그 규정들에 대한 의무를 명백히 이해시켜 자유롭게 받아들일 수 있도록 배려해야 한다는 제58조의 규정이 약간 특색 있는 내용을 담고 있다.

또한 주교들이 염려하는 것들 가운데 하나가 선교지 신부와 수사 신부들에 대한 부양(扶養)의 보증이었다. 하지만 그 외에도 제대의 봉사에서 오는 수입으로 친척들을 부양하고, 재산을 축적하는 일을 방지하려는 목적도 들어 있었다. 그래서 주교들은 모든 신부에게 철저하고 정확한 부기를 의무화하였고(59~61조), 또 주교들은 나이가 많거나 병든 신부들을 부양할 책임을 핑계로 선교사업에서 지나치게 절약하는 것을 조심해야 한다는 조문(63조)도 들어 있었다.

3) 공동 지도서의 간행

드망즈 주교를 위원장으로 하는 지도서 준비위원회는 1932년 2월 15일에 공동 지도서 편찬을 위한 모임을 시작하였다. 서울의 주교관에서 열린 이 회합에는 뮈텔 대주교, 드망즈 주교, 사우어 주교, 모리스 몬시뇰, 브레허 지목구장 등이 참석하였다. 2월 27일까지 매일 두 차례씩 열린 회의에서 지도서 문안에 대한 검토가 끝났으며, 3월 2일에 지도서의 서문을 검토하는 마지막 회의가 열렸다. 이 회의에서 최종적인 문안이 완성됨으로써 조선 교회가 함께

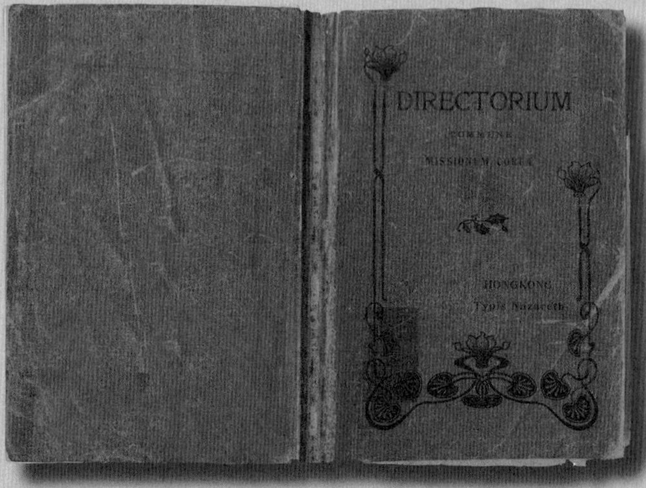

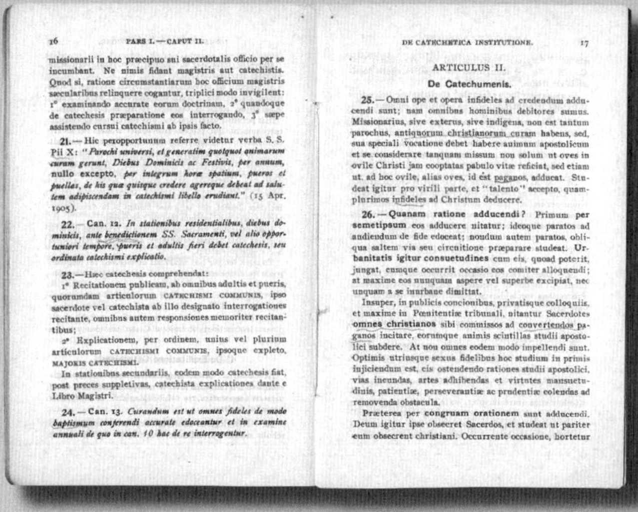

16 PARS I. — CAPUT II.

missionarii in hoc præcipuo sui sacerdotalis officio per se incumbant. Ne nimis fidant magistris aut catechistis. Quod si, ratione circumstantiarum hoc officium magistris saecularibus relinquere cogantur, triplici modo invigilent: 1° examinando accurate eorum doctrinam, 2° quandoque de catechesis præparatione eos interrogando, 3° sæpe assistendo cursui catechismi ab ipsis facto.

21. — Hic peropportunum referre videtur verba S. S. Pii X: "*Parochi universi, et generatim quotquot animarum curam gerunt, Diebus Dominicis ac Festivis, per annum,* nullo excepto, *per integrum horæ spatium, pueros et puellas, de his quæ quisque credere agereque debeat ad salutem adipiscendam in catechismi libello erudiant.*" (15 Apr. 1905).

22. — Can. 12. *In stationibus residentialibus, diebus dominicis, ante benedictionem SS. Sacramenti, vel alio opportuniori tempore, pueris et adultis fieri debet catechesis, seu ordinata catechismi explicatio.*

23. — Hæc catechesis comprehendat:

1° Recitationem publicam, ab omnibus adultis et pueris, quorumdam articulorum CATECHISMI COMMUNIS, ipso sacerdote vel catechista ab illo designato interrogationes recitante, omnibus autem responsiones memoriter recitantibus;

2° Explicationem, per ordinem, unius vel plurium articulorum CATECHISMI COMMUNIS, ipsoque expleto, MAJORIS CATECHISMI.

In stationibus secundariis, eodem modo catechesis fiat, post preces suppletivas, catechista explicationes dante e Libro Magistri.

24. — Can. 13. *Curandum est ut omnes fideles de modo baptismum conferendi accurate edoceantur et in examine annuali de quo in can. 10 hac de re interrogentur.*

DE CATECHETICA INSTITUTIONE. 17

ARTICULUS II.

De Catechumenis.

25. — Omni ope et opera infideles ad credendum adducendi sunt; nam omnibus hominibus debitores sumus. Missionarius, sive exterus, sive indigena, non est tantum parochus, antiquorum christianorum curam habens, sed, sua speciali vocatione debet habere animum apostolicum et se considerare tanquam missum non solum ut oves in ovile Christi jam cooptatas pabulo vitæ reficiat, sed etiam ut, ad hoc ovile, alias oves, id est paganos, adducat. Studeat igitur pro virili parte, et "talento" accepto, quamplurimos infideles ad Christum deducere.

26. — **Quanam ratione adducendi?** Primum **per semetipsum** eos adducere nitatur; ideoque paratos ad audiendum de fide edoceat; nondum autem paratos, obliqua saltem via seu circuitione præparare studeat. **Urbanitatis igitur consuetudines** cum eis, quoad poterit, jungat, cumque occurrit occasio eos comiter alloquendi; at maxime eos nunquam aspere vel superbe excipiat, nec unquam a se inurbane dimittat.

Insuper, in publicis concionibus, privatisque colloquiis, et maxime in Pœnitentiæ tribunali, nitantur Sacerdotes **omnes christianos** sibi commissos ad convertendos paganos incitare, eorumque animis scintillas studii apostolici subdere. At non omnes eodem modo impellendi sunt. Optimis utriusque sexus fidelibus hoc studium in primis injiciendum est, eis ostendendo rationes studii apostolici, vias ineundas, artes adhibendas et virtutes mansuetudinis, patientiæ, perseverantiæ ac prudentiæ colendas ad removenda obstacula.

Præterea per **congruam orationem** sunt adducendi. Deum igitur ipse obsecret Sacerdos, et studeat ut pariter eum obsecrent christiani. Occurrente occasione, hortetur

1932년에 간행된 《조선 선교지 공동 지도서》. 조선 교회의 구체적인 상황을 반영하여 세부 지침을 제시하는 조항이 추가되었다. 본문과 부록을 합쳐 총 542개 조항으로 이루어져 있다.

사용할 공동 지도서 편찬 작업이 마무리되었다.

공의회의 교령이 74개 조항으로 구성되었던 반면, 드망즈 주교의 책임 아래에 편찬된 공동 지도서는 총 542개 조항으로 많이 늘어났다. 74개 조항 외에도 〈비오-베네딕도 교회법전〉의 법조문을 인용하면서 해당 사안들을 좀 더 자세하게 설명하는 조항들, 조선 교회의 구체적인 상황을 반영하여 세부적인 지침을 제시하는 조항들 등이 추가되었던 것이다. 아마 여기에는 1923년에 간행된 《서울 대목구 지도서》가 중요한 참고 자료가 되었을 것이다. 또한 452조부터 542조까지의 91개 조항은 부록에 해당하는데, 미신 등 우상 숭배에 관한 규정들과 각종 교회 사무와 관련된 라틴어 및 조선어 서식들을 수록하고 있었다.

그런데 1932년 4월 19일에 드망즈 주교는 교황사절 무니 대주교가 보낸 서한을 받았다. 그 속에는 조선 지역 공의회의 교령을 승인하는 3월 15일자 포교성성의 공문이 들어 있었다. 공의회 지도서 준비위원회의 위원장으로서 지도서의 발간을 준비하였던 드망즈 주교에게 무니 대주교는 공의회 1주년이 되는 9월 26일에 지도서가 반포될 수 있도록 모든 일을 위임하였다. 드망즈 주교는 로마에서 온 지시 사항대로 교령의 문구를 조정하였고, 5월 4일에 공의회 기록과 지도서 원고를 인쇄하기 위해 홍콩으로 보냈다. 그 결과 9월 7일에 인쇄된 공의회 문서와 《조선 선교지 공동 지도서》가 드망즈 주교에게 도착하였다. 드망즈 주교는 즉시 이를 동경의 교황사절, 조선의 여러 주교에게 발송하였다. 이에 따라 무니 대주교는 10월 30일에 의사록과 지도서를 교황청으로 보낼 수 있었다.

참고문헌

1. 연구서

《드망즈 주교 일기》, 가톨릭신문사, 1987.

《병인박해 순교자 증언록》, 한국교회사연구소, 1987.

《대구대교구 설정 100주년 기념 기초 자료집③ 안세화 주교 공문집》, 천주교 대구대교구, 2003.

《뮈텔 주교 일기(1926~1933)》 8, 한국교회사연구소, 2008.

윤민구, 《103위 성인의 탄생 이야기》, 푸른역사, 2009.

2. 논문

유종순, 〈병인박해 순교자의 시복수속 자료〉, 《교회사연구》 6, 1988.

박동균, 〈교구대의원회의(Synodus Dioecesana)의 일반 개념〉, 《가톨릭 신학과 사상》 11, 가톨릭대학교출판부, 1994.

노용필, 〈조선 천주교 순교자 현양회의 창립과 발전〉, 《교회사연구》 27, 한국교회사연구소, 2006.

최석우, 〈한국 교회 지도서〉, 《한국가톨릭대사전》 12, 한국교회사연구소, 2006.

한윤식, 〈1931년 한국 첫 지역 공의회 개최—공의회 개최에 관한 논의와 공의회 거행을 중심으로—〉, 《신앙과 삶》 21, 부산가톨릭대학교출판부, 2010.

——, 〈1931년 한국 첫 지역 공의회—공의회의 교령에 대한 분석을 중심으로—〉, 《신앙과 삶》 22, 부산가톨릭대학교출판부, 2010.

제5장 전시 체제와 한국 교회

제1절 신사 참배의 강요와 교회의 대응

1. 일제의 신사 정책

일제는 1920년대 소위 '문화정치'를 표방하면서 선교사들과 친밀한 관계를 유지하고 그들의 환심을 사기 위한 정책들을 내놓았다. 그러나 천주교회와 일제의 관계에 갈등이 없었던 것은 아니다. 특히 천주교회가 민감하게 대응했던 것은 신사 참배 문제였다.

신도(神道)는 일본인의 '가미'[神] 관념에 근거한 일본 고유의 민족 종교이다. 신도의 초기 형태는 고대부터 자연발생적으로 생겨났을 것으로 추측된다. '가미'는 자연 현상 혹은 경이로운 자연물을 대상으로 하였다. 또한 신화적 인물이나 충절이 두드러진 무사나 문신, 씨족의 시조 등 역사적 인물도 '가미'로 숭배되었다. 따라서 '가미'는 자연신과 인간신들을 총칭하는 것으로, 다신교(多神教)적인 개념이다.

고대로부터 명치유신(明治維新, 메이지 유신) 이전까지 일본 종교의 주류는 불교였다. 신도는 종속적 지위에 놓여 있었기 때문에 사상이나 의례도 크게

만세일계(萬歲一系)
일본 천황가의 혈통이 건국에서부터 지금까지 한 번도 단절된 적이 없이 이어져 내려온다는 견해이다. 이 주장은 명치유신 이후 천황을 절대신으로 부각시키는 과정에서 크게 중요시되었다. 명치 정부는 1889년 헌법 제1조에 "대일본제국은 만세일계의 천황이 통치한다"라고 기술하여 법적으로 강조하였다.

발달하지 못하였다. 그러다가 명치유신 이후, 신도는 천황제 국가의 지도 정신으로서 이데올로기화되었다. 명치유신의 주도 세력이 천황을 '사람의 모습을 타고 난 절대신'(現人神)으로 추앙하는 데에 신도를 이용하였던 것이다. 일본 정부는 1882년 신사신도(神社神道)를 '국가의 제사'로서 일반 종교로부터 분리한다고 공포하였다. 이는 신사신도의 초(超)종교적 절대 우위를 확립하는 것이었다. 이어 1899년에 공포한 〈제국헌법〉과 이듬해 발포(發布)한 〈교육칙어〉를 통하여 천황을 절대화하는 국가신도를 사상적으로, 법적으로 완성시켰다. 일본은 신의 후예인 만세일계의 천황이 통치하는 나라로, 천황은 현인신(現人神)으로 규정되었다. 그리고 일본 국민의 본의(本義)는 현인신인 천황의 '성지'(聖旨)를 받들어 천황에 충성을 다하는 것이었다. 이러한 국가신도는 제국주의 침략 정책 및 식민지 지배에도 이용되었다. 특히 1930년대 일제의 대륙 침략이 본격화되면서 국가신도의 군국주의적 성격은 더욱 강화되었다.

한국에 신사가 처음 세워진 것은 임진왜란 직후까지 거슬러 올라간다. 하지만 신사가 본격적으로 건립되기 시작한 것은 개항 이후였다. 일본 거류민들은 그들의 거류지에 신사를 건립하였다. 일본 거류민이 증가하면서 신사도 급격하게 늘어나 1910년에는 42개에 이르렀다. 그러나 병합 이전의 신사는 거류민들의 내적인 단결을 이루는 데에 설치 목적이 있었다. 즉 이 신사들은 일본인들의 숭경(崇敬)의 대상에 머물렀고, "아직 한국인 대중의 총진수라 할만한 대신(大神)은 봉재(封齋)되지 않았다." 한편 신사신도와 함께 교파신도도 한국에 침투하였다. 교파신도는 치병(治病)을 위한 기복적(祈福的) 기도 등을 주로 하면서 한국인들을 대상으로 적극적으로 포교 활동을 전개했다.

일제는 병합 이후, 일본인들이 세웠던 신사들을 공인하여 관·공립화하는 데에 주력하였다. 1915년 8월 16일 〈신사사원 규칙〉(神社寺院規則)을 제정·발포하여 모든 신사의 창립과 존폐는 총독의 허가를 받도록 하였다. 이어 1917년 3월 22일에는 〈신사(神祠)에 관한 건〉을 발포하여 신사(神社)의 기준에 미달한 신사(神祠)라도 총독의 허가를 받도록 하고 그 관리를 규정하여 보호·육성하였다. 이렇게 인가를 받은, '신사'(神社)와 '신사'(神祠)는 총독부의 보호를 받아가며 식민지 교육 기관과 함께 신사 참배와 제사 의식 등을 통하여 천황제 이데올로기 전파의 거점이 되었다.

일제의 신사 정책이 본격화된 획기적인 계기는 관폐대사인 조선 신궁의 건립이었다. 일제는 이미 병합 직후부터 관립 신사의 건립을 추진하였다. 총독부는

총진수(總鎭守)
일제는 식민지를 획득하거나 조차(租借)·위임 통치 등에 의하여 시정권(施政權)을 얻으면 이 지역에 예외 없이 관폐신사(官幣神社)를 설치하였는데, 이를 '총진수'라 하였다.

교파신도(敎派神道)
국가신도 체제하의 신도계(神道系) 민간 종교를 총칭한다. 명치 시대에 국가신도를 확립하는 과정에서 신사신도는 초(超)종교의 국가 제사가 되고, 옛날부터 존재하던 신도계(神道系) 민간 종교를 교파신도로 편성하였다. 신자 수 등 일정한 조건을 만족시킨 교파를 독립 교파로 공인했는데, 공인된 교파신도로는 신도대교(神道大教), 흑주교(黒住教), 신궁교(神宮教), 천리교(天理教) 등이 있다.

관폐대사(官幣大社)
일본의 근대 사격(社格) 제도는 크게 관사(官社)와 제사(諸社)로 구분된다. 관사는 크게 관폐사(官幣社)와 국폐사(國幣社)로 나뉘는데, 관폐사는 황실에서 폐백료(幣帛料)를 지출하는 신사로, 보통 천황 및 그 친족과 공신이 모셔진다. 국폐사는 국고에서 폐백료를 지출하는 신사로, 보통 지방의 유력한 신을 모신다. 관폐사와 국폐사는 각각 대·중·소 세 등급이 있는데, 관사의 서열에서 관폐대사가 으뜸이다. 관폐사나 국폐사로 분류할 수 없는 신사로서 별격관폐사(別格官幣社)가 있다. 제사(諸社)는 부사(府社)·현사(縣社)·향사(鄕社)·촌사(村社) 및 무격사(無格社)를 통칭한다.

1912년부터 1915년까지 조선신사 신영준비비(朝鮮神社 新營準備費)를 예산에 편성하여 일본 의회의 협찬을 거쳐 확정시키고 각 방면에서 조사를 하였다. 이후에도 총독부의 토목국과 내무부 관계 직원들이 수차례의 합동 회의를 갖고 신사 조영에 따른 제반 사항을 심의하였다. 이러한 과정을 거쳐 1919년 7월 18일부로 조선 신사의 창립을 확정 공포하였고, 서울 남산 한양공원 주위에 용지 20만 평을 확보하였다. 1920년 5월 27일에 지진제(地鎭祭, 기공식)를 가졌고, 5년 후인 1925년 10월 15일에는 진좌제(鎭座祭, 준공식)를 거행하였다. 조선 신궁에는 일본 건국 신화의 천조대신(天照大神)과 근대화의 주역인 명치천황(明治天皇)이 봉사(奉祀)되었다.

일제는 합병 직후부터 관공서나 각급 학교에 천황의 사진을 배부하고 행사 때마다 최경례(最敬禮)를 하게 하는가 하면, 명치천황이 죽은 후에는 요배소(遙拜所)를 설치하여 요배를 강요하였다. 관공립 학교에 다니는 학생들에게는 신사에 가서 의식에 참석해야 한다는 것과 관료들은 하루 일과 시작 전에, 군 장교들은 지휘권 행사 전에 신사에 의무적으로 참배해야 한다는 규정을 시달하였다. 그래서 제일(祭日)이나 축일마다 학생들까지 강제 동원하였으며, 관·공립학교에서는 매일 아침 동경(東京)을 향하여 준종교적인 경의를 표하고 나서 수업을 시작하였고, 모든 공휴일마다 신도 의식이 개최되고 학생들은 천황의 사진에 절하도록 하였다.

2. 천주교회의 신사 참배 거부

신사 참배에 대한 한국 천주교회의 기본 입장은, 천황의 사진에 대한 요배는 허용하지만 신사 참배 자체는 금지한다는 것이었다. 1923년에 발행된《서울 대목구 지도서》에서는 천황의 사진에 경례하는 것은 미신적인 행위가 아니라고 했다. 그러나 신사 참배를 하거나 신사에서 행해지는 예식들에 참석하는 것은 그것이 어떤 지향이든 간에 금지한다는 점을 분명히 했다. 1925년에 간행된 천주교회의 공식 문답인《천주교요리》에서도 이러한 입장을 재차 확인하였다.

그러나 이러한 천주교회의 방침은 일제의 신사 정책과 대립되는 것이었다. 이로 인해 갈등이 촉발되었는데, 대표적인 것이 1924년에 발생한 강경공립보통학교 학생들의 신사 참배 거부 사건이었다. 이 학교의 교장인 일본인 미야무레[宮牟禮]는 1년에도 수차례씩 학생들을 신사로 인솔하여 참배를 시키곤 했다. 하지만 천주교 신자 학생 중 일부는 교장의 강요에도 불구하고 매번 신사 참배를 거부하였다. 사건이 발생한 10월 11일에도 마찬가지였다. 그날도 미야무레 교장은 모든 학생을 인솔하여 신사로 갔지만, 20명이 넘는 천주교 신자 학생 전원이 불참하였다. 프로테스탄트 신자 학생들은 예식에 참석하였으나 참배를 거부하였다.

이처럼 학생들이 계속 신사 참배를 거부하자, 교장은 며칠 후 학부모들을 소환하여 신사 참배에 대해 설명하고 보통학교 학생의 주요한 덕은 '복종'이라고 강조했다. 사건의 소식을 전해 들은 나바위 본당의 카다스 신부는 교장에게 서면으로 자신의 의견을 밝혔다. 그는 천황의 사진에 경례를 할 수 있지만, 결코 신사 참배를 할 수 없다고 하였다. 이어 일본 정부가 종교의 자유를 인정하고 있으므로 천주교 신자 학생들에게 신사 참배를 강요하지 말 것을 요구하였다. 그러나 교장은, 신사 참배가 조상 숭배이며, 국민 교육에 중요하기 때문에 카다스 신부의 요구를 받아들일 수 없다고 했다. 카다스 신부는 직접 교장을 찾아가 신자 학생들이 참배를 안 할 수 있도록 해 주거나 신사 참배를 하는 날에 휴교할 것을 요구하였으나, 교장의 반응은 변함이 없었다.

학생들의 신사 참배 거부는 강경공립보통학교 교사들 간에도 의견 대립을 불러왔다. 참배를 거부하는 학생들에게 심한 욕설을 하는 교사들이 있었다. 반면 프로테스탄트 신자인 '김복희' 라는 교사는 개인적으로 신사 참배를 거부하였을 뿐만 아니라 학생들에게 신사 참배를 시키는 것이 부당하다고 주장하였다. 이 여교사의 말과 행동은 교장에게 보고되었고, 교장은 그녀를 사직하게 하였다. 학생들이 여교사의 사직에 강하게 반발하자 교장은 수업 거부를 주도한 학생들을 퇴학시켰다.

교장은 학부모들에게 두 장의 유인물을 보내 "나는 아이에게 신사에 가기를 명할 것이다. …나는 아이에게 신사에 가지 않도록 할 것이다" 중에 어느 한 곳에 도장을 찍어 보내라고 요구하였다. 카다스 신부는 이 유인물을 보관하고 학교로 돌려보내지 않았다. 그로 인해 10월 16일 천주교 신자 학생 20여 명 전원이 퇴학을 당하였다. 이 소식은 논산 본당의 공베르(J. Gombert, 孔安世, 1877~1950) 신부에 의해 뮈텔 주교와 드브레 주교에게 보고되었다. 뮈텔 주교와 드브레 주교는 총독부 학무국장을 만나 이 문제에 대해 논의하였지만, 학무국장은 도리어 천주교회가 이 문제에 대해 양보해 주기를 원하였다.

결국 이 사건은 20여 명의 천주교 학생들과 프로테스탄트 학생들이 퇴학을 당하고, 여교사 1명이 사직함으로써 끝을 맺었다. 하지만 이 사건은 교회가 일제의 신사 정책에 정식으로 이의를 제기함으로써 사회적으로 큰 반향을 불러일으켰던 사건이었다. 이처럼 신사 참배가 사회 문제로 부각되자 총독부는 1925년 1월 10일자로 신사 사무의 소관을 학무국 종교과에서 내무국 지방과로 옮겼다. 이는 "신사는 종교가 아니다"라는 기만적인 이론을 합리화시키기 위해서였다.

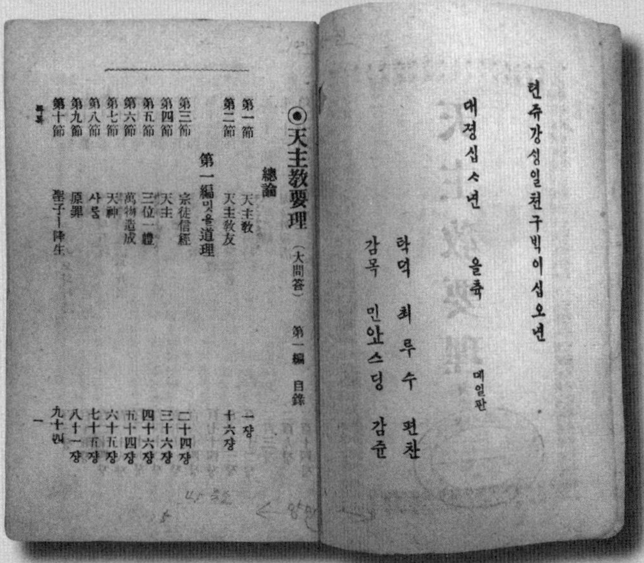

신사 참배에 대한 한국 천주교회의 기본 입장은 금지였다. 1925년에 간행된 천주교회의 공식 문답인 《천주교요리》에도 이러한 입장을 재차 확인하였다. 그러나 일제의 신사 참배 정책이 강화되면서 여러 가지 갈등이 일어나자, 교회는 가톨릭 교리는 변하지 않으나 그 적용이 달라지는 것이라 강조하며 신사 참배를 허용하였다.

어영대(御靈代)
죽은 이의 영혼 대신에 모시는 칼, 거울 등을 말한다.

사건 이후에도 천주교회는 신도 의식에의 참석을 거부하였다. 1925년 조선 신궁 진좌제를 앞두고 신궁에 놓을 어영대 등이 부산에서 서울로 이송되었다. 총독부는 이 물품들이 이송되는 철도 인근 주민들과 학생들을 동원하여 환영할 것을 명령하였다. 그러나 대구의 천주교계 학교 학생들은 프로테스탄트계 학교와 마찬가지로 역에 나가지 않았다. 총독부는 학생들을 진좌제에 강제로 참석시키고자 하였지만, 천주교회는 이것 역시 거절하였다. 1927년 2월 7일과 8일에는 대정(大正) 천황의 장례식이 있었는데, 대구의 천주교계 학교 학생들은 애도곡을 부르고 동경을 향해 절을 했다. 그러나 신자들은 신도 의식에 참석하지 않았다.

이처럼 천주교회는 일제의 신사 참배 요구를 거절하였다. 그러한 과정에서 갈등이 빚어지기도 했지만, 신사 참배 거부라는 천주교회의 입장에는 변함이 없었다. 이와 같은 종교계의 반발과 한국인들의 저항에 부딪힌 일제는 신사 정책을 강하게 밀고 나갈 수 없었다. 일제가 신사 정책을 강력하게 전개한 것은 1930년대 군부 파시즘 체제를 완성하고 대륙 침략을 감행하면서부터였다.

3. 일제의 신사 정책 강화와 천주교회의 반응

1920년대 후반 세계 경제의 상황이 급속히 악화되면서 일본 경제도 큰 타격을 입었다. 일제는 이러한 난관을 타개하기 위해 만주를 식민지화하여 주요 자원과 군수 물자의 공급처로 만들고자 했다. 또한 일제는 반(反)소련과 중국 공산주의 운동에 대한 반공 기지로서 만주를 확보하려고 했다. 이러한 목적하에 일제는 만주 침략을 계획하고, 1931년 9월 18일 만주사변(滿洲事變)을 일으켰다.

만주사변 이후, 일본 국내에서는 국민사상의 통합을 위해 천황을 핵으로 하는 가족국가관을 국민에게 강제하고 엄격하게 사상을 통제하였다. 종교계에도 강한 압박과 통제가 가해졌고, 선교사들이 스파이 혐의를 받아 추방되는 사건이 발생하였다. 그리고 신자들의 신사 참배 문제도 불거졌다. 1932년 5월 가톨릭계 대학인 상지(上智)대학 학생의 야스쿠니[靖國] 신사(神社) 참배 거부 사건이 발생하였다. 이 일로 가톨릭계 학교들은 사회적으로 큰 비난을 받았고, 교회는 어려움에 봉착하였다.

일제는 한국인에게도 애국적 충성을 위한 신도 의식과 신사 참배를 강요하였다. 그러나 천주교회는 이전과 같이 신사 참배를 미신으로 규정하고 반대하였다. 1932년 9월 26일에 반포된《조선 선교지 공동 지도서》에서는 1923년의《서울 대목구 지도서》의 내용을 다시 한 번 명시하였다. 즉 천황의 사진에 경례하는 것은 미신이 아니지만, 신사에서 행해지는 예식에 참배하는 것은 금지한다는 것이었다.

하지만 이러한 한국 천주교회의 입장은 신사 참배를 용인하는 방향으로 점차 바뀌어갔다. 그 계기가 된 것은 일본 가톨릭교회의 입장 변화였다. 1932년 6월경 히로시마 대목구장인 로스(J.P.F. Ross, 1875~1969) 주교는 교회법에 근거하여 신자들이 신사에 참여하는 것이 가능하다는 글(De Communicatione in Jinja Sampai)을 작성하였다.

로스 주교는 〈비오-베네딕도 교회법전〉의 1258조에서 가톨릭 신자들의 신사 참배에 대한 윤리적인 정당성을 찾고자 했다. 1258조 1항에는 가톨릭 신자가 비신자의 종교 예식에 어떠한 방식으로든 능동적으로 참여하거나 어떠한 역할을 하는 것을 허용하지 않는다고 되어 있다. 하지만 2항에는 시민적 의무나 명예, 혹은 중대한 이유로 비신자의 결혼식과 혼인식, 이와 유사한 예식에 수동적이거나 단순히 몸만 참석하여 신앙의 탈선이나 악표양의 위험이 없다면 신자가 비신자의 예식에 참석하는 것이 용인된다고 되어 있다. 그리고 중대한 이유에 의심이 가는 경우에는 주교의 승인을 받도록 했다. 로스 주교는 이러한 규정을 근거로 가톨릭 신자들의 신사 참배가 가능하다는 논리를 전개해 나갔다.

로스 주교는 먼저 신사에서의 예식이 종교적인 요소와 민족적인 요소가 혼합된 것이라고 주장했다. 그리고 학생들이 신사 참배를 거부하거나 불참할 경우 학생이나 학교에 심각한 제재를 받게 되므로 '중대한 이유' 가 있다는 것을 인정하면서 '수동적 참여 혹은 소극적인 참석' 은 묵인될 수 있다고 했다. 신사 참배 시에 단지 머리를 숙여 경례만 하는 것은 '능동적인 참여' 가 아니라 '수동적인 참여' 에 불과한 것이며, '신앙의 탈선이나 악표양의 위험' 도 없음을 역설했다. 로스 주교는 논증을 끝낸 후, "신사 참배는 혼합된 것에 속하며, 신앙 탈선의 위험성이나 악표양의 위험성을 피하거나 혹은 효과적으로 피할 수 있으므로 (머리를 숙이는) 절이 포함될지라도 수동적 참여는 중대한 이유에 의해 묵인될 수 있다"라고 결론을 내렸다.

로스 주교의 글은 신사 참배가 종교적 참배가 아닌 애국정신의 표현이라는 일본 정부의 공식 성명이 있을 때까지 공개되지 않았다. 주일 교황사절과 주교들로 구성된 위원회는 일본 정부의 성명을 이끌어내고자 노력하였다. 이를 위해 9월 22일 동경 대교구장 샹봉(J.-A. Chambon, 1875~1948) 대주교는 신사 참배에 대한 서한을 문부성 장관에게 보냈다. 이에 문부성에서는 9월 30일에 회신을 보내 학생 · 생도 · 아동들을 신사에 참배시키는 것은 교육상의 이유에 근거한 것이며, 이 경우의 경례는 애국심과 충성심을 나타내는 것이라고 했다. 정부의 성명이 발표되자, 샹봉 대주교는 로스 주교의 글을 한국과 일본의 모든 교구에 보내 의견을 수렴하였다.

1933년 1월, 주일 교황사절 무니 대주교는 신자들의 신사 참배에 관한 교회의 공식적인 지침을 발표하였다. 무니 대주교는 신사에서 경례를 하는 것이 단지 애국심과 천황에 대한 충성심을 표명하는 것이라는 일본 정부의 설명을 인정했다. 그러면서 신자가 신사에서 경례하는 것이, 비가톨릭적 종교 예식에 참가하는 것이 아니고 참가하고 있다고 생각되지도 않는 것이 명백하다면, 중대한 이유로 신사 참배를 허가할 수 있다고 했다. 이러한 교회의 공식적인 지침은 단서를 달긴 했지만, 신자들이 신사에서 행해지는 비가톨릭적 예식에 참여하는 것을 허락한다는 점에서 중요했다.

이와 같은 일본 천주교회의 입장을 접한 한국 천주교회의 반응은 엇갈렸다. 1932년에 뮈텔 주교의 감준으로 간행된 《천주교요리》 제2판에는 기존의 입장을 뒤집어 신사 참배는 국가 예식으로 인정되므로 용인될 수 있다고 명시하였다. 교구장들은 1933년 3월에 열린 연례 회의에서 신사 문제에 대한 입장을 정리하였다. "개별적인 경우의 해결을 위하여 동경에서 용인하는 실천 사항들은 한국의 지역에서도 용인하도록 하라. 그러나 또한 공통의 실천에 대해서는 로마로부터 결정이 올 때까지는 아무것도 공표되어선 안 된다"는 것이었다. 신사 참배에 대한 교회의 공통된 원칙을 교황청의 지침이 있을 때까지 공표하지 않기로 했다. 그 사이에 발생하는 개별적인 문제는 일본 천주교회의 실천 사항을 검토하여 해결하도록 하였다. 이는 곧 신자들이 '애국심의 표현'을 위해 신사 참배를 강요당할 경우에 참배하도록 용인한 것이었다.

이와는 달리, 신사 참배를 용인해서는 안 된다는 목소리도 있었다. 평양 지목구 중화 본당의 콜맨 신부가 대표적이었다. 1932년 10월 그는 로스 주교의 주장을 반박하는 글(De Jinja Sampai)을 작성하여 무니 대주교에게 제출하였다. 콜맨 신부는 신사에서의 예식이 신격화된 국가에 기도를 바치는 것이므로 '순수하고 완전하게' 이교 숭배 의식에 속한다고 설명하면서 종교적인 요소와 민족적인 요소가 혼합된 것이라는 로스 주교의 주장을 반박하였다. 그리고 신사에서 머리를 숙여 절을 하는 것은 실질적인 예식에 해당하며, 제관(祭官)이 수행하는 행위에 협조하는 것이라고 주장하였다. 또한 미신적인 요소가 있지만 중대한 이유가 있으므로 묵인해야 한다는 로스 주교의 주장에 대해 그 중대한 이유라는 것이 비본질적인 것이라고 지적하면서 반대하였다. 콜맨 신부는 신사 참배 거부를 두려워하는 이유가 선교사들이 추방당하거나 가톨릭계 학교가 누리고 있는 특권을 잃게 되거나 혹은 그리스도교 신자들의 생활에 위험이 오기 때문이 아니냐고 물었다. 그는 신사 참배에 대해 저항해야 하며, 반대로 인해 고통이 따르더라도 불편을 견디어 내야 한다고 역설하였다.

이처럼 콜맨 신부를 비롯한 메리놀회 선교사들은 신사 참배를 계속 반대하였다. 평양 지목구장 모리스 몬시뇰도 신사 참배를 거부하는 태도를 보였다. 메리놀회 선교사들은 1934년 5월 15일에 열린 참사회 회합에서 학생들을 신사에 참배시키지 않을 것임을 분명히 했다. 5월 30일, 콜맨 신부는 메리놀회 부총장인 드라우트(J.M. Droubt) 신부와 만나 신사 참배 문제를 논의하였을 때도 이전과 같은 의견을 피력하였다. 메리놀회 선교사들은 교구장 전원이 신사 참배 문제를 용납할 수 없다는 입장을 가진다면 일제도 가톨릭계 학교들을 위한 예외 규정을 만들 것이라고 예상하였다.

한편 신사 참배에 대해 유보적인 입장을 취한 이들도 있었는데, 원산 대목구의 베네딕도회 선교사들이 그러했다. 그들은《덕원 수도원 연대기》1933년 7월~1934년 1월 기사에서 신사를 다루었다. 신사가 천황 가문의 유명한 조상과 평생 일본을 위해 큰 공을 세운 사람들을 숭배하는 곳이라고 설명했다. 그러나 신사 참배에 대한 분명한 입장을 표명하지는 않았다. 대신 "전체적인 것이 더 명확해지면" 신사 문제를 차후에 다시 한 번 언급하겠다고만 했다. 교회 내에서 신사 참배를 놓고 논란이 전개되었을 때 원산의 베네딕도회 선교사들은 이처럼 유보적인 입장을 취했다.

4. 한국 교회의 신사 참배 수용

한국의 메리놀회 선교사들의 입장을 확인한 드라우트 신부는 1934년 6월 11일에 서한을 작성하여 모리스 몬시뇰에게 보냈다. 그는 일본의 의례에서 애국적인 요소와 종교적인 요소의 한계를 정확히 구분 짓지 못하므로 신학적 접근보다 당면한 상황이나 구체적인 사례마다 달리 적용해야 한다고 주장하였다. 즉 사실에 근거를 둔 증거가 미신적이라면 불참하지만 그렇지 않다면 참여할 수 있다는 것이었다. 또한 드라우트 신부는 신사 참배 거부가 자칫 정치적으로 해석되어 정부의 오해를 사게 되고 그로 인해 교회의 미래가 어둡게 될 것을 우려한다고 했다. 그러한 위험에 "우리 자신들을 내맡기는 것은 신앙 고백자들이 되는 길이 아니다"라고 했다.

그로부터 1년 후인 1935년 6월 모리스 몬시뇰은 일본을 방문하여 주일 교황사절 마렐라 대주교를 만났다. 그는 마렐라 대주교와 신사 참배 문제에 대해 논의했던 것으로 보인다. 같은 해 7월에는 메리놀회 총장 월시 신부가 모리스 몬시뇰에게 서한을 보내 평양 지목구의 메리놀회 선교사들이 주일 교황사절의 정책과 통할(統轄)에 의문을 갖는 것을 우려하였다. 그는 선교사들에게 교황의 대리인 마렐라 대주교에게 순명해야 함을 강조하였다. 또한 '일본인들에게 그리스도를 이해시켜야 하기 때문에' 국가 통치자들과의 협력이 가장 중요하다는 점도 지적하였다.

주일 교황사절과 메리놀회의 방침을 전달받은 후, 모리스 몬시뇰은 기존의 입장을 고수할 수 없다고 판단한 듯하다. 그의 입장 변화는 1935년 10월에 열린 교구장 연례 회의에서 분명하게 나타났다. 그는 주일 교황사절 및 타 교구장들과 상의한 후 의견을 함께하기로 했다. 모리스 몬시뇰은 메리놀회 선교사들이 신사 참배 문제에 있어 다른 교구에 비해 엄격한 입장을 고수했었음을 인정하였다. 그러나 교회의 일치가 가장 중요하기 때문에 앞으로 '연로하고 경험이 풍부한 교구장들의 지도를 받으며 그들과 함께하겠다'고 결정하였다.

모리스 몬시뇰은 이와 같이 자신의 입장을 수정하였다. 그러나 그것으로 모든 문제가 해결된 것은 아니었다. 기존의 입장을 여전히 고수하고 있는 선교사들을 어떻게 할 것인가의 문제가 남아 있었다. 강경한 주장을 펼쳤던 콜맨 신부는 이미 8월에 한국을 떠나 미국 캘리포니아 주 로스 알토스(Los Altos)로 전임된 상태였다. 하지만 그의 영향을 받은 선교사들은 신사 참배를 반대하는 주장을 굽히지 않고 있었다. 모리스 몬시뇰은 마렐라 대주교와 이 문제를 논의한 뒤, 스위니(L. Sweeney) 신부를 휴가 보내고, 코너스(J.W. Connors, 權) 신부의 소임을 이동시키기로 결정하였다.

이후 모리스 몬시뇰은 신사 참배가 전혀 종교적이 아니고, 순전히 애국심과 충성심을 위한 것이라는 일제 당국의 설명을 받아들였다. 그리고 학교 등의 문제로 일제 당국과 상대할 때는 매우 신중할 것을 선교사들에게 주문했다. 또한 일본의 모든 국경일에는 일장기의 게양을 촉구하였고, 애국주의를 다룰 때도 상당히 조심하라고 지시하였다. 이러한 문제로 인해 선교사업에 피해가 와서는 안 된다는 점을 당부하였다.

한국과 일본 천주교회가 신사 참배 문제로 어려움을 겪자, 1935년 5월 8일, 주일 교황사절 마렐라 대주교는 교황청 포교성성에 보고문을 보내 신도 예식에 대한 교회의 결정을 새롭게 내려줄 것을 요청하였다. 1936년 5월 26일 신도 예식에 대한 교회의 입장을 담은 포교성성의 교령(Pluries Instanterque)이 공포되었다. 포교성성은 신도 예식이 본래 일본의 민족 종교에 기원을 두었지만, 본질적으로 악하지 않고 그 자체가 종교적 표징이 아니라 애국심을 표명하기 위한 국민적 행위임을 인정하였다. 그리고 신도 예식과 관련된 특별 지침을 내렸다. 첫째, 교구 직권자들은 정부에 의해 공적으로 운영되는 신사에서 거행되는 의식들이 순수하게 시민적인 예식의 가치만을 지닌 것이기 때문에 신자들도 참여하는 것이 정당한 것임을 가르쳐야 한다. 둘째, 장례식, 결혼식 등은 본래 미신에 근거를 둔 것이지만, 현재에 와서는 종교적 의미에서가 아니라 애정이나 상호 호의를 표하는 의식으로 행해지기 때문에 신자들도 참석할 수 있다. 셋째, 의식에 대한 서약과 관련하여 성직자들은 포교성성의 교령에서 내린 지시를 따라야 하고, 모든 논쟁은 제거되어야 한다. 이처럼 포교성성이 신사 참배를 공식적으로 허용함에 따라 신사 참배 문제를 둘러싼 정부와 교회의 긴장 관계는 해소되었다.

한국의 교구장들은 1936년 6월 12일에 열린 연례 회의에서 《조선 선교지 공동 지도서》의 내용을 수정하였다. "신사에서 행해지는 예식들에 참여하는 것은 애국심의 표현에 한에서 허용된다. 이 수정은 또한 대문답에도 적용된다"라고 명시하였다. 이어 8월 20일에는 드망즈 주교가 신사 참배에 관한 천주교회의 입장을 담은 성명서를 대구 대목구 관할의 4개도(道) 지방관들에게 발송하였다. 그 원본은 마렐라 대주교로부터 받은 것이었다. 이 성명서를 지방관들에게 보낸 이유는 그들이 신자들을 의심하지 않도록 하기 위함이었다. 그리고 교회는《경향잡지》848호(1937. 2. 28)〈별보〉에 마렐라 대주교의 글을 게재하여 신자들에게 교황청의 결정 사항을 알렸다. 이 글에서 마렐라 대주교는 포교성성의 교령을 설명한 뒤, 이러한 지침은 가톨릭 신앙에 어떠한 변화가 생겼거나 새로운 사실을 전하기 위한 것이 아니라고 했다. 다만 그 적용이 시대의 변천과 일반인들의 견해가 변화함에 따라 달라진 것이라고 하였다.

교회에서 공식적으로 허용함에 따라 신자들은 신사를 참배하였다. 일제는 신사 참배를 강요하였을 뿐만 아니라 가정이나 교회에도 '가미다나'를 설치하도록 하였다. 그러나 이러한 일제의 정책에 반발하는 성직자나 신자들도 적지 않았다. 예컨대, 1941년 나바위 본당의 김영호(金永浩, 멜키올, 1912~1978) 신부는 가미다나 모독, 신사 참배 거부, 군사 기밀 누설 등의 죄목으로 일본 경찰에 체포되어 전주교도소에 수감되었다. 김 신부처럼 신사 참배를 거부하거나 가미다나를 폐기하거나 혹은 일제를 비판하는 강론을 했다는 이유로 성직자와 신자들 수십 명이 체포되었다.

한편 1939년 교황청은 그동안 금지해왔던 조상 제사를 허용하는 훈령도 공포하였다. 그 계기가 된 것은 만주국(滿洲國)에서 불거진 공자(孔子) 의례 논란이었다. 1932년에 건국된 만주국은 국민의 단결을 위해 공자 의례를 의무화하였고, 그로 인해 중국인 천주교 신자들은 신앙의 위기를 겪게 되었다. 그러자 교회 당국은 공자 의례의 성격을 만주국 정부에 질의하였고, 만주국 정부는 그것이 단순히 국가적 · 사회적 예식일 뿐이라고 답변했다. 만주국 주교들은 이러한 정부의 답변을 교황청에 보고하였고, 교황청에서는 1935년 5월 28일 공자 의례를 허용하였다. 교황청은 의례 문제에 대한 공식적인 입장을 표명하

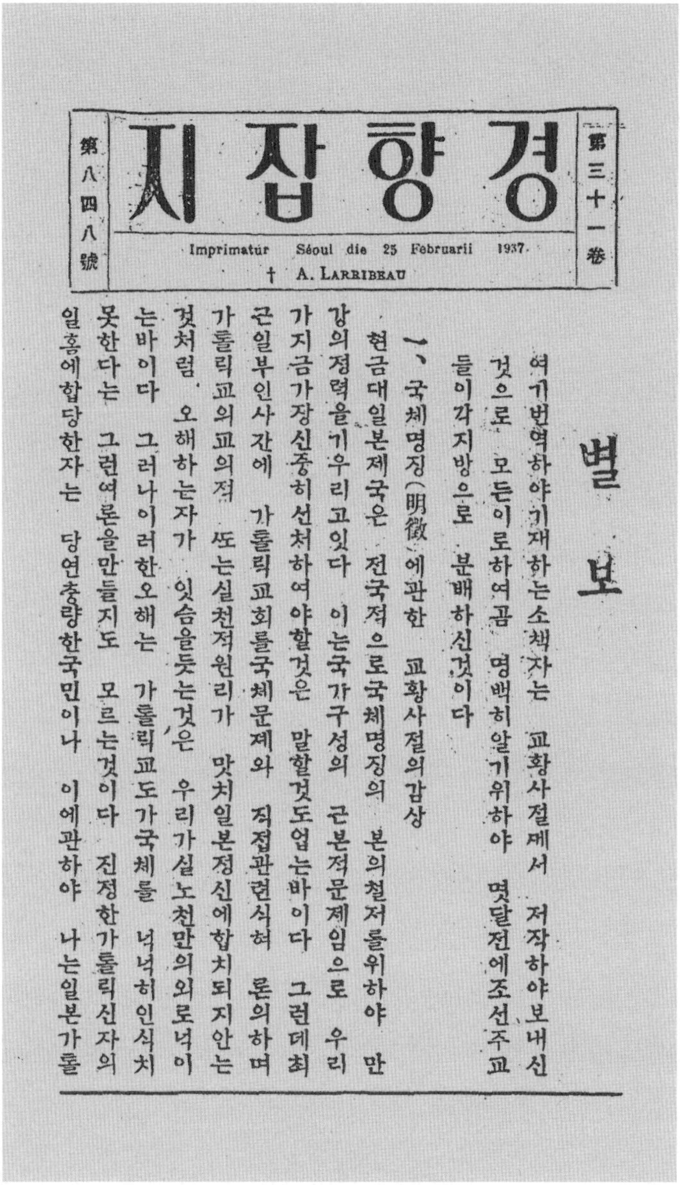

경향잡지

第三十一卷

第八四八號

Imprimatur Séoul die 25 Februarii 1937.

† A. LARRIBEAU

별보

여기번역하야기재하는소책자는 교황사절께서 저작하야보내신것으로 모든이로하여곰 명백히알기위하야 몃달전에조선주교들이각지방으로 분배하신것이다

一、국체명징(明徵)에관한 교황사절의감상

현금대일본제국은 전국적으로국체명징의 본의철저를위하야 만강의정력을기우리고잇다 이는국가구성의 근본적문제임으로 우리가지금가장신중히선처하여야할것은 말할것도업는바이다 그런데최근일부인사간에 가톨릭교회를국체문제와 직접관련식혀 론의하며 가톨릭교의교의적 또는실천적원리가 맛치일본정신에합치되지안는것처럼 오해하는자가 잇슴을듯는것은 우리가실노천만의외로넉이는바이다 그러나이러한오해는 가톨릭교도가국체를 넉넉히인식치못한다는 그런여론을만들지도 모르는것이다 진정한가톨릭신자의일홈에합당한자는 당연충량한국민이나 이에관하야 나는일본가톨

《경향잡지》 848호 〈별보〉에 게재된 마렐라 대주교의 글.

기 위해 1939년 12월 8일 〈중국 의례에 관한 훈령〉을 공포하였다. 훈령에서는 공자 참배를 허락하였고, 고인의 시신이나 영정, 또는 위패에 절을 하거나 기타 다른 존경의 표현도 허용하였다. 이 훈령은 《경향잡지》 919호(1940. 2. 15)에 〈중국 예식과 그에 대한 서약에 관하여〉라고 번역 · 게재되었다. 같은 해 7월, 한국의 교구장들은 〈조선 8교구 모든 감목의 교서〉를 발표하여 조상 제사에 대한 교황청의 허용 조처를 "교회의 신앙 도리가 변했다고는 결코 생각하지 말라"고 당부했다. 교회의 도리는 만세불변의 진리이며 다만 시대의 변화에 따라 조상 제사에 대한 현대인의 정신이 변했기 때문에 용납하는 것에 불과하다고 설명했다.

제2절 한국인 주교의 탄생

1. 한국인 주교의 탄생 배경

1937년 7월 일본군은 노구교 사건을 빌미로 중국군을 공격하였다. 이로 인해 중국군과 일본군은 전면전에 돌입했고, 중일전쟁이 시작되었다. 일제는 1938년 4월 1일, 전쟁 수행에 필요한 인적 · 물적 자원을 통제하고 운영할 목적으로 〈국가총동원법〉을 공포하였고, 5월 5일부터 한국에도 적용하였다. 그리고 '내선일체'(內鮮一體)와 '황국신민화'(皇國臣民化)를 내걸고 한국인들을 총동원하였으며 한국을 대륙 침략을 위한 병참 기지로 만들었다.

전시 체제하에서 일제는 한국 그리스도교에 대한 통제를 더욱 강화하였다. 그리하여 1940년 9월 20일에는 〈조선 기독교도 불온분자 일제 검거령〉을 공포하였고, 1940년 12월에는 조선총독부 고등법원 검사국 사상부에서 '기독교에 대한 지도 방침'을 발표했다. 지도의 근본 방침은 "물심양면에 걸친 조선 기독교의 구미 의존 관계를 금절하여 일본적 기독교로 순화 갱생하게 할 것"이었다. 그리고 그 실행 방안으로는 외국인 선교회가 경영하는 교육 기관을 비롯한 각종 사회사업을 점차 접수할 것, 그리스도교 신자들도 신사 참배를 철저히 할 것, 외국 선교사에 대한 지도 단속을 강화할 것 등이었다.

노구교 사건(盧溝橋 事件)
1937년 7월 7일 노구교에서 발생한 중국군과 일본군의 충돌 사건. 노구교는 북경의 영정하(永定河)에 있는 다리로, 북경으로 연결되는 전략적 거점이었다. 노구교를 사이에 두고 중국군과 일본군이 대치하고 있었는데, 일본군이 중국군으로부터 사격을 받았다는 이유로 중국군을 공격하고 노구교를 점령하였다. 일제는 이 사건을 중국 침략의 기회로 삼았고, 중국과의 전면전에 돌입하였다.

일제는 이러한 지도 방침에 따라 그리스도

교에서 운영하는 단체의 책임자를 일본인으로 대체하기 위해 온갖 방법을 동원하였다. 단체장이 서양인일 경우, 심한 압박을 가하여 일본인으로 교체하도록 했다. 이와 같은 상황에서 한국 천주교회도 교구장이 일본인으로 교체될 것이라는 소문이 공공연하게 퍼졌다. 이것은 전혀 근거 없는 소문이 아니었다. 일본 천주교회가 그러했기 때문이다. 일본 천주교회는 1941년 당시 교구장 전원이 서양인 선교사에서 일본인 성직자로 교체된 상황이었다.

원래 일본 천주교회의 통치권은 파리 외방전교회가 독점하고 있었다. 그러다가 1904년에 시코쿠[四國] 교구를 필리핀 관구의 도미니코회에서 관리하게 된 것을 시작으로, 독일 신언회 · 하(下)독일 관구 예수회 · 캐나다 관구 프란치스코회 · 이탈리아 살레시오회 · 미국 메리놀회 등이 진출하여 교구를 맡게 되었다. 그 후 교황청의 현지화 정책에 따라 1927년 7월 16일 하야사카 큐노스케 신부가 나가사키[長崎] 교구의 교구장이 되었다. 그러면서 점진적으로 일본인 교구장으로의 교체가 이루어졌는데, 전시 통제가 강화되고 가톨릭에 대한 탄압이 심해지면서 서양인 교구장들은 통치권을 유지하는 것이 어렵다고 보았다. 그래서 1940년 9월 11~12일에 열린 일본 주교회의에서 모든 서양인 교구장들은 교황청에 사임서를 제출하기로 결정하였다. 그 결과 1941년 말, 일본 천주교회 16개 교구의 통치권은 일본인 성직자에게로 넘어가게 되었다.

이러한 소식은 한국에도 알려졌다. 서울 대목구장 라리보 주교도 이 소식을 들었을 것이고, 대처 방안에 고심하였을 것이다. 그는 고민 끝에 1941년 서울 대목구장직에서 사임하기로 결정하고, 주일 교황사절 마렐라 대주교에게 후임자를 추천하였다. 그런데 라리보 주교는 일본인이 아닌, 한국인 신부를 추천하였다. 그가 후임 대목구장으로 추천한 이는 명동 본당 보좌인 노기남 신부였다.

2. 노기남 신부의 서울 대목구장 서리 임명

노기남 신부는 1930년 11월부터 1942년 1월까지 명동 본당의 보좌 신부였다. 부임하였을 당시 주임 신부는 비에모 신부였다. 고령이었던 비에모 신부는 본당의 많은 사무를 노 신부에게 일임하였다. 노기남 신부는 계성보통학교(현 계성초등학교)의 운영 및 종교 교육을 담당하였고, 때로는 동성상업학교(현 동성중고등학교)의 종교 교육을 담당하기도 했다. 또한 명동 본당의 신자 단체인 종현청년회의 지도를 담당하였다. 이 외에도 노기남 신부는 천주교회의 각종 단체에서도 활발히 활동하였다. 그는 재단법인 경성구 천주교회 유지재단 이사, 경성교구 천주교 청년회 연합회 부총재, 서울 가톨릭 합창단 부단장 등을 맡았다.

노기남 신부는 일제의 전시 동원 체제하에서 강제로 조직된 단체에서도 활동하였다. 1939년 5월 14일 '국민정신총동원 천주교 경성교구연맹'(이사장 라리보 주교)이 결성되었을 때, 노기남 신부는 김명제 신부 · 김윤근 신부 · 신인식 신부 · 구로가와(黑川米尾, 1907~1944) 신부 등과 함께 이사로 선임되었다. 당시 김명제 신부는 황해도 감목대리였고, 김윤근 신부는 약현 본당 주임, 신인식 신부는 동성상업학교 교사였다. 이처럼 서울 대목구의 본당이나 교육 기관 등에 재임하고 있는 신부들이 이사로 선임된 것으로 보아, 노 신부도 명동 본

구로가와 신부
1907년 10월 30일 일본 우라카미(浦上)에서 출생했다. 1923년 9월 18일 용산 예수성심신학교에 입학하여 교육을 받은 후, 일본 도쿄로 가서 대신학교를 졸업하였다. 1936년 3월 21일 도쿄에서 사제품을 받은 후 다시 한국에 돌아와 서울에 있는 일본인 신자들을 위한 사목을 담당했다. 노기남 신부가 서울 대목구장이 되었을 때 비서로 활동했으며, 서울 대목구 평의원, 재단법인 경성구 천주교 유지재단 이사 등을 역임하였다. 1944년 12월 19일에 선종하였고, 용산 성직자 묘지에 묻혔다.

당을 대표하여 총동원 경성교구연맹에 참여했던 것으로 여겨진다. 1940년 11월 10일 총동원 경성교구연맹이 '국민총력 천주교 경성교구연맹'으로 개편되었을 때, 이사장이 라리보 주교에서 노기남 신부로 교체되었다. 노기남 신부가 이사장이 된 것은 총동원 경성교구연맹 당시부터 라리보 주교에게 연맹의 일을 위임받았기 때문으로 보인다.

1941년 라리보 주교는 서울 대목구장직에서 사임하기로 결정하였다. 그리고 후임 대목구장으로 노기남 신부를 추천하였다. 라리보 주교가 노기남 신부를 추천한 이유는 그가 서울 대목구의 전반적인 상황을 누구보다도 잘 파악하고 있었기 때문이었다. 노 신부는 12년 동안 주교좌 본당인 명동 본당에 있었고, 대목구장 라리보 주교와 대목구장 직무대행 비에모 신부를 보좌하였다. 게다가 1937년 8월부터 재단법인 경성구 천주교회 유지재단 이사로 활동하면서 대목구의 재정 상황도 파악하고 있었을 것이다. 그리고 총력 경성교구연맹 이사장이 된 후에는 여러 본당을 순회하였기 때문에 각 본당의 실정도 자세히 알고 있었다. 대목구장의 교체가 갑작스럽게 이루어진 만큼 이러한 점이 라리보 주교가 노 신부를 후임 대목구장으로 추천한 중요한 이유였을 것이다. 이와 함께 라리보 주교가 노기남 신부에 대해 잘 알고 있었다는 점, 노 신부가 파리 외방전교회 선교사들과 좋은 관계를 유지하고 있었다는 점 등도 선택의 이유였을 것이다.

라리보 주교는 자신의 사임과 후임 대목구장 임명 문제를 비밀리에 추진하였다. 이 사실이 알려졌을 때, 일제가 반발할 것이 분명했기 때문이다. 라리보 주교는 대목구장 직무대행 비에모 신부에게도, 대목구 참사회의에도 자신의 계획을 알리지 않았다. 그것은 비에모 신부가 제라르 신부에게 보낸 1943년 3월 12일자 서한에서 "주교님께서 아무와도 상의하지 않으시고 사임하셨습니다. 후임자로 한국인 신부를 추천하였고, 그렇게 되었습니다"라고 한 점을 통해서 확인된다. 파리 외방전교회 본부에도 알리지 않아 본부에서는 1942년 3월경에야 교황청 포교성성을 통해 라리보 주교의 사임 소식을 전해 들을 수 있었다.

1941년 11월 라리보 주교는 비서인 오기선 신부를 불러 자신의 계획을 알리고 주일 교황사절과 비밀리에 접촉하도록 했다. 12월 20일 라리보 주교는 주일 교황사절에게 보내는 서한을 작성하여 우편으로 보내는 한편, 오기선 신부를 주일 교황사절에게 보냈다. 지시를 받은 오기선 신부는 12월 24일 도쿄에 도착한 후, 다음 날 주일 교황사절 마렐라 대주교를 만났다. 오기선 신부의 회고에 따르면, 마렐라 대주교는 일본인 신부를 대목구장에 임명할 생각을 갖고 있었다고 한다. 오 신부가 한국 천주교회를 위해서 한국인 대목구장이 필요하다고 호소하였고, 이에 마렐라 대주교는 생각을 바꾸어 한국인 신부가 대목구장이 되도록 교황청에 선처하겠다는 약속을 했다고 한다.

물론 오기선 신부의 회고처럼 그의 호소가 마렐라 대주교의 생각을 바꾸는 데에 영향을 미쳤을 수도 있다. 하지만 그보다는 라리보 주교가 마렐라 대주교에게 보낸 12월 20일자 서한이 결정적인 역할을 했을 것으로 판단된다. 그러나 현재까지 그 서한의 존재가 확인되지 않기 때문에 정확히 어떠한 내용인지는 알 수 없다. 다만 마렐라 대주교가 라리보 주교의 서한에 대한 답장으로 작성한 1942년 1월 3일자 서한에서 그 내용의 일단을 확인할 수 있다.

> 주교님의 12월 20일자 편지를 매우 호감을 갖고 공감하며 읽었습니다. 또한 현 시기에 유일하게 가능한 결단을 내리신 것이라 확신합니다. 저는 서울교구를 한국인 신부에게 맡겨야 할 시기가 왔다는 주교님의 이 확신을 곧바로 전보를

통해 바티칸에 알렸습니다. 오늘 그 답신을 받았습니다. 교황청은 주교님의 사임을 받아들이고, '성좌의 지시에 따라' 오카모토 테츠지(노기남) 신부를 대목구장 서리에 임명합니다(양인성, 〈노기남 신부의 경성대목구장 착좌에 대한 연구〉, 《교회사연구》 35, 2010, 22쪽).

라리보 주교는 자신의 사임 의사를 표명했고, 후임에 한국인 신부를 임명해야 한다는 점을 분명하게 밝혔다. 그리고 한국인 신부들 가운데 노기남 신부를 지목하여 추천하였다. 마렐라 대주교는 라리보 주교의 설명에 공감하였고, 교황청에 이러한 내용을 보고했다. 이전부터 한국인 주교가 이끄는 가톨릭 선교지의 설립을 권고해 왔던 교황청은 라리보 주교의 사임을 수리하고, 노기남 신부를 서울 대목구장 서리로 임명함과 동시에 평양 대목구와 춘천 지목구의 통치권도 부여했다.

1942년 1월 3일 교황청으로부터 답변을 받은 마렐라 대주교는 곧바로 라리보 주교에게 보내는 편지를 작성하고 교황청이 노 신부에게 보내는 전보도 동봉하여 보냈다. 제2차 세계 대전으로 이탈리아와의 우편물 왕래가 원활하게 이루어지지 못하였기 때문에 특별한 임명장은 없었고, 노 신부에게 보내는 전보가 그의 대목구장 서리 임명을 증명해 주었다.

3. 노기남 신부의 주교 임명과 서울 대목구장 착좌

1942년 1월 11일 라리보 주교는 휴가차 평양에 머물고 있었던 노기남 신부를 급히 호출하였다. 라리보 주교는 서울에 온 노기남 신부에게 대목구장 서리 임명 소식을 전했다. 라리보 주교와 노 신부, 비에모 신부는 향후 어떻게 할

Pius Episcopus Servus Servorum Dei

주교 임명 교황 칙서. 교황청은 1942년 11월 10일자로 노기남 신부를 콜바사(Colbasa) 명의 주교로 임명하였다. 그리고 한 달 후인 12월 20일 명동 성당에서 노기남 신부의 주교 성성식이 거행되었다. 서품 후 강복을 주는 서울 대목구장 노기남 주교.

1942년 12월 20일 명동 성당에서 거행된 노기남 주교의 성성식에 참석한 성직자들.

것인지를 논의한 뒤, 대목구장 서리 임명을 즉시 대외적으로 공포하기로 했다. 각 교구에는 라리보 주교 명의의 공문을 발송했고, 신문사에도 알렸다. 비에모 신부는 명동 본당의 복사 이근용(李根用, 요한)을 불러 노 신부의 대목구장 서리 임명을 알리고, 각 회장과 학교 교장 및 직원들을 소집하여 이 사실을 발표하였다. 노기남 신부는 라리보 주교로부터 교구 사무를 인계받는 한편, 한국인 신부들로 교구 참사회를 구성하였다. 그리고 마침내 1942년 1월 18일 오후 3시, 명동 성당에서 서울 대목구장 서리 취임식을 거행하였다.

노기남 신부는 1월 21일, 참사회의 소집을 시작으로 본격적인 대목구 행정 업무를 시작하였다. 참사회는 황해도 감목대리구의 폐지를 결정하였다. 한국인 대목구장이 임명되었으므로 한국인 자치 교구 설정이 목적이었던 황해도 감목대리구가 그 의미를 상실했기 때문이다. 그리고 선교사의 구금으로 사목에 어려움을 겪고 있던 평양 대목구와 춘천 지목구에 대한 대책도 강구하였다. 참사회는 사목 공백을 최소화하기 위해 서울 대목구 소속 신부들을 파견하기로 결정하였다.

한편 노기남 신부가 교구 사무로 분주한 시간을 보내는 사이, 서울 대목구의 한국인 신부들은 노 신부의 주교 성성을 서둘러 추진하였다. 그들은 1942년 8월 29일자로 일본인 하야사카 구베에 신부가 대구 대목구장 서리에 임명된 것을 보고 노 신부의 입지에 변동이 생길까 염려하였다. 주교로 성성되지 않고 대목구장 서리로 있다가 혹여나 어떤 변동이 있지 않을까 우려하였던 것이다. 그래서 서울 대목구의 모든 신부는 노기남 신부의 주교 성성 청원서를 작성하여 주일 교황사절을 통해 교황청에 보냈다. 교황청은 이를 받아들여 1942년 11월 10일자로 노기남 신부를 콜바사(Colbasa) 명의 주교로 임명하였다. 노 신부는 11월 24일 주일 교황사절관으로부터 임명 소식을 전달받았다. 그는 대목구장 직무대행 이기준 신부에게 전문을 보이고 이를 곧 발표하도록 하는 한편, 비서실을 통해 주일 교황사절에게 수락 전보를 보내도록 했다. 이어 노 신부는 교구 참사회를 소집하고, 성성식을 준비하기 위해 경축준비위원회를 조직하였다. 경축준비위원회는 이기준 신부를 위원장으로, 서울 소재 3개 본당의 신자들로 조직되었다. 이러한 준비를 거쳐 1942년 12월 20일 명동 성당에서 노기남 신부의 주교 성성식이 거행되었다. 이로써 노기남 주교는 한국인 최초의 주교가 되었고, 서리가 아닌 정식 서울 대목구장이 되었다.

제3절 일제 말기 교회의 시련

1. 전시 동원과 징발

일제는 중일전쟁 직후부터 천황제 이데올로기에 의한 국민들의 사상적 통합과 단결, 국민들의 자발적인 전시 체제 동원을 목적으로 국민정신 총동원 운동을 전개하였다. 그리하여 1938년 4월 1일에는 〈국가총동원법〉을 공포하였고, 5월 5일에는 이 법을 한국에도 적용하였다. 그리고 각 사회 및 종교 단체에 국민정신 총동원운동에 동참할 것을 독려하였다. 그 결과 1938년 7월 7일에 국민정신총동원 조선연맹(國民精神總動員 朝鮮聯盟, 이하 '총동원 조선연맹')이 결성되었다. 한국에서 총동원운동의 목표는 첫째, 한국인의 황국신민화를 통한 내선일체, 둘째, 일제의 전시 국책사업에의 협력, 셋째, 조직과 훈련을 통한 전시 체제의 확립이었다. 이러한 총독부의 방침에 따라 지방 행정 기구뿐만 아니라 학교 · 회사 · 종교 단체의 연맹이 결성되었다.

1938년 천주교회도 총동원 조선연맹에 참여하여 라리보 주교가 대표로, 장면이 담당자로 선임되었다. 그리고 각 교회의 대표자로 본당 신부, 담당자로 신자 대표 1명이 선출되었다. 그리고 이후 '국민정신총동원 천주교 전주구연맹'(1938. 8), '국민정신총동원 천주교 경성교구연맹'(1939. 5) 등 개별 총동원 연맹들도 결성되었다. 이처럼 천주교회가 총동원 조선연맹에 참여하게 된 것은 일제의 그리스도교 억압 정책, 연맹에 참여하라는 총독부의 거듭된 압력 때문이었다.

총동원 조선연맹에 참여한 후, 천주교회는 일제의 전시 동원 체제에 더욱 협력할 수밖에 없었다. 일제의 요구에 따라 동양 평화, 황군(皇軍) 무운장구(武

運長久), 전몰장병의 위령 등을 위한 미사를 봉헌하였고, 국방이나 일선 장병 위문을 위한 헌금과 병기 헌납 보조금 등을 냈다. 그리고 시국 강연회와 각종 좌담회도 개최하였으며, 출정 장병 가족 및 부상 장병 위문도 하였다.

한편 1940년 일본 군부는 유럽 전선에서 독일의 총공세와 승리에 크게 고무되었다. 일본 군부는 독일 · 이탈리아와의 삼국 동맹 체결, 남진정책(南進政策)의 추진, 정치 신체제 수립을 요구하였다. 이러한 군부의 움직임에 일본의 민간 우익 세력이 적극적으로 호응하면서 '신체제운동'(新體制運動)이 전개되었다. 그 결과 모든 정당이 해산되었고, 1940년 10월, 관제 국민통합 단일기구인 대정익찬회(大政翼贊會)가 조직되었다. 대정익찬회의 결성으로 국가가 권력을 통해 국민을 획일적으로 지배하고 동원할 수 있게 되었다.

이와 같이 일본의 국민정신 총동원운동이 대정익찬회를 중심으로 한 신체제운동으로 변모함에 따라 한국의 총동원운동에도 변화가 일어났다. 즉 신체제 확립을 위해 종래의 총동원운동이 국민총력운동으로 전환되었다. 1940년 10월 16일, 총동원 조선연맹은 농어산촌진흥회(農漁山村振興會)와 통합하여 국민총력조선연맹(國民總力朝鮮聯盟)으로 개편되었다. 이에 따라 서울 대목구는 1940년 11월 10일에 총동원 경성교구연맹을 '국민총력 천주교 경성교구연맹'(이하 '총력 경성교구연맹')으로 개편하였다. 그리고 임원을 새롭게 선정하였는데, 이사장이 라리보 주교에서 노기남 신부로 교체되었다. 이사는 김명제 · 김윤근 · 신인식 · 구로가와 · 오기선 · 장금구 신부 등이, 간사는 한국인과 일본인 천주교 신자 10명이 선임되었다. 서울 대목구에 이어 1941년 2월 3일에는 국민총력 천주교 평양교구연맹, 3월 2일에는 국민총력 천주교 목포연맹 등도 결성되었다. 국민총력운동 아래 천주교회는 '교회 애국일' 제정, 군기 헌납 운동 전개, 〈대동아전쟁 기구문〉 반포, 징병제 독려 강연회 개최 등을 하였다.

이와 같은 활동에도 불구하고 일제의 교회에 대한 압박은 줄어들지 않고 오히려 강화되었다. 특히 일제는 태평양 전쟁 발발 이후 서양인 선교사들에게 적대적인 태도를 보였고, 교회에 대해서도 반감을 가졌다.

> 전쟁이 장기화될수록 그리스도인들에 대한 경찰의, 특히 헌병대의 적대적 태도는 더욱 표면화되어 갔습니다. 7월 16일, 일본군 당국은 한국 선교를 위한 총체적인 방인 사제 양성 교육 기관인 우리 신학교(인용 주 : 덕원 신학교)를 점령했습니다. 패망하기 3개월 전, 원산 지역의 최고 경찰 관리 가운데 한 사람은 미국에 대해 승리를 거둔 뒤에는 조선에서 그리스도교도 사라져야 할 것이라고 공언했었지요(박영구 옮김, 《북한에서의 시련》, 분도출판사, 1997, 21쪽).

뿐만 아니라 일제는 부지런한 국민이라면 천황에게 절대적 충성을 맹세하는 의식을 주일 미사 때에도 하라는 지시를 내렸다. 그리고 시민들의 '국가에 대한 태도'를 조사할 때마다 그리스도와 천황 중 누가 더 위대하냐는 질문을 했다.

일제는 태평양 전쟁 말기가 되자, 교회 건물과 각종 시설을 강제로 징발하여 군수 시설로 사용하였다. 1944년 6월 15일에 평강 · 양양 · 수원 · 영등포 성당, 장연 사제관과 부속 건물, 서울 샬트르 성 바오로 수녀회의 용산 보육원 등이 일본군의 기지로 징발되었다. 1944년 1월에는 평양의 관후리 성당이 징발되어 헐리고 일본군 고사포 기지로 사용되었다. 그리고 1945년 3월에 폐교된 대구의 성 유스티노 신학교는 일본군 병영으로 사용되었고, 왜관 소화여자학원 · 덕원 신학교 · 원산 수녀원 등도 군사 시설로 징발되었다. 뿐만 아니라 일제는 각 본당 및 공소의 종이나 철문 · 철책까지도 헌납하라고 압력을 가하였다. 이와 같은 교회의 시련은 1945년 8월 15일 광복을 맞을 때까지 계속되었다.

2. 선교회의 수난

1941년 12월 태평양 전쟁이 발발한 후, 일제는 모든 외국인을 스파이로 의심하여 국외로 추방하거나 활동에 제약을 가하였다. 그리하여 1942년 6월 1일 평양 대목구의 메리놀회 선교사들 전원이 미국으로 강제 추방되었다. 또한 광주 지목구와 춘천 지목구의 골롬반회 선교사들 가운데 미국과 오스트레일리아 국적의 선교사들도 본국으로 추방되었다. 그리고 한국에 남게 된 골롬반회 선교사들도 사목 활동에 제약을 받았다.

한편 파리 외방전교회 선교사들도 일제로부터 감시와 탄압을 받았다. 본당에서 사목하고 있던 프랑스인 선교사들은 외부 출입을 자유롭게 할 수 없었고, 단지 성당에서 미사만 집전할 수 있었다. 전쟁 말기인 1945년 3월 11일에는 대구 대목구의 선교사 가운데 중립국인 스위스인 프루와드보(R. Froidevaux, 趙文道, 1908~?) 신부를 제외한 모든 선교사가 주거 제한 및 연금 상태가 되었다. 그리고 같은 해 3~4월경부터 서울 대목구장 노기남 주교도 총독부로부터 지방에 있는 프랑스인 선교사들을 서울 원효로 한 곳에 수용하라고 압력을 받았다.

베네딕도회도 파리 외방전교회의 상황과 크게 다르지 않았다. 베네딕도회 선교사들은 태평양 전쟁이 발발한 후부터 종전이 될 때까지 사실상 각자의 본당에 연금된 것이나 마찬가지였다. 선교사들은 자유롭게 여행할 수 없었고,

여행해야 할 경우에는 총독부에 개별적으로 여행증을 신청해야 했다. 이러한 조치로 인해 매월 덕원 수도원에서 열리던 사목 회의가 중단되었고, 선교사들의 연례 피정만 특별히 허용되었다.

참고 문헌

1. 연구서

The Far East

The Field Afar

Edward Fischer, *Light in the Far East : Archbishop Harold Henry's Forty-Two years in Korea*, The Seabury Press, 1976.

Francis Herlihy, *Swords and Ploughshares : Fifty Years of Mission in Korea*, Dove communications, 1983.

J.F. Kelly ed., *The splendid Cause 1933~1983*, Seoul : Benedict Press, 1984.

노기남, 《나의 회상록》, 가톨릭출판사, 1969.

《천주교 평양교구사》, 평양교구사 편찬위원회, 1981.

《서울교구 연보》 II, 명동천주교회, 1987.

《광주대교구 50년사》, 천주교 광주대교구, 1990.

김승태 엮음, 《한국 기독교와 신사 참배 문제》, 한국기독교역사연구소, 1991.

《원산교구 연대기》, 한국교회사연구소, 1991.

이정순 엮음, 《목 요안 신부》, 영원한 도움의 성모수녀회, 1994.

김승태, 편역, 《일제강점기 종교정책사 자료집》(기독교 편, 1910~1945), 한국기독교역사연구소, 1996.

박영구 옮김, 《북한에서의 시련》, 분도출판사, 1997.

김진소, 《전주교구사》 I, 빅벨, 1998.

《제주 천주교회 100년사》, 제주 선교 100주년 기념사업 추진위원회, 2001.

윤선자, 《일제의 종교정책과 천주교회》, 경인문화사, 2001.

윤선자, 《태평양 전쟁 발발 이후 일제의 인적 지배와 그리스도교계의 대응》, 집문당, 2005.
《가톨릭대학교 신학대학 150년사(1855~2005)》, 가톨릭대학교 신학대학, 2007.
《대구대교구 설정 100주년 기념 기초 자료집⑥ 대구교구 참사 · 재무위원회 회의록》, 천주교 대구대교구, 2007.
《문산성당 100년사》, 마산교구 문산성당, 2007.
이성전 지음, 서정민 · 가미야마 미나코 옮김, 《미국 선교사와 한국 근대 교육》, 한국기독교역사연구소, 2007.
요한네스 마르 지음 · 왜관수도원 옮겨 엮음, 《분도통사》, 분도출판사, 2009.

2. 논문

윤광선, 〈태평양 전시의 신학교〉, 《영남교회사 연구 월보》 24호, 영남교회사연구소, 1993. 10. 20.
정동훈, 〈일제 강점기 하의 한국 천주교회와 신사 참배에 관한 고찰〉, 《교회사연구》 11, 한국교회사연구소, 1996.
방상근, 〈일제 하 한국 천주교회의 신사 참배에 대한 연구〉, 《민족사와 교회사》, 한국교회사연구소, 2000.
김수태, 〈1930년대 평양교구의 신사 참배 거부운동〉, 《한국민족운동사연구》 38, 한국민족운동사학회, 2004.
양인성, 〈노기남 신부의 경성대목구장 착좌에 대한 연구〉, 《교회사연구》 35, 한국교회사연구소, 2010. 12.
이장우, 〈식민지시대 말기 조선 천주교회와 총독부의 종교 통제—노기남 주교의 대응을 중심으로〉, 《교회사연구》 35, 한국교회사연구소, 2010. 12.
한윤식, 〈1931년 한국 첫 지역 공의회—현지인 선교지 설립과 지역 신학교 설립 문제〉, 《신앙과 삶》 23, 부산가톨릭대학교, 2011.

제6장 천주교의 교육 · 사회 · 문화 활동

제1절 교육 활동

1. 일제의 교육 정책과 천주교

1910년 8월 29일 강제로 한국을 식민지로 삼은 일제는 1945년까지 총 4차에 걸쳐 조선 교육령을 제정 · 공포하였다. 1911년에는 한국에 대한 식민지화 교육 정책을 추진할 목적으로 제1차 〈조선 교육령〉을 제정하였고, 1922년에는 3 · 1 운동을 계기로 강화된 한국인의 독립사상을 근원적으로 제거하기 위해 동화주의 교육을 본격화한 제2차 〈조선 교육령〉을 제정하였다. 그리고 1938년에는 황민화 교육을 보다 철저하게 추진하려는 의도에서 제3차 〈조선 교육령〉을, 1943년에는 각급 학교를 전시 비상 체제에 적합하도록 개편하기 위해 제4차 〈조선 교육령〉을 제정하였다. 이러한 일제의 교육 정책은 한국인의 민족의식과 한국 문화를 말살하려는 식민지화 정책의 일환이었다.

조선 교육령과 함께 〈사립학교규칙〉도 천주교의 교육사업에 많은 부정적인 영향을 미쳤다. 1911년 10월 20일에 공포된 〈사립학교규칙〉은 학교의 설립과 관련된 전반적인 사항을 총독의 인가를 받도록 했다. 이를 통해 일제는 사립학교를 통제하고자 했지만, 서양 선교사들에 의해 설립된 사립학교를 통제하는 데에는 한계가 있었다. 그래서 일제는 종교계 학교를 탄압하기 위해 1915년 3월 24일에 〈개정 사립학교규칙〉(총독부령 제24호)을 공포하였다. 〈개정 사립학교규칙〉은 '종교와 교육의 분리'라는 교육 방침을 표방하면서 학교에서의 종교 교육 및 종교 의식을 금지하였다. 그리고 교원에 대한 자격 요건도 더욱 강화하여 일제의 식민 정책에 순응하는 교원들만을 임용하도록 했다.

교육 규제 법령은 천주교 학교의 운영에 영향을 주었다. 〈개정 사립학교규칙〉으로 인해 학교에서의 종교 교육 및 종교 의식이 금지되자, 선교사들은 일제의 간섭이 수반되는 학교 인가를 굳이 받으려 하지 않았다. 인가를 받지 않으면 상급학교에 진학할 수 없었으므로 천주교 학교에 다니던 많은 학생이 관 · 공립학교로 전학하였다.

1919년 3 · 1 운동 이후, 일제는 소위 '문화정치'라는 기만적인 정책을 표방하였고, 그리스도교에 대해 유화적인 태도를 보였다. 그러면서 선교사들이 불만을 갖고 있었던 기존의 교육 정책에 수정을 가하였다. 1920년 3월, 〈사립학교규칙〉을 개정하여 수신과 일본어를 필수 과목으로 넣는 조건부로 성경 과목을 가르칠 수 있도록 했다. 교원의 자격 규정도 완화하여 수신 · 일본어 · 역사 · 지리 · 체조 이외의 교과목을 가르치는 교원은 일본어에 통달하지 않아도 되었다. 이어 1923년에는 '지정학교' 제도를 도입하여 지정학교로 인가를 받으면 교과목에 성경 과목을 넣고 예배를 하여도 고등보통학교와 동등한 자격을 주어 상급학교로 진학할 수 있게 하였다.

> **지정학교(指定學校) 제도**
> 각종 학교 가운데 기본 재산, 학교 설비, 자격이 있는 교사진을 갖추고 있으면, 총독부 학무국에서 시학관이 파견되어 학교를 실사하고, 시험을 통해 지정학교로 인정해 주는 제도이다.

이처럼 일제가 교육 법령을 개정함에 따라

계성학교, 가명학교 등의 천주교 학교들은 교육 법령에서 요구하는 기준을 갖추어 총독부로부터 6년제 보통학교로 정식 인가를 받았다. 그러나 천주교 학교 중에서 인가를 받을 수 있는 기준을 갖춘 학교는 극히 적었다. 그리하여 1925년 서울 대목구에서 인가를 받은 학교는 4곳에 불과했다. 대다수의 천주교 학교는 빈약한 자금, 유능한 교원의 부족 등으로 여전히 학교 운영이 어려웠다.

일제는 1931년 소위 '만주사변'을 일으킨 것을 시작으로 1945년 패전할 때까지 침략 전쟁을 벌여나갔다. 이러한 전시 체제하에서 일제는 사립학교에 대한 통제를 강화하여 그리스도교 학교에도 신사 참배를 강요하였다. 그리고 1937년 7월에는 〈사립학교규칙〉을 개정하여 그동안 신고만 하면 되었던 사립학교의 유지 방법, 수업료와 입학료의 변경, 사립학교의 폐지 조항 등을 당국의 인가를 받아야 가능하도록 했다. 1941년 4월에는 일본 황실에 절대 충성하는 국민 연성을 목적으로 심상소학교를 국민학교로 개칭하였고, 국민과 · 이수과 · 체련과 · 예능과 · 직업과 등 5과만을 교육하게 규정했다. 그리고 종교계 학교에 허용되던 종교나 교리 교육을 전면 금지시켰다. 1943년 10월에는 〈교육에 관한 전시 비상조치령〉, 1945년 5월에는 〈전시 교육령〉 등 각종 법령을 공포하여 학교 교육을 전쟁 수행의 도구로 만들었다.

이러한 교육 정책으로 천주교회는 학교의 설립 및 운영에 큰 어려움을 겪었다. 학생들은 강제로 신사 참배에 참여해야 했고, 일제에 충성을 맹세하는 〈황국신민서사〉를 암송해야 했다. 전쟁이 막바지에 이른 1945년에는 왜관 소화여자학원, 전주 해성국민학교 등이 강제로 폐교되고, 학교 시설이 군사 시설로 징발됨으로써 교육 활동이 사실상 중단되었다.

연성(練成)
몸과 마음을 닦아서 일을 이룸.

〈표 1〉 일제 시기 천주교회에서 설립 · 운영한 초등 교육 기관

학교 이름		설립일	학교 소재지	설립 주체
서울				
1	계성학교(啓星學校)	1882	서울 명동	블랑 신부
2	가명학교(加明學校)	1909	서울 중림동	두세(Doucet, 丁加彌) 신부
경기도				
1	삼덕학교(三德學校)	1893. 4. 1	경기 갓등이	
2	박문학교(博文學校)	1900. 9. 1	경기 제물포	
3	안법학교(安法學校)	1909. 1	경기 안성	공베르 신부
4	소화학술강습소	1934. 10. 2	수원 본당	
경상도				
1	성의학교(聖義學校)	1901	김천 본당	김성학 신부
2	성립학교(聖立學校)	1909. 4	대구 본당	
3	성지학교(聖旨學校)	1910. 9	마산 본당	무세 신부
4	배명학교(培明學校)	1910	문산 본당	김명제 신부
5	효성여학교	1923. 11. 19	대구 본당	
평안도				
1	영청학교(永淸學校)	1908	영유 본당	멩(Meng, 明) 신부

비고
서울
설립 당시 인현학교. 1909년 9월 계성학교(4년제)로 인가(남녀학생을 구별하여 남학교를 계성, 여학교를 계명이라 칭함). 1924년 남녀학교를 통합하여 '계성지정보통학교'(6년제)로 인가. 1938년 '계성심상소학교'로, 1941년 '계성국민학교'로 교명 변경.
1909년 약명학교와 가명학교를 통합. 1923년 '사립 가명학교'로 개편. 1925년 4월 6년제 보통학교로 인가.
경기도
1911년 일제의 기부금품 모금법 위반 명목으로 폐쇄. 1912년 재개교. 1914년 9월 1일 '신명의숙'(新明義熟)으로 개칭하여 운영. 1930년 식민지 교육 정책 위반 명목으로 폐교. 1933년 '왕림학원'(旺林學院)으로 개칭하여 재개교. 1938년 폐교 후 곧바로 '왕림강습소'라는 이름으로 재개교.
'인천항 사립박문소학교'로 설립. 1912년 '인천 사립박문학교'로 교명 변경. 1925년 11월 '인천사립박문보통학교'(6년제)로 인가. 1938년 '인천 박문심상소학교'로, 1941년 '인천 박문국민학교'로 교명 변경. 1945년 6월 남자부만 공립으로 편입.
1912년 여자부 신설. 1922년경 '공교 안법학교'(4년제)로 개편. 1936년 '안법보통학교'(6년제)로 인가. 1938년 '안법심상소학교'로, 1941년 '안법국민학교'로 교명 변경.
4년제로 설립. 1946년 1월 14일 소화국민학교로 인가.
경상도
1911년 2월 여자부 개설. 1918년 경제적 어려움으로 폐교. 1923년 사립학교 규칙에 따른 기본 재정과 설비 미비로 '성의학원'으로 재개교.
1910년 11월 여자부 병설. 1915년 6월 김찬수(베르나르도)가 학교 인수. 1915년 9월 '해성학교'로 교명 변경. 1923년 4월 1일 6년제로 인가. 1925년 6월 1일 '해성보통학교'로 인가.
빈민아동 교육 기관. 1935년 성지학교 구내에 '성지강습회'를 부설하여 청소년의 중등교육 시작. 1942년 일제의 강압으로 '사립학술강습회'라고 개칭. 일제 말 폐교.
지역 내 문산공립보통학교 설립되자 1926년 폐교.
해성학교 여자부 1923년 11월 19일 독립하여 '효성여학교'로 개교. 1925년 5월 15일 '효성여자보통학교'로 인가.
평안도
영유 지방 최초의 교육 기관. 1919년 보통학교로 인가. 1940년 공립학교로 흡수.

학교 이름		설립일	학교 소재지	설립 주체
평안도				
2	성모보통학교	1929. 3. 19	관후리 본당	
3	해성학교 (海星學校)	1930. 4	진남포 본당	스위니(L. Sweeney, 徐) 신부
4	야간학교	1930	신의주 본당	페티프렌 신부
5	성심학원 (聖心學院)	1931	진남포 본당	포스피셜(Pospichal, 裵) 보좌 신부
6	성요셉학원	1932	마산 본당	코너스 신부
7	소의학원	1933	서포 본당	김성학 신부
8	학술강습소	1933	비현 본당	하논(Hannon, 韓) 신부
9	해성학교	1934. 2	의주 본당	파디(Pardy, 巴智) 신부
10	성모학원	1934. 10	관후리 본당	코너스 신부
11	성모학원	1934	안주 본당	배론(Barron, 潘) 신부
12	성심학원	1935. 7	중화 본당	강영걸 신부
13	영신학원	1935	운향시 본당	
14	동평학교 (東平學校)	1936. 4. 25	대신리 본당	양기섭 신부
15	성심학교	1937	마전동	크레이그(Craig, 奇厚根) 신부
16	소화학원	1937	강계 본당	더피(Duffy, 都) 신부
황해도				
1	봉삼학교 (奉三學校)	1898~1899 년경	매화동 본당	우도(Oudot, 吳保祿) 신부
2	경애학교 (敬愛學校)	1907	장연 본당	김문옥 신부

비고
평안도
1929년 3월 본당에서 운영하고 있던 기명학교와 성모여학교를 통합하여 '성모보통학교'(6년제)로 인가. 1949년 10월 공산 정권에 몰수.
본당 신부의 세계 대전 참전에 따른 부재로 본당 내 돈의학교(1900년 설립), 지정여학교(1909년 설립) 1916년에 폐교. 1930년 4월 '해성학교'라는 이름으로 4년제 사립학교 인가. 1935년 3월 6년제로 연장. 일제 말기 공립학교로 흡수.
빈민아동 교육 기관. 1943년 일제의 탄압으로 폐교.
빈민아동 교육 기관. 보통학교 4년 과정을 교육.
빈민아동 교육 기관. 보통학교 4년 과정을 교육. 이후 '성모학원'으로 개칭하여 운영하다가 학부당국에 의해 폐교. 1939년 재인가 운영하였으나, 1942년 인가 취소. 1943년 본당 회장 명의로 사립학교 인가받아 해방 후까지 운영.
빈민아동 교육 기관. 보통학교 4년 과정을 교육. 1935년 무인가로 폐교.
빈민아동 교육 기관. 보통학교 4년 과정을 교육. 1940년 '성심학교'로 교명 변경. 1944년 폐교. 해방 후 재개되었으나, 1947년 폐교.
1924년 빈민아동 교육 기관 '해성학원' 신설. 1934년 2월 파디 신부 부임 후에 정식 인가. 일제 말에 휴교. 해방 후 재개되었으나, 1948년 10월 공산 정권에 의해 폐교.
빈민아동 교육 기관. 1941년까지 운영되다가 메리놀회 철수와 함께 폐원.
빈민아동 교육 기관. 보통학교 2년 과정을 교육. 1947년 공산 정권에 의해 폐교.
빈민아동 교육 기관. 해방 후 4년제 학교로 인가. 1947년 12월 화재로 폐쇄.
공소 당시 지역 내 학교 인수. 빈민아동 교육 기관. 1943년 폐교.
6년제 보통학교로 인가. 1937년 인근에 폐교된 동덕학교 학생들 인수. 1948년 공산 정권에 의해 몰수되어 폐교.
빈민아동 교육 기관. 1942년 8월 학무당국 지시에 의해 폐교. 해방 후 재개되었으나, 1947년 가을 공산 정권에 의해 몰수.
빈민아동 교육 기관. 1941년 말 메리놀회 철수와 함께 폐교.
황해도
1908~1909년 사이 사립학교(4년제) 인가. 1923년 남녀공학 실시. 1931~1932년 사이에 6년제로 연장. 1932년 '사립 봉삼보통학교'로 인가 신청 예정이었으나, 학교 유지 문제로 자진 철회하여 '사립 봉삼학교'로 존속. 해방 후 인민학교로 흡수.
1925년 7월 '경애보통학교'(6년제)로 인가. 예비신학교로서의 기능도 수행. 일제 말기 공립학교로 흡수.

학교 이름		설립일	학교 소재지	설립 주체
황해도				
3	모성학교 (慕聖學校)	1909. 8	재령 본당	멜리장(Melizan, 梅履霜) 신부
4	성모성심학원	1921	사리원 본당	이기준 신부
5	해성강습소 (해성학교)	1922	장연 본당 연평도 공소	전덕규(全德奎, 요한)
6	자모학원 (慈母學院)	1928	삼차동(후에 정봉) 본당	이보환(李普煥, 요셉) 신부
7	해성야학원	1929. 4. 8	은율 본당	이순성(李順成, 안드레아) 신부
8	?	1936. 5	재령 본당	박정렬(朴貞烈, 바오로) 신부
9	명성학원 (明星學院)	1939	사리원 본당	김명제 신부
전라도 · 제주도				
1	계명학교	1908. 9. 15	나바위 본당	베르모렐 신부
2	인명학교 (仁明學校)	1909. 3	수류 본당	페네 신부
3	영신학교	1909. 4	어은동 본당	김양홍(金洋洪, 스테파노) 신부
4	신성여학교	1909. 10	제주 본당	라크루(Lacrouts, 具瑪瑟) 신부
5	성심소학교	1923	목포 본당	주재용(朱在用, 바오로) 신부
6	소화학원	1928. 5	수분리(현 장계) 본당	석종관(石鍾寬, 바오로) 신부
7	?	1929	능교리 본당	김창현(金昌鉉, 바오로) 신부
8	해성학원	1930	전주 본당	김양홍 신부
9	해성사숙	1933. 4	한들 본당	권영조(權永兆, 마르코) 신부
10	소화학원	1935. 6	남원(현 남원 쌍교동) 본당	석종관 신부

비고
황해도
4년제 사립 초등 교육 기관. 1918년 관립학교로의 진학 경향과 학부형들의 무관심으로 폐교.
일종의 개량 서당으로 초등 교육 기관.
4년제 사립 초등 교육 기관. 1935년 해성강습소가 모체가 되어 연평도 공립보통학교 개교.
4년제 초등 교육 기관.
빈민아동 교육 기관.
가정 형편이 곤란하여 중학교에 진학하지 못한 아이들을 위해《중등강의록》(中等講義錄)으로 중학 과정을 가르치는 사설학교.
4년제 사립 여자초등학교(미인가). 이후 6년제로 발전. 해방 후 공산 정권에 몰수.
전라도 · 제주도
1926년경 카다스 신부가 일제의 신사 참배를 거부하며 폐교. 1929년 이약슬 신부가 복교. 1942년 '망성초등학교 분교'가 됨. 1947년 11월에 폐교.
1913년 정식 인가. 1918년 여학교 개교. 1928년 일제가 요구하던 학교 요건을 갖추지 못하여 재인가를 포기하고 폐교.
1921년 본당을 진안으로 이전하면서 폐교.
제주도 최초의 근대식 사립학교. 재정적인 어려움, 본당 신부의 부재, 일제의 탄압 등으로 1916년 7월 25일 휴교.
1944년 5월 신사 참배 거부와 스파이 양성이라는 등의 이유로 폐교.
빈민아동 교육 기관.
신자 어린이들의 교육을 목적으로 주야 강습소 개설(교리 교육, 일반학교 교육 과정 교육). 1933년 11월 10일 '해성보통학교' 인가 신청서 제출했으나, 인가받지 못함. 1938년 5월 9일 '해성심상소학교'로 허가받아 개교. 1941년 4월 '해성국민학교'로 교명 변경. 1945년 4월 강제 폐교되어 저금관리소로 징발.
1936년 9월 20일 '한들 해성사립학교'로 인가. 1938년 6월 5일 2년제의 마령심상소학교 부설 연장간이학교로 개편. 1943년 4월 1일 6년제 연장국민학교로 개편.

학교 이름		설립일	학교 소재지	설립 주체
전라도 · 제주도				
11	등룡리 학술강습소	1935	부안 본당	이기수(李基守, 야고보) 신부
12	신성학술강습원	1936	노안 본당	김창현 신부
13	해성학원	1936	광주 본당	맥메나민 (McMenamin, 明) 신부
14	성심학원	1938	영광 본당	
15	?	1939. 4	저전동 본당	
충청도				
1	매괴학교 (玫瑰學校)	1907. 9	합덕 본당	크렘프 신부
2	매괴학교	1907	장호원 본당	부이용 신부
3	숭애강습소	1928	괴산 본당	윤의병 신부
4	소화학원	1931	논산 본당	공베르 (A. Gombert, 孔安世) 신부
함경도				
1	조양학교 (朝陽學校)	1918. 1. 11	팔도구 본당	최문식 신부
2	근피학교	1921. 5	내평 본당	슈넬(Schnell, 成來純) 신부
3	학소리학교	1921. 5	내평 본당	슈넬 신부
4	용정 해성학교	1921. 8. 29	용정 본당	히머 신부
5	해성학교	1922. 3. 7	원산 본당	에카르트 신부
6	두도구 해성학교	1922. 9. 1	연길현 두도구	퀴겔겐 신부
7	명월구 해성학교	1924. 10. 5	연길현 명월구	에카르트 신부
8	호수천신학교	1926. 9	원산수녀원	포교 성 베네딕도 수녀회

비고
전라도 · 제주도
4년제 초등 교육 기관. 일제의 탄압으로 1941년에 폐교.
4년제 보통학교 과정을 교육. 일제 말 폐교.
빈민아동 교육 기관.
빈민아동 교육 기관. 3년 과정의 보통학교 교육을 실시. 1941년 폐교.
사립초등학교. 1942년 4월 폐교.
충청도
1921년 여자부 설립. 1924년 남학교 폐교. 1928년 여학교 폐교.
1912년 10월 여학교 개교. 1916년 6년제 인가. 1924년 장호원 지역 공립학교 개설로 6년제에서 4년제로 축소 운영. 1932년 6년제로 복귀. 1936년 보통학교 인가. 1938년 '매괴심상소학교'로, 1941년 '매괴국민학교'로 교명 개칭. 1942년 일본인에게 운영권 빼앗김. 해방 후 재개.
6~12세 교육(한글, 일본어, 산술, 노래, 교리).
빈민아동 교육 기관. 일제 말 일제의 탄압으로 폐쇄.
함경도
주민들의 요청에 의해 설립.
1921년 5월 야학강습소 개설. 8월 1일 주야 강습소로 변경. 1922년 3월 7일 4년제 남녀 보통학교인 '해성학교'로 정식 인가. 1924년 4월 6년제로 인가. 1938년 4월 1일 '원산 해성심상소학교'로, 1941년 3월 31일 '해성국민학교'로, 1944년 '장덕국민학교'(長德國民學校)로 교명 변경.
설립 당시 명칭은 보록학교(保祿學校).
빈민아동 교육 기관. 4년제 보통학교 과정을 교육. 1941년 4월 정식 국민학교로 인가(6년제). 인가 후 남학생도 입학.

학교 이름		설립일	학교 소재지	설립 주체
함경도				
9	?	1931. 8	영흥 본당	히머 신부와 슈테거(Stegar, 全五範) 신부
10	해성학교	1931	청진 본당	바인거(Bainger, 方仁建) 신부
11	명악학교 (일명 해성학교)	1933. 3. 19	회령 본당	그라프(Graf, 金大振) 신부
12	?	1934년 가을	고원 본당	콜러(Kohler, 景道範) 신부
13	해성보통학교	1935. 3	내평 본당	카누토 다베르나스 신부
14	?	1936. 6. 3	고원 본당	콜러 신부
15	해성학교	1936. 8	북청 본당	파렌코프 (Farrenkopf, 朴偉明) 신부
16	해성학교	1937. 5	흥남 본당	히머 신부
17	덕흥학교 (德興學校)	?	영암촌 본당	
강원도				
1	소화학원	1931	원동 본당	정규량(鄭奎良, 레오) 신부

비고
함경도
주간학교 겸 야학교, 교리학교.
개교 당시 4년제 보통학교(인가)였으나, 후에 6년제로 승격.
야간학교.
성당 이웃에 있는 본당 회장이 살던 집을 매입하여 설립. 빈민아동 교육 기관.
보통학교(인가).
4년제의 소학교.
인가.
'대립자 해성학교'로도 불림.
강원도
빈민아동 교육 기관. 4년제 보통학교 과정을 교육.

2. 교회 학교의 현황과 교육 내용

1) 교회 학교의 현황

1910년 2월 천주교회에서 운영하던 학교 수는 총 124개교였다. 그 가운데 학부의 인가를 받은 학교는 46개교로, 나머지 학교는 인가 없이 교회에서 독자적으로 운영하던 초등 교육 기관이거나 교리학교였다. 일제 강점기에 들어와 교회 학교와 학생 수는 1911년에 118개(2,930명), 1915년에 96개(2,526명), 1920년에 78개(2,039명)로 점차 감소하였다. 이것은 교회 학교만의 현상이 아니었다. 일제는 〈조선 교육령〉(1911년 8월)과 〈개정 사립학교규칙〉(1915년 3월)을 통해 사립학교의 설립과 운영, 교과 내용에까지 철저한 통제를 가함으로써, 1910년 1,240개에 달하던 전국의 사립학교가 1919년에는 690개로 감소하였다.

이러한 상황은 1919년 3 · 1 운동 이후 이른바 문화 통치기에 접어들면서 변화하기 시작하였다. 일제는 1922년 2월에 제2차 〈조선 교육령〉을 공포하여 보통학교의 수업 연한을 일본처럼 4년에서 6년으로 연장하였고, 사범학교와 대학도 설치할 수 있도록 하여 한국인에게도 고등 교육을 허용하는 정책을 시행하였다. 여기에 1920년대 들어서면서 한국인들의 교육열도 점점 높아져 갔다.

> 현대의 청년들은 교육을 요구하고 있습니다. …공립학교나 프로테스탄트 학교들은 점점 늘고 있으며, 학교가 설립되자 학생들로 가득 차게 됩니다. 우리 선교사들은 이미 설립된 학교들을 유지하고 발전시키기 위해 놀랄 만큼 헌신

> 적인 노력을 기울이고 있으며, 새로 학교를 설립하고자 하는 선교사도 있습니다. 그들의 모든 재원을 학교에 바치고 있습니다(〈1921년도 보고서〉, 《서울교구 연보》 II, 한국교회사연구소, 163쪽).

그런데 이 시기 교회의 교육사업에 있어서 가장 큰 어려움은 '학교 예산이 너무 적다'는 것과 '신자 교사가 아주 귀하다'는 점이었다. 당시 적지 않은 본당에서 본당 학교를 운영하고 있었는데, 재정이 부족하여 문을 닫는 경우가 여럿 있었다. 그리고 그리스도교 정신을 갖춘 유능한 교사들이 부족하여 가톨릭 이념에 입각한 교육을 시키는 데에도 어려움이 많았다.

> 우리 선교사들은 기존의 학교들을 유지하기 위해 많은 희생을 하고 있습니다. 지금으로서는 그것이 할 수 있는 거의 전부입니다. 우리는 자금도 없고 선생도 없으며…기존의 우리 학교들을 위해서까지도 우리는 학생들에게 공립학교에서와 같은 교육을 시킬 만한 유능한 선생들을 구하는 데 대단한 어려움을 겪고 있습니다(〈1923년도 보고서〉, 《서울교구 연보》 II, 한국교회사연구소, 191쪽).

그러나 이러한 '재정난'과 '신자 교사의 부족'에도 불구하고, 1920년대에 들어와 교회의 교육사업은 계속 발전하였다. 즉 1910년대에 비해 학교 수와 학생 수가 증가하였고, 특히 1개교당 학생 수는 꾸준히 늘어나고 있었다(1921년 45명, 1926년 35명, 1930년 56명, 1936년 151명, 1939~1940년 238명). 그런 가운데 1922년 제2차 〈조선 교육령〉 개정 이후 교회 학교 중에서도 공립학교와 같은 수준의 6년제 지정보통학교의 허가를 받은 학교들이 등장하였다. 1923년에 해성(대구), 1924년에 계성 · 해성(원산), 1925년에 효성 · 박문 ·

보통학교는 1938년 교육령 개정과 1941년 '국민학교령'에 따라 '심상소학교'와 '국민학교'로 변화하였다. 예를 들어 계성보통학교의 경우 1938년에 '계성심상소학교'로, 1941년에 '계성국민학교'로 교명을 변경하였다.

가명 · 경애, 1929년에 성모, 1934년에 해성(진남포), 1936년에 안법 · 동평 · 해성(한들) · 매괴학교 등이 지정보통학교가 되었다. 이와 같은 정규 학교로의 전환은 교회 학교에 대한 호응도를 높이게 되어 학생 수가 증가하는 데 크게 영향을 미쳤다. 이와 함께 교회에서는 1922년에 소의상업학교를 인수하여 남대문상업학교로 재정비하면서, 중등 교육 기관(5년제 갑종 상업학교)을 마련하기도 하였다.

일제 말기까지 교회 학교 중 인가를 받은 학교는 소수였고, 나머지는 그에 준하는 수준의 학교이거나 강습소, 학원, 야학, 개량 서당 등이었다. 그 까닭은 재정이 빈곤하여 학교를 〈사립학교규칙〉이 요구하는 시설과 규모로 성장시키기 어려웠고, 많은 보수를 지급해야 하는 교사 자격자들을 채용하기 어려웠기 때문이다. 예를 들어 1918년 경제적 어려움으로 폐교된 김천 성의학교의 경우, 1923년에 학교를 다시 열기 위해 노력했으나, 〈사립학교규칙〉에 의한 기본 재산과 설비를 갖출 수 없어서 학교라는 명칭을 쓰지 못하고 성의학원이라는 이름으로 재개교하였다. 그리고 전라도 수류 본당의 인명학교와 같이 일제가 요구하던 학교 요건을 갖추지 못하여 재인가를 포기하고 폐교되는 학교도 있었다.

본당 학교들은 계속 어렵게 유지되고 있습니다. 지난봄에 그중 한 학교가 폐교령을 받았습니다. 다른 학교들도 학교령을 따르지 못하고 있고, 다만 지방 장학사들의 관용의 덕택으로 유지되고 있으므로 같은 운명을 당하게 될 것입니다. 그렇게 되면 우리는 교리학교로서 만족할 수밖에 없을 것입니다. 그러나 주교좌 성당, 성 요셉 성당, 제물포, 장연의 4개의 본당 학교는 그렇지 가 않습니다. 이 학교들은 공립학교들과 같은 수준이고, 유지하는 데 재원이 충분한 지금의 제도 하에서 지속될 수 있을 것입니다. 오히려 이 학교들은 점점 더 좋아지고 있으며, 중학교 시험에 항상 더 많은 학생을 합격시킨 성공을 자랑으로 여기고 있습니다(〈1930년도 보고서〉, 《서울교구 연보》 Ⅱ, 한국교회사연구소, 255쪽).

정규 학교로 인가를 받지 못한 학교들은 1930~1940년대에 와서 경제적인 어려움, 교사의 부족, 본당 이전 또는 일제의 헌납 요구 등으로 거의 폐교되기에 이르렀다. 그러나 문맹 퇴치를 위해서 또는 생활인으로서 살아가는 데 필요한 기본 지식을 교육하기 위한 개량 서당, 강습소, 야학 등은 곳곳에서 운영되었다.

2) 교육 내용

교회가 교육사업을 전개하는 첫째 목표는 종교 교육에 있고, 둘째 목표는 전교 지역민의 근대적 계몽과 지적 개발 및 인간 양육에 있었다. 이와 같은 목적으로 운영되던 교회 학교 중 총독부로부터 인가를 받은 보통학교에서는 1911년 10월 20일에 공포된 〈보통학교규칙〉 제6조에 따라 "수신(修身), 국어(國語, 일어), 조선어(朝鮮語) 및 한문(漢文), 산술(算術), 이과(理科), 창가(唱歌), 체조(體操), 도화(圖畵), 수공(手工), 재봉(裁縫) 및 수예(手藝), 농업초보(農業初步), 상업초보(商業初步)" 등을 가르쳤다. 그리고 교과서는 총독부가 편찬한 교과서나, 조선 총독의 검정 또는 인가를 받은 도서를 사용해야만 했다.

보통학교 교과목은 1920년에 일본 역사와 지리 과목이 신설되었으며(조선총독부령 제55호, 1920년 11월 12일), 제2차 조선 교육령기에는 수신, 국어(일본어), 조선어, 산술, 일본 역사, 지리, 이과, 도화, 창가, 체조, 재봉(여자 과목), 농업(이하 선택 과목), 상업, 한문으로 변경되었다('보통학교규정 개정' 조선총독부령 제8호, 1922년 2월 15일). 이 가운데 일본 역사는 1927년에 국사로 명칭이 변경되었으며('보통학교규정 개정' 조선총독부령 제23호, 1927년 3월 31일), 1929년에는 직업 과목이 신설되었고, 재봉 과목이 가사 및 재봉으로 변경되었다('보통학교규정 개정' 조선총독부령 제58호, 1929년 6월 20일). 제3차 조선 교육령기에는 수신, 국어(일본어), 산술, 국사, 지리, 이과, 직업, 도화, 수공(남자 과목), 창가, 체조, 가사 및 재봉(여자 과목), 조선어(선택 과목)로 과목이 변경되었고('소학교규정' 조선총독부령 제24호, 1938년 3월 15일), 1941년에는 국민과(수신, 국어[일본어], 국사, 지리), 이수과(산수, 이과), 체련과(체조, 무도), 예능과(음악, 습자, 도화, 공작, 가사, 재봉), 직업과(농업, 공업, 상업, 수산), 조선어(선택 과목)로 변경되었다('소학교규정 개정' 조선총독부령 제90호, 1941년 3월 31일).

일제 시기에 들어와서도 교회 학교의 종교 교육은 계속되었다. 하지만 일제가 1915년에 '성경 · 종교 교육의 금지'가 포함된 〈개정 사립학교규칙〉을 공포하면서 교회 학교는 타격을 받게 되었다. 그나마 다행이었던 점은 이 조치가 〈개정 사립학교규칙〉 공포 이후에 신설되는 사학에는 당장 적용되지만, 이미 인가를 받은 기존 학교에는 10년의 유예 기간이 주어졌다는 것이다. 그리하여 1915년 이후에 인가를 받은 학교는 교과 시간 이외의 시간을 이용해서 종교 교육을 지속하였다. 예를 들어 1922년에 4년제 보통학교로 인가받은 원산의 해성학교는 종교 교육을 위해 따로 주일학교를 신설하고, 수업이 끝난 오후 시간에 신자 교사들로 하여금 교리나 성경을 지도하도록 하였다. 그리고 〈개정 사립학교규칙〉 공포 이전에 인가를 받은 계성학교의 경우에는 종교 시간을 통해서만이 아니라 여름방학을 이용하여 3학년 이상의 신자 학생들에게 피정을 실시하거나, 가명학교와의 교리경시대회를 통해서 종교 교육을 시키기도 하였다.

교회 학교이지만 종교 교육은 강압적으로 이루어지지 않았다. 일차적으로 종교 교육의 대상은 신자 학생들이었으며, 미신자 학생들에게는 원하는 이에 한해서 교육을 실시하였다. 그 결과 많은 미신자 학생들이 종교 교육을 통해 세례를 받거나 졸업 후에 신자가 되었다.

> 제물포의 여학교는 외교인 여학생을 받고 있어서 귀중한 복음 전파의 수단이 되고 있습니다. 이 학생들은 학교에서 배운 종교에 대해 집에 돌아가서 이야기하게 됩니다. 드뇌 신부는 이렇게 말합니다. "학교에는 어린 외교인 여학생들이 100명도 넘는데, 그들은 부모들의 선택에 따라 매일 한 시간씩 종교 시간(교리, 성경 등)이 있는 학교에 들어와서 차츰 가톨릭 신앙생활의 여러 면에 대해 산지식을 갖게 됩니다. 본인은 이 아이들이 자기네 집에서 이에 관해 이야기한 것들에 대한 반응을 가끔 듣게 됩니다." 이들 중 많은 어린이들이 영세받기를 원하고 있습니다. 부모들이 이를 허락하지 않는 경우일지라도 좋은 씨앗을 뿌리는 일이 완전히 헛된 것은 아닙니다. 언젠가는 싹이 올라 좋은 열매를 맺게 될 때가 올 것입니다(〈1913년도 보고서〉, 《서울교구 연보》 Ⅱ, 한국교회사연구소, 116~117쪽).

한편 인가를 받지 못한 교회 학교는 대부분 보통학교를 가지 못하는 빈민아동을 위해 설립된 학교들이 많았다. 이곳에서는 보통학교 과정의 교육과 함께 교리 교육을 시행하였다. 예를 들어 1935년에 설립된 함경도 내평의 해성학교는 가난하여 교육의 혜택을 받지 못하는 한국인 어린이들을 모아서 국어, 일본어, 산수 등을 지도하였고, 따로 교리 시간을 마련하여 교리 교육을 시행하였다.

이 밖에 개량 서당, 강습소, 야학 등의 이름으로 운영된 교회 교육 기관에서도 일반 교육과 종교 교육을 병행하였다. 이 가운데 야학의 경우는 전교의 차원에서 매우 효과적이었다.

> 야학교들이야말로 마을에서 예비자를 모으고 그들을 교리를 잘 아는 교우로 키우는 데 유망한 방법이다. …야학교는 그 형식과 시설에 있어서 완전히 조선 마을에 적합한 것이다. 근대적인 초등학교에 비해, 야학교들은 일본 정부에서 규정한 교과 과정을 따를 필요가 없다. …또 교사직이 다소 봉사직이기 때문에 비교적 경비가 적게 든다는 이점을 갖고 있다. 교과목으로서는 읽기와 쓰기, 셈하기가 있고, 경우에 따라서는 일본어도 있고 무엇보다도 종교 과목이 있다(〈1930년 전반기〉, 《원산교구 연대기》, 한국교회사연구소, 156쪽).

천주교회의 유일한 중등 교육 기관인 '남대문상업학교'(1922년 5년제 갑종 상업학교로 인가, 1931년 '동성상업학교'로 교명 변경) 역시 일제가 공포했던 〈실업학교규칙〉(1911년 10월 20일)에 따라 수신, 실업에 관한 과목 및 실습, 국어(일본어), 조선어 및 한문, 수학, 이과 등의 과목을 가르쳤다. 남대문상업학교는 교과 과목에 교리(종교 교육)를 포함시키지는 않았으나, 종교부를 통해 신자 학생들을 대상으로 교리 연구와 미사에 참여하도록 하고, 학교 행사에서도 천주교 예식을 거행하였다. 또한 매주 토요일 신

상업학교 교과목은 제2차 조선 교육령기에 조선어가 선택 과목으로 변경되었으며('실업학교규정' 조선총독부령 제9호, 1922년 2월 15일), 제3차 조선 교육령기에는 수신, 공민과, 국어(일본어), 역사, 지리, 외국어, 수학, 물리 및 화학, 박물, 이과, 도화, 체조, 음악, 가사 및 재봉, 수예로 과목이 변경되었다('실업학교규정 개정' 조선총독부령 제66호, 1938년 4월 1일). 그리고 제4차 조선 교육령기에는 국민과(수신, 국어〔일본어〕, 역사 및 지리), 상업과(상업경제, 부기회계, 공업 및 자재, 경제법규, 외국어, 실습), 이수과(수학, 물상 및 생물), 체련과(교련, 체조 및 무도) 및 예능과(음악, 도서, 도화 및 공작 중 선택)로 변경되었다('실업학교규정' 조선총독부령 제60호, 1943년 3월 27일).

인식 신부가 수강하고자 하는 학생들에 한해 30분간 종교 강의를 하였는데, 300명의 학생 중 신자는 58명뿐이었지만, 종교 강의 청강생은 100명이 넘었다고 한다. 그리고 1930년대에는 명동 본당의 노기남 신부가 토요일마다 종교 강의를 하였다.

천주교회의 유일한 중등 교육 기관이었던 남대문상업학교 졸업 기념(1925년). 남대문상업학교에서는 드러내놓고 종교 교육을 할 수는 없었으나, 종교부를 통해 신자 학생들을 대상으로 교리 연구와 미사에 참여하도록 했다.

3. 유아 교육

한국 교회는 유아기 종교 교육의 중요성을 인식하고, 이를 위해 많은 노력을 기울였다. 그리하여 샬트르 성 바오로 수녀회에서는 1909년에 평양의 관후리 성모학교에 유치반을 설치하여 유아 교육을 시작하였고, 1914년에는 제물포의 박문학교, 1917년에는 장연의 경애학교에 유치반을 설치하여 유아 교육의 초석을 다졌다. 그러나 당시의 유치반들은 독립된 유아교육 기관으로 운영된 것이 아니라 초등학교의 병설 유치원 형식이었다.

한국 교회가 본격적으로 유치원 설립에 나서게 된 것은 1920년대였다. 유치원 교육이 확대되는 사회적 추세에 따라 교회도 유치원을 설립했던 것이다. 그리하여 1921년에는 의주 본당에서 '해성 유치원'을 설립하여 한글, 경문, 노래 등을 가르쳤고, 1923년에는 은율 본당에서 '성모 유치원'을 개원하였다. 그러나 1920년대까지도 아직 초등 교육 기관에 속한 유치반과 인가받은 유치원이 함께 운영되던 과도기였고, 1930년대가 되어서야 유치반이 독립된 유치원으로 운영되는 형태를 갖추게 되었다. 약현 본당의 '가명 유치원'이 1934년에 정식 인가를 받았고, 사리원 본당의 '봉화 유치원'과 백동 본당의 '혜화 유치원'이 1937년에 인가를 받았다. 교회의 유치원 운영은 조기 종교 교육에 효과가 있을 뿐만 아니라, 날마다 아이들을 유치원으로 데려다 주는 비신자 학부형들을 천주교회와 자연스럽게 접촉하게 함으로써 선교에도 상당한 효과를 거두었다.

한편 지역 사회에서 교회에 먼저 유치원 설립을 부탁하는 경우도 있었다. 곡산 본당의 '소화 유치원'은 일반 유지들의 요구로 1933년 4월에 설립되었고, 중화 본당의 '성심 유치원'은 신자들과 지방민들의 성원으로 1936년 9월에 설립되었다.

1921년 의주 본당에 설립된 해성 유치원.

〈표 2〉 일제 시기 천주교회에서 설립 · 운영한 유아 교육 기관

	이름	설립일	소재지	설립 주체
1	소화 유치원	1916	문산	김명제 신부
2	마리아 유치원	1918	진남포	진남포 본당 남녀 청년회
3	소화 유치원	1920. 3	해주	해주 본당
4	동명학원	1921	재령	신성우 신부
5	해성 유치원	1921. 11. 23	의주	의주 본당
6	성모 유치원	1923	은율	이보환 신부
7	경애 유치원	1920년대 초	장연	김명제 신부
8	봉삼 유치원	1926	매화동	퀴를리에(Curlier, 南一良) 신부
9	효성 유치원	1926	대구	김영제(金永濟, 요한) 신부
10	해성 유치원	1926. 8	진주	정수길 신부
11	가명 유치원	1927. 8	서울 중림동	샬르트 성 바오로 수녀회
12	해성 유치원	1931. 9. 30	원산	포교 성 베네딕도 수녀회
13	성모 유치원	1932. 10	관후리	관후리 본당
14	소화 유치원	1933. 4	곡산	구천우(具天祐, 요셉) 신부
15	소화 유치원	1934	원동	샬트르 성 바오로 수녀회
16	봉화 유치원	1935	사리원	샬트르 성 바오로 수녀회
17	계성 유치원	1935. 9. 8	서울 명동	명동 본당
18	미화 유치원	1936. 4. 20	신천	신천 본당
19	성심 유치원	1936. 9. 1	중화	강영걸 신부
20	박문 유치원	1937. 3. 1	답동	드뇌 신부
21	혜화 유치원	1937. 4. 12	서울 백동	오기선 신부
22	성신 유치원	1937. 9. 1	숙천	숙천 본당

비고
1921년 6월 마리아 유치원 여자부를 분리하여 '해성학원'으로 운영. 유치원 남자부는 일제 말 폐원.
공소 시기인 1920년 3월 '유치학교'라는 이름으로 설립. 한글, 한문, 교리 교육. 이후 폐지되었다가 1938년에 재개원.
무인가. 유치원과 같은 성격의 학원. 글과 교리, 노래, 유희 교육. 1927년 3월 25일 폐원.
개원 후 많은 이들이 모여들어 두 반으로 나눔. 1924년 원사를 확장하여 '해성학원'으로 운영.
후에 해성 유치원, 은율 유치원으로 개명. 은율 읍내 신자 가정의 아이들 모두 교육받음.
경애학교 유치부가 유치원으로 발전. 초창기 개량 서당 성격으로 천주교 문답교리, 노래 유희, 한글, 한문 등 교육.
해방 후 폐원.
설립 당시 명칭은 '성모 유치원'. 1927년 9월 1일부터 샬트르 성 바오로 수녀회에서 운영. 1929년 4월 20일 효성여자보통학교 부속 유치원으로 인수인계. 1932년 '효성 유치원'으로 명칭 변경. 일제 말 폐원되었다가 해방 후 재개원.
일제 말 폐쇄되었다가 1949년 4월 '성모 유치원'으로 새로 개원.
설립 당시 '약현 유년반' 조직. 경문과 유희, 노래 교육. 후에 '가명 유치원'으로 명칭 변경. 1934년 인가받음.
인근 주민들의 요청으로 개원. 2개반으로 편성하여 교육. 1940년 폐원.
읍내 일반 유지들의 요청으로 설립. 곡산 읍내 최초의 유치원.
1937년 11월 28일 정식 인가받음.
1925년 계성보통학교 유치반 운영 시작. 교실 부족으로 중지. 1928년에 원생 재모집. 1935년 9월 8일 유치원 개원식.
1946년 3월 폐원.
신자들과 지역 주민들의 성원으로 개원.
1936년 5월 오기선 신부, 유치원 설립 추진. 1937년 1월 26일 설립 인가받음. 1937년 4월 12일 개원. 일제 말 휴원.

4. 여성 교육

천주교의 여성 교육은 종교적으로는 선교를 위한 여성, 현실적으로는 현모양처 양성과 실업교육, 궁극적으로는 '민족의 어머니'라는 상징과 여성 이미지를 추구하는 것이 목표였다. 천주교 여성 교육에서 공교육은 교회 부설 학교가 담당하였으며, 여성 단체를 비롯한 교회 외곽 단체의 후원회 활동도 한몫을 하였다.

일제 시기 한국 천주교회는 전국에 많은 초등 교육 기관을 운영하였는데, 대개는 남학교보다 여학교가 더 잘 운영되었다.

> 교회 학교들 중에서 여학교들은 일반적으로 더욱더 많은 만족을 주고 있습니다. 제물포에서처럼 외교적인 요소가 많거나 우세한 곳에서는 여학교들이 가족에 신앙을 침투시키는 데 하나의 훌륭한 방법이 됩니다(〈1916년도 보고서〉, 《서울교구 연보》 II, 한국교회사연구소, 137~138쪽).

대표적인 천주교 여학교로는 서울의 계성, 인천의 박문, 대구의 효성, 김천의 성의, 제주의 신성학교 등이 있었다. 여학교들은 대개 20~30명 규모로 시작하여, 많을 때는 수백 명에 이르렀다. 이들 여학교를 운영하는 데는 수녀들의 헌신적 봉사가 큰 몫을 차지하였다. 당시 천주교회의 교육사업에서 가장 큰 문제는 재정난이었는데, 수녀들은 열의와 헌신으로 사도직에 임했을 뿐만 아니라, 최소한의 생활비만을 받았기 때문에 본당 학교의 빈약한 재정에 도움이 되었다.

일제 시기 초등 교육사업에서 가장 많은 활동을 한 샬트르 성 바오로 수녀회는 총 23개의 교육 기관에서 지속적 혹은 단기적으로 교육사업을 전개하였다. 그런데 1920년대에 들어서자 교사 수녀의 양성이 시급한 과제가 되었다. 1922년까지 샬트르 성 바오로 수녀회에는 약 20명의 교사 수녀가 있었지만, 사범학교 졸업생은 한 명도 없었다. 이에 수녀회에서는 1927년부터 체계적인 교사 양성 계획을 추진하였다. 그리하여 대구 수녀원에서는 초등 교육 자격증을 위한 사범 교육은 물론, 중등학교 교사 자격자의 양성을 위해 지원자들을 일본으로 유학을 보냈다.

한편 메리놀 수녀회에서도 1927년에 평안도 영유에 '여자기예학교'를 신설하여 여성 교육을 실시하였고, 영원한 도움의 성모 수녀회는 1940년 이후 평안도 지역에서 샬트르 성 바오로 수녀회가 운영하던 학교들을 이어받았다.

천주교회는 나이 든 여성을 위한 야학도 많이 설립하였다. 이들은 종래 민간 설립의 개량 서당과 같이 교회 청년회와 여성 단체들의 적극적인 협조로 운영되었다. 그리하여 대표적인 야간 학교인 '해성여자야학'은 전국 여러 곳에 설립되었다. 때로 강습소, 학원 등의 이름으로도 불린 이들 야학은 총독부의 정식 인가를 받지 못한 채 3개월 또는 6개월의 단기 과정의 기초교육을 가난한 농촌 지역의 여성들에게 실시하였다.

이 밖에 천주교회는 전문학교 수준의 여자 교육 기관을 설립하기도 했다. 1927년 명동의 샬트르 성 바오로 수녀회는 수녀원 구내에 '계성여학원'을 설립하였다. 이 학교는 고등여학교 출신의 여학생을 뽑아 가정과 1년, 연수과 1년, 도합 2년 동안 국민 도덕 · 가정 · 요리 · 양재 · 프랑스어 · 영어 · 교리 · 꽃꽂이 등을 가르쳤다. 하지만 계성여학원은 정규 학교가 아니었고, 학생 대부분이 일본인이었다. 계성여학원은 1944년에 3년제 '계성여자상업전수학교'가 인가되면서 폐교되었는데, 계성여자상업전수학교는 설립 당시 상

〈표 3〉 일제 시기 천주교회에서 설립 · 운영한 주요 여성 교육 기관

	이름	설립일	소재지	설립 주체
1	봉삼학교 여자부	1898~1899	매화동	우도 신부
2	계성학교 여자부	1900	서울 명동	프와넬 신부
3	박문학교 여자부	1900. 9. 1	인천	드뇌 신부
4	가명학교 여자부	1900년경	서울 중림동	두세 신부
5	성모여학교	1906. 5. 1	관후리	르 메르 신부
6	지정여학교	1909	진남포	샬트르 성 바오로수녀회
7	신성여학교	1909. 11	제주	라크루 신부
8	성립학교 여자부	1910. 3	대구	대구 본당
9	성의학교 여자부	1911. 2	김천	김성학 신부
10	안법학교 여자부	1912	안성	공베르(A. Gombert, 孔安國) 신부
11	매괴학교 여학교	1912. 10	장호원	부이용 신부
12	인명학교 여학교	1918	수류	페네 신부
13	매괴학교 여학교	1921	합덕	합덕 본당
14	여자기예학교	1927	영유	메리놀회 수녀회
15	계성여학원	1927	명동	샬트르 성 바오로 수녀회
16	해성여자학원	1932. 5	대구	대구성모회
17	소화학원	1935. 6	남원	석종관 신부
18	소화여자학원	1936. 4. 10	왜관	리샤르 신부
19	계성여자상업전수학교	1944. 8. 10	명동	노기남 주교
20	명성학원	일제 말	사리원	사리원 본당
21	진주효성야학	?	진주	

비고
기도문, 한글, 바느질과 재봉 등 가사 교육. 1909년 10월부터 샬트르 성 바오로 수녀회에서 교육. 1923년 남녀공학 실시.
1909년 9월 '계성학교' 설립 인가. 남자부를 '계성학교', 여자부를 '계명학교'라고 부름.
샬트르 성 바오로 수녀회 수녀들이 매일 1시간씩 종교 교육(교리, 성서역사, 복음). 1917년 4월 1일 박문학교(남자부)와 통합되면서 '인천 사립박문학교'로 바뀜.
1909년 약명학교(남자)와 가명학교(여자)가 '가명학교'로 통합. 이후에도 남자부는 '약명', 여자부는 '가명'으로 부름. 1923년 남녀학교를 병합하여 '사립 가명학교'로 개편.
1929년 3월 19일 기명학교(남자부)와 통합하여 '성모보통학교'(6년제)로 인가.
1916년 폐교.
제주도 최초의 근대식 사립학교. 재정적인 어려움, 본당 신부의 부재, 일제의 탄압 등으로 1916년 7월 25일 휴교.
1921년 10월부터 샬트르 성 바오로 수녀회가 교육 전담. 1923년 11월 19일 여자부 독립하여 '효성여학교' 설립. 1925년 5월 15일 '효성여자보통학교'로 인가.
1918년 폐교.
안성 지역 최초 여성 교육 실시. 샬트르 성 바오로 수녀회에서 교육 담당.
샬트르 성 바오로 수녀회에서 운영.
매일 만과(저녁기도) 후 성교경문을 교육. 1928년 폐교.
지역 내 공립학교 설립 후 1928년 학생 수 부족으로 폐교.
자수를 필수 과목으로 보통학교 교육 과정도 이수. 1941년 12월 폐교.
가사에 필요한 제반 학과를 교수하던 특수 기관. 가정과 1년, 연수과 1년 도합 2년 과정의 전문학교. 1944년 8월 10일에 계성여자상업전수학교(3년제)가 인가되면서 폐교.
개설 당시 보통과 3학급, 중등과 1학급. 1934년 5월부터 대구 본당에서 운영.
문맹 퇴치를 위해 설립.
주민들의 문맹 퇴치와 전교 목적으로 설립. 샬트르 성 바오로 수녀회에서 교육. 1946년 5월 23일 '순심여자초급중학교'로 개편.
설립 당시 상업, 부기 등 실업 과목이 주를 이룸. 1946년 6월 24일 계성여자중학교(6년제)로 인가.
미인가 여자 초등학교(4년제). 후에 6년제로 발전.
1927년 7월 제1기 수료식 거행.

대구 본당 성립학교 여자부 제2회 졸업 기념(1913년 3월 31일).

업과 부기 등 실업 과목을 위주로 교육시켰다.

일제 시기 교회의 여성 교육은 선교를 통해 하느님에 대한 믿음과 여성의 인간다운 삶에 대한 자각을 일깨우는 한편, 빈민층 여성과 농촌 지역 여성의 문맹을 타파하는 데에도 기여하였다.

5. 중등 실업교육

1908년에 〈사립학교령〉이 제정 · 공포되고 천주교의 교육사업이 발전함에 따라, 교원 자격을 취득한 교사의 충원이 요구되었다. 이에 천주교회에서는 신자 교사의 양성을 위해 사범학교의 설립을 추진하게 되었다. 그리하여 1909년에 입국한 성 베네딕도 수도회는 1911년에 총독부로부터 사범학교 인가를 받아 숭신학교를 개교하였다(1913년 폐교). 베네딕도 수도회는 숭신학교 외에도 실업학교인 숭공학교를 설립하여 서구식 목공, 철공 기술을 가르쳤다. 숭공학교는 10여 년간 운영되다가 1921년에 폐교가 결정되었고, 재학생들이 졸업하던 1923년 6월에 폐교되었다.

천주교회에서 운영한 중등 실업학교로는 남대문상업학교가 있었다. 천주교회는 일찍부터 중등학교의 설립에 관심을 가졌지만, 재정적인 문제로 실행에 옮길 수 없었다. 그러던 차에 1921년 가을, 소의상업학교에서 학교 인수를 서울 대목구 측에 제의해 왔다. 소의상업학교는 1907년 9월, 박태윤(朴台胤), 장경관(張敬寬), 손상태(孫相泰) 등이 뜻을 모아 서소문 밖 조개골[蛤洞]에 설립한 근대식 초등 교육 기관인 '소의학교'에 기원을 두고 있다. 이 학교는 1920년 봉래동(蓬萊洞, 현 서대문구 만리동)으로 신축 · 이전하면서 3년제 을종 실업학교인 '소의상업학교'로 재출발하였다. 그러나 교사(校舍) 신축과 학교의 무리한 확장으로 재정적인 어려움을 겪게 되자, 학교 측에서 서울 대목구에 인수를 제의했던 것이다.

서울 대목구는 1922년에 소의상업학교를 인수하였고, 크렘프(H. Krempff, 慶元善, 1882~1946) 신부가 학교 운영을 맡았다. 그리고 5년제 갑종 실업학교로 인가받음과 동시에 교명도 '남대문상업학교'로 변경하였다.

1928년 대 · 소신학교가 분리됨에 따라, 교회는 남대문상업학교를 갑조(甲組)와 을조(乙組)로 나누어, 갑조를 일반 상업학교로, 을조를 소신학교로 운영하였다. 그러면서 봉래동에 있던 상업학교를, 덕원으로 이전한 성 베네딕도회 수도원이 사용했던 백동(현 혜화동)의 부지와 건물로 이전하였다. 남대문상업학교는 1931년에 '동성상업학교'로 개칭함과 동시에 5학급으로 편성되었고, 1938년 11월에는 재단법인 경성구 천주교회 유지재단에서 학교의 운영을 맡게 되었다.

6. 기숙사 설립

1920년대에 들어오면서 일제의 교육 정책 변화와 민족의 교육열이 높아짐에 따라 서울에는 지방 유학생들이 크게 증가하였다. 이에 크렘프 신부는 지방 유학생들의 수용을 위해 1921년부터 몇 차례 《경향잡지》에 학생들을 수용할 기숙사의 설립 필요성과 진행 상황들을 알리며 신자들에게 기부금을 요청하였다. 그 결과 5천여 원의 기부금이 모였다. 그러나 이 금액은 기숙사를 신축하기에 부족했다. 그래서 건물을 신축하는 대신 명동 성당 내에 있던 활판소와 경향잡지사 건물에 한 층을 증축하여 기숙사로 사용하기로 결정하였다. 증축 공사는 1922년 6월에 시작되어 10월 말에 끝이 났고, 11월 1일 오후

3시에 뮈텔 주교의 주례로 '성가기숙사' 라는 이름으로 축복식을 거행하였다.

남학생 기숙사에 이어 여학생의 기숙사 설립도 추진되었다. 그리하여 1925년 8월경에 공사가 시작되었고, 11월 23일 오후 3시에 드브레 주교의 주례로 2층 양옥의 '성모기숙사' 축복식이 거행되었다.

7. 신학교의 설립과 운영

1911년 조선 대목구에서 대구 대목구가 분리되었고, 조선 대목구의 명칭은 서울 대목구로 바뀌었다. 새롭게 설정된 대구 대목구는 1914년 10월 1일자로 '성 유스티노 신학교'를 정식으로 설립하였다. 이후 1920년 8월 5일에는 원산 대목구가 서울 대목구에서 분리되어 베네딕도 수도회에 맡겨졌다. 그리하여 베네딕도 수도회도 교구 사목을 담당할 한국인 성직자들을 양성하기 위해 1921년에 백동 수도원 내에 신학교를 설립하였다. 이로써 한국 천주교회에는 용산 예수성심신학교를 포함하여 3개의 신학교가 운영되기에 이르렀다.

1) 대구 성 유스티노 신학교

1911년 대구 대목구가 설정된 직후부터 드망즈 주교는 신학교 설립을 적극적으로 추진하였다. 드망즈 주교가 신학교를 세우고자 했던 이유는 파리외방전교회에서 발행하던 선교 잡지인 *Les Missions Catholique*에 실린 1913년 9월 26일자 편지에 잘 나와 있다.

드망즈 주교는 "조선의 사제가 조선인일 때, 조선은 진실로 그리고 마침내 가톨릭 나라가 될 것"이라는 생각으로 1911년 대구 대목구가 설정되자마자 신학교 설립에 적극 나섰다. 대구 성 유스티노 신학교 전경(아래). 드망즈 주교는 1920년에 전 아우구스티노(사진 왼쪽)와 송강정을 로마 우르바노 대학으로 유학보냈다.

> 우리 외국인 선교사들은 시초에만 필요하다. 우리는 단지 준비자에 불과할 뿐이다. 조선은 그 사제가 조선인일 때 진실로 그리고 마침내 가톨릭 나라가 될 것이다. 오랜 동안, 아마 매우 오랜 동안 이 수천만의 영혼을 그 그늘로 덮으려면 나무의 성장을 기다려야 할 것이다. 오랜 동안 살아남을 나무는 몇 년 사이에 성장하지 않는다.

대구 대목구는 대구의 유지이며 신자인 서상돈으로부터 신학교 부지를 기증받았다. 그리고 성 유스티노를 주보로 모신다는 조건으로 익명의 기부자로부터 25,000프랑을 받았다. 대구 대목구는 이를 토대로 하여 교사, 기숙사, 성당 등의 건축을 서둘러 1914년 10월에 신학교를 개교하였다. 첫 신입생으로 57명(또는 52명)이 입학하였는데, 이들은 모두 소신학교 초등과에 입학하였다. 그리고 주재용 등 용산 예수성심신학교에 재학 중이던 17명의 대구 대목구 소속 신학생들도 대신학교 신학과(1명), 철학과(4명), 소신학교 중등과(12명)에서 공부하게 되었다.

신학교의 학제는 용산 신학교와 같이 라틴어 교육 중심의 보통교육 과정(소신학과 6년)과 철학 및 신학 과정(대신학과 6년)이었으며, 대신학과와 소신학과는 각각 2학급으로 구성되었다. 그리고 신입생은 3년마다 50명 내외를 선발하였다. 성 유스티노 신학교를 졸업한 첫 번째 사제는 1918년 2월 23일에 서품된 주재용 신부이다.

한편 1919년 8월 교황청 포교성성에서는 2명의 신학생을 로마로 파견하라는 지시를 내렸다. 이에 1920년에 송강정(宋康正, 안토니오)과 전 아우구스티노를 로마 우르바노 대학으로 유학을 보냈다. 그런 가운데 1922년 9월에는 소신학과 입학을 준비하는 '예비반'을 신설하였고, 이듬해 10월에는 달성군 성당동에 신학교 별장인 '성 니콜라오 별장'을 개설하여 신부와 신학생들의 휴식 공간으로 활용하였다.

2) 덕원 성 빌리브로드 신학교

원산 대목구의 사우어 주교는 원산과 연길교구의 성직자들을 양성하기 위해 1921년 11월 1일 소신학교를 서울 백동에 있던 수도원 내에 설립하였다. 초대 교장으로 임명된 안셀모 로머 신부는 신학교로서의 제반 교육 시설을 갖추고, 용산 신학교에 재학 중이던 함경도 출신의 소신학생을 넘겨받아 신학교를 개교하였다. 학교 건물로는 기존의 숭공학교 교사(校舍)가 이용되었으며, 교과목은 라틴어와 교리를 위주로 하고, 그밖에 물리학 · 과학 · 기술 등에 대해서도 가르쳤다. 학생 모집은 격년제였고, 과정 연한은 예비과 2년, 중학교 6년, 철학반 2년, 신학반 4년 등 총 14년이었으며, 한 학년도는 9월 1일부터 이듬해 7월 10일까지였다. 입학생들은 대부분 원산과 내평, 간도 지역에서 왔으며, 첫 입학생은 모두 33명이었다.

교수로는 교장인 로머 신부, 레오폴드 다베르나스 신부, 에카르트 신부가 있었고 이 밖에 각 전공 과목 교사들이 조선어 · 일본어 · 한문 · 산수 · 지리 등을 가르쳤는데, 산수와 지리는 2명의 조선인이 담당하였다.

신학교는 1927년 11월 17일에 수도원과 함께 원산 대목구의 중심지인 함경도 덕원으로 이전하였다. 2층의 신학교 건물은 수도원에서 약 200m쯤 떨어진 곳에 위치했으며, 중앙 건물과 2개의 측랑(側廊) 건물로 이루어진 U자형이었다. 신학교는 1927년 12월 1일에 완공되어 낙성식 겸 개교식을 거행하였다.

덕원 신학교는 1929년 9월에 중학교를 졸업한 4명에게 최초로 철학반(대신학교) 교육을 시작하였다. 당시 철학반에서 공부하게 된 학생은 이준성(李俊成, 시몬), 최병권, 김충무, 한윤승이었다.

덕원 신학교에서는 매년 약간씩 변동은 있지만, 5명의 신부가 철학 · 물리학 · 라틴어 · 교리 · 교회사를 가르쳤고, 2명의 한국인이 조선어와 한문 · 동양사를 담당하였으며, 1명의 일본인이 일본어와 수학을 가르쳤다. 그런 가운데 덕원 신학교는 1935년 2월 10일에 함흥 도청으로부터 정식 인가서를 받아 5월 14일에 공식 개교식을 가졌다. 인가 당시의 학제는 5년의 중학 과정, 2년의 고등학교 과정, 2년의 철학과, 4년의 신학과였다. 그리고 1936년 2월 23일에는 김충무와 한윤승이 덕원 신학교 최초의 사제로 탄생하였다.

한편 신학교는 1938년 9월 23일 화재가 나서 건물이 전소되기도 하였으나, 학교 당국의 신속한 복구 작업으로 석 달 만인 12월 26일에 새 건물을 완공할 수 있었다.

3) 용산 예수성심신학교의 변화

용산 신학교는 1914년에 이르러 큰 변화를 겪게 되었다. 먼저 대구에 성 유스티노 신학교가 설립되면서 용산 신학교에 재학하고 있던 대구 대목구 소속의 신학생 17명이 학교를 떠났다. 그리고 제1차 세계 대전이 발발하면서 교수 신부들이 소집령을 받고 본국인 프랑스로 귀국하였다. 당시 신학교에서는 3년마다 신입생을 모집했는데, 1914년은 교수 신부의 부족 등으로 신입생을 받아들이지 못하고, 1917년에 가서야 신입생을 받을 수 있었다. 이로 인해 1912년에 81명이었던 신학생 수는 1915년에 56명, 1916년에는 39명으로 계속 감소하였다. 그러다가 1917년에 신입생이 다시 입학하면서 신학생 수도

백동 수도원 내 신학교 수업 모습(위). 1921년 11월 1일에 용산 신학교에 재학 중이던 함경도 출신의 소신학생들을 데리고 개교하였다. 동성상업학교(전 남대문상업학교) 을조 학생들(아래). 용산 신학교는 1929년에 대 · 소신학교를 완전히 분리하여 대신학생들은 용산에, 소신학생들은 남대문상업학교 을조로 보내 교육시켰다.

103명으로 증가하였다.

한편 용산 신학교에서는 여러 해 동안 신입생들을 받아본 결과, 먼저 초등 수준의 일반 교육이 필요하다고 판단했다. 당시 신입생 중에는 초등 교육도 받지 못한 채 신학교에 입학하는 경우가 적지 않았다. 그러다 보니 신학교의 교과 과정을 따라오지 못해 성적이 떨어져 제명되는 신학생들도 있었다. 이러한 문제를 해결하기 위해 신학교에서는 1918년에 장면을 교사로 채용하여 일반 교과를 담당하도록 했다. 그리고 1922년에는 라틴어과 아래에 '예비반'을 두고 다음 해 가을부터 신입생을 받았다. 이 예비반은 초등학교 과정으로, 기도문과 문답, 일반 학과 등을 가르쳤으며, 매년 신입생을 모집하였다. 하지만 예비반 제도는 건물 부족 등으로 1925년에 중단되고 말았다.

용산 신학교에서는 신학생들의 기초적인 교육 수준을 높이기 위해 다양한 방안을 모색했지만, 큰 효과를 거두지 못하였다. 그러다가 1928년 말에 대 · 소신학교의 분리를 골자로 하는 개혁 방안을 마련하였다.

> 첫째, 대신학생(철학반과 신학반)들은 종래대로 용산 신학교에서 공부한다. 둘째, 소신학생(라틴어반)들은 동소문 안 백동(혜화동)에 가서 남대문상업학교 어느 학년에든지 학력대로 입학하여 중등과를 공부한다. 셋째, 새로 모집하는 신학생이나, 학력이 부족하여 중등과를 시작할 수 없는 사람은 약현(중림동)의 가명보통학교에서 초등과를 공부하도록 한다.

교회 당국에서는 대신학교(철학반 2년, 신학반 4년)는 그대로 용산에 두고, 소신학교(기존의 라틴어반으로 하급반 3년 및 상급반 3년)를 서울 대목구가 인수하여 운영해 오던 남대문상업학교(수업 연한 5년제) 안에 두기로 결정하였다. 즉 남대문상업학교를 갑조와 을조로 나누어, 갑조를 일반 상업학교로 운영하고, 을조는 소신학교로 운영하면서 을조 학생들에게는 대신학교로의 진학을 위한 신학 교육을 병행하기로 하였다. 이러한 결정에 따라 1929년 대 · 소신학교는 완전히 분리되었다.

1929년에 개교한 혜화동 소신학교는 1933년 2월에 14명의 첫 졸업생을 배출하였다. 용산의 대신학교는 이들을 시작으로 매년 신입생들을 받아들였는데, 이들을 위한 교수진 확보가 쉽지 않았다. 그리하여 1936년에 이르러서야 철학 교수 1명, 교의신학 교수 1명, 윤리신학 교수 1명, 부수 과목(교회법 · 성서 · 교회사 · 전례 · 프랑스어)을 위한 교수 1명 등 총 4명의 교수를 확보할 수 있었다.

용산 신학교는 빈약한 재정과 시설, 교수 신부 부족 등의 어려움 속에서 운영되었다. 그럼에도 사제 양성의 요람으로 그 역할을 충실히 하여 1910년부터 1942년 2월 폐교될 때까지 총 76명의 사제를 배출하였다.

4) 소신학교의 단일화

1930년대 들어 대구의 성 유스티노 신학교도 대 · 소신학과를 분리하였다. 대구의 드망즈 주교는 오래전부터 신학생들의 일반 교과 교육에 관심을 갖고 있었다. 그는 성 유스티노 신학교의 교육에는 부족함이 없고, 신학생들도 같은 연령대의 일반 학생들에게 뒤떨어지지 않는다고 보았다. 그러나 신학생들은 공립 중등학교의 교과 과정을 이수할 수 없었고, 그로 인해 공인된 졸업 증서를 받을 수 없었다.

이러한 문제를 인식한 드망즈 주교가 신학교 체제의 개편을 단행한 것이 1930년이었다. 드망즈 주교는 질병 치료와 휴양을 위해 1928년 8월부터 1930년 9월까지 프랑스에 있었다. 그러는 사이, 1929년에 서울 대목구에서 대·소신학교를 분리하였다. 드망즈 주교는 이 소식을 듣고 신학교 체제의 개편을 결심한 것으로 보인다. 그는 프랑스와 일본의 사례를 조사하였고, 1930년 12월 16일에는 뮈텔 주교를 만나 이 사안에 대해 논의하였다.

드망즈 주교는 충분한 검토를 거친 후, 1930년 12월 26일자 공문을 통해 성 유스티노 신학교의 개혁 방안을 공식 발표하였다. 그에 따르면, 소신학생 교육은 성 유스티노 신학교에서 분리하여 서울 대목구의 소신학교에서 위탁 교육한다는 것이다. 그리고 서울에서 소신학교 과정을 마친 학생들은 다시 대구의 대신학교에 진학시키기로 했다.

한편 덕원 신학교로 신학생을 보내던 평양 지목구 역시 1931년부터 평양의 소신학생들을 서울의 소신학교에서 공부시키고자 했다. 이에 따라 서울의 소신학교는 세 교구(서울·대구·평양) 연합 소신학교로서의 역할을 하게 되었다. 그리고 세 교구 연합 소신학교 체제는 1945년 해방 때까지 유지되었다.

5) 일제 말기 신학교의 수난과 경성천주공교신학교의 개교

1942년 2월 16일 조선총독부 학무국은 한국의 모든 무허가 학교를 폐쇄하겠다고 공표하였다. 그러면서 사전에 아무런 협의 없이 서울 대목구가 운영하던 용산 대신학교의 폐교를 일방적으로 통보해 왔다. 법적으로 '무인가 학교'이니 폐교한다는 것이 그 이유였다. 이에 따라 용산 대신학교는 1942년 2월 말에 폐교되었고, 대신학생들은 덕원의 성 빌리브로드 신학교로 보내져 수업을 받게 되었다. 당시 덕원 신학교는 1935년 2월에 설립 인가를 받았기 때문에 폐

교 대상이 아니었다.

용산의 대신학교가 폐교됨에 따라 동성상업학교에서 공부하던 소신학교 졸업생들이 문제였다. 졸업생이 계속 배출되는 상황에서 이들을 모두 덕원 신학교로 보낼 수가 없었기 때문이다. 이에 서울 대목구에서는 정식 인가를 받은 신학교를 새로 설립하기로 결정하고, 대신학교의 설립 인가를 얻기 위해 노력하였다. 그 결과 해방 직전인 1945년 2월 23일, 조선총독부로부터 '경성천주공교신학교'의 설립 인가를 받고 5월 1일에 개교하였다. 새로 개교한 경성천주공교신학교는 혜화동의 소신학교와 같은 구역 내에 위치하였고, 학제는 본과 4년, 연구과 2년 등 6년제였다.

한편 인가를 얻지 못한 상태로 폐교의 위협 속에 있던 대구의 성 유스티노 신학교는 1944년 12월 23일의 서품식을 끝으로 이듬해 3월 19일 폐교되고 말았다. 그 후 성 유스티노 신학교의 신학과 학생 7명은 덕원 신학교로 전학하였고, 철학과 학생들은 1945년 5월에 '경성천주공교신학교'가 개교하자 이곳으로 옮겨 공부하였다. 이로써 경성천주공교신학교는 이전의 용산 대신학교와 대구 성 유스티노 신학교를 하나로 통합한 연합 대신학교의 성격을 갖게 되었다.

서울과 대구의 신학생들을 위탁 교육하던 덕원 신학교는 1945년 5월 무렵 신학교 건물을 일본군에게 징발당하였다. 그리하여 신학생들은 해방이 되어 건물을 되찾을 때까지 수도원과 병원 등지에서 거처해야만 했다.

1945년에 개교한 경성천주공교신학교는 용산 대신학교와 대구 성 유스티노 신학교를 하나로 통합한 연합 대신학교의 성격을 가졌다.

〈표 4〉 일제 시기 한국 교회의 학교 수와 학생 수

연도	서울				대구				원산				평양	
	학교		학생		학교		학생		학교		학생		학교	
	남	여	남	여	남	여	남	여	남	여	남	여	남	여
1911	107	11	2,221	709										
1912	64	13	1,518	541										
1913	60	13	1,157	583	19	6	467	189						
1914	68	13	1,671	641	24	5	478	265						
1915	59	12	1,336	621	21	4	349	220						
1916	52	14	1,276	624	11	3	338	213						
1917	57	13	1,318	637	21	2	520	146						
1918	61	11	1,620	679	20	4	541	210						
1919	53	12	1,473	728	30	6	599	281						
1920	38	11	1,194	93	24	5	493	259						
1921	54	13	2,122	1,254	27	5	734	364						
1922	48	16	2,633	1,615	25	5	965	315						
1926	137	23	3,767	1,907	43	28	1,113	633	38	8	1,700	642		
1927	42	20	2,915	1,912	43	28	1,080	696	32	8	1,747	752		
1928	31	16	2,129	1,627	75	26	1,475	829					7	4
1929	29	14	2,548	1,634	75	37	1,570	1,138	6		720	398	7	
1930	25	14	2,493	1,495	61	27	1,624	1,077	14		734	556	10	
1931	23	12	2,511	1,380	83		1,673	1,449	2		381	255	8	
1932	22	12	2,911	1,665	58		1,408	1,634	3(인가)		400	290	4	
1933	21	13	2,947	1,534	23(인가)		1,079	1,266	27		1,106	972	7(인가)	
1935	18(인가)		2,501	1,388	21(인가)		1,377	1,185	8(인가)		1,127	643	28	
1936	18(인가)		2,314	1,502	60		2,225	2,474	9(인가)		1,369	994	13	
1937~1938	18		3,240	2,063	26		1,247	2,290	13		2,234	1,547	19	
1938~1939	11		2,439	1,400	18		1,227	2,303	12		2,340	1,802	19	
1939~1940	16		3,339	2,197	19		1,089	2,322	12		2,699	2,460	19	

출처 : 《경향잡지》1911~1940년.

평양		연길				전주				광주				합	
학생		학교		학생		학교		학생		학교		학생		학교	학생
남	여	남	여	남	여	남	여	남	여	남	여	남	여		
														118	2,930
														77	2,059
														98	2,396
														110	3,055
														96	2,526
														80	2,451
														93	2,621
														96	3,050
														101	3,081
														78	2,039
														99	4,474
														94	5,528
														277	9,762
														173	9,102
456	387													159	6,903
	855	32		1,044	249									200	10,156
688	502	34		869	403									185	10,441
616	625	48		1,381	459									176	10,730
1,024	834	49		1,546	543									148	12,255
1,275	922	50		1,647	752									141	13,500
2,483	2,037	44		1,947	1,261									119	15,949
2,095	1,987	17		1,747	1,022									117	17,729
3,462	2,913	9		2,140	833	25		2,474		7		558	356	117	25,357
3,670	3,742	10		3,028		5		1,708		10		607	431	85	24,697
5,752		25		2,624	1,798	12		767	612	10		770	509	113	26,938

제2절 사회복지 및 의료 활동

1. 사회복지 활동

1) 고아원 · 보육원 운영

1910년 당시 샬트르 성 바오로 수녀회에서는 서울의 종현 고아원과 제물포 고아원을 계속해서 운영하고 있었다. 두 고아원은 설립 초기부터 경제적인 어려움을 겪었지만, 이를 극복해 가면서 1910년에는 265명, 1911년에는 273명의 고아를 수용하였다. 그러나 1914년 제1차 세계 대전이 발발하면서 1915년에는 성영회 본부로부터의 보조금이 1/3로 줄어들었고, 물가는 한없이 오르고 있었다. 그리고 원아를 받는 데 있어 경찰의 규제도 뒤따랐다. 이에 고아원의 원아 수는 1915년 259명, 1916년 218명, 1917년 245명, 1918년 192명으로 감소하게 되었다.

그러나 수녀들은 이러한 시련을 극복하고 고아원을 유지하기 위해 노력하였다. 그리하여 종현 고아원에서는 아이들이 제작한 물건과 자선권(慈善卷)을 판매하였고, 제물포 고아원에서는 유지들에게 기부를 호소하거나 바자회를 열어 고아원 운영에 보태기도 하였다. 그런 가운데 전쟁이 끝나면서 고아원의 사정도 호전되어 갔고, 1926년에는 종현 고아원의 건물을 신축하기도 했다.

종현 고아원에서는 고아들에게 필요한 공부와 수예, 재봉 등을 가르쳤고, 1930년경부터는 체계적인 교육을 위해 유치반, 초등반, 중등반으로 나누어 교육하였다. 그리고 1932년에는 명칭을 '천주교 고아원'에서 '천주교 보육원'으로 변경하였다. 원아들은 해를 거듭할수록 많아졌는데, 이에 1936년에는 용산 삼호정에 3층의 보육원 분원 건물을 마련하였다. 그러다가 일제 말기에 소개령(疏開令)이 내려져, 1944년 겨울부터 하우현 본당으로 짐을 옮기고 아이들을 피난시키던 중 해방이 되어 다시 명동으로 돌아왔다.

지방에서도 고아 복지사업은 활발하게 전개되었다. 대구 지역의 경우 대구 대목구의 드망즈 주교는 1912년 9월 22일 '성영회 정신과 사업 실천에 대한 당부'와 '성영회에 관한 새로운 조치 규정'을 마련하였다.

〈성영회 정신과 사업 실천에 대한 당부〉

이 사업의 첫째 목적은 미신자의 어린이를 받아들이는 것입니다. …제2차적 목적은 미신자 집안의 어린이에게 임종 대세를 주는 것입니다. …혼자된 남녀, 연로한 분, 그리고 진지한 분들을 채용하여, 그들에게 적은 자본을 대주어 실, 바늘, 금계랍(키니네=말라리아 약), 송곳, 종이 등의 장사를 하게 합니다. 이들을 미신자 마을에 보내 거기서 특별한 목적으로 장사를 하고 살면서 죽어가는 어린이를 찾아 대세를 주게 하는 것입니다.

〈성영회에 관한 새로운 조치 규정〉

1항 급여금

제1조 신자 가정에 맡겨진 영아회 어린이 한 명의 생활비는 매월 1원 50전으로 한다.

제2조 생활비는 입적되는 달로부터 만 14세까지 지급된다. 만일 남아나 여아가 이 연령 전에 결혼하면 생활비는 지급된다.

제3조 결혼을 위한 지원금은 남아인 경우 20원, 여아인 경우 10원으로 한다.

제4조 어린이 세례를 주는 사람들을 위한 수당은 현재 본당 별로 20원으로 정

〈표 5〉 일제 시기 교회에서 운영한 고아원과 원아 수

연도	서울		대구		평양		연길		원아 수 합계
	고아원	원아 수	고아원	원아 수	고아원	원아 수	고아원	원아 수	
1911	2	273							273
1912	2	291							291
1913	2	327							327
1914	2	261		154					415
1915	2	259		106					365
1916	2	218		48					266
1917	2	245		48					293
1918	2	192		49					241
1919	2	204		52					256
1920	2	204		52					256
1921	2	204	1	90					294
1922	2	206	1	52					258
1926	2	298	1	44					342
1927	2	206	1	43					249
1928	2	193	1	42					235
1929	2	203	1	45	1	5			253
1930	2	181	1	46	1	7			234
1931	2	201	1	46	3	9			256
1932	2	203	1	52	1	14			269
1933	2	197	1	54		28			279
1935	2	199	1	57		57			313
1936	2	200	1	65		67		2	332
1937~1938	2	197	1	71		75			343
1938~1939	2	211	1	66		67			344
1939~1940	2	232	1	66		52			350

출처 : 《경향잡지》1911~1940년.

하고, 공문 제10호의 지침대로 고용할 것이고, 1인당 10원 이상은 지급하지 않기로 한 것을 지키고, 신부님이 청구하는 대로 보낸다.

〈대구 대목구 공문 제10호, 1912. 9. 22〉, 《대구대교구 설정 100주년 기념 기초 자료집③ 안세화 주교 공문집》, 46~50쪽.

대구 본당의 로베르 신부는 대구 지방의 고아 양육을 위해 프랑스인 양모(養母)를 정하여 그들에게 후원금을 받았고, 본당 신자들에게는 양육비를 지원하여 고아들을 맡아 기르게 하였다. 그러다가 1915년 10월 15일 대구에 샬트르 성 바오로 수녀회가 설립되면서 '천주교 수녀원 부설 여자 고아원'이 시작되었다.

이 고아원은 1922년 이후 원아가 늘어남에 따라 건물을 점차 증축 또는 신축하여 영아부, 유아부, 아동부 등으로 분리하였고, 1925년에는 원사를 신축하였다. 그리고 1944년 2월 10일에는 명칭을 '천주교백백합보육원'으로 바꾸었다.

한편 평안도 지역에서도 1920년대 중반부터 1930년대 중반까지 영유 본당, 대신리 본당, 진남포 본당, 숙천 본당 등에서 고아원을 설립하여 운영하였다. 이 고아원들은 대부분 샬트르 성 바오로 수녀회에서 맡아 운영하였다. 다만 숙천 본당은 가톨릭 운동연맹 지회에서 전담했는데, 회원 가정마다 매일 성미(誠米) 세 숟갈씩 거두어 고아들을 양육하는 공동 운영체로 시작하여 타 본당의 모범이 되었다.

2) 양로원의 설립 운영

1885년 7월 2일 블랑 주교가 종로의 동골에 개설한 양로원이 1893년 9월경 폐쇄된 이후 양로원이 다시 교회 내에 등장하는 것은 1920년대이다. 물론 1917년 대구 대목구에서는 인애회(仁愛會)를 설립하여 회원들의 회비로 무의탁 노약자들에게 주택을 제공해 주고 사망하였을 때 장례를 치러주는 활동도 하였다. 그렇지만 교회에서 본격적으로 양로 시설을 운영한 것은 1920년대부터이며, 이러한 모습은 특히 평안도에 진출한 메리놀회의 활동에서 두드러지게 나타난다.

1925년 의주 본당에 주재하던 캐시디 신부는 사재를 털어 읍내 사가(私家)를 구입하여 양로원을 신설하였다. 이것은 평안도 지역 내 최초의 자선사업

〈표 6〉 일제 시기 교회에서 운영한 양로원과 수용 인원

연도	서울		평양		연길		합계	
	양로원	인원	양로원	인원	양로원	인원	양로원	인원
1928			1	26			1	26
1929			2	27			2	27
1930			1	20			1	20
1931			1	22			1	22
1932	1	7	1	16			2	23
1933	1	9	1	14			2	23
1935	1	?	?	100			1+?	100+?
1936	1	?		132			1	132+?
1937~1938	1	20	6	146	1	4	8	170
1938~1939	1	25	?	151	2	10	3+?	186
1939~1940	1	25	?	159	2	?	3+?	184+?

출처 : 《경향잡지》1928~1940년.

기관으로, 이후 영유 본당(1931년), 진남포 본당(1933년), 마산 본당(1933년), 관후리 본당(1934년), 대신리 본당(1935년, 나자렛 양로원) 등에도 양로원이 개설되었다. 연간 15명에서 160명에 가까운 노인들을 수용했던 양로원들은, 교회의 노인 복지 활동에 큰 부분을 차지하였으나, 대부분 침묵의 교회가 되기 바로 직전에 폐쇄되고 말았다.

3) 애긍회의 조직과 활동

일제 시기에는 신자들이 주축이 되어 사회복지 활동을 전개하는 모습이 나타나기도 하였다. 1924년 4월 명동 본당의 정남규(鄭南奎, 세례자 요한, 1886~?) 회장은 불쌍한 이웃 형제를 도울 목적에서 자선 단체인 애긍회를 조직하였다. 당시 발기인으로는 정남규 회장을 비롯하여 최진순(베드로), 안관석(안드레아), 김원식(안드레아), 윤태병(요셉), 김정현(바르나바) 등이 참여하였으며, 발기 취지와 1925년 1월에 제정된 규칙은 다음과 같다.

〈애긍회 취지서〉

…잘 때가 지나고 깨어날 때가 되었습니다. 할 일 많은 우리 조선 천주교회 남녀 교우는 힘을 합해 하느님을 위하여 그 세우신 천주교회를 위하여 불쌍하고 무의무탁한 여러 형제자매를 위하여 분투 노력합시다.

〈애긍회 규칙〉

목적

1. 무의무탁한 남녀교우의 질병을 치료하고 연로자의 생활을 보조함(단 필요

한 때는 외인도)

2. 사망 후 교회 예절대로 장례함

3. 신애긍 모든 끝을 기회 있는 대로 실천 궁행함

보조 : 일반 교우 유지자의 기부로 실행함

실행주원 : 종현 교구 회장은 필히 실행주원이 됨

4. 경성부 내에 양로원을 설립하기로 정함

대정 14년 1월 1일 발기인 일동 외 정남규

이와 같은 목적과 취지에서 설립된 애긍회는 1925년 2월 1일 광희정(현 광희동)에 사는 임 비리시타의 장례비로 2원을 기부하면서 첫 사업을 시작하였다. 이후 애긍회에서는 가난한 사람들의 장례비와 약값을 도와주었고, 의지할 곳 없는 사람들에게 생활비를 기부했으며, 신애긍을 위해 미사도 봉헌하였다.

이외에도 애긍회에서는 화재로 가옥이 불타버린 사람에게 가옥세를 기부한다든가, 파혼한 신자의 혼수 비용을 대신 갚아준다든가, 고향으로 돌아가는 사람의 여행비를 보조한다든가, 가난한 집 학생의 교복을 사준다거나, 윤락가로 팔려간 여신자의 몸값을 치르는 등 실로 다양한 애긍 활동을 전개하였다. 그리고 이러한 애긍회의 활동은 자연스럽게 전교 활동으로 이어졌다.

이와 함께 애긍회에서는 1926년 11월 20일 황금정(현 을지로 1가) 2정목 93번지에 대지 46평 7합의 19칸짜리 집을 매입하여 의지할 곳 없는

신애긍(神哀矜)
한국 천주교회에서 신자들에게 일상생활에서 신자들이 지켜야 할 것으로 권장한 덕목으로 이웃에게 베푸는 일곱 가지 정신적 자선을 말한다. 그 일곱 가지는 훈몽(訓蒙), 훈우(訓愚), 위환(慰患), 위수(慰愁), 관서(寬恕), 인모(忍侮), 애구(愛仇)이다.

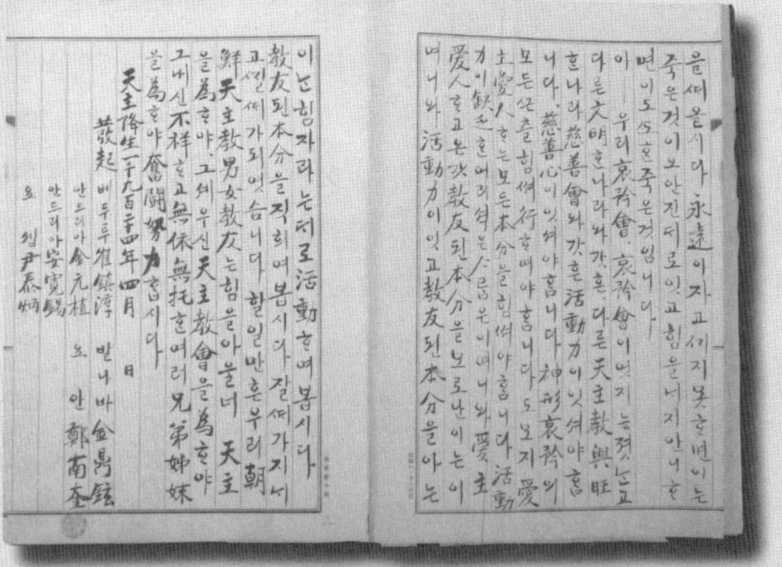

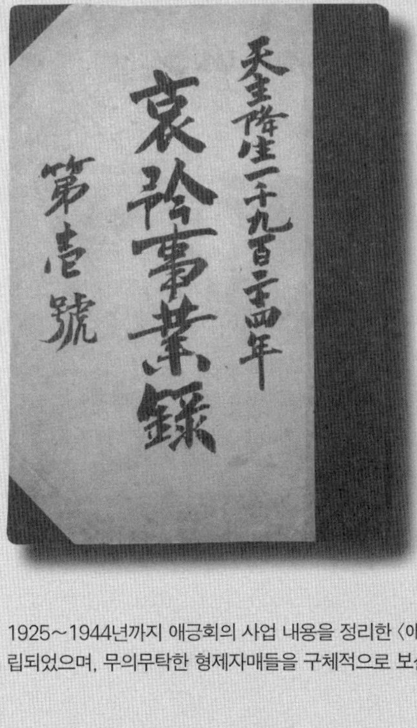

1925~1944년까지 애긍회의 사업 내용을 정리한 〈애긍사업록〉. 명동 본당의 애긍회는 1924년 4월에 설립되었으며, 무의무탁한 형제자매들을 구체적으로 보살피자는 취지로 시작되었다.

노인들을 수용하는 양로원을 설립하였다. 그러나 작은 방과 적은 경비로는 찾아오는 노인들을 다 수용할 수 없었고, 또 일본인 주민들이 주택가에 양로원을 둘 수 없다고 시 당국에 진정함에 따라, 애긍회에서는 1929년 8월 20일 고양군 한지면 하왕십리(현 서울 성동구 하왕십리) 955번지의 대지 480평에 25간짜리 집을 매입하고, 1930년 3월 23일에 양로원을 이전하였다. 그리고 1936년 11월 4일에는 10,000여 원의 경비를 들여 고양군 뚝도면 송정리(현 서울시 성동구 송정동) 38번지로 다시 양로원을 옮겼다.

이 양로원은 정남규 회장이 주도적으로 운영해 왔으며, 1944년 6월 1일에는 정식 구호 시설로 행정 당국(경기도 지사)의 인가를 받았다. 이곳에는 1950년 6월까지 총 267명의 노인이 수용되었는데, 애긍회의 양로원 운영은 명동 본당뿐만 아니라 천주교회의 위상을 높이는 데에도 크게 기여하였다.

2. 의료 활동

1) 진료소와 병원의 개원

한국 교회의 의료 활동은 개항 이후에 본격화되었다. 즉 박해로 중단되었다가 1886년 블랑 주교가 양로원에 시약소를 병설하면서 재개되었고, 1888년 샬트르 성 바오로 수녀회가 한국에 진출하면서 본격적으로 전개되었다.

수녀들의 의료 활동은 1894년 여름부터 시작되었다. 이때 제물포에 진출한 수녀들은 수녀원 건물 공사가 아직 끝나지 않았음에도 불구하고 시약소를 설치해서 무료 진료 활동을 시작했다. 그리고 1899년경부터는 서울 수녀원에서도 무료 진료소를 개설하였다. 이들 진료소에는 의사 수녀가 없었고, 간호 경험이 있는 수녀만 있었으므로 진료소는 약국과 간호 활동에 그쳤다.

대구에서는 1928년부터 수녀들이 가정 방문을 통한 의료 활동을 시작하였다. 그리고 1931년에는 성직자들을 위한 시설이기는 하지만 가난한 일반인들에게도 치료와 약품을 제공하는 무료 진료소를 개설하였다. 이 진료소는 많은 환자가 몰려들면서 1934년에 새로운 건물을 신축하였다.

평안도 지역은 메리놀 수녀들이 진출하여 1926년부터 의료사업을 전개했으며, 수녀 중에는 의사 수녀도 있었다. 같은 무렵 베네딕도회의 남녀 수도자들이 운영하는 원산과 연길 지역에도 시약소와 무료 진료소가 설치되어 의료 활동을 하였다.

교회가 의료사업을 전개하는 목적은 질병의 치료와 선교에 있었다. 즉 가난한 사람들의 병을 치료할 뿐만 아니라, 그들의 영혼을 구하려는 선교 방법의 일환이었다. 그리하여 수녀들은 외래 진료는 물론 방문 진료를 통해 직 · 간접적인 선교 활동을 전개했다. 그 결과 진료소가 설치되는 곳마다 개종의 효과가 매우 컸다.

한편 1930년대에 접어들면서 한국 교회의 의료 활동은 시약소나 진료소 단계를 넘어 본격적인 병원 시대를 열게 되었다. 즉 1930년에 설립된 신의주 성모병원을 비롯하여 안주 성모병원(1935년), 인천 해성병원(1937년), 재령 성심병원(1940년), 진남포 소화병원(1943년) 등이 잇달아 개원하여 의료 활동을 활발하게 전개하였다.

〈표 7〉 일제 시기 천주교회에서 설립 · 운영한 주요 의료 기관

	이름	설립일	소재지	설립 주체
1	제물포 진료소	1894	제물포	샬트르 성 바오로 수녀회
2	서울 진료소	1899	서울	샬트르 성 바오로 수녀회
3	대구 시료소	1917	대구	샬트르 성 바오로수녀회
4	원산 시약소	1925	원산	포교 성 베네딕도 수녀회
5	영유 시약소	1926	영유	메리놀 수녀회
6	의주 시약소	1926	의주	메리놀 수녀회
7	청진 시약소	1926~1927	청진	포교 성 베네딕도 수녀회
8	고산 시약소	1926~1927	고산	포교 성 베네딕도 수녀회
9	비현 시약소	1928	비현	메리놀 수녀회
10	병원	1928. 5	덕원	덕원 수도원
11	신의주 성모병원	1930	신의주	신의주 본당
12	대구 의무실	1931. 11	대구	드망즈 주교
13	연길병원	1931. 12	연길	올리베타노 성 베네딕도 수녀회
14	마산 시약소	1932	마산	캐롤(Carroll, 安) 신부
15	대령동 무료 진료소	1932~1933년경	연길	
16	성모병원	1935	안주	배론 신부
17	용평 진료소	1935	용평	델랑드 신부
18	회령 시약소	1935	회령	그라프 (Graf, 金大振) 신부
19	전주 진료소	1930년대 중반	전주	
20	훈춘 진료소	1936. 3	훈춘	올리베타노 성 베네딕도 수녀회
21	성모병원	1936. 5. 11	서울	경성교구 청년회 연합회
22	성심병원	1940	재령	박정렬 신부
23	성심의원	1941	함흥	콜러 신부
24	소화병원	1943	진남포	양기섭 신부
25	제기동 시약소	1944	서울	콜랭(Colin, 高一郞) 신부
26	대건의원	1944	흥남	구대준(具大浚, 가브리엘) 신부

비고
무료 진료소. 1935년 보육원 개설로 병원 개설. 1937년 건물 신축 후 '해성병원' 명칭.
무료 진료소. 1934년 95평 건물 마련 후 '천주교 시료소' 명칭. 1936년 성모병원이 개원되자 병원에 영입.
약국과 무료 진료소를 겸함. 수녀원 내에 개설. 곧 폐지.
수녀원 앞의 일본인 가옥에 마련. 1929년 4월 새 가옥(5칸) 마련하여 입주, 이때부터 '마리아의 도움 시약소'라 불림. 1938년부터 무료 진료소의 형태를 띰.
신의주 성모병원의 의사 수녀가 토요일마다 왕진.
의사 자격증을 가진 그라하머 수사가 원장으로 활동.
의학 박사 멜시 수녀 활동(오전에는 가정 방문 치료, 오후에는 병원에서 치료).
성직자를 위한 의무실(무료 진료소). 부수적으로 일반인에게도 치료와 약품 제공. 1933년 6월 21일 박요셉 병원의 부속병원으로 인가.
병원이라 불렸으나, 무료 진료소. 개원 반년 만에 4천 명 치료. 만 명에게 무료 약품 제공.
무료로 약품 제공.
매일 촉탁의사 상근.
1936년 무허가로 폐원.
포교 성 베네딕도 수녀회에서 운영. 무허가로 곧 폐지. 1940년 3월에 다시 개설되었으나 3개월 만에 폐원.
수녀원 내에 개설.
1935년 3월 11일 무라카미 병원 매입. 4월 18일 설립 허가. 초대 원장에 박병래 취임. 한국 천주교회 최초의 정식 병원. 1944년 5월 용산 원효로 분원 개설.
'삼성의원'을 인수하여 개원.
포교 성 베네딕도 수녀회에서 운영.
1945년 10월 폐원.
샬트르 성 바오로 수녀회 활동. 1946년 성모의원으로 발전. 가톨릭대학교 성 바오로 병원의 모태.

2) 성모병원의 설립

1930년을 전후하여 교회 안에서는 전문적인 시설을 갖춘 병원을 마련하기 위한 움직임이 '경성교구 청년회 연합회'를 중심으로 전개되었다. '청년회 연합회'는 1928년 5월 10일자《별》의 '사회사업'란에서 이미 민간 주도의 병원을 설립해야 한다고 주장하였다. 그러다가 조선교구 설정 100주년 기념사업을 계획하면서 병원 설립 문제를 정식으로 제기하였다.

1931년 6월 조선교구 설정 100주년 기념행사를 준비하는 과정에서 '경성교구 청년회 연합회'는 "기념사업 중에 제일 필요하고 적절한 것이 의료 기관의 시설"이라고 생각하고 사업을 추진하였다. 병원 설립에는 교구장으로부터 평신도에 이르기까지 모든 신자가 깊은 관심을 나타내 '기념병원 설립 기성회'가 발족되었다. 그러면서 전국 각지로부터 설립 기금이 답지했고, 교구에서는 이를 바탕으로 1935년 3월 11일 교구청 바로 이웃에 있던 무라카미[村上] 병원(대지 538평에 건평 335평의 목조 2층 건물)을 매입하였다. 이어 4월 18일에 병원의 설립 허가를 받았으며, 7월 3일에는 병원 이름을 '성모병원'으로 결정했다. 그리고 이듬해 5월 11일 개원식을 거행하였으며, 초대 원장으로 박병래가 취임하였다.

개원 당시의 진료 과목은 내과와 소아과였고, 24병상과 외래 및 검사실이 있었다. 직원은 의사 4명에 샬트르 성 바오로 수녀회의 수녀 9명을 포함한 간호사 10명과 약제사 1명이 근무하였다. 아울러 병원에서는 샬트르 성 바오로 수녀원에서 운영하던 시약소(무료 진료소)를 받아들여 영세 환자들을 돌보도록 하였다.

성모병원의 설립은 교회 내에서 최초로 정식 병원이 설립되었다는 데 의의가 있다. 성모병원 설립 이전에도 교회 안에서는 시약소와 의원들이 의료 활동을 벌이고 있었지만, 간이 진료, 봉사와 자선사업의 성격을 벗어나 보다 확대된 의료 활동을 전개하게 된 것은 성모병원부터였다.

성모병원은 한국 천주교회에서 최초로 설립한 병원으로, 1936년 5월 11일에 개원식을 가졌다.

〈표 8〉 한국 가톨릭 의료 활동 현황(1911~1940)

		서울	대구	원산	평양	연길	합계
1911	시약소	2					2
	원내 진료	3,695					5,657
	왕진 진료	1,962					
1912	시약소	2					2
	원내 진료	4,976					13,169
	왕진 진료	8,193					
1913	시약소	2					2
	원내 진료	3,455					6,724
	왕진 진료	3,269					
1914	시약소	2					2
	원내 진료	2,865					6,683
	왕진 진료	3,818					
1915	시약소	2					2
	원내 진료	1,897					4,969
	왕진 진료	3,072					
1916	시약소	2					2
	원내 진료	2,367					3,921
	왕진 진료	1,554					
1917	시약소	2					2
	원내 진료	2,901					4,466
	왕진 진료	1,564					
1918	시약소	2					2
	원내 진료						
	왕진 진료						
1919	시약소	2					2
	원내 진료	3,113					4,404
	왕진 진료	1,291					
1920	시약소	2					2
	원내 진료	2,780					5,296
	왕진 진료	2,516					

		서울	대구	원산	평양	연길	합계
1921	시약소	2					2
	원내 진료	5,842					6,831
	왕진 진료	989					
1922	시약소	2					2
	원내 진료	7,093					7,885
	왕진 진료	792					
1923	시약소	2					2
	원내 진료	7,772					8,589
	왕진 진료	817					
1924	시약소	2		4			6
	원내 진료	7,194		2,000			9,782
	왕진 진료	588					
1926	시약소	2		4			6
	원내 진료	7,270		9,000			19,206
	왕진 진료	2,936					
1927	시약소	2		4			6
	원내 진료	10,775		8,500			22,148
	왕진 진료	2,873					
1928	시약소	2		4			6
	원내 진료	12,355		8,500	3,444		29,608
	왕진 진료	5,309					
1929	시약소	2		2	3	2	9
	원내 진료	17,028		22,714	2,157	2,700	49,698
	왕진 진료	4,565		534			
1930	시약소	2		2	4	3	11
	원내 진료	19,970		28,770	6,950	3,400	65,496
	왕진 진료	4,516		1,890			
1931	시약소	2		2	3	4	11
	원내 진료	16,724		49,000	7,655	4,300	85,425
	왕진 진료	6,616		1,130			
1932	시약소	2	1	2	1	5	11
	원내 진료	19,937	2,457	14,200	9,474	12,433	68,787
	왕진 진료	7,950	1,426	910			

		서울	대구	원산	평양	연길	합계
1933	시약소	2	1	2	7		12
	원내 진료	34,145	22,110	27,210	31,162	9,652	160,726
	왕진 진료	6,467	139	2,070		27,771	
1935	병원			2			2
	시약소	2	?	?	7	4	13+?
	원내 진료	26,428 (경성)	24,593	25,470	27,555	72,964	195,509
		4,961 (인천)					
	왕진 진료	2,556 (경성)	5,053				
		5,929 (인천)					
1936	병원			1			1
	시약소	2	?	2	3	1	8+?
	원내 진료	29,233 (경성)	30,388	11,693	18,032	15,322	133,850
		11,525 (인천)					
	왕진 진료	3,009 (경성)	5,308	2,930		1,176	
		5,234 (인천)					
1937~1938	병원	1	1	1	1	1	5
	시약소	1		2	3	3	9
	원내 진료	32,856	56,641	34,179	17,807	35,554	200,515
	왕진 진료	15,336	5,013	1,890		1,239	
1938~1939	병원	2				1	3
	시약소	2	1	1		4	8
	원내 진료	102,301	56,451	27,012	16,097	35,868	263,355
	왕진 진료	15,727	6,225	1,130		2,544	
1939~1940	병원	2		1		1	4
	시약소	2	1	3	3	4	13
	원내 진료	91,397	36,695	43,359	12,073	44,486	259,859
	왕진 진료	8,540	5,177	3,500		14,632	

출처 : 《경향잡지》1911~1940년.

제3절 출판 활동

1. 정기 간행물

1) 잡지

(1) 《경향잡지》

한국 천주교회는 순수 종교 신문의 발행만을 강요한 일제의 압력에 따라 1910년 12월 30일 〈경향신문〉을 폐간하고, 1911년 1월 15일 〈경향신문〉의 부록인 《보감》의 제호를 《경향잡지》로 바꾸어 발행을 계속하였다. 《경향잡지》는 반월간(월 2회)으로 발행되었으며, 드망즈 신부가 편집 겸 발행인을 계속 맡았다. 그러나 1911년 4월 드망즈 신부가 초대 대구 대목구장으로 임명되면서, 멩 신부가 발행인, 한기근 신부가 주필을 맡게 되었다.

시사적인 문제를 거의 다룰 수 없었던 《경향잡지》는 이전의 애국 계몽적인 성격은 점차 사라지고 교회 소식, 교리 지식, 전교 활동 등에 많은 비중을 두었다. 아울러 당시 프로테스탄트의 신속한 전파에 대응하여 천주교의 호교적 성격도 강화해 나갔다.

1931년부터는 조제 신부가 발행인, 윤형중 신부(1934년)가 주필을 맡았다. 그리고 1934년 제778호부터 32면으로 증면(1938년부터는 다시 24면으로 감면)하는 등 일제의 간섭과 통제 속에서도 꾸준히 발전해 나갔다. 그러나 전시 체제가 되면서 1940년 2월부터는 발행 주기가 월간으로, 잡지 지면은 8면까지 축소되었고, 1944년에는 격월간으로 그 명맥을 유지하다가 1945년 5월 15일자로 폐간되었다.

1946년 8월에 복간된《경향잡지》는 일제 강점기 교회의 실상을 파악할 수 있다는 점에서 교회사적으로 매우 중요한 자료이다.

(2)《가톨릭청년》·《가톨릭연구》·《가톨릭소년》

1933년 3월 6일에 개최된 전국 5교구 주교회의에서는 '5교구 출판위원회'를 구성하고, 이 위원회의 책임하에《경향잡지》와《가톨릭청년》을 발간토록 하였다. 당시 주교회의에서는 지식 청년들을 대상으로 하는《가톨릭청년》을 새로 발간하고, 이 잡지와《경향잡지》만을 5교구에서 인정하는 것으로 결정했다. 그리고 각 교구에서 발간하는 월보는 그 교구에만 한정된다고 하였다. 이 결정에 따라 1933년 6월《가톨릭청년》이 창간되었다.《가톨릭청년》은 가톨릭 운동의 구심체로서 역할을 하며, 교회 안의 교리 정립과 청년들의 신심 함양에 도움을 주고, 사회 계몽과 민족 문화의 발전에 보탬이 되고자 하였다.

그런데 1934년 1월 평양 지목구에서《가톨릭연구강좌》를 창간하였다. 이 잡지는 1933년 9월 평양 지목구에서 실시한 전교 회장들의 강습회 후 이와 같은 교육을 계속 접할 수 있는 방법을 모색하는 과정에서 간행된 것이다. 그러나《가톨릭연구강좌》의 발간은 주교회의의 결정에 어긋나는 것이었다. 이에 대해 홍용호 신부는 창간사에서, 이 잡지가《가톨릭청년》과《경향잡지》의 미비점을 보완하는 고유한 역할과 임무가 있음을 강조하였다.

《가톨릭연구강좌》는 1934년 6월호부터《가톨릭연구》로 제호를 변경하였고, 1934년에 조직된 평양교구 가톨릭 운동연맹의 기관지 역할을 하였다. 이처럼《가톨릭연구》가 성장하는 동안,《가톨릭청년》은 1936년 12월에 폐간되었다.

이후《가톨릭연구》도 1937년 1월《가톨릭조선》으로 제호를 바꾸어 간행되

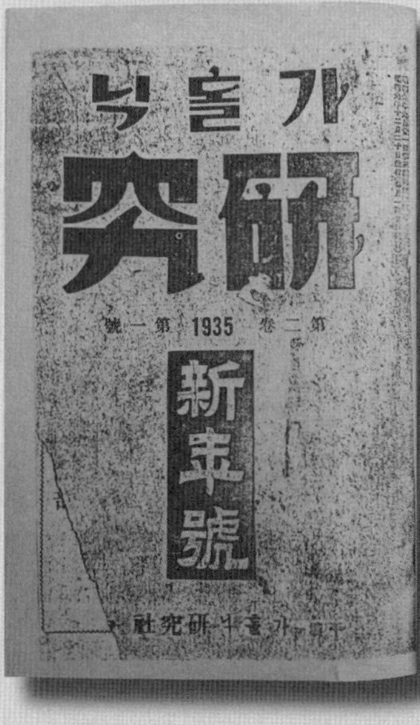

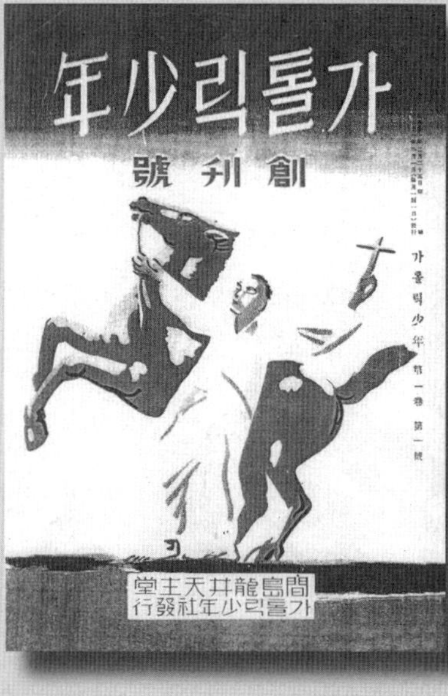

각 교구는 신자들의 계몽과 전교 활동에 유용한 정기 간행물을 다양하게 발간하였다.

다가, 1938년 12월 경제적인 어려움과 식민 통치에 협력을 강요하는 일제의 압력을 이기지 못하고 폐간되었다. 한편 연길 지목구에서는 1936년 3월에 소년소녀들을 위한 《가톨릭소년》을 발간했는데, 이 잡지 역시 《가톨릭조선》과 같은 이유로 1938년 8월호를 마지막으로 폐간되었다.

(3) 《타벨라》

1912년 6월부터 용산 예수성심신학교에서는 라틴어 월간지 《타벨라》(Tabella)를 발행하였다. 완전한 제호는 《예수 성심의 타벨라》(Tabella SS. Cordis Jesu)로 '예수 성심지'라는 뜻이다. 이 잡지의 제목과 창간일은 용산 신학교의 주보가 '예수 성심'이었고, 6월이 예수 성심 성월이었던 것과 관계가 깊다.

《타벨라》는 성직자들의 생활 규범, 신앙과 관련된 질의 · 응답 코너, 과학과 관련된 내용, 로마 소식 · 세계 교회 소식 · 서울 대목구 소식 · 대구 대목구 소식 · 용산 신학교 소식을 전하는 소식란 및 이단 반박의 역사 · 토론 · 강론 지침 등의 내용을 담았다.

《타벨라》는 제1차 세계 대전의 발발로 선교사들이 입대하면서, 1914년 9월부터 1919년까지 발행되지 않다가 1920년 1월에 다시 간행되었다. 이후 1923년 3월호부터 홍콩에 있는 파리 외방전교회의 나자렛 인쇄소에서 인쇄되었는데, 이때부터 잡지의 내용에서 한국 교회를 소개하는 부분이 거의 없어지게 되었다. 이에 용산 신학교에서는 1923년 10월부터 따로 한국 교회의 소식을 담은 《타벨라 부록》

서울 및 대구 대목구 회보
프랑스 선교사들의 정보 교환 수단으로 서울과 대구에서 〈Bulletin de Seoul〉과 〈Bulletin de la Mission de Taikou〉가 발행되었다. 서울 대목구의 회보는 월 1~2회 발행되었고, 대구 대목구의 회보는 월 2회(매월 5일, 20일) 정기적으로 발행되었다. 각 회보에는 해당 대목구의 소식과 한국 소식, 해외 소식 등이 수록되었다.

SUPPLEMENTUM

TAEELLÆ

SACRATISSIMI CORDIS JESU

20 IANUARII 1925

NUMERUS XVI

RYONG-SAN

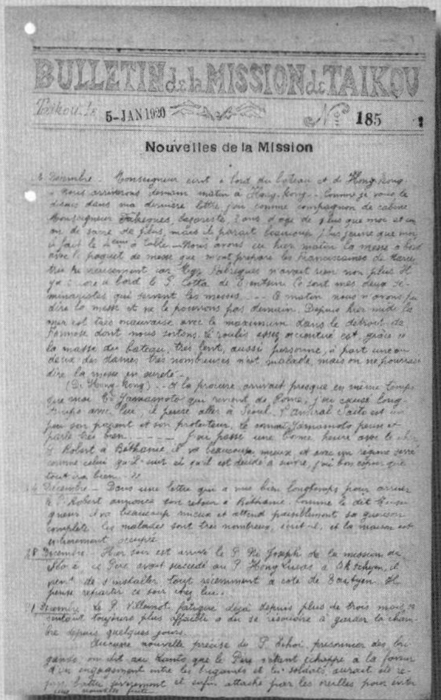

BULLETIN de la MISSION de TAIKOU

Taikou, le 5-JAN 1920 N° 185

Nouvelles de la Mission

Seoul le 27 Août 1906

Cher et vénéré confrère.

Le journal ou plus exactement la publication périodique, dont la création a été décidée à la retraite, paraîtra dans les premiers jours d'Octobre. Elle s'appellera Journal des villes et des campagnes 경향신문 et paraîtra une fois par semaine. Je prends la liberté de vous envoyer ces quelques lignes pour vous faire connaître dans quelles conditions cette publication sera faite et solliciter humblement votre concours.

Le but principal, tel qu'il ressort des échanges d'idées qui ont eu lieu à la retraite, est de faire de cette publication un propagateur de saine doctrine qui suscite des idées justes, redresse les notions fausses que les ennemis de la vérité répandent, eux aussi, par la presse (dans les esprits) et se défende par suite directement, quand besoin sera, la vraie doctrine dont nous sommes les prédicateurs. Par suite, bien qu'en majorité nos abonnés, sans doute, soient des chrétiens, nous désirons pouvoir nous faire lire des païens, aussi évitera-t-on dans la composition, comme on l'a fait dans le titre ce qui afficherait un but trop exclusivement religieux. Par suite encore, la doctrine (doctrine plus proprement philosophico-religieuse que strictement religieuse) tiendra le premier rang, sinon dans la quantité et la matière de la publication, du moins dans les préoccupations de sa rédaction.

Tel est le but principal, mais il n'est pas exclusif. On s'efforcera de faire de cette publication une source de renseignements utiles, par exemple en matière de jurisprudence coréenne. Actuellement peu de coréens du peuple connaissent leurs droits et les lois qui régissent leur pays, de sorte que, même avec toutes les bonnes raisons de leur côté, ils n'osent s'embarquer dans la défense de leurs droits par peur de l'inconnu, ou ne sachant comment s'y prendre ils s'embarquent mal. D'autre part, dans le chaos actuel, de nouvelles lois ou de nou-

한국 교회의 소식을 담은 《타벨라 부록》(Supplementum Tabella SS. Cordis Jesu, 위) 외에 서울과 대구 대목구 회보가 각각 발행되었다. 각 회보에는 해당 교구의 소식과 한국 소식, 해외 소식 등이 수록되었다.

(Supplementum Tabella SS. Cordis Jesu)을 인쇄하여 배포하였다. 그러다가 1933년 4월호《타벨라》부터는 다시 용산 신학교에서 간행하였다.

2) 신문

한국 천주교회가 신문과 잡지 발간에 관심을 가지게 된 것은 1919년 3·1 운동 이후였다. 이때부터 전국 각지의 종교 단체에서 청년 운동이 전개되었고, 민족 언론 기관도 설립되기 시작하였다. 교회에서도 이러한 움직임에 자극을 받아 당시 가톨릭 청년 운동을 주도하던 두 단체에서 교회 신문을 발행하였다.

먼저 1927년 4월 1일에 대구의 남방천주교청년회에서《천주교회보》를 창간하였다. 가톨릭 운동의 계몽과 확대를 표방한《천주교회보》는 대구 대목구장 직무대행 겸 계산동 본당 주임인 베르모렐 신부가 발행인이었고, 최정복(崔正福, 요셉)이 편집 대표를 맡았다. 그리고 윤창두(尹昌斗, 요셉)·서정섭(徐廷燮, 스테파노)·최재복(崔再福, 요한)·이효상(李孝祥, 아길노) 등이 편집위원이었고, 나중에 이인복(李仁福, 바오로)·김주석(金周錫, 요셉)·김구정 등이 추가되었다. 교회 내 각종 소식 전달·교리의 선전·호교 등을 목적으로 창간된 이 회보는 '소식 보도·의견 교환·보조 일치'의 3대 목표를 기치로 내세웠다. 1931년 7월 7일 대구 대목구장 드망즈 주교는《천주교회보》를 대구 대목구의 기관지로 인정함과 동시에 천주교회보사를 설립하였다.

한편 경성교구 청년회 연합회에서는 1924년 9월부터〈연합 청년회보〉라는 월보를 등사판으로 발행하고 있었다. 그러다가《천주교회보》의 발행에 자극을 받아 1927년 7월 10일 월간《별》을 창간하였다. '별'이라는 제호는 당시 서울 대목구 부주교인 라리보 주교의 문장에 표시된 별에서 따온 것이다. 처음에는 연합회 회장 박준호(朴準鎬, 요한, 1884~1936)를 비롯한 임원들이 편집을 담당하다가 1931년 4월 12일 '《별》보 후원회'가 조직되면서, 약현 본당 보좌 윤형중 신부를 비롯하여 장면, 정지용(鄭芝溶, 프란치스코, 1902~1950?), 장발, 이순석(李順石, 바오로, 1905~1986), 조종국(趙鍾國, 마르코, 1896~1950?) 등 청년 지식인들이 편집 · 논설 · 종교 · 문예 · 통신 · 광고 등을 맡았다. 내용은 사설, 논설, 교리, 한국 및 세계 교회사, 종교 도덕, 교육 및 일반 교양에 관한 기사, 과학 상식, 문예, 청년회, 서울과 지방 및 세계 교회의 소식, 독자 투고 등 매우 다양하였다.

《천주교회보》와 《별》은 1933년 3월 6일에 개최된 전국 5교구 주교회의에서 《경향잡지》와 《가톨릭청년》만을 5교구에서 인정하는 출판물로 결정함에 따라 자진 폐간하였다.

또한 평양 대목구에서는 1938년 4월 〈성등〉(聖燈)이라는 월간 신문을 발간하였다. 매달 20일에 발간되는 이 신문에는 국내외 가톨릭 뉴스, 사진, 논설, 취미, 수양, 신심, 문예 등을 수록하였다.

2. 서울의 성서활판소

일제 시기 천주교회는 명동 성당에 있던 성서활판소에서 다양한 종류의 교회 서적을 출판하였다. 그중 1910년 12월에 간행된 《ᄉᆞᄉᆞ성경》(四史聖經)은 4년간의 번역과 교열 작업을 거친 것으로, 본격적인 천주교 한글 성경의 효시라는 점에서 의미가 크다. 그리고 1922년 4월 30일에는 한기근 신부가 역주(譯註)한 《종도행전》도 발간하였다.

성경과 함께 교리서도 간행하였다. 1910년에는 상본을 통해 교리를 설명한 《요리강령》(要理綱領)이 한기근 신부의 번역으로 출간되었고, 1925년에는 뮈텔 주교의 지시를 받아 르 장드르 신부가 저술한 《천주교요리》(일명 '천주교요리대문답')가 간행되었다. 《천주교요리》에는 《진교절요》(進敎切要)나 《성교요리문답》(聖敎要理問答) 등 기존 교리서의 단점을 개선하여 많은 조목과 문답을 수록하였고, 그에 대한 자세한 설명도 덧붙였다. 그리고 1934년에는 전국적으로 통일된 새 교리서 《천주교요리문답》을 간행하였다.

성서활판소에서는 회장 지침서와 성가집도 간행하였다. 1923년에는 르 장드르 신부가 《서울 대목구 지도서》에서 회장들이 알아야 할 것을 발췌하여 《회장직분》(會長職分)을 간행하였고, 1924년에는 라리보 신부와 비에모 신부가 공동으로 편저하고 뮈텔 주교가 감준한 《죠선어셩가》를 출간하였다.

3. 베네딕도회의 인쇄소 설립과 출판물

베네딕도회에서는 덕원으로 이전한 1927년부터 인쇄소 설립에 착수하여 1930년에 출판을 시작하였다. 처음에는 발판이 달린 일제 인쇄기를 사용하다가 나중에는 30×40cm 크기의 수동 롤러식 인쇄기 2대를 더 구입하여 운용하였다. 그리고 수동식 종이 제단기 1대와 수동식 활자 주조기 1대를 함께 사용하였다. 인쇄소 책임자는 피셔(L. Fischer, 裵, 1902~1950) 수사였다. 1939년에 새로 입국한 슈텡거(V. Stenger, 白오리) 수사는 제본을 맡았으며, 교정은 로트(L. Roth, 洪泰華, 1890~1950) 신부와 신학교의 한국인 교사가 담당하였다. 로트 신부는 인쇄소 설립 이전에 조선인 수사와 수녀들을 위해 《미사통상문》과 《미사경문》을 한글로 번역하여 1932년과 1933년에 등사판으로 발간한 인물이다.

덕원의 인쇄소는 처음 신학교 안에 설치되었다가 1937년 발전소 뒤편에 한국인 수사 지원자들을 위한 가옥을 신축하면서 그 건물 1층으로 이전하였다. 이곳에서는 원산 · 연길 지목구의 모든 서적을 간행하였는데, 베네딕도회의 이러한 출판 · 인쇄 활동은 한국 천주교회의 전례 운동과 성서 보급에 크게 공헌하였다.

한편 연길 수도원에서도 인쇄소를 설치하여 출판 활동을 전개하였다. 1934년 롤러가 달린 수동 인쇄기를 가지고 연길에 온 브라이차메터 수사는 중국 청년의 도움으로 인쇄소를 꾸려갔다. 1937년 8월 수도원 성당이 완공된 후 브라이차메터 수사는 건물 지하에 인쇄소를 차렸다. 그리고 간단한 인쇄기를 구입한 후 인쇄 품질을 향상시키기 위해 직접 개조하였다.

연길 수도원의 인쇄소에서는 청소년 잡지와 신자들을 위한 소책자를 인쇄하였을 뿐만 아니라 교회 외부 일도 하여, 경기가 좋을 때는 중국인 직원 50명이 인쇄소에서 일하기도 하였다. 전쟁으로 인해 유럽으로부터 후원이 끊겼을 때, 연길 수도원은 수도원 내 작업장 수익에 의존해야 했는데, 수익의 대부분이 인쇄소에서 창출되었다.

〈표 9〉 덕원 인쇄소에서 간행된 서적

구분	저자 및 역자	서명
미사전례서	아펠만 신부	《미사규식》
	로트 신부	《주일미사경본》
	로트 신부	《성인미사경본》
	로트 신부	《봉재 때 미사경본》
	로트 신부	《미사경본》
	담(Damm, 卓世榮) 신부	《아해의 미사》
		《미사경문》
성가집	피셔(Fisher, 許) 신부	《가톨릭성가》
성사안내서	콜러 신부	《성체성사》
	로트 신부	《수도자 고해 안내》
	푹스(Fuchs, 陳) 신부	《아해들의 고해 성체 안내》
	푹스 신부	《고해 지도서》
성무일도	아펠만 신부	《예수성탄성무일도》
	아펠만 신부	《성주간 성무일도》
	로트 신부	《수사통경기구》
	로트 신부	《수사통경기구》
교리서		《십이단》
		《요리문답》
		《노인문답》
		《소아문답》
		《교리 강의 신조편》
교양서적	슐라이허(Schleicher, 安世明) 신부	《어느 것이 참된 종교인가》
교지		《신우》
성서	슐라이허 신부	《신약성서 서간 · 묵시편》
수도생활		《성 분도 수도회 생활》
문법	브란들(Brandl, 張仁德) 신부	《일본어 회화초보》
	로트 신부	《조선어문법》
기타	로트 신부	《심전》
	피송 신부	《순교자전》

출처 : 함경도 천주교회사 간행사업회, 《함경도 천주교회사》, 한국교회사연구소, 1995 ; 《경향잡지》.

발간 연도	발행 부수	비고
1933. 9		덕원 인쇄소 최초의 간행물.
1934	1,200	
1934	1,200	
1935	1,200	
1936	2,000	《주일미사경본》과 《성인미사경본》 내용 포함 발간. 1940년 재판.
1936	5,000	색도를 곁들임. 1937년 8,000부 재판.
1938	5,000	1933년 등사판을 재판.
1938		214곡의 성가 수록. 그중 164곡은 전례 시기별로 수록. 창미사용 22곡, 연미사용 7곡과 함께 도문, 그레고리오 성가, 라틴어 성가 수록.
1936	6,000	
1936	600	
1936	5,000	
1937	5,000	
1934	1,000	
1938	600	
1938	70	독한판(獨韓板).
1936	10,000	
1937	10,000	
1937	5,000	
1937	6,000	
1942		가톨릭 교리 해설서.
1938	10,000	
1933~1939		덕원 신학교 교지.
1941		
1943		수도원 소개 책자.
1935	600	
1936	1,000	연습 문제가 포함된 독한(獨韓) 문법서.
1939		
1942		서울 대목구가 한국인 주교 관할 교구가 된 기념으로 발간.

4. 기타 간행물

홍콩에 있는 나자렛 인쇄소에서도 한국 교회와 관련된 출판물들이 간행되었다. 즉 1924년에는 뮈텔 주교가 편찬한 프랑스어본 《기해 · 병오 순교자들의 행적》(Documents Reratifs aux Martyts de Corée de 1839 et 1846)과 드브레 주교의 프랑스어본 《조선의 가톨릭시즘》(Le Catholicism en Corée)이 간행되었고, 1925년에는 뮈텔 주교가 편찬한 프랑스어본 《병인 순교자들의 행적》(Documents Reratifs aux Martyts de Corée de 1866)이 출판되었다.

국내에서는 1931년에 경성교구 청년회 연합회에서 조선 대목구 설정 100주년 기념사업으로 한국 천주교회사를 간략하게 정리한 《조선 천주공교회 약사》(朝鮮天主公敎會略史)를 간행하였고, 1933년 5월에는 한국 최초의 본당사인 《천주교회 약현지방사》(天主敎會 藥峴地方史)를 발간하였다. 그리고 1936년에는 동성상업학교 교사 윤을수(尹乙洙, 라우렌시오, 1907~1971) 신부가 장면 등의 도움을 받아 만든 《나선사전》(羅鮮辭典)이 동성상업학교 을조에서 간행되었다.

1942년 2월에는 김대건 신부의 전기도 출판되었다. 1941년 10월경에 저술된 《수선탁덕 김대건》(首先鐸德 金大建)은 김대건 신부에 관한 최초의 한국어 전기였다. 이 책의 판권에는 편집 겸 발행인이 당시 서울 대목구장 비서로 있던 일본인 구로가와 신부로 되어 있지만, 유영근 신부의 저술로 알려져 있다. 특히 이 책은 서울 대목구가 한국인 교구장에게 넘겨진 해에 간행되었다는 점에서 의미가 컸다. 이외에 1943년에는 신자들의 묵상을 위해 《연중묵상》이 발간되었고, 1944년에는 성 베네딕도 요셉 라브르(Benedict Joseph Labre, 1748~1783)의 행적을 다룬 《고민자의 위로》도 발간되었다.

일제 시대에는 등사본도 많이 제작되었는데, 1912년에는 행주 본당의 김원영 신부가 공소 회장들을 가르치기 위해 《회장필지》(會長必知)를 저술하였고, 1913년에는 대구 대목구의 회장 지침서인 《회장의 본분》이 발간되었다. 그리고 1921년에는 왕림 본당에서 《김신부전》을 등사판으로 제작했는데, 이 책은 드브레 주교가 용산 신학교에 있을 때 라틴어로 저술했던 것을 한국어로 옮긴 번역본이다. 《김신부전》은 《경향잡지》에 1921년 9월호(477호)부터 1922년 9월(501호)까지 〈김신부의 치명성극〉이라는 제목으로 연재되기도 하였다. 이외 김원영 신부가 1931년에 왕림 본당에서 저술한 《회장피정》도 등사본으로 남아 있다.

제4절 문학 · 예술 활동

1. 문학

1) 교회 정기 간행물 속의 문학 작품

일제 시대 교회에서는 문서 선교의 일환으로 여러 종류의 잡지와 신문들을 간행하였다. 그리고 잡지와 신문에는 많은 문학 작품이 수록되어 있었는데, 그 결과 당시의 정기 간행물들은 가톨릭의 문학 발전에 일정한 공헌을 하였다.

1911년에 발행된 《경향잡지》에는 1917년 2월호부터 5월호까지 극본 〈종각천신〉이 연재되었고, 1921년 9월호부터 1922년 9월호에는 극본 〈김신부의 치명성극〉이 연재되었다. 그리고 1939년에는 기해박해 순교 100주년을 맞아 치명성극 극본을 현상 모집하여 당선된 작품들을 소개하였다. 그 결과 이동구의 〈순교자〉, 임종철의 〈고양〉, 전상옥의 〈마지막 소래〉가 1939년 7월호부터 9월호에 실렸다. 아울러 《경향잡지》에는 총 115편에 달하는 '천주가사' 내지는 가사체 작품이 수록되었는데, 작품 대부분이 교훈적인 내용을 담고 있거나, 경축가류의 작품들이었다.

1920년대에는 교회 신문들이 간행되어, 1927년 4월 1일에는 대구에서 《천주교회보》가, 1927년 7월 10일에는 서울에서 《별》이 창간되었다. 《천주교회보》에는 시, 수필, 아동 문학, 기행문, 천주가사(내지는 가사체 작품) 등의 작품들이 수록되었다. 이 작품들은 독자가 투고한 것도 있지만, 김구정, 이효상, 최재복, 서정섭 등 《천주교회보》 편집위원들의 작품들도 적지 않았다. 대표적으로 김구정은 〈추억〉(17호), 〈납량선유기〉(納凉船遊記, 18~19호), 〈낙일비가〉(落日悲歌, 19호), 〈연옥순례〉(20~30호), 〈오주부활의 일기〉(38호) 등의 작품을 실었다.

《별》에도 시와 시조, 소설, 수필 등 다양한 문예 작품들이 실렸다. 그 내용은 주로 신앙적인 주제를 다룬 것이 많으며, 정지용을 제외하면 대부분 일반 독자들의 작품이었다. 시로는 〈부활날 아츰〉(22호), 〈예수부활〉(22호), 〈밋음〉(24호), 〈에덴을 차저 가자〉(49호), 〈천국을 향하는 영혼〉(56호), 〈종소래〉(57호), 〈羔羊〉(58호) 등 주로 신앙적인 주제가 주된 내용이었다. 하지만 때로는 〈向日花〉(42호), 〈새날〉(55호), 〈春園行〉(59호), 〈뉘우침〉(62호) 등 자연이나 인간적인 정서를 노래한 작품들도 있었다. 시조도 마찬가지이며, 한시들은 〈祝朝鮮致命福者七十九位〉(28호), 〈복자축일에〉(40호) 등 교회의 특별한 행사나 전례력에 따른 축일에 관한 내용을 담고 있다. 이와 함께 〈길은 다만 하나〉(37호), 〈주여〉(49호), 〈성모〉(50호), 〈가장 나즌 자리〉(50호) 등 영시가 번역되어 실리거나, 수필도 수록되어 있다. 소설로는 강석취가 쓴 〈회도자〉(回道者)가 8회(10~18호)에 걸쳐서 연재되었고, 번역 소설인 〈파비올라〉가 3회(8~10호) 동안 연재되었다. 또한 어린이를 위한 창작 동요 〈별〉(20호)과 동화인 〈어린 영섭의 신앙〉(19호), 〈승천(1)〉(41호) 등도 실렸다.

1930년대에는 새로운 잡지들이 발간되었다. 그중 1933년에 간행된 《가톨릭청년》에는 이동구(李東九, 베네딕도, 1904~1943)가 평론 〈가톨닉은 문학을 엇더케 취급할가〉(창간호)를 실어, 동시대의 세계 문학 경향을 소개하는 한편, 가톨릭 문학의 좌표를 탐색하였고, 정지용은 〈임종〉, 〈별〉, 〈은혜〉, 〈갈닐네아 바다〉 등 일련의 신앙시를 발표하였다. 《가톨릭청년》에는 모더니즘 계열의 시들이 대거 게재되어 조선 현대시의 새 역사를 개척했다는 평가를 받았고, 소설로는 사람들의 윤리 의식에 대한 각성을 다룬 것들이 있었다.

《가톨릭청년》에 실린 문학 작품들은 삶의 위안과 종교적 각성, 가톨릭 신자로서 갖춰야 할 자세 등을 평이하고 구체적인 사례들을 들어 제시함으로써, 가톨릭 신자뿐만 아니라 교육 수준이 낮은 일반 대중들도 쉽게 가톨릭을 이해할 수 있게 하였다.

1934년 평양 지목구에서 발간한 《가톨릭연구》에는, 1934년 6월호에 수필 〈성모의 오월〉과 동화 〈잃어버린 낙원〉이 실린 이래, 시, 수필, 동화, 동요, 소설, 순교성극 등 다양한 문학 작품들이 실렸다. 그러던 중 문예란을 만들어달라는 독자들의 요구와 가톨릭 문학가를 양성하려는 편집진의 생각이 합치되어, 1936년 9월호부터는 '독자문단'이라는 코너가 신설되었다. 이후 독자들이 투고하는 작품들을 '독자문단'에 수록함으로써, 보다 다양하고 풍부한 내용을 담은 작품들이 실리기 시작하였다.

한편 1936년에는 연길 지목구에서 아동 잡지인 《가톨릭소년》을 발간하였다. 이 잡지에는 아동 문학가의 소설, 동시, 동요, 아동극 등을 수록하였고, 독자문단 등의 명칭으로도 작품을 게재하였다. 대표적인 아동문학가인 윤극영, 강소천, 김영일 등이 작품을 수록하였고, 윤동주가 '尹童柱'와 '尹童舟'라는 이름으로 쓴 여러 편의 동시와 동요들을 실었다. 그리고 소설가 안수길이 쓴 아동극 〈꽃과 나비〉(1936년 4 · 5월호)와 어린이 소설 〈떡보〉가 연재되었으며, 1938년 신년호에 실린 "송알송알 싸리잎에 은구슬"로 시작되는 권오순의 〈구슬비〉는 1948년에 동요로 작곡되어 교과서에 수록되기도 하였다.

2) 정지용의 신앙시

정지용은 1935년 10월에 첫 번째 시집 《정지용시집》을 출간했고, 1941년 9월에 두 번째 시집 《백록담》을 냈다. 그의 시는 이 두 시집에 실려 있는 112편과 시집에 실려 있지 않은 22편(동시를 포함한 시 13편, 시조 9편)을 합해 모두 134편이다. 이 가운데 가톨릭 성향의 작품(신앙시)으로는 〈승리자 김안드레아〉, 〈어머니〉, 〈불사조〉, 〈나무〉, 〈은혜〉, 〈별〉, 〈임종〉, 〈갈닐네아 바다〉, 〈그의 반〉, 〈다른 한울〉, 〈또 하나 다른 태양〉, 〈슬픈 우상〉, 〈비극〉, 〈바람〉, 〈발열〉, 〈촛불과 손〉, 〈귀로〉 등 총 17편이 있다. 이 중 〈비극〉, 〈바람〉, 〈발열〉, 〈촛불과 손〉은 본격적인 신앙시는 아니지만, 인간의 두려움, 진리와 영원을 노래했다는 점에서 넓은 의미로 신앙시의 범주에 넣을 수 있다. 정지용은 시를 씀에 있어서 신앙이 얼마나 큰 부분을 차지하고 있는가를 다음과 같이 말하고 있다.

> 정신적인 것의 우위에는 학문, 교양, 취미, 그러한 것보다 〈애〉(愛)와 〈기도〉(祈禱)와 〈감사〉(感謝)가 거(據)한다. 그러므로 신앙이야말로 시인이 일용(日用)할 신적(神的) 양도(糧道 : 먹고 살아 갈 양식)가 아닐 수 없다(정지용, 《지용문학독본》, 박문출판사, 1948, 213쪽).

정지용은 실명과 함께 세례명인 프란치스코, 그리고 이것의 한자식 표기인 방제각(方濟各)과 방제각의 중국식 발음인 방지거 등으로 가톨릭 문헌에 글을 발표하였다. 특히 1933년 6월에 창간된 《가톨릭청년》의 편집 고문을 맡았던 그는 신앙시 대부분을 이 잡지에서 발표하였다. 그가 《가톨릭청년》을 통해 발표하였던 15편의 시들은 〈해협의 오전 2시〉 · 〈비로봉〉(1933. 6), 〈임종〉 · 〈별〉 ·

〈은혜〉 · 〈갈닐네아 바다〉(1933. 9), 〈시계를 죽임〉 · 〈귀로〉(1993. 10), 〈다른 한울〉 · 〈또 하나 다른 태양〉(1934. 2), 〈불사조〉 · 〈나무〉(1934. 3), 〈승리자 김 안드레아〉(1934. 9), 〈홍역〉 · 〈비극〉(1935. 3) 등이다. 이 가운데 〈갈닐네아 바다〉는 그의 대표적인 신앙시로 평가되고 있다.

〈갈닐네아 바다〉

나의 가슴은
조그만 「갈닐네아 바다」.

째업시 설네는 波濤는
美한 風景을 일울 수 업도다.

녜전에 門弟들은
잠자시는 主를 깨웟도다.

主를 다만 깨움으로
그들의 信德은 福되도다.

돗폭은 다시 펴고
키는 方向을 차젓도다.

오늘도 나의 조그만 「갈닐네아」에서
主는 짐짓 잠자신 줄을
바람과 바다가 잠잠한 후에야
나의 嘆息은 깨달엇도다.

이 시는 신약성서 마르코 복음 4장 35절에서 41절까지의 내용을 근거로 하여, 옛 제자들과 오늘의 제자[話者]를 대비적으로 표현한 신앙시이다. 옛 제자들은 믿음을 가지고 주를 깨웠으나, 화자 자신에게는 옛 제자들만한 믿음이 없음을 뒤늦게 깨달아 탄식하고 있는 모습을 표현한 것이다.

정지용은 〈다른 한울〉과 〈나무〉를 통해서도 신앙인으로서 자신의 존재를 확인하였다.

〈다른 한울〉

그의 모습이 눈에 보이지 안엇스나
그의 안에서 나의 호흡이 절로 달도다.

물과 聖神으로 다시 나흔 이후
나의 날은 날로 새로운 太陽이로세!

〈나무〉

나의 적은 年輪으로 이스라엘의 二千年을 헤엿노라.
나의 存在는 宇宙의 한낫 焦燥한 汚點이엇도다.

정지용의 첫 번째 시집 표지와 이 책에 실린 〈갈닐네아 바다〉.

목마른 사슴이 샘을 차저 입을 잠그다시

이제 그리스도의 못박히신 발의 聖血에 이마를 적시며-

오오! 新約의 太陽을 한아름 안다.

즉, 〈다른 한울〉에서 1연 1, 2행은 신앙생활에 대한 기쁨, 2연 1행은 물과 성신(聖神)으로 세속적인 오염을 털어버림, 2행은 자신이 가톨릭에 귀의한 데 대한 만족감을 표현하고 있다. 그리고 〈나무〉는 자기 존재를 나무에 의탁하여 신앙적 구도자임을 자처하고 있는데, 특히 1연 1, 2행은 신앙인으로서 자기 존재, 2연 1행은 신앙의 당위성, 2행은 신앙의 깨달음, 3연은 신앙의 충만함을 표현하고 있다.

정지용은 《가톨릭청년》 제16호(1934년)에 방제각이란 이름으로 〈승리자 김 안드레아〉라는 장시(長詩)를 발표하였다. 그는 이 시를 통해 김대건 신부의 순교 정신을 높이 찬양하고, 그 당시 가톨릭을 탄압한 위정자들의 횡포에 대한 신앙적 지조와 승리를 하나의 정신적 가치로 형상화하였다.

3) 윤의병 신부의 소설, 《은화》

일제 말기에 활동한 사제 작가로 황해도 은율 본당의 윤의병(尹義炳, 바오로, 1889~1950) 신부가 있다. 윤의병 신부는 한학에 정통하고 한시에도 재주를 가지고 있던 뛰어난 문장가였다. 그는 1868년 7월 8일 수원에서 치명한 윤자호(尹滋鎬, 바오로)의 6대손으로 일찍부터 순교자들의 행적에 관심이 많았다. 그리하여 고마리 본당의 주임 신부로 있을 때부터 박해 시대를 체험했던 노인들을 만나 그들의 경험을 채록하는 작업을 게을리하지 않았다.

이렇게 하여 모은 자료들을 바탕으로 은율 본당 주임으로 있을 때부터 《은화》(隱花)를 집필하기 시작하였으며, 기해박해 100주년을 기념하여 순교자들의 넋을 기리고자 1939년 1월부터 '죽총'(竹叢)이라는 필명으로 《경향잡지》에 군난 소설 《은화》를 연재하기 시작하였다. 《은화》는 1950년 6월호까지 총 125회(상권 69회, 하권 56회)가 발표되었으나, 그가 공산주의자들에게 피랍되면서 미완성으로 남고 말았다.

《은화》는 1866년 병인박해를 소재로 한 소설로, 충청도를 중심으로 박해라는 극한 상황 속에서도 고난을 이겨내고 신앙을 증거하려는 교우들의 삶과 애환을 사실주의적 수법으로 생생하게 묘사하고 있다. 비록 미완성으로 끝나기는 했지만, 순교 소설의 좋은 예를 제시했다는 점에서 선구적인 의미를 지니고 있다.

2. 미술

건축 당시 약현 성당과 종현 성당 내에 봉헌된 성상들은 유럽에서 제작된 것들로 작가를 알 수 없다. 이 작품들은 미적 가치를 지니는 작품이라기보다는 전례를 위한 기능적인 측면이 강조된 것들이다. 회화 역시 매우 빈약하여, 유럽에서 선교용으로 가져온 상본화들이 주를 이루었다.

이러한 상황은 일제 시대에도 마찬가지였다. 당시 전국에 세워진 성당의 조각품들은 거의 유럽에서 들여온 작자 미상의 것이었으며, 현재 남아 있는 작품들도 예술적인 작품성보다는 교회를 꾸미기 위한 장식적인 효과에 중점을 두었음을 알 수 있다. 이런 가운데 장발과 이순석의 등장은 한국인에 의해

명동 주교좌 성당 제대 뒷벽의 〈14사도〉. 장발은 1925년 시복식에 참석하고 돌아와 2년에 걸쳐 이 벽화를 완성하였다.

고려화회(高麗畵會)
박영래, 강진구, 김창섭, 안석주, 이제창, 장발 등이 1919년 11월 1일에 조직한 양화(洋畵) 연구 그룹으로, 종로2가 기독교청년회관(YMCA)에 사무실이 있었다.

천주교 회화가 시작되었다는 점에서 큰 의의를 지닌다.

장발은 1916년 보성 · 오성 · 중앙고보에서 개최한 연합 학생 미술제에서 수상함으로써 두각을 나타냈다. 그는 1919년 11월에 고려화회의 창립 회원이 되어 본격적인 미술 수업을 받았고, 이곳에서 익힌 유화의 기초 화법과 화풍으로 〈김대건 신부〉(1920년)를 완성하였다. 〈김대건 신부〉는 한국 최초의 사제인 김대건 신부가 고유 복장인 갓과 도포를 입고 왼손에는 성서를, 오른손에는 순교자의 상징인 종려나뭇가지를 들고 있는 모습으로 표현되어 있다. 이후 일본과 미국으로 건너가 미술 공부를 계속한 장발은 1925년 귀국 길에 올랐다.

귀국 후 장발은 서울 대목구 드브레 부주교의 요청으로 2년에 걸쳐 명동 성당의 벽화 〈14사도〉를 제작하였다. 이 작품은 정확한 인체 데생과 부드러운 색감으로 사도들의 영성을 깊이 있게 표현하였다.

장발은 〈14사도〉를 시작으로 1928년에는 신의주 성당의 〈성령 강림〉, 1935년에는 평안북도 비현 성당의 〈예수성심상〉, 1940년에는 평양 영원한 도움의 성모 수녀회 본원의 〈복녀 김 골롬바와 아녜스 치명〉을 제작하였다. 또한 1933~1936년 사이에는 《가톨릭청년》의 표지화 3점을 그렸다. 그리고 1929년에는 〈무희〉, 1936년에는 〈춘앵무〉 · 〈성화〉를 서화 협회전에 출품하기도 하였다. 오늘날 장발은 한국 최초의 학술적 그리스도교 미술 연구가로 평가받고 있다.

한편 또 다른 한국인 화가 이순석은 1923년에 열쇠를 지닌 〈성 베드로〉와 칼을 지닌 〈성 바오로〉 반신상을 중림동 성당 제단의 양측에 각각 그렸다. 초

〈김대건 신부〉, 장발 作(1920년).

자연적인 풍모와 강렬한 색채가 매우 표현적이었다는 이 작품들은 한국 전쟁 때 소실되었다.

3. 건축

1) 한 · 양 절충식 성당

1910년 이후 목조 한옥 성당은 서양식 벽돌조로 종탑을 증축하거나 벽체를 벽돌조로 바꾸는 등 한 · 양 절충식으로 개조되었다. 지방에 새로 짓는 많은 성당이 이런 형태였다. 이것은 1900년대 중엽부터 나타나기 시작한 상가 건물의 영향이 컸으며, 경제적인 여건과 토착화 추구, 벽돌의 대량 생산 등이 주요 요인이었다. 특히 메리놀 외방선교회가 맡은 평안도 지역에 한 · 양 절충식 성당이 많이 지어졌다. 이것은 유럽처럼 성당 건축의 양식적 전통을 갖고 있지 않았던 미국의 메리놀 외방선교회가 성당을 건축하면서 절충적인 형식을 취하였기 때문이다.

기존의 한옥 성당은 좌우 열주(列柱 : 줄기둥)에 의해 세 개의 긴 공간으로 뚜렷이 구별되는 삼랑식(三廊式)이 대부분이었다. 이러한 기존 형식에 벽돌과 높은 종탑의 외래적인 요소를 적극 수용함으로써 전통적인 요소들이 간략화되고 장식화되었다.

일제 시기 한 · 양 절충식 성당으로는 증개축한 화산 성당(1916년), 은율 성당(1918년), 안성 성당(1922년), 신의주 성당(1926년), 서포 성당(1931년), 진남포 성당(1933년), 평안남도 마산 성당(1934년), 강서 성당(1937년) 등이 있다.

신의주 성당 외부와 내부. 한 · 양 절충식 성당은 메리놀 외방선교회가 맡은 평안도 지역에서 특히 많이 지어졌다.

2) 서양식 성당

일제 시기 서양식 성당은 대부분 명동 성당과 약현 성당을 모범으로 하는 고딕 변형 또는 로마네스크 양식의 건물이었다.

일제 전반기에 보편적이었던 단층 삼랑식 서양식 성당은 중반 이후부터는 양식(様式)에서 이탈하고 간략화되어 강당형의 성당 유형으로 변하였다. 즉, 종탑과 외관의 일부 양식적 요소만 고수될 뿐 내부 공간의 의미와 공간성은 사라지고 최소한의 기능 충족에 그치게 되었다. 특히 성당 건축을 주도한 파리 외방전교회 성직자들은 엄격하고 보수적이어서 그들 본국의 고딕 양식을 재현하려 하였으나, 기술적 · 경제적 여건으로 의장(意匠)과 구조 및 시공에 있어서 불완전하였고, 평면 구성이 거의 고정적이었다.

한편 1909년 조선에 진출한 성 베네딕도 수도회는 1927년 원산 대목구가 설정되면서 덕원과 연길 지역에 수도원, 성당 등 각종 건물을 건축하였다. 주로 독일 로마네스크 양식이 추구되었는데, 육중한 특질, 두꺼운 벽, 둥근 아치, 튼튼한 기둥, 십자무늬 궁륭(穹窿 : 그로인 볼트), 큰 탑과 장식적인 아케이드(늘어선 기둥 아래의 공간)가 특징이다.

일제 시기 서양식 성당으로 단층 삼랑식 장방형 평면의 성당은 용소막 성당(1915년), 대전 목동 성당(1921년), 낙산 성당(1923년), 옛 왜관 성당(1928년), 구합덕 성당(1929년), 장호원 성당(1930년), 예산 성당(1934년), 공주 성당(1936년), 서산 성당(1937년), 인천 답동 성당(1937년), 서정리 성당(1938년) 등이 있으며, 내부 열주가 없는 단일한 공간 구성의 강당형 성당은 성 유스티노 신학교 성당(1916년), 대구 샬트르 성 바오로 수녀원 성당(1927년), 하양 성당(1931년), 옛 완월동 성당(1932년), 영천 성당(1936년), 언양 성당(1936년), 문산 성당(1937년), 광

문산 성당은 내부 열주 없이 단일한 공간으로 구성된 강당형의 서양식 성당으로, 명동 성당과 약현 성당을 모범으로 하는 고딕 변형 또는 로마네스크 양식의 건물이었다.

주 북동 성당(1937년), 진주 옥봉동 성당(1938년), 가야 성당(1939년) 등이 있다. 그리고 T자형 평면으로는 공세리 성당(1921년) 등이 있다. 이중 완월동 성당과 언양 성당은 석조 건물이고, 목동 성당과 서산 성당, 문산 성당 및 가야 성당은 시멘트 벽돌조 건물이며, 나머지는 적벽돌 건물이다.

4. 음악

1) 새로운 한글 성가의 정착

한국 가톨릭 음악은 천주가사(天主歌辭)에서 시작되었다. 주로 4 · 4조의 형식으로 된 천주가사는 한국 천주교회를 설립한 평신도들이 우리말과 음악으로 하느님에 대해 노래한 한국적 · 대중적 성가였다. 한편 선교사의 입국으로 들어오게 된 라틴어 가사의 그레고리오 성가는 1890년대에 한국 교회의 공식적인 전례 음악으로 자리 잡았다. 그리고 1900년대에는 점차 신자 공동체에도 폭넓게 수용되기 시작하였다.

일제 시기에도 한국 교회에서는 천주가사와 그레고리오 성가가 불렸다. 다만 천주가사의 경우는 기존의 4 · 4조 일변도에서 7 · 5조 또는 8 · 5조가 생겨났고, 독창과 합창(후렴)이 생겨 성가다운 면모에 한층 가까워졌다. 그런 가운데 1911년 용산 예수성심신학교에서는 《신학교성가》를 제작하였고, 1921년에는 사리원 본당의 이기준 신부가 《사리원성가집》을 편찬하여 한글 성가를 사용하기 시작하였다.

그러나 본격적인 '서양식 한글 성가'의 시대가 열린 것은, 1924년 서울 대목구에서 《죠선어셩가》를 간행한 이후이다. 《죠선어셩가》에는 천주가사 1곡과

사리원 본당의 이기준 신부가 지도하던 본당 성가대. 이 신부는《사리원성가집》을 편찬하여 한글 성가를 가르쳤다(위). 본격적인 서양어 한글 성가의 시대를 연《죠선어셩가》는 1924년 서울 대목구에서 간행되었다.

62곡의 성가들이 실려 있다(1925년 7곡 추가하여 재판). 이 성가들은 모두 프랑스 성가의 선율에 원문을 번안한 한글 가사, 새로 작시한 가사, 그리고 14편의 천주가사를 그 노랫말로 하였다. 이 서양식 한글 성가들은 대구《공교성가집》(1928년)에 26곡, 덕원《조선어성가》(1928년)에 19곡, 연길《성가》(1934년)에 24곡,《대구교구성가집》(1936년)에 22곡, 덕원《가톨릭성가》(1938년)에 16곡, 그리고 해방 후 이문근 신부의《가톨릭성가집》(1948년)과 현재의《가톨릭성가》(1986년)에 각각 25곡이 수록될 만큼 지속적으로 전수되었다.

《죠선어셩가》이후 원산 대목구에서 출판한《조선어성가》(1928년)는《죠선어셩가》에서 발췌한 18곡과 독일 성가 59곡을 묶어 간행한 것이었다. 그리고 1934년 연길 지목구에서 발행한《성가》는 아침 기도와 저녁 기도 노래를 2성부 합창곡으로 편곡하였다. 2성부 합창은 화성적이고, 중심 부분의 짧은 단성부 선율과 리듬은 민요적이며, 노랫말은 천주가사이다. 성가를 한국적 선율과 서양적 화성으로 화합한 것은 한글 성가의 토착화를 시도한 첫 사례였다.

1932년과 1938년 사이에 만들어진 회령 본당의《성가와 속가집》은 독일 성가와 세속 노래, 민요 등을 포함하고 있는데, 이효상이 번역하였다. 이 성가집은 한국 청소년들이 음악을 통해 정서를 함양하고, 세속 노래를 통해 성가를 바르게 부르도록 한다는 출판 목적을 갖고 있었다. 그리고 1936년 8월 장호원 성당에서도 성가집을 발간하였는데, 우리말 성가 62곡을 실었고, 그레고리오 성가의 라틴어 가사는 한글 발음으로 표시하였다.

한편 이러한 한글 성가집 속에서 천주가사의 흔적을 찾을 수 있다.《죠선어셩가》는 14편의 천주가사를 노랫말로 사용하였고, 천주가사〈오묘ᄒᆞ다〉를 악보와 함께 실었다.〈오묘ᄒᆞ다〉는〈오묘하다 성체대례〉라는 제호로

1938년에 발행된 베네딕도회의 《가톨릭성가》(115번)에도 수록되었다. 그리고 1928년 대구 남산동 본당의 델랑드 신부가 출판한 《공교 성가집》에는 악보 없는 천주가사 2편(23, 42번)이 수록되었고, 같은 해 원산 대목구에서 출판한 《조선어성가》에는 3편(46, 57, 58번)이 수록되었다. 이처럼 천주가사는 《죠선어셩가》 출판 후에도 얼마 동안 새로운 서양식 한글 성가와 함께 교회 안팎에서 불렸으나, 1948년에 출판된 합창용 《가톨릭성가집》에는 수록되지 않았다.

2) 가톨릭 합창단의 조직과 활동

일제 시대 성가대를 비롯한 음악 활동 단체들은 주로 청년회원들을 중심으로 조직되었다. 서울 지역은 명동 본당의 청년회원들이 젊은이들을 청년회에 가입시키기 위해 취주악단을 만들거나, 그레고리오 성가를 연습하여 전례 의식이 장중하게 거행되도록 하였다. 그리고 대구의 경우는 명도회 회원들이 조직한 30인조 취주악단이 1912년 6월 전주 성당 축성식에서 첫 연주를 시작한 이래, 각종 교회 행사와 지역 행사에서 연주하였다. 이 취주악단의 전통은 1924년 7월 10일 해성학교 출신의 신자 청년들이 결성한 해성악대로 이어졌다. 덕원 신학교에서도 1926년에 취주악단을 조직하여 신학교뿐만 아니라 수도원, 교구 내 주요 행사 때 연주를 도맡아 하였다.

그 밖에 여러 본당에서 성가대를 조직하여 활동하였는데, 의주 비현 본당의 '소년 소녀회'와 운향시 본당의 '청년회'와 같이 본당의 단체가 성가대 활동을 겸하는 경우가 있었다. 그리고 원산 본당은 1934년 9월부터 이듬해 9월까지 보좌 신부로 활동한 침머만(F. Zimmermann, 閔德基, 1900~1946) 신부가 복

1912년 4월에 남방 천주공교 명도회 회원들이 조직한 30인조 취주악단. 이들은 각종 교회 행사와 지역 행사에 참가하여 음악을 연주하였다(위). 1939년 9월 보댕 신부의 지휘 아래, 서울 시내 명동 · 약현 · 백동 본당의 남자 청년들이 주축이 되어 '경성 가톨릭 합창단'을 창단하였다.

사단 중에서 선발하여 성가대를 조직하였고, 황해도 해주 본당처럼 주임 신부가 프로테스탄트의 찬양대 활동에 자극을 받아 성가대를 조직하는 사례도 있었다.

한편 1936년 9월 보댕 신부는 종현청년회원들을 중심으로 30여 명 규모의 성가합창단을 결성하였다. 이들은 9월 27일에 개최된 부민관 강연회에서 처음으로 노래를 불렀으며, 이후 매주 2회 성당에 나와 성가 연습을 하였다. 그런 가운데 1939년이 되면서 신자들 사이에는 좀 더 조직적이고 체계적인 합창단의 결성을 바라는 움직임이 나타났다. 즉 서울 시내 명동 · 약현 · 백동 본당의 남자 청년들은 한국 교회의 중심인 서울에 대표적인 가톨릭 합창단이 없음을 유감으로 생각하고 합창단 조직을 구상했던 것이다. 그 결과 1939년 9월 보댕 신부의 지휘 아래 '가톨릭 합창단'이 창단되어 활동을 시작하였다. 이들은 명동 성당에 본부를 두고 매주 두 차례 명동 청년회관에 모여 연습을 하였다.

1943년에는 가톨릭 합창단 여자부도 조직되었다. 하지만 당시에는 성당 안에서 남녀가 함께 합창을 한다는 것은 있을 수 없는 일이었다. 그래서 이 시기의 합창단은 남자가 10시 미사에 노래를 부르면 여자들은 성체 강복을 맡는 등 남녀가 엄격히 분리된 채 운영되었다. 그러다가 1944년 8월 5일 명동 성당 강당에서 열린 이기준 신부의 회갑연을 계기로 남녀 합창단은 혼성 합창단으로 새롭게 탈바꿈하였다.

참고문헌

1. 연구서

《드망즈 주교 일기》, 가톨릭신문사, 1987.

《서울교구 연보》 Ⅱ, 명동천주교회, 1987.

《뮈텔 주교 일기》 5~8, 한국교회사연구소, 1998~2008.

《가톨릭연구》

《가톨릭청년》

《경향잡지》

《별》

《천주교회보》

2. 교구 · 본당사 및 수도회사

《천주교회 약현지방사 1888~1933》, 조선천주교회중앙출판부지부 약현천주교 청년회, 1933.

《천주교 평양교구사》, 평양교구사 편찬위원회, 1981.

《교구 연보》, 천주교 부산교구, 1984.

《황해도 천주교회사》, 한국교회사연구소, 1984.

《문산성당 80년사》, 문산천주교회, 1985.

《원산수녀원사》, 포교 성 베네딕도 수녀회, 1988.

《함경도 천주교회사 자료집 제3집 한국어자료집》, 한국교회사연구소, 1989.

《광주대교구 50년사 1937~1987》, 천주교 광주대교구, 1990.

《교구 30년사》, 천주교 부산교구, 1990.

《구합덕본당 100년사 자료집》, 천주교 구합덕교회, 1990.

《원산교구 연대기》, 한국교회사연구소, 1991.

《인천교구사》, 천주교 인천교구, 1991.
《한국 샬트르 성 바오로 수녀회 100년사》, 샬트르 성 바오로 수녀회 100년사 편찬위원회, 1991.
《함경도 천주교회사》, 한국교회사연구소, 1995.
《백동 70년사》, 혜화동교회, 1997.
김진소, 《전주교구사》 I · II, 빅벨, 1998.
《제주 천주교회 100년사》, 천주교 제주교구, 2001.
《대구대교구 설정 100주년 기념 기초 자료집③ 안세화 주교 공문집》, 천주교 대구대교구, 2003.
《천주교 마산교구 40년사 : 1966~2006》, 천주교 마산교구, 2006.
《명동본당사》 I · II, 한국교회사연구소, 2007.
요한네스 마르 지음 · 왜관수도원 옮겨 엮음, 《분도통사》, 분도출판사, 2009.
《서울대교구사》, 천주교 서울대교구, 2011.

3. 교육 관련

노영택, 〈일제하 한국천주교회의 교육사업 연구(1)〉, 《최석우신부화갑기념 한국교회사논총》, 한국교회사연구소, 1982.
———, 〈일제하 한국천주교회의 교육사업 연구(2)〉, 《한국천주교회창설 200주년기념 한국교회사논문집》 I, 한국교회사연구소, 1984.
노명신, 〈한말 · 일제하 샬트르 성 바오로 수녀회의 육영사업〉, 《한국 천주교회 창설 2백주년 기념 한국 교회사 논문집》 I, 한국교회사연구소, 1984.
노영택, 〈일제하 한국천주교회의 교육사업연구(3)〉, 《가톨릭교육 연구》 1, 효성여자대학교 가톨릭교육연구소, 1986.
《계성 50년사 1944~1994》, 계성여자고등학교, 1994.
《계성초등학교 110년사》, 계성초등학교, 1994.

《한국의 가톨릭 학교교육》, 가톨릭문화원, 1999.
《혜화유치원 60년사》, 천주교혜화동교회 혜화유치원 1999.
윤선자, 《일제의 종교정책과 천주교회》, 경인문화사, 2001.
《효성여자고등학교 50년사(1951~2001)》, 효성여자고등학교, 2001.
《성의 101년사 1901~2002》, 성의중 · 고등학교, 2002.
신영숙, 〈일제 시기 천주교회의 여성 인식과 여성 교육〉, 《교회사연구》19, 2002.
《성지 50년 1952~2002》, 성지여자 중 · 고등학교, 2003.
순심70주년기념 역사편찬위원회, 《순심 70년=1936~2006》, 분도출판사, 2006.
윤선자, 〈일제 말기 가톨릭 여성교육과 계성여고〉, 《한국기독교와 역사》 24호, 한국기독교역사연구소, 2006.
《가톨릭대학교 신학대학 150년사》, 가톨릭대학교 신학대학, 2007.
이원순, 《소신학교사》, 한국교회사연구소, 2007.
노용필, 〈예수성심신학교의 사제 양성 교육〉, 《한국 근 · 현대 사회와 가톨릭》, 한국사학, 2008.
신영숙, 〈겨레의 수난을 견뎌 낸 교회여성(1911~1945)〉, 《여성 천주교와 만나다》, 한국가톨릭여성연구원, 2008.
《대구대교구 설정 100주년 기념 기초자료집⑭ 천주교 대구대교구 교육사업 복음화를 위한 학교》, 천주교 대구대교구, 2009.
안법 100년사 편찬위원회, 《안법 100년사 1909~2009》, 안법고등학교, 2009.
김정환, 〈한말 · 일제강점기 뮈텔 주교의 교육 활동〉, 《한국근현대사연구》 56집, 한국근현대사학회, 2011.
황치헌, 〈왕림본당의 교육사업에 대한 연구〉, 《교회사학》 9호, 수원교회사연구소, 2012.

4. 사회복지 및 의료 관련

최석우, 〈한국가톨릭과 의료사업의 전개〉, 《한국교회사의 탐구》, 한국교회사연구소, 1982.

노명신, 〈한말 · 일제하 샬트르 성 바오로 수녀회의 육영사업〉, 《한국천주교회창설200주년기념 한국교회사논문집》 I, 한국교회사연구소, 1984.

박태봉, 〈한국천주교회와 의료사업의 전개과정〉, 《한국천주교회창설200주년기념 한국교회사논문집》 II, 한국교회사연구소, 1985.

가톨릭중앙의료원 50년사 편찬위원회, 《가톨릭중앙의료원 50년사》, 가톨릭중앙의료원, 1988.

김혜자, 〈한국 가톨릭 교회의 간호 활동—일제 시대와 광복 이후의 활동을 중심으로—〉, 《성농 최석우 신부 고희기념 한국 가톨릭 문화활동과 교회사》, 한국교회사연구소, 1991.

조규상, 〈한국 가톨릭 교회의 의료 활동〉, 《성농 최석우 신부 고희기념 한국 가톨릭 문화활동과 교회사》, 한국교회사연구소, 1991.

심흥보, 〈한국 천주교회의 사회복지활동〉, 《최석우 신부 수품 50주년 기념 논총 제2집 한국 천주교회사의 성찰》, 한국교회사연구소, 2000.

———, 《한국 천주교 사회 복지사》, 한국천주교중앙협의회, 2001.

서울가톨릭사회복지회, 《서울가톨릭사회복지회 30년사》, 한국교회사연구소, 2006.

《대구대교구 설정 100주년 기념 기초자료집⑪ 대구대교구 사회복지 100년사》, 대구가톨릭 사회복지회, 2007.

정우열 · 손능수, 〈한국 사회복지행정의 역사적 변천과정에 대한 연구—조선구호령 제정 이후의 구빈행정을 중심으로〉, 《한국행정사학지》 22호, 한국행정사학회, 2008년 6월.

5. 출판 관련

안홍균, 〈'별' 보에 대한 한 연구〉, 《교회사연구》 6, 1988.

이유림, 〈한국 천주교회의 출판 활동〉, 《최석우 신부 수품 50주년 기념 논총 제2집 한국 천주교회사의 성찰》, 한국교회사연구소, 2000.

방상근, 〈《조선천주공교회약사》해제〉, 《교회사 연구》 21, 2003.

김수태, 〈1930년대 천주교 평양교구의 문서선교—《가톨릭연구》·《가톨릭조선》을 중심으로—〉, 《한국민족운동사연구》 47, 한국민족운동사학회, 2006.

《창간 100년 '경향잡지' 연구》, 한국천주교중앙협의회, 2006.

윤의병, 《은화》 상 · 하, 한국교회사연구소, 2007.

김수태, 〈한국 천주교회 출판의 역사〉, 《천산 김진소 신부 고희기념논총 한국사회와 천주교》, 흐름, 2007.

———, 〈1930년대 천주교 서울교구의 가톨릭운동 : '가톨릭청년' 을 중심으로〉, 《한국근현대사연구》 49집, 한국근현대사학회, 2009.

최기영, 〈1930년대 《가톨릭소년》의 발간과 운영〉, 《교회사연구》 33, 한국교회사연구소, 2009.

6. 문학 · 예술관련

방오석, 〈현대 한국가톨릭 미술에 관한 연구〉, 《최석우신부화갑기념 한국교회사논총》, 한국교회사연구소, 1982.

김대붕, 〈한국 천주교회의 성가집에 관한 고찰〉, 《한국천주교회창설200주년기념 한국교회사논문집》 I, 한국교회사연구소, 1984.

김정신, 〈한국천주교회 성당 건축의 변천에 관한 연구〉, 《한국천주교회창설 200주년기념 한국교회사논문집》 I, 한국교회사연구소, 1984.

장안숙, 〈한국 가톨릭 성가의 역사적 변천에 관한 연구〉, 《한국천주교회창설

200주년기념 한국교회사논문집》 I, 한국교회사연구소, 1984.
차인현, 〈한국천주교회의 성가와 성가집〉, 《한국천주교회창설200주년기념 한국교회사논문집》 I, 한국교회사연구소, 1984.
하성래, 《천주가사 연구》, 성황석두루가서원, 1985.
김건정, 《교회 전례음악》, 가톨릭출판사, 1987.
이인복 · 강신주, 《한국문학과 가톨리시즘》, 우진출판사, 1990.
차인현, 《한국 천주교회와 성가》, 가톨릭출판사, 1991.
김정신, 〈한국 가톨릭 건축사〉, 《성농 최석우 신부 고희기념 한국 가톨릭 문화활동과 교회사》, 한국교회사연구소, 1991.
——, 《한국 가톨릭 문화사 대계 제3집 한국 가톨릭 성당 건축사》, 한국교회사연구소, 1994.
조선우 · 최필선 편저, 《한국 가톨릭 교회 음악 사료집》 1 · 2, 부산가톨릭음악원, 1994 · 1996.
조선우, 〈한국 가톨릭 성가의 수용사〉, 《가점 송기인 신부 화갑기념 논총 역사와 사회》, 현암사, 1997.
강희근, 〈한국 천주교회의 시문학 활동〉, 《최석우 신부 수품 50주년 기념 논총 제2집 한국 천주교회사의 성찰》, 한국교회사연구소, 2000.
하성래 감수 · 김영수 엮음, 《천주가사 자료집》 상, 가톨릭대학교 출판부, 2000.
김영수, 《교회와 역사 총서 제4집 역주 천주가사》, 한국교회사연구소, 2005.
——, 〈천주가사 자료 발굴 현황과 연구 전망〉, 《한국 근 · 현대 100년 속의 가톨릭교회(하)》, 가톨릭출판사, 2006.
김종수, 〈《가톨릭청년》의 문학 의식과 문학사적 가치 연구〉, 《교회사연구》 27, 2006.
《가톨릭합창단 70년사》, 천주교 서울대교구 주교좌 명동성당 가톨릭합창단, 2008.

김정신, 〈분도회와 한국 근대 건축〉, 《교회사연구》 33, 한국교회사연구소, 2009.
———, 《한국의 성당건축》, 연대미상.

색 인

ㄱ

가르니에　281, 282, 284
가명 유치원　386, 388, 389
가명학교　367~369, 382, 392, 393
가목사 본당　195
가목사 지목구　197
가스페　111, 113, 207
가실 본당 → 낙산 본당
가야 본당　456
《가톨릭 선교지들》　318
《가톨릭성가》　436, 458, 459
《가톨릭성가집》　458, 459
《가톨릭소년》　201, 428, 430, 442
《가톨릭연구》　218, 219, 428, 442
가톨릭 운동　115, 123, 125, 216~220, 319~321, 432
《가톨릭청년》　115, 207, 428, 433, 441~443, 447, 450
강경공립보통학교　333, 334
강계 본당　213, 370
강도영　67, 68, 88
강릉 본당　101, 238, 242
강부길　248, 271
강서 본당　213, 452
강석취　441
강소천　442
강영걸　215, 370, 388
강주희　166
강현홍　215
〈개정 사립학교규칙〉　22~25, 30, 366, 378, 382
게라티　231, 237, 238, 241, 242
겔라허　241, 242
경성 가톨릭부인회연합회　128
경성교구 천주교 청년회 연합회　124, 284, 285, 289, 349, 420, 422, 432, 433, 438
경성구 천주교회 유지재단　32, 349, 350, 396
경성천주공교신학교 → 예수성심신학교
경신참변　60

경애 유치원 388
경애학교 165, 370, 386, 389
〈경향신문〉 21, 47, 427
경향신문사 69, 107, 131, 132
《경향잡지》 110, 152, 162, 164, 216, 234, 284, 285, 293, 298, 306, 344, 346, 396, 408, 412, 414, 426~428, 433, 436, 439, 440, 448
계명학교(나바위) 177, 372
계명학교(명동) 393
계산동 본당 → 대구 본당
계성 유치원 388
계성여학원 247, 391, 392
계성학교 349, 367~369, 379, 382, 390, 392, 393
고마리 본당 102, 374, 447
《고민자의 위로》 438
고산 본당(함남 안변) 68, 88, 192, 193, 195, 209, 374, 376
고산 시약소 420
고순이 279
고원 본당 195, 209, 376
고조회 154
《고해 지도서》 436
곡산 본당 103, 129, 301, 386
《공교 성가집》 458, 459
공교소년단 152
공교소년대표회 125
공베르. A(공안국) 68, 88, 271, 368, 392
공베르. J(공안세) 69, 89, 334, 374
공세리 본당(아산) 69, 89, 129, 301, 456
〈공의회 개막에 관한 교령〉 311
〈공의회에서의 처신을 규정하는 교령〉 311
공주 본당 69, 89, 454
곽연성 54
관후리 본당 68, 88, 125, 211, 221, 223, 225, 244, 264, 301, 359, 370, 388, 415
광성학교 247
광주 본당 139, 230, 231, 233, 235, 374
광주구 천주교회 유지재단 34, 233
괴산 본당 → 고마리 본당
《교리 강의 신조편》 436
교우 동지회 123, 124
구대준 420
구도 타다스케 31
구로가와 349, 358, 438

국민정신총동원 천주교 경성교구 연맹 349, 350, 357
국민정신총동원 천주교 전주구연맹 176, 357
국민총력 천주교 경성교구연맹 350, 358
국민총력 천주교 목포연맹 358
국민총력 천주교 전주교구연맹 176
국민총력 천주교 평양교구연맹 358
국채보상운동 40
권면회 124
권영조 138, 372
권오순 442
그라프 376, 420
그로흐 252
그리자르 67
근피학교 374
긍련회 124
기낭 69, 89, 285, 288, 308, 309, 311
기림리 본당 221, 223
기명학교 371, 393
기요 67, 69
《기해 · 병오 순교자들의 행적》 438
김 로사 279
김 루치아 262
김 바르바라 279, 282
김 체칠리아 262
김경두 52
김교명 223
김교영 52
김교임 250
김구정 432, 440, 441
김대건 438, 447, 450
김덕생 248, 271
김동언 139
김동철 225
김명제 67, 69, 89, 97, 137, 159, 162, 165, 166, 349, 358, 368, 372, 388
김문옥 67, 68, 88, 138, 139, 370
김선배 139
김성우 294
김성학 32, 67, 69, 89, 97, 137, 212, 297, 368, 370, 392
김성화 176
김수환 48
김승연 67, 69, 89, 97, 137
〈김신부의 치명성극〉 439, 440
《김신부전》 439
김아기 279
김양홍 67, 69, 89, 97, 113, 137, 140, 171, 173~177, 227, 234, 235, 308, 309, 311, 372

김연군　57, 58
김영구　138, 175
김영식　223, 238, 242
김영일　442
김영제　388
김영학　53
김영호　176, 344
김운식　52
김원식　415
김원영　67, 68, 88, 439
김윤근　67, 69, 110, 300, 349, 358
김인상　238
김장금　279
김재석　233
김정현　415
김종헌　57
김주석　432
김준필　139
김찬수　369
김창현　138, 231, 233, 235, 372, 374
김천 본당　69, 89, 97, 137, 368
김청자　271
김충무　207, 223, 401
김충순　271
김피득　238, 242
김필곤　138
김필현　215, 221
김학용　238
김해겸　248, 256
김후상　138

ㄴ

나남 본당　195, 209
나바위 본당　69, 89, 137, 140, 176, 177, 333, 344, 372
《나선사전》　438
나자렛 양로원　415
나자렛 인쇄소　279, 430, 438
나주 본당 → 노안 본당
나진 본당　195, 209
나태섭　56
낙산 성당　69, 89, 137, 454
남녀소년회　125
남대문상업학교 → 동성상업학교
남방 천주공교 명도회 → 남방천주교청년회
남방천주교청년회　150, 152, 154, 432
남산동 본당　459
남원 본당　139, 372
내평 본당 → 고산 본당
네리간　231, 237~238, 241, 242
노기남　47, 115, 166, 221~223,

225, 235, 236, 241~243, 271, 300, 349, 350, 352~356, 358, 360, 385, 392
노년회 129
노안 본당 69, 89, 137, 138, 140, 230, 231, 233, 374
《노인문답》 436
능교리 본당 138, 372
니바우어 184, 188

ㄷ

다베르나스(레오폴도) 186, 400
다베르나스(카누토) 193, 376
다블뤼 281, 282
다조구 본당 → 대령동 본당
단지동맹 42, 43
달레 281, 282
담 308, 311, 436
답동 본당 68, 88, 212, 270, 368, 381, 383, 390, 454
대건의원 420
대건혈루회 154
〈대구 대목구 5년간 보고서〉 167
《대구 대목구 지도서》 121, 142, 143, 148
대구 본당 69, 89, 137, 150, 152, 154, 155, 247, 368, 392, 393, 413
대구 시료소 420
대구 의무실 420
《대구교구성가집》 458
대구구 천주교회 유지재단 34
대령동 본당 195, 197~199
대령동 무료 진료소 420
대립자 해성학교 → 덕홍학교
대신리 본당 213, 370, 413, 415
대한국민회 56~59
대한적십자회 53~55
대화 본당 103, 238
더피 370
덕원 본당 195, 209
《덕원 수도원 연대기》 341
덕원 신학교 → 성 빌리브로드 신학교
덕원 인쇄소 434~437
덕홍학교 376
데라우치 마사타케 19, 21, 49
데예 67, 294
델랑드 267~269, 420, 459
델빈 232
도문 본당 198, 257
도슨 231, 233
도일 237, 238, 241, 242
돈보스코회 129
돈의학교 40, 371
돈화 본당 195, 197, 198, 257

돌로로사 256
동명학원 388
동성상업학교 349, 380, 384, 395, 396, 403, 406, 438
《동양평화론》 45
동평학교 370
되재 본당 69, 89, 137, 140, 176
두도구 본당 197, 198
두세 68, 75, 89, 93, 368, 392
뒤테르트르 67
뒤피 211, 212
드 게브리앙 72, 168, 169
드게트 66
드뇌 30, 68, 88, 383, 388, 392
드라우트 340, 341
드망즈 27, 28, 51, 52, 69, 93, 96, 97, 107, 111, 113, 118, 131~136, 140~142, 144~150, 155, 167~173, 227, 228, 230, 232, 245, 267, 268, 284, 285, 289, 292, 302, 304~ 306, 308, 309, 311, 312, 314, 318, 325, 327, 343, 397, 404, 405, 411, 420, 427, 432
드브레 30, 69, 105, 107~110, 116, 118, 291, 296, 297, 302, 334, 397, 438, 439, 450
드비즈 69, 89
등룡리 학술강습소 374
디어리 241, 242
디오메데스 255

ㄹ

라루이에 133
라리보 32, 68, 88, 101, 110, 111, 113, 115, 166, 207, 215, 221, 237, 238, 259, 260, 300, 308, 311, 348~352, 355, 357, 358, 433, 434
라이언 231, 233
라크루 69, 89, 92, 93, 137, 294, 297, 372, 392
라푸르카드 66
랍 203, 308, 311
레너 257
로 66
로머 184, 400
로베르(김보록) 69, 86, 87, 89, 90, 92, 93, 133, 137, 413
로베르(레옹) 173
로스 337~340
로트 308, 309, 311, 434, 436
루둑 248
루블레 69, 89

루카(수녀) 256
루케트 68, 88
뤼카(류가홍) 139
뤼카(육가은) 68, 88, 212
류홍모 139
르 각 39, 50, 68, 88
르 메르 68, 88, 109, 392
르 비엘 66
르 장드르 68, 88, 109, 118, 210, 294, 434
르레드 68, 88
리굴로 67
리샤르 65, 66, 392
리우빌 66
릿다 256

ㅁ

마들렌 259
마라발 66, 67, 294
마렐라 155, 157, 219, 243, 264, 341~344, 348, 351, 352
마렴 본당 → 매화동 본당
마룡리 본당 68, 88, 129
마르탱 67
마르티노 65, 66
마리난 231, 237
마리아 부인회 129
마리아 유치원 388, 389
마리아의 도움 시약소 253, 421
마리아회 182
마산 본당 137, 154, 156, 212, 368, 370, 415, 454, 456
마산 시약소 420
〈마음을 드높이〉(Sursum Corda) 265
마전동 본당 264
망간 233
매괴심상소학교, 매괴국민학교 (장호원) → 매괴학교(장호원)
매괴학교(장호원) 374, 392
매괴학교(합덕) 374, 392
매긴 232, 237, 238, 241, 242
매화동 본당 37, 128, 244, 370
매화동 여자청년회 128
맥간 232, 237, 238, 241, 242
맥고완 241, 242
맥메나민 231, 374
맥폴린 173, 228, 230~237, 239
메카티 232
멕틸드 259
멜리장 68, 88, 372
멜시 250, 421
멩 68, 88, 368, 427
명도회(곡산 본당) 129

명도회(영유 본당) 124
명동 본당 32, 47, 48, 68, 188, 244, 348~350, 353~356, 385, 388, 396, 415, 418, 433, 448, 450, 454, 459, 461
명성학원 372, 392
명악학교(회령, 일명 '해성학교') 253, 376
명월구(옹성라자) 본당 198, 257
모나간 231
모리스 113, 211, 213, 215, 216, 218~220, 250, 262, 263, 305, 308, 311, 325, 340~342
모성학교 372
목단강 본당 198
목동 본당(대전) 454, 456
목포 본당 → 산정동 본당
무니 112, 304, 306, 308, 309, 311, 313, 314, 316~318, 327, 339, 340
무세 69, 89, 92, 93, 137, 155~157, 294, 308, 311, 368
문 바드리시아 262
물켄 232
뮈가뷔르 45
뮈텔 24, 25, 27, 28, 31, 32, 38~40, 45~48, 50, 52, 55, 65~68, 70, 72~76, 80~82, 84~87, 90~93, 97, 101, 104, 106~110, 113, 115~120, 122, 132, 133, 140, 159~162, 169, 182, 183, 186~188, 190, 192, 278, 279, 284, 285, 289, 290, 292, 294, 296, 297, 302, 305, 308, 325, 334, 339, 397, 405, 434, 438
《미사경문》 434, 436
《미사경본》 436
《미사규식 네가지》 203
《미사규식》 203, 436
《미사통상문》 434
미알롱 69, 89, 92, 93, 137, 138
미화 유치원 388
민정호 139, 231

ㅂ

바인거 376
박대영 300
박동준 139
박문 유치원 388
박문규 235
박문학교 368, 369, 379, 386, 390, 392, 393
박병래 300, 421, 422
박숙안 265

박용옥　215, 221
박우철　212, 238
박일규　242
박재수　138, 231
박정렬　212, 372, 420
박준호　433
방연용　271
방우룡　57~59
배론(신부)　370, 420
배명학교(문산)　368
백남희　238
백동 가톨릭여자청년회　129
백동 본당　101, 102, 128, 129, 270, 271, 386, 388, 461
《백록담》　443
〈백서〉(황사영)　112, 285
105인 사건　51
번　211~213
베로니카　256
베르모렐　69, 89, 92, 93, 137, 372, 432
베르몽　69, 89, 93, 137
베르트랑　155, 156
베버　183, 291, 292
《별》　124, 422, 432, 433, 440, 441
《병인 순교자 시복조사 수속록》 296
《병인 순교자들의 행적》　438
보댕　67, 69, 261, 461
보두네　69, 89, 92, 93, 137
보드뱅　138, 155, 156
보성 본당　233, 234
〈보통학교규칙〉　381
봉산 본당　68, 88
봉삼 유치원　388
봉삼학교　244, 370, 392
《봉재 때 미사경본》　436
봉화 유치원　386, 388
부금 본당　195
부드　220
부산 본당　69, 89, 93, 137, 148
부안 본당　138, 140, 154, 374
부이수　68, 88
부이용　69, 89, 260, 374, 392
북동 성당　456
북만주 대목구(길림 대목구)　192
북청 본당　195, 209, 376
불라두　67
브라이차메터　204, 435
브란들　436
브레　66
브레허　196~199, 201, 204, 207, 256, 305, 308, 311, 325
브렌난　237, 238, 241, 242

브뤼기에르 112, 113, 312, 313
블랑 65, 66, 116, 118, 368, 414, 418
블루아 109, 111, 113, 291
비에모 68, 89, 110, 349, 350, 352, 355, 434
비즈 262, 263
비현 본당 212, 264, 370, 420, 450, 459
비현 시약소 420
빌렘 37~40, 45, 47, 68, 74, 80, 88

ㅅ

사리원 본당 55, 102, 125, 166, 372, 386, 388, 392, 456
《사리원성가집》 456
〈사립학교규칙〉 22, 365, 367, 380
〈사립학교령〉 395
《ᄉᆞᄉᆞ셩경》 433
사우어 30, 110, 111, 113, 183, 184, 186, 187, 190, 192, 195, 196, 207~209, 225, 251, 252, 291, 292, 305, 308, 311, 325, 400
사이토 마코토 30
사창 본당 102
사천 대목구 72, 323
사천 시노드 322, 323
산정동 본당 74, 89, 137, 152, 154, 230, 231, 234, 372
삼덕학교(갓등이) 368
삼도구 본당 198
삼원봉 본당 → 영암촌 본당
3 · 1 운동 29, 51~53, 56, 365, 366, 378, 432
삼차동 본당 372
삼홍학교 40
상주 본당 139
생제 270, 271
샤르즈뵈프 52, 67, 74, 75, 77, 93
샤플랭 67
샹봉 113, 338, 339
서기창 101, 223, 264
서병익 66, 67, 69, 70, 97, 137, 212
서산 본당 102, 454, 456
서상돈 399
서울 가톨릭 합창단 349, 459, 461
《서울 대목구 지도서》 108, 116, 118, 121~123, 143, 327, 332, 337, 434
서울 진료소 420

서울 학우회 125
서원석 262
서정길 139
서정도 138, 139
서정리 성당 454
서정섭 432, 440
서천 본당 103, 242
서포 본당 213, 215, 370, 452
석종관 138, 139, 372, 392
석해일 57
선교리(신리) 본당 → 대신리 본당
성 니콜라오 별장 400
《성 분도 수도회 생활》 436
성 빌리브로드 신학교 359, 400, 401, 405, 406, 437, 459
성요셉학원 370
성 유스티노 신학교 51, 136, 140, 158, 230, 359, 397, 401, 404~406, 454
《성가》 458
성가기숙사 397
《성가와 속가집》 458
《성교요리문답》 434
〈성등〉 433
성립학교(대구) 368, 392
성립학우회 149, 150
성모 유치원(관후리) 388
성모 유치원(대구) 389
성모 유치원(은율) 386, 388
성모 유치원(진주) 389
성모기숙사 397
〈성모덕서도문〉 306
성모병원(서울) 244, 245, 420, 422, 423
성모병원(신의주) 250, 419~421
성모병원(안주) 419, 420
성모보통학교 370~371, 393
성모부인회 152
성모성심학원 372
성모 승천회 182
성모시잉모태부인회 128
성모여학교 244, 371, 392
성모자비회 128
성모학원(관후리) 370
성모학원(마산) 371
성모학원(안주) 370
성모회(답동) 129
성모회(대구) 152, 392
〈성신 강림송〉 306
성신 유치원 388
성심 유치원 386, 388
성심병원(재령) 247, 419, 420
성심소학교 372
성심의원(함흥) 420

성심학교(마전동)　370
성심학교(비현)　371
성심학원(영광)　374
성심학원(중화)　370
성심학원(진남포)　370
성영회　143, 245, 410, 411
성의학교(성의학원)　368, 369, 380, 390, 392
《성인미사경본》　436, 437
《성주간 성무일도》　436
성지학교　368~369
성지학원　247
성천 본당　213
성체경애회　152
《성체성사》　436
소년 소녀회　459
소년성체단　154
《소미사 경본》　203
소세　69, 89, 92, 93, 137
《소아문답》　436
소의학원　370
소화 유치원(곡산)　386, 388
소화 유치원(문산)　388
소화 유치원(원동)　388
소화 유치원(해주)　388
소화강습소(원주)　247
소화데레사회　129
소화여자학원(왜관)　247, 359, 367, 392
소화학술강습소　368, 369
소화학원(강계)　370
소화학원(남원)　372, 392
소화학원(논산)　374
소화학원(수분리)　372
소화학원(원동)　376
소화회　129
손선지　176, 297
손성재　67, 68, 88
송강정　399
송남호　138, 231
송도 본당　68, 88
송성보　296
《수도자 고해 안내》　436
수류 본당　69, 89, 137, 372, 380, 392
수리　67, 80
수분리 본당　372
《수사통경기구》　436
《수선탁덕 김대건》　438
수원 본당　68, 88, 102, 109, 129, 359, 368
수원 북수동 본당 → 수원 본당
숙천 본당　213, 388, 413
《순교자전》　436

순천 본당(전남) 139, 230, 231, 233, 235, 238
순천 본당(평남) 102, 212
숭공학교 186~188, 395, 400
숭신학교 188~190, 395
숭애강습소 374
슈넬 186, 193, 374
슈래플 197
슈뢰터 184
슈미트(수녀) 252
슈미트(크리소스토모) 208
슈테거 376
슈텡거 434
슐라이허 436
슐레 133
스위니, A(골롬반) 232, 233
스위니, J(골롬반) 230, 231
스위니, J(메리놀) 211
스위니, L(메리놀) 342, 370
시잘레 69, 101, 107
신민단 59
신민회 49
신성리 본당 69, 89, 137
신성여학교 244, 372, 390, 392
신성우 242, 388
신성학술강습원 374
신순균 139
《신약성서 서간 · 묵시편》 436
《신우》 436
신의주 본당 102, 212, 222, 223, 250, 370, 420, 450, 452
신인식 313, 349, 358
신참 본당 198
신천 본당 68, 88, 103, 388
《신학교성가》 456
심재덕 223
《심전》 436
《십이단》 436

ㅇ

아르뱅-베로 308, 309
아우어 186
아벨 113
아펠만 199, 203, 436
《아해들의 고해 성체 안내》 436
《아해의 미사》 436
안공근 45, 53, 54
안관석 415
안나부인회 124
안대동 본당 137
안동 본당 138, 154
안명근 48, 49, 51
안법학교(안성) 368, 369, 380, 392

안변 본당 → 고산 본당
안성 본당 68, 88, 125, 247, 368, 392, 452
안성제 51
안수길 442
안악 본당 68, 88, 103
안악사건(안명근 사건) 48, 49
《안응칠 역사》 45
안정근 45, 53, 54, 56
안주 본당 213, 223, 265, 370
안중근 35~45, 47, 48, 53, 74
안태건 38
안태훈 35~38, 48
알릭스 68, 88
압고지 본당 102
앙드레 66
앙리에트 260
앙샹 139
애긍회 125, 415, 416, 418
약명학교 369, 393
약현 유년반 389
약현 본당 32, 68, 101, 110, 113, 123, 128, 129, 244, 300, 349, 368, 386, 388, 392, 403, 433, 448, 450, 454, 461
약현성체회 128
약현청년회 124
양기섭 215, 301, 370, 420
양기탁 등 보안법 위반 사건 49
양양 본당 101, 102, 125, 238, 359
양양 예수성심청년회 125
양평 본당 → 마룡리 본당
《어느 것이 참된 종교인가》 436
어은동 본당 → 진안 본당
언양 본당 138, 152, 454, 456
에카르트 188, 193, 374, 400
엔스호프 183
여수 본당 139, 232, 234
여자 영신회 152
여자기예학교 250, 391, 392
연길 본당(연길 하시 본당) 195~198
연길 상시 본당 198, 257
연길 수녀 병원 257
연길 인쇄소 435
연길병원 420
《연중묵상》 438
연평도 가톨릭청년회 129
연평도 공립보통학교 373
〈연합 청년회보〉 432
영광 본당 233, 374
영등포 본당 101, 103, 359
영신학교 372

영신학원 370
영암촌 본당 192, 193, 195, 197, 376
영유 본당 68, 88, 124, 212, 368, 413, 415
영유 시약소 420
영천 본당 69, 89, 97, 137, 139, 154, 158, 267, 268, 270, 454
영청학교(영유) 368
영흥 본당 195, 209, 376
예산 본당 102, 129, 454
예산 성심청년회 129
예수성심군 125
예수성심신학교 32, 52, 74, 107, 133, 285, 294, 397, 399, 401, 403~406, 430, 456
예수성심의원 255
예수성심회 123, 124
《예수성탄성무일도》 436
5교구 출판위원회 115, 428
오기선 223, 301, 351, 358, 388, 389
오기순 235
오셰아 220~222, 264
오스터마이어 184
옥천 본당 69, 89
와키다 아사고로 234~236
완월동 본당 → 마산 본당
왕림 본당 439
왕림학원 369
왕청 준본당 198
왜관 본당 138, 154, 454
《요리강령》 434
《요리문답》 436
용산 보육원 359
용산 신학교 → 예수성심신학교
용소막 본당 68, 88, 107, 238, 242, 296, 454
용정 본당(용정 하시 본당) 52, 192, 193, 195, 197, 199, 257, 374
용정 상시 본당 198, 257
용정 인쇄소 201
용평 본당 → 영천 본당
용평 진료소 420
우도 68, 88, 370, 392
우르바노 대학 215, 399
우즈 232
운향시 본당 213, 223, 370, 459
원귀임 279
원동 본당 → 원주 본당
원산 본당 192, 193, 195, 209, 252, 253, 255, 374, 459
원산 수녀원 359
원산 시약소 420

원산구 천주교회 유지재단 34
원주 본당 68, 88, 105, 167, 238, 241, 242, 376, 388
원행섭 49
윌리엄 221
유영근 166, 238, 438
유재옥 238
유정률 297
유치학교 389
육도포 본당 195, 197, 198
윤극영 442
윤동주 442
윤예원 54, 55, 238
윤을수 438
윤의병 374, 447
윤자호 447
윤창두 432
윤태병 415
윤형중 166, 175, 300, 427, 433
은율 본당 54, 103, 125, 129, 372, 386, 447, 448, 452
은율 여자청년회 129
은율 가톨릭청년회 125
《은화》 447, 448
의란 192, 194, 196, 197
의민단 56~58
의주 본당 102, 212, 370, 386, 388, 414
의주 시약소 420
이 가타리나 279
이 공자가 248, 256
이 아가타 279
이가환 281
이광렬 279
이광재 238
이광헌 279
이근용 355
이기당 51
이기수 138, 139, 374
이기순 138
이기준 300, 308, 309, 311, 356, 372, 456, 461
이남숙 52
이덕주 52
이동구 440, 441
이르멘트루디스 256
이명서 297
이명우 139
이문근 458
이민두 139, 233, 235
이보환 238, 242, 372, 388
이복영 166
이상화 67, 68, 88, 137~139
이성욱 296

이성인 138
이성천 296
이순모 52
이순석 433, 448, 450
이순성 372
이승훈(李昇薰) 49
이승훈(李承薰) 281
이약슬 373
이영덕 279
이우철 223
이인덕 279
이인복 432
이재현 271
이종래 37
이종필 138
이준성 401
이천 본당(강원도) 68, 88, 238, 242
이천 본당(경기도) 103, 105
이토 히로부미 20, 38, 39, 42, 44~48, 73
이효상 432, 440, 458
인명학교 372, 380, 392
인애회 414
임 비리시타 416
임세빈 223, 235
임종철 440

ㅈ

자르디니 160~162, 170, 302~304, 306
자모학원 372
자유시 참변 58
장규섭 55
장금구 358
장면 285, 289, 300, 357, 403, 433, 438
장발 285, 288, 433, 448, 450
장성 본당 233, 238
장수 본당 138, 140
장순도 138
장연 본당 55, 68, 88, 124, 125, 159, 162, 165, 370, 372
장옥석 235
장정온 250, 263~265
장호원 본당 69, 89, 125, 247, 260, 374, 454, 458
재령 본당 39, 68, 88, 372, 388, 420
저전동 본당 374
전 아우구스티노 399
전덕규 372
전상옥 440
〈전시 교육령〉 367
전주 본당 69, 89, 137, 140, 154,

171, 172, 175, 177, 372, 459
전주 진료소 420
전주구 천주교회 유지재단 34, 175
점촌 본당 138
정 아가타 279, 282
정규량 376
정규하 67, 68, 88, 238
정남규 415, 416, 418
정수길 138, 139, 231, 388
정임현 57
정재석 139
정주 본당 213
정준수 57
정지용 433, 441, 443, 445, 447
제기동 시약소 420
제라르 281, 282, 350
제물포 고아원 410
제물포 본당 → 답동 본당
제물포 진료소 420
제주 본당 137, 230, 231, 244, 372
제천 본당 103
〈조선 8교구 모든 감목의 교서〉 346
조선 가톨릭 진행회 218
〈조선 교육령〉 22, 365, 378, 379
〈조선 기독교도 불온분자 일제 검거령〉 347
《조선 선교지 공동 지도서》 112, 122, 123, 144, 216, 327, 337, 343
《조선 선교지 관례집》 66, 108, 118, 141
조선 신궁 331, 332, 336
《조선 천주공교회 약사》 438
조선 천주교 순교자 현양회 175, 176, 298, 300, 301
《조선어문법》 436
《조선어성가》 458
《조선의 가톨릭시즘》 438
조스 66
조아요 67, 294
조양학교 374
조인원 223
조제 68, 88, 300, 427
조조 66
조종국 300, 433
〈종각천신〉 440
《종도행전》 433
종현 가톨릭여자청년회 129
종현 고아원 244, 410
종현 본당 → 명동 본당
종현청년회 124, 300, 349
《죠선어셩가》 434, 456, 458, 459
《주일미사경본》 436, 437
주재용 136, 177, 234, 235, 372, 399

줄리앙 69, 89, 92, 93, 137, 308, 309, 311
중강진 본당 213
〈중국 예식과 그에 대한 서약에 관하여〉 346
〈중국 의례에 관한 훈령〉 346
중림동 본당 → 약현 본당
중화 본당 102, 213, 340, 370, 386, 388
《지용문학독본》 443
지정여학교 244, 371, 392
《진교절요》 434
진남포 본당 40, 68, 88, 124, 212, 244, 370, 388, 392, 413, 415, 420, 452
진남포 소화병원 419, 420
진남포청년회 124
진안 본당 69, 89, 97, 137, 152, 372
진주 본당(소촌, 현 문산 본당) 69, 89, 97, 137, 138, 140, 368, 388, 454
진주 본당(현 옥봉동 본당) 138, 456
진주효성야학 392
진행회 154

ㅊ

차일라이스 308, 311
차일선 57
〈척사윤음〉 112
천안 본당 103
천주공교 전교회 154
천주공교 청년회 154
천주공교협회 152
《천주교요리》 333, 339, 434
《천주교요리문답》 319, 434
천주교 정의구현 전국사제단 48
천주교우친목회 123
《천주교회 약현지방사》 438
《천주교회보》 150, 152, 154, 165, 432, 433, 440
《천주성교공과》 324
청년 친우회 124
청주 본당 103
청진 본당 195, 209, 376, 420
청진 시약소 420
최경환 294
최덕홍 231, 235, 267
최문식 67, 69, 70, 374
최병권 225, 265, 401
최익형 56
최재복 432, 440
최재선 139

최정복 432
최진순 415
춘천 본당 237, 238, 242
치셤 308, 311
친애회 154
칠곡 본당 → 낙산 본당
침머만 459

ㅋ

카넬 66, 97
카다스 69, 89, 92, 93, 97, 137, 333, 334, 373
카푸친 작은 형제회 197
캐롤 420
캐시디 211, 414
케인 233
코너스 342, 370
코스트 66
콜랭 420
콜러 376, 420, 436
콜리에 241, 242
콜린스 262
콜맨 308, 309, 311, 313, 340, 342
쿠데르 66
쿠삭 232
퀴겔겐 184, 193, 198, 374
퀴를리에 388
퀸란 232, 237~239, 241~243
크레이그 370
크렘프 69, 89, 374, 396
크로스비 241, 242
클랭프테르 66
클리어리 211, 212, 308, 309, 311
키르크비클러 252

ㅌ

《타벨라》 107, 430~432
타케 69, 89, 92, 93, 137
탈시시오회 199, 201, 203
《탈시시오 회보》 201
퇴강 본당 청년회 152
투르뇌 69, 89, 92, 93, 137, 138
투르니에 67
트라버 198

ㅍ

파디 370, 371
파렌코프 376
파스키에 67
파이야스 67
판 롯숨 159, 160, 285, 289, 303, 304, 309, 314
팔도구(조양하) 본당 192, 193,

195, 197, 257, 374
팡가우어 184
페네 69, 89, 92, 93, 137, 372, 392
페랭 66
페티프렌 250, 370
평강 본당 102, 238, 242, 359
평양교구 가톨릭 운동 연맹 219
평양교구 전교 회장 강습회 218
평양교구 평신자 대회 219
평양구 천주교회 유지재단 34
평양 본당 → 관후리 본당
평창 본당 → 대화 본당
평택 본당 103, 105
〈포교규칙〉 24~27, 30, 98
포리 67
포스피셜 370
폴리 69, 89, 308, 311
푸르티에 297
푹스 436
풍수원 본당 107, 238, 242
프란치스카 256
프루와드보 139, 360
프와넬 32, 68, 89, 93, 109, 187, 392
프와요 68, 88
프티니콜라 298
플뢰리 73, 75, 76, 80, 84, 86, 132
피셔(수사) 434
피셔(신부) 436
피숑 109, 436
피어하우스 184, 193
The Field Afar 248

ㅎ

하논 370
하르트만 186
하야사카 구베에 158, 355
하양 성당 454
하얼빈 의거 39, 42, 45
하우저 186
하우현(하우고개) 본당 55, 68, 88, 411
하한주 139
학소리학교 374
학술강습소(비현) 370
한 안나 279, 282
한국가톨릭문화사연구회 48
한국교회사연구소 48
《한국천주교회사》 281
한기근 32, 67, 68, 88, 284, 285, 288~290, 294, 427, 433, 434
한도영 55
한도준 223

한들 본당 372
한순직 49
한영규 52
한윤승 207, 225, 401
한일준 57
함양 본당 137, 138
함흥 본당 195, 209, 255
합덕 본당 69, 89, 111, 125, 270, 374, 392
합덕청년회 125
합마당 본당 198
해서 교안 38
해성 유치원(원산) 253, 388
해성 유치원(은율) 389
해성 유치원(의주) 386, 388
해성 유치원(진주) 388
해성강습소 372, 373
해성국민학교, 해성보통학교(전주) → 해성학원(전주)
해성병원 419, 421
해성보통학교(내평) 376, 383
해성보통학교(전주) 247
해성사숙 372
해성심상소학교, 해성국민학교 → 해성학교(원산)
해성야학원 372
해성여자야학 391
해성여자학원 152, 154, 392
해성체육단 150, 152
해성학교(대구) 369, 379, 459
해성학교(두도구) 374
해성학교(명월구) 374
해성학교(북청) 376
해성학교(연평도) 372
해성학교(용정) 374
해성학교(원산) 374, 375, 379, 382
해성학교(은율) 247
해성학교(의주) 247, 370
해성학교(진남포) 370, 371
해성학교(청진) 376
해성학교(한들) 380
해성학교(회령) → 명악학교
해성학교(홍남) 376
해성학원(광주) 374
해성학원(의주) 371, 389
해성학원(전주, 해성학교) 177, 367, 372, 373
해우양성회 125
해주 가톨릭소년단 129
해주 본당 128, 129, 388, 461
해주부인회 128
행주 본당 68, 88, 439
허근 57

허영진 57
헐리 308, 311
헤리기 241, 242
헤세 262
헤이워드 241, 242
헨리 231, 233
현철 57
혜화동 본당 → 백동 본당
혜화 유치원 386, 388
호상회 154
호수천신학교 253, 374
홍 루실라 262
홍로 본당 137, 230, 231
홍림 57
홍병철 67, 69, 89
홍산 본당 69, 89
홍용호 215, 221, 223, 225, 226
홍천 본당 102, 236, 238, 242
화산 성당 452
황주 본당 68, 88, 124
회령 본당 195, 209, 376, 458
회령 시약소 420
《회장본분》 148
《회장의 본분》 439
《회장직분》 434
《회장피정》 439
《회장필지》 439
횡성 본당 103, 238, 242
효성 유치원 388, 389
효성여학교(대구) 368~369, 379, 390, 393
훈춘 본당 195, 197, 257
훈춘 진료소 420
흥남 본당 195, 209, 376
히르쉬 252
히머 193, 308, 311, 374, 376
힌트링거 197
힐데브란트 182